하나님 나라를 목회하라

-이론과 실제-

하나님 나라를 목회하라 –이론과 실제

· 초판 1쇄 발행 2019년 5월 0일

· 지은이 실천신학대학원대학교
· 펴낸이 민상기 · 편집장 이숙희 · 펴낸곳 도서출판 드림북
· 등록번호 제 65 호 · 등록일자 2002. 11. 25.
· 경기도 의정부시 가능1동 639–2(1층)
· Tel (031)829–7722, Fax(02)2272–7809

하나님 나라를 목회하라

―이론과 실제―

실천신학대학원대학교

드림북

인사말

　실천신학대학원대학교가 작은 발걸음을 내디딥니다. 참으로 작은 발걸음입니다. 그러나 이 한 걸음을 내딛는 데에는 14년이라는 시간이 흘렀습니다. 바로 하나님 나라의 목회를 향한 발걸음입니다. 그 동안 하나님 나라에 대한 신학적 터전을 세우기에 온 힘을 다했기에 마침내 내딛는 발걸음입니다. 첫 발걸음이기에 큰 기대를 하지는 않습니다. 실패를 해도 두려워하지도 않습니다. 오히려 소망과 감사를 갖습니다. 우리의 발걸음이 한국 교회를 다시금 세우는 발걸음이며 한국을 새롭게 하는 발걸음이라는 확신 때문입니다.

　그 동안 한국 교회는 입으로 하나님의 나라를 말했지만 실제 목회 현장에서는 외면당했습니다. 여러 세속적 패러다임들로 거대한 성을 쌓은 교회는 첫 성도들의 거룩한 헌신과 희생을 잃어버린 채, 당장의 성장이나 축복이 주는 달콤함을 향해 달렸습니다. 지금에 와서야 그 대가의 쓰라림을 고통스럽게 경험하고 있습니다. 교회의 근본 되는 의와 평강과 기쁨의 능력을 어디에서 찾으며, 교회의 영광인 십자가의 사명을 어떻게 감당하며, 교회의 영광인 구원 역사의 흐름을 누가 회복하겠습니까? 무엇보다 세상의 염려를 어떻게 책임질 수 있겠습니까?

다시금 주님의 기도와 소망이셨던 하나님 나라, 성경의 중심인 하나님 나라, 초대 교회의 터전이었던 하나님 나라를 목회의 중심에 회복하려고 합니다. 이 길만이 교회가 마땅히 나아갈 길이며 또한 미래의 소망이라고 믿습니다. 실천신학이라는 이름에 합당하게 하나님 나라가 교회의 모든 영역에 책임 있게 뿌리내리게 할 것입니다. 예배가 하나님 나라 주권을 회복하며, 교육과 상담이 하나님 나라 백성을 양육하고 치유하며, 복지가 낮은 자와 작은 자들과 버림받은 자까지도 하나님 나라로 초대하며, 선교가 땅 끝까지 하나님 나라를 선포하며, 친교가 성령이 이루시는 평화의 잔치가 되게 할 것입니다. 믿음의 선조들이 이루신 거룩한 영광과 역사가 우리를 통하여 다시금 힘차게 나아가기를 기도합니다.

2019년 5월

박원호
실천신학대학원대학교 총장

머리말

신학의 역할은 무엇보다, '이 세상에 시작된 하나님 나라를 증언하고 증거하기 위해 존재'하는 교회를 도와, 하나님 나라 선교(Missio Dei)를 지향하도록 만드는 미션에 있다. 우리 시대의 교회를 향해 "예수는 하나님 나라를 선포했지만 이 세상에 남은 것은 교회 밖에 없다"고 외친 르와시의 지적은 우리 교회들의 한탄이 되어 곳곳에서 메아리친다. '하나님 나라(교회가 순수하게 하나님 나라를 경험하고 알리던 시대)'와 '기독교왕국(교회가 교권중심으로 기득권 확보에 열을 올리던 시대)'이 교차해온 이천년 기독교회사를 반듯하게 세우는 선교적 과제가 우리 시대에 주어진 것이다.

하나님의 나라를 위한 교회는 '교회의 일치'와 '세상사 참여'로 양분되는 '하나님의 선교(Missio Dei)'를 통해 그 사명을 다할 수 있다. 예배, 교육, 친교, 봉사, 선교 등 모든 분야가 하나님의 나라를 지향하는 것이 교회가 할 수 있고, 해야 하는 사역이다. 교회가 이 세상에 존재하는 이유는 하나님 나라를 선교하는 것이다. 그래서 교회는 스스로 선교를 할 것이냐 말 것이냐를 정할 수 없고 다만 교회일 것이냐 말 것이냐를 정할 수 있을 뿐이다.

1) 교회는 이제 더 이상 자기 자체의 사안에만 골몰하지 말고 "세상이 말하는 선교의 아젠다"를 듣는 귀를 열자! 2) 또한 교회는 일치를 위해 노력함으로써 하나님 나라 복음의 진정성을 확보할 수 있다. 요한복음 17장 21절의 "그들도 (우리처럼) 하나가 되어 아버지께서 나를 보내신 것을 믿게 하옵소서"라는 예수님의 선교적 기도가 우리 교회의 갈 길을 비추고

있다.

1. 이번에 하나님 나라 목회박람회를 계기로 출간되는 책『하나님 나라를 목회하라 - 이론과 실제』에는 하나님 나라 목회를 주제로 삼은 여러 전공과목들의 목회신학적 진술들이 실려있다. 실천신학대학원대학교의 석사과목들인 종교사회학, 교회론, 목회신학, 실천신학, 예배학, 설교학, 교회교육학, 상담학, 소공동체론, 선교학, 디아코니아학, 커뮤니티 빌딩 등의 내용이 망라되어 있다.

2. 이번 출판물은 내용적인 면에서, '하나님 나라'라는 주제의 통일성을 추구했지만, 글쓴이의 신학적 입장에 있어서는 각자의 차이도 드러날 것이다. 다만 이론과 사례라는 구성을 모든 글에 적용했고, 책에 수록된 이론과 실제 원고가 전시회 설치와 함께 박람회 현장에서 빛을 발하게 될 줄로 믿는다.

3. 실천신학대학원은 목회자들의 재교육 및 계속교육을 위한 초교파 신학교로서, 15년째 '하나님 나라' 목회를 지향해 왔다. 그동안 이 모토 아래 학교는 400여 동문을 배출하였고, 이 '하나님 나라의 순례하는 백성 공동체'의 여정 중에 동문 외에도 이미 '하나님 나라 구현'을 모토로 활동해온 수많은 목회자들과 신학자들을 만나게 되었다. 이제 우리는 본 박람회를 계기로 하나님 나라 목회를 위한 여러 학교와 교회들 그리고 단체들의 연대적 활동을 제안하고 싶다.

2019년 5월 20, 21일에
편집담당 이범성교수, 이상조교수 드림

차 례

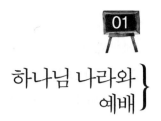

하나님 나라와 예배

박종환 교수

Ⅰ. 이론

1. 복잡한 세상에서 예배드리기

호미바바(Homi K. Bhabha)는 잘 알려진 문화이론가이다. 그는 인도 봄베이에서 태어나 영국에서 공부하고 하버드에서 가르치고 있다. 그의 학문의 여정은 줄곧 나는 누구인가라는 질문에 대한 대답과 관련이 있다. 호미바바는 가난한 인도에서 태어나 미국의 지식인이 되면서 스스로를 잡종(Hybridity)이라 부른다. 자신의 정체성에 대한 탐구를 자신의 학문의 주제로 삼았던 것이다. 그는 1세계와 3세계, 서구와 이슬람, 식민지와 피식민지와 같은 대결구도로 세상을 바라보는 것은 적절하지 않다고 주장한다. 대립이 아니라 서로 의존적으로 얽혀있다는 것이다. 세상은 단순하지 않고 얽혀있고 훨씬 복잡하다는 사실이다.

최근의 역사는 1세계와 3세계라는 고정관념을 넘어서고 경험하는 세대에 의해, 인간의 복잡성과 혼종성을 이해하고 살아가는 세대에 의해 변화되고 있다. 3세계 출신이지만 1세계를 두려워하지 않고 그들과 친구하며 자연스럽게 소통하고 이해하려는 세대이다. 이러한 세대는 인간이 서로 다르다는 것을 자연스럽게 받아들인다. 이들은 서로 다름을 인정하고 그 다름을 공동체의 추진력으로 삼는다. 이렇게 되기까지는 사실 많은 훈련이 우리에게 필요하다. 세상의 모두가 나와 생각이 같다면 편하게 살 수 있다. 그러나 현실은 그러하지 못하다. 오히려 인간이 같은 생각을 추구하는 것이 얼마나 위험할 수 있는지를 아는 세대이다. 공동체는 획일적인 생각이나 획일적 생활양식을 갖고 있는 자들이 아니라 같은 목표와 꿈을 갖고 있는 자들의 모임이다.

언젠가 한 성도가 자신이 예배를 드리는 이유에 대해 이렇게 말하는 것을 들은 적이 있다. 그는 교회에서 예배를 드리며 한 가지 사실을 발견하고 기뻐한다. 우리는 모두 동등하게 온전치 못하고 그 온전치 못함을 서로에게서 발견한다는 것이다. 인간은 누구나 완벽할 수 없으며 죄인이라는 사실, 누구나 의롭지 못하다는 것이다. 우리는 누구나 올바르게 살고 싶고 올바르게 판단하고 싶다. 누구에게나 인정받고 싶고 누구와도 화목하게 지내고 싶다. 그러나 나 혼자 옳다고 생각하는 한 이러한 목표는 절대 이루어질 수 없다.

인간은 서로 다르고 서로 타인이 옳지 않다고 주장한다. 문제는 하나님도 인간과 다르시다는 사실이다. 그분은 전적타자로 우리에게 다가오시고 그러기에 우리가 그분을 다 이해할 수 없다. 성경에는 이해할 수 없는 분으로 다가오는 하나님에게 탄식하는 이야기로 가득하다.

하박국 선지자는 하나님을 버린 이스라엘의 범죄가 악하긴 하지만 어떻게 이스라엘보다 더 악한 이방 앗수르를 통해 이스라엘을 심판할 수 있냐고 하나님에게 따진다. 시편은 시편기자의 눈물과 탄식으로 얼룩져있다. 이스라엘의 어려움과 고통을 호소하면서 하나님의 구원을 기다리는 간절함이 그들의 시 속에 드러난다.

　재미있는 것은 성경에는 인간이 하나님을 이해하지 못해 고통 받는 이야기뿐만 아니라 하나님이 인간을 이해하지 못해 고통스러워하는 이야기가 많다는 것이다. 예수도 유대인들을 보면서 화가 나서 탄식하는 장면이 신약성서 곳곳에 나타난다. 예수는 아버지를 대신해 아버지의 이름으로 아버지에 대해 증거하기 위해 이 세상에 왔으나 유대인들은 그를 믿지 않는다. 유대인들이 토라를 존중하고 그 율법대로 살 것을 추구하지만 정작 그 성경이 증거하는 예수를 받아들이지 않자 예수는 탄식하고 있다. 그들의 상식과 전통에서 벗어나는 것을 받아들이지 않는 유대인들에 대한 탄식이고 절망이다. 그 예수는 이스라엘이 46년 동안 지은 성전을 사흘 만에 세우겠다고 한다. 같은 세상 같은 건물을 보지만 전혀 다른 것을 생각하고 말하고 있다.

　그러나 우리는 예배를 통해 어렴풋이 예수가 보는 그 세계를 바라본다. 그 세계는 이 역사를 완전히 초월한 하늘의 세계도 아니고 이 역사의 정치와 완전히 일치하는 그러한 세계도 아니다. 서로 이해하지 못해 탄식하는 그 공간에서 예배를 드릴 때 우리는 그곳에서 하나님을 만나고 이웃을 만난다. 우리는 서로 다름을 확인하고 함께 예배를 드린다. 우리는 그 누구도 이 복잡한 현실문제에 완전한 해답을 갖고 있지 않음을 기억하며 함께 예배를 드리는 것이다. 그래서 우리는 자신을 위해 기도하고 서로를 위해 중보기도 한다. 이 세상이 추구하는 확실성이 아니라 성령이 이끌어 가는 모호한 세계, 제3의 공간에 우리를 내어드리며 성령의 인도에 순종하는 것이다. 그 공간은 확실성의 공간이 아니며 모호하고 불확정적이고 사회가 갖고 있는 편견이 와해되는 공간이다. 가진 자와 가난한 자, 배운 자와 배우지 못한 자, 중심에 있는 자와 소외된 자가 함께 평화의 인사를 나누고 서로를 중보하며 기도하며 사랑하는 공간이다. 이것이 예배를 통한 하나님 나라의 경험이다.

이원론은 세상의 많은 것들을 단순화 시킨다. 선과 악, 빛과 어둠, 1세계와 3세계, 서구와 이슬람. 우리는 세계가 이렇게 분명히 양분화 되어있다고 착각할 때가 많다. 세상의 미디어들은 그러한 이분화된 세계관을 비판 없이 전달하고 확장하고 있다. 서로가 복잡하게 얽혀있고 서로의 삶에 깊이 침투해 살아가는 현실의 세계를 이원론은 폭력적으로 양분화 시킨다. 추상적 논리는 논리를 넘어서 세상을 갈라버리는 폭력으로 작용한다. 중심은 주변을 두려워하고 서구는 이슬람을 적대시한다. 진보는 보수를 무시하고 보수는 진보를 중오한다. 서로가 서로를 이해하지 못해 두려워하며 포비아(Phobia)에 갇혀 살아간다. 인간이 만들어 놓은 절대 선이 절대 악을 심판한다고 주장한다. 이렇게 인간은 스스로 만들어놓은 추상의 굴레를 벗어나지 못하고 살아간다. 스스로의 논리의 노예가 되어 세상을 중오하는 것이다. 그러나 그것은 추상일 뿐이다. 세상과인간은 논리로 설명하기 어려운 복합체이다. 감정은 수시로 변하고 우리의 판단도 일정하지 않다. 보수가 진보적 행동을 하기도 하고 진보가 보수의 논리를 사용하기도 한다. 세상은 이원적이지 않고 애매하고 모호한상황들로 가득하며, 그리고 그 안에서 인간은 혼란스러워 한다.

예배는 그러한 세상에서 살아가는 자들의 탄식이고 희망의 노래이다. 성서는 이렇게 예배하는 자들, 탄식하는 자들의 이야기이다. 그들의 희망의 이야기이다. 단 샐리어즈는 세상의 이러한 추상적 구조(선과 악, 아름다움과 추함, 빛과 어둠) 속에서 살아가는 인간의 혼돈과 그에 따르는 고통이 예배를 드리는 인간의 모습이라고 이야기한다.[1] 선과 악, 빛과 어둠, 절망과 희망의 대립 같은 추상적 구조 속에서 예배는 하나님의 임재와 부재를 동시에 체험케 한다. 이는 우리가 살고 있는 세계와는 본질적으로 다른 세상을 꿈꾸고 희망하는 것이다. 예배는 본질적으로 소망의 행위이며 악의 실체에 저항하는 행위이다.[2] 이 파토스는 폭력과 어둠, 추함으로 얼룩진이 인간세상을 넘어 더 깊은 곳을 볼 수 있도록 한다. 자연재해와 테러와 죽음의 두려움과 고통에도 불구하고 사랑하는 사람, 뛰어노는 어린이들의 모습, 음악과 그림, 문화, 예술 속에서 여전히 이 세상은 아름답고 살아갈만한 세상임을 경험한다. [3]

따라서 복잡한 인간이 복잡한 세상 속에서 예배드린다는 것은 그 복잡함(complexity)과 혼돈(chaos) 자체에 억지로 이름을 붙이거나 하나로 규범화하지 않는 것이다. 능동적 규범이 생산하는 사회적 종교적 체계를 만드는 것이 아니라 오히려 예배는 초월자의 부재와 임재, 거룩과 세속의 두 분리된 세계를 통합하는 감각을 훈련하는 공간이다. 이 세상의 근본적인 불명확성(ambiguity)속에서 예배참여자들은 불안이나 기쁨, 슬픔과 같은 깊은 감정을 갖게 된다. 이 감정은 두개의 분리된 세계, 거룩하고 세속적인 세계를 통합하는 채널이 되어간다.

예술은 그러한 애매한 세계관을 담기에 적절한 그릇이자 그 자체가 모호한 삶의 표현이다. 예배에서의 예술은 고통 받고 탄식하는 자들의 이야기와 언어가 풀어내지 못하는 인지 너머의 세계를 그리고 있다. 말로다 담아내지 못하는 하나님의 계시를 예술은 동작으로 색으로 몸짓으로 표현하는 것이다. 그래서 예배에서의 예술적 표현은 고상할 수 없다. 그것은 절규이고 탄식이고 희망의 노래이다. 법궤가 들어올 때 기뻐 춤추는 다윗의 바지이다. 그래서 예술은 예술의 전당의 전유물이 아니다. 전문적인 것, 화려한 것만을 의미하지 않다. 고상하지 않고 절박하고 아프다. 때로는 환희에 찬 노래들이다.

그렇게 예배는 인간의 바닥을 드러내는 것이어야 한다. 그리고 인간이 자신의 바닥과 한계를 예배로 올려드릴 때 하나님은 일하신다. 예술은 하나님의 일하시는 공간을 만들어 드리는 행위이다. 성령의 감동으로 추는 춤과 성령의 감동으로 드려지는 찬양은 세상을 변화시키고 악을 이길 힘을 갖고 있다. 그 찬양은 탄식을 넘어서서 하나님을 찬양하는 송영(Doxology)이 될 것이다. 인간의 슬픔이 하나님을 기대하는 희망으로 변할 것이다. 예배를 통해 그리스도의 고난과 부활의 이야기가 우리 삶의 이야기로 침투할 것이다.

2. 하나님 나라를 맛보다

80년대 이후 국가의 경제적 발전과 함께 한국교회도 빠르게 물량적으로 성장해갔다. 하나님 나라는 하나님의 능력에 있었고 그 능력은 세상을 빠르게 변화시키는 가시적 부흥과 확장의 축복에 있었다. 하나님 나라는 이 나라를 경제적 빈곤으로부터 탈출시키고 인간이 당면한 문제를 해결하는 유용한 도구였다. 집이 없는 자들에게 집이 생기고 병으로 고통받는 자들은 병 고침을 받는 곳이다.

한국사회는 이제 저성장과 저출산, 초고령 사회로 진입하고 있다. 가시적 성장이 멈춘 것이다. 세상이나 교회에 대한 젊은 세대들의 기대감도 예전과 같지 않다. 새로운 세상과 변화를 꿈꾸는 젊은이가 많지 않다. 예수를 믿지만 그분이 우리 삶을 풍요롭게 할지에 대해 기대하지 않는다. 예수를 포기하진 않지만 많은 젊은이들이 교회를 등지고 떠나고 있다. 오랜 역사를 가진 교회와 신앙생활을 오래하신 성도들은 무기력증에 빠져있는 것처럼 보인다.

예수가 살던 시대도 크게 다르지 않았다. 예수가 병을 고치고 죽은 자를 살리고 귀신을 쫓아낼 때, 유대인들은 예수에 열광하였고 그를 영웅처럼 따라 다닌다. 그러나 예수가 십자가 앞에 초라하게 서있을 때 그들은 모두 속았다고 생각하며 돌을 던지고 그를 못 박으라고 소리치는 것이다. 기대했던 도움이 오지 않을 때, 기대했던 결과들이 나타나지 않을 때 하나님 나라에 대한 근본적인 의심이 나타나기 시작한다.

십자가에 아들과 함께 달리신 하나님은 세상의 문제를 해결하고 극복하기 보단 세상의 고통을 짊어지고 가는 무기력한 분이셨다. 6백만의 유대인들이 학살당할 때도, 수많은 아이들이 세월호에 갇혀 죽어갈 때도 그들과 함께 고통당하지 그들을 살려내는 능력은 없으신 하나님이었다.

진정한 신앙은 하나님 나라에 어떤 기대도 갖지 않는 것이라고 말한다. 진정한 신앙은 주님과 함께 희생하며 이생에서 아무것도 기대하지 않는 삶이라는 것이다. 이들에게 믿음은 죽음 이후에 천국에 가기위해 필요한 것이다. 그들에게 믿음은 현실의 문제를 해결할 아무 능력이 없으며 현실적인 어떤 것을 요구하는 것은 기복신앙이라고 말한다. 그들에게 신앙은 이론적으로는 멋진 것처럼 보이지만 삶의 현장에는 아무런 영향을 주지 못한다. 현실적인 어떤 것도 기대하지 않고 아무 것도 하지 않기 때문이다. 오늘날 많은 이 나라의 기독교 지식인들이 이 허무주의에 빠져있다. 예수를 떠나지도 교회를 떠나지는 않지만 그 주변에서 서성거리며 엉거주춤 신앙생활을 하고 있다.

복음서에는 예수가 오천 명을 먹이신 기적의 이야기가 나온다. 이 기적은 광야에서 일어났다. 광야, 말 그대로 아무 것도 없는 곳이다. 침묵과 돌과 나무와 모래바람만이 적막한 공간을 채우고 있다. 물도 음식도 인간의 생명을 연장할 어떤 것도 보이지 않는다. 그 광야에서 그들의 굶주림을 보신 주님은 그들의 영적인 굶주림을 채우셨고 또한 음식을 주심으로 그들의 육체적인 굶주림도 해결하신다. 먹을 것이 없는 적막한 곳에서 한 사람이 먹기에도 충분하지 않은 음식으로 생명을 경험하는 놀라운 일이 일어난다. 이 종말론적 잔치에서 영원한 하나님 나라에 대한 소망을 주실 뿐 아니라 이 하나님 나라의 식사에서 그들에게 일용할 양식을 주신다. 떡 일곱 개와 생선 몇 마리는 그들이 먹는 일상의 음식이지만 주께서 축사하실 때 그 음식은 하늘의 음식이 되고 하늘의 잔치가 된다.

인간은 빵 없이는 살 수 없다. 그러나 빵으로만 살 수도 없다. 빵 없이 살 수 없는 현실에서 빵만으로 살수 없다는 것을 깨닫는다. 그 빵은 인간의 허기를 채울 빵일 뿐 아니라 하나님 나라에 대한 갈망을 채우는 빵이었다. 굶주린 무리들을 바라보며 긍휼히 여기시는 주님, 백성들의 고통이 주님의 눈에 들어오고 주님의 고통으로 변화된다. 그 주님이 광야에서 빵 한 조각을 들고 축복하신다. 이제 그분의 고통은 세상을 살리는 생명이 된다. 빵과 포도주를 먹고 마시는 성찬은 마지막 날 기쁨과 영광 중에서 주님과 함께 나눌 하나님 나라 식사를 미리 경험하는 것이다. 복음서에서는 성찬을 하나님 나라에서 이루어질 "메시야의 향연"으로 설명했다. (막 14:25, 눅 22:16-18) 성찬은 하나님께 드리는 감사의 축제로서, 그리스도 안에서 하나님 나라가 도래함을 축하하고 그것을 미리 경험하는 잔치이다(고전 11:26, 마 26:29). 주의 만찬은 교제의 식사요 언약의 식사이며 동시에 메시야의 종말론적 식사이다. 성만찬 공동체의 공동식사는 예수 그리스도의 피와 살까지도 나누어주는 나눔의 공동체 사건이다.

성찬 가운데 회중들은 그들의 감각과 육체를 통해 하나님의 나라를 맛보게 된다. 이 나라는 내 영혼 안에서만 경험되는 것이 아니라 하나님과 이웃 가운데 함께 드러나고 인식되는 공동체적 공간이다. 성찬의 빵을 나눌 때, 우리의 고난은 그리스도의 고난이 되고 그리스도의 생명은 우리의 생명이 된다. 서로 연결된 한 몸을 이뤄가는 신비이다. 이 신비는 예배자와 그리스도가 하나가 되게 할 뿐 아니라 예배자와 고통 받는 이웃을 하나 되게 한다.[4] 이런 의미에서 예배는 하나님 나라를 지향하는 종말론적 행위(praxis)이다. 예배에서 몸의 움직임은 하나님의 나라를 조금 더 가까이 느끼고 만질 수 있게 돕는 것이다. 인간을 하나님의 거룩함으로 인도하고 하나님의 나라의 시간을 현실 속에 가져오기 위해서 예배가 모든 예술적 장르를 요구한다.

따라서 예배는 음악만이 아니라 모든 종류의 예술을 통해 하나님의 나라를 경험하고 반응하는 예배이어야 한다. 예배는 비주얼과 교회력에 따른 색깔뿐만 아니라 초기 교회의 예전적 요소를 수용해야 한다. 예배는 수동적인 관람이 아니라 보다 예배공동체의 참여적인 움직임이어야 한다.

하나님 나라를 경험하는 예배는 살아있는 공동체 안에서 창조된 예배로서 예배참여자들이 전통을 현대적이고 복음적으로 재해석해야 한다. 예배 모임의 전반에서 감동을 받을 수 있도록 설교중심을 지양하며 예배인도자는 인도자로서가 아닌 참여자로서 구원의 신비에 다가간다. 한 개인의 회심을 넘어서서 탄식, 죄의 고백, 침묵 등을 통해 개인과 공동체 전체가 하나님과 정직하게 대면할 수 있는 기회를 제공해야 한다. 이를 통해 어떤 전제된 결론을 유도하기보다는 열려진 결말로서 획일성보다는 다양성이 공존하는 예배의 형태를 갖게 된다.[5]

하나님 나라를 경험하는 예배는 자신들의 믿음을 표현하거나 성서의 의미를 전달하는데 있어 창조적인 도구들을 사용해야 한다. 미술, 음악, 시, 사진, 춤, 그리고 퍼포먼스 등의 장르들이다. 하나님 나라를 경험하는 예배는 일방적인 가르침이 아니라 서로 묻고 진리를 추구하는 예배이어야 한다. 또한 고대의 예식을 현대적으로 재해석하고 창조해 내어야 한다. 고대의 비주얼이나 기도단이나 성찬과 도유식, 아픈 자와 고통 받는 자를 위한 치유기도와 같은 초기교회의 전통을 부활시켜야 한다.

혼돈과 어두움 속에서 부르는 희망의 노래. 온몸으로 하나님을 갈망하는 춤, 영원한 나라를 꿈꾸는 비주얼과 이미지, 인간의 추함과 연약함을 고백하고 드러내는 언어와 상징들, 이 모든 인간의 움직임이 하나님 나라를 경험하는 예배이다. 그러한 움직임 안에 인간의 바닥을 드러낼 때 그곳에서 하나님은 우리를 받으신다. 이것이 하나님 나라의 예배이다. 정교회의 예배는 입장하는 행진(procession)을 하나님 나라로 입장하는 여정(journey)이라고 가르친다. 정교회 신학자인 알렉산더 쉬메만은 예배는 그 자체로 하나님 나라에의 참여이고 parousia로서 하나님 나라의 참여는 부활하신 그리스도의 임재에 참여하는 것이다. 이는 예배를 드릴 때마다 세계를 향한 그리스도 오심의 되풀이(repetition)가 아니라 교회를 그의 나라(parousia)로 올리시는 행위이며 그 나라의 영광에 교회를 참여하게 하는 것이다. 정교회 신학은 개인으로서의 신자들의 신실성에 의존하기 보다는 하나님의 적극적 행위로 예배를 이해하고 있다. 특히 교회는 성찬 공동체 안에서 부활한 그리스도와 만나게 된다. 교회는 영광된 주를 성만찬 사건 속에서 만나는 것이다. 성찬 사건에서 만나는 영광된 주는 고난당하는 주이다. 하나님 나라에 대한 소망은 그리스도의 고난을 기억하는데서 출발한다. 성찬은 예수 그리스도의 성육신한 삶과 온 세상을 향한 하나님의 신실한 약속에 기초하며 앞으로 올 영광을 미리 맛보는 것이다. 그 성찬은 하나님이 우리의 모든 것을 감싸 안으시는 예배 안에서 불확실성과 고통, 그리고 죽음과 대면하게 한다. 이는 하나님 나라를 미리 맛보는 살아있는 기억의 행위(anamnesis)이며 성찬 속에서 우리는 인간들의 고통을 예수의 고통 앞으로 가져오는 것이다.[6]

예배를 통해 교회는 그리스도의 구원 사건을 기억하고 증언한다. 그리스도의 생애, 고난, 죽음, 부활, 승천 다시 말해 파스카 신비(the paschal mystery)를 현재의 사건으로 경험하는 것이다. 그리스도의 고난을 기억하는 성찬은 이 세상에서 하나님의 의와 평화를 위한 교제의 식사이며 이는 세상의 권력으로부터 회중을 자유하게 하는 식사이다. 그리스도의 고난을 회상하는 그 성찬에서 그리스도의 구속시키는 미래가 선취되고 하나님 나라에 대한 희망이 현재로 경험된다. 몰트만에 따르면 하나님의 나라는 개인의 신앙에 의존하기 이전에 이미 미래에서부터 현재 드리는 예배 안으로 침투해 들어온다. 참여자는 성찬의 사건으로 침투해 들어오시는 하나님 나라를 경험하게 된다. 만찬의 이미지는 후기 유대교의 거룩한 만찬 즉, 마지막 날 하나님의 나라에서 있을 대연회의 이미지와 연결되어 있다. 이러한 유대교의 종말론적 이미지는 예수님의 사역과 가르침에서도 계속된다. 오천 명의 군중을 먹이시는 기적은 미래의 메시아적 연회의 상징적 기대이면서 동시에 굶주린 육신과 영혼을 채우시는 하나님 나라의 거룩한 잔치이다.[7]

찬양 받으소서, 만물의 주 하나님!
대지와 인간의 수고를 통해 떡의 열매를 내신 분!
이것으로 생명의 떡 되게 하시옵소서.
이제로부터 영원까지 하나님 영광 받으옵소서!

찬양 받으소서 만물의 주 하나님!
포도나무와 인간의 수고를 통해 포도주의 열매를 내신 분!
이것으로 영원한 나라의 포도주 되게 하옵소서!
이제로부터 영원까지 하나님 영광 받으옵소서!

들판에 뿌려졌던 낱알들과 낮은 산언덕에 뿌려졌던 포도들이
이 떡과 포도주의 식탁에서 하나가 되듯이,
주님이시여! 주님의 모든 교회들이 세계 각처로부터 일어나
속히 주님의 나라에로 함께 모여들게 하옵소서.
마라나타! 오시옵소서. 주님 예수여!

(디다케에서)

우리는 때로 하나님 나라를 보여 달라고 기도한다. 이 세상이 아닌 그 어떤 세계에서 우리는 그러한 삶을 추구한다. 그러나 우리가 살아가는 이 세계는 이미 하나님 나라를 계시하고 있다. 교회에서 들려오는 어린아이의 웃음소리, 뛰어 노는 아이들, 해가 지는 들녘, 하루를 성실하게 마친 농부의 두 손 모은 기도 속에서 우리는 하나님 나라를 본다. 예배가운데 그리고 삶의 곳곳에서 고통 받는 자들과 함께하고자 할 때, 우리는 이미 하나님 나라를 경험하며 살아간다. 우리가 살아가는 세계가 완전

하지는 않지만 우리는 그 하나님 나라를 맛보며 살아가고 있다. 우리의 삶은 하나님 나라의 흔적을 발견하는 여정이다. 우리가 흘리는 땀방울 속에, 사랑의 마음에, 배려와 환대에, 그리고 마지막 까지 최선을 다하려는 열정과 헌신 안에 하나님 나라의 흔적이 있다. 이미 우리 안에 교회 안에 조용히 하나님 나라가 계시되고 있다. 그 흔적을 발견하고 싶은 자는 그 나라를 위해 땀을 흘리고 헌신하여야 한다.

3. 초대 교회의 예배 순서, 그 회복과 신학적 의미

소박하고 단순한 예배 영성의 회복하기 위해서는 다음과 같은 예배의 모든 요소와 의미를 회복하여야 한다.

1) 모임(Gathering)의 예전

예배는 하나님께서 시작하셔서 하나님이 주도하시며 우리들을 부르시는 것이다. 그리스도의 이름 안에서 우리는 하나님의 부르심에 답하며, 신앙공동체로서 모이는 것이다. 회중이 모이게 되면, 회중은 신앙가족의 일원으로 서로에게 자연스럽게 인사를 나눌 수 있고, 회중은 조용히 기도하거나 묵상에 들어갈 수도 있다. 혹은 해당하는 절기나 그 날의 성경본문에 맞는 음악이 연주될 수도 있다. 환대(Hospitality)는 낯선 자에 대한 환대, 외롭고 고통 받는 자의 마음을 여는 행위이며 이는 삭개오에 대한 예수님의 반응에서 엿볼 수 있다. 회중들의 고통을 받아들이는 목회자의 태도와 미소와 환영의 인사가 그들을 집으로 돌아온 자의 기쁨과 감사 그리고 따듯함을 느끼게 할 수 있다.

예배로의 부름은 성령님의 초대하고 모임을 선포하며 하나님의 임재를 선포하는 시간이다.

죄의 고백은 오늘날 공중예배에서 생략되어지는데 사실 죄의 문제는 너무 심각하며 성령 임재의 핵심이다. 현대 사회에서 그리스도인들을 둘러싼 최대의 덫 중 하나는 죄에 익숙해져 가는 경향이다. 도덕적으로 둔감해지는 일은 놀라울 정도로 쉽다. 우리 주위에 있는 악으로 인해 더 이상 상처도 받지 않고, 애통해하지도 않고, 충격을 받지도 않는 일 역시 놀라울 정도로 쉽다. 이렇게 도덕적으로 무감각해지는 과정에 대한 가장 확실한 해결책은, 말과 행동의 죄는 물론, 생각과 관점의 죄들도 드러내고 회개하며 버리는 훈련과 연습을 하는 것이다. 죄를 자복하며 죄 사함과 깨끗하게 됨을 구하는 것으로는 충분하지 않다. 우리는 의도적으로 분명하고 명확하게 그 죄들을 버려야 한다.

바울은 인간의 실존이 갖는 어두움을 바라보며 이렇게 탄식한다. "오호라 나는 곤고한 사람이로다. 이 사망의 몸에서 누가 나를 건져내랴."(롬 7:24) 어찌하지 못하는 인간의 한계 앞에서 말할 수 없는 고통을 경험한다. 이는 인간의 능력 없음의 표현이고 하나님 앞에서 실존의 무가치성과 죄를 고백하는 것이다. 바울이 이렇게 고백할 때 이는 자연적인 슬픔이나 후회가 아니다. 하나님의 거룩함과 인간의 죄에 대한 이야기다. 이사야 6장에 나타난 것처럼 하나님은 거룩하고 의로운 분이고 인간은 그러하지 못하다.

성령운동이 회개에서 시작되었다는 것을 기억해야 한다. 죄의 탄식은 단순히 죄를 고백하는 것을 넘어서며 이는 죄인된 인간과 용서하시는 하나님의 관계에 대한 문제이며 죄로 인해 분열된 인간의 모습에 대한 탄식이다. 죄의 고백은 기도, 통회자복의 시편, 혹은 적합한 음악을 사용해서 이루어진다. 그 형식이 어떠하든 이것은 우리가 우리의 죄성을 인정하고 우리의 죄를 하나님께 고백하도록 우리를 이끌어 내는 것이다. 고백 전, 고백을 하면서, 혹은 고백 후에 침묵의 시간을 가질 수 있고, 통회자복의 성격을 지닌 음악이 이 기도 후에 이어질 수도 있다.

우리의 죄를 고백한 후에, 우리는 하나님의 구원의 약속들과 모든 인간의 삶을 향한 하나님의 요구들을 기억한다. 하나님의 용서하심의 은혜에 대한 보장이 예수 그리스도의 이름으로 선포되고, 우리는 하나님의 용서하심을 믿고 죄에 대하여 죽음으로 하나님께서 우리를 새로운 삶으로 끌어올리심을 확신하게 된다. 죄의 고백은 여기서 드려지는 것 대신 주님의 성찬이 있기 전, 중보기도가 있은 후에 드려질 수 있다.

예배인도자는 주일 공중예배에서 죄의 고백 이후나 성찬을 전후해 침묵기도를 시도해 볼 필요가 있다. 이 침묵의 시간은 인간의 죄와 어두움을 드러내고 그럼에도 값없이 주시는 하나님의 은혜의 선물을 깊이 경험하도록 한다.[8] 인간의 침묵은 모호하게 나타나시는 하나님에 대한 인간의 반응이기도 하다. 침묵은 이 세상의 모든 사건을 인과율적으로 분명하게 해석하기 어렵다는 모호성에서 발생한다. 바람과 같은 성령, 어디서 어디로 불지 알 수 없는 그 성령의 역사 앞에서 우리는 침묵할 수밖에 없다. 그러나 여기서의 침묵은 기도를 멈추는 것과 같은 수동적 정지 상태가 아니다. 이해할 수 없는 세상 너머에 계신 초월자, 인과율로 설명되지 않는 존재에 대해 깊은 신뢰를 나타내는 방식이다.[9]

하나님의 거룩함은 말로 다 설명할 수 없다. 그 초월의 세계, 거룩한 세계에서 오시는 하나님을 경험하는 행위가 침묵이다. 이해하기를 추구하지만 이해할 수 없을지라도 그 안에 숨겨진 섭리가 분명 있을 것이라는 신뢰의 표현이 바로 침묵이다. 인간의 침묵은 자신과 세상의 모순을 하나님의 거룩함 앞에 내려놓는 행위다. 우리는 침묵을 통해 초월자의 부재와 임재를 통합하는 감각을 훈련해야 한다. 하나님의 강한 임재는 오히려 내가 주도적으로 무언가를 하려는 마음을 내려놓을 때 경험된다. 십자가는 구원을 상상할 수 없는 저주의 시공간이었지만 기독교 복음은 바로 그 십자가로부터 들려왔다. 생기와 진취적인 열정으로 타인을 설득하고 이끌어야 할 때가 있고, 물러서서 침묵하며 하나님의 음성을 기다려야 할 때가 있다.[10] 이 둘은 주기적으로 인간 삶의 여정 속에서 계속 반복적으로 일어나야 하고 그 둘 사이에 긴장과 균형을 유지할 필요가 있다.

2) 말씀(Proclamation)의 예전

하나님의 계시의 통일성과 완전함이 선포되기 위하여 낭독되어지는 말씀은 구약성경에서와 신약성경에서 동시 선택되어야 한다. 사도서신 낭독과 복음서 낭독은 신약성경 낭독에 포함된다. 시편 전체 중 한 편의 시편이 순서 가운데 반드시 포함되어야 한다. 고대 유대교의 예배로부터 전수된 시편은 수세기 동안에 걸쳐 그리스도인들의 기도와 찬양 전통의 핵심에 자리 잡고 있다. 역사 속에서 개혁교회의 전통은 예배에서 시편으로 찬양하는 것에 특별한 위치를 제공해 왔다.

우리는 예배순서 어디에서나 적절하게 하나의 시편으로 찬양을 드릴 수 있다. 그러나 성서일과에 지정된 시편은 첫 낭독 후에 찬양되어지도록 되어 있다. 이 시편 찬양은 회중들이 낭독되어진 말씀을 기억하고 그 말씀에 응답하도록 이끄는 것이다. 시편은 다른 낭독으로 간주되지 않는다. 낭독될 성경구절은 주의를 가지고 선택되어져야 한다. 이 선택은 교회력의 절기와 목회적 관심과 세계의 사건과 상황, 그리고 교회의 선교 목표에 따라서 결정되어야 한다. 일정한 기간에 예배자들이 성경의 여러 다양한 주제들과 강조점들을 경험하도록 주의를 기울여야 할 것이다.

설교에 최선을 다해야 하지만 설교가 다는 아니다. 예배는 하나님 자신이 계시되는 장이되어야 한다. 죄의 고백, 침묵, 중보기도, 평화의 인사, 성찬, 축복기도 이 모두 소중한 시간들이다. 따라서 하나하나 문구를 만드는 것에도 최선을 다하며 그 예배의 순서 안에 하나님이 일하시도록 해야 한다.

언어의 내포적 의미는 대부분 머리가 아닌 감각 기관, 즉 몸을 통해 인식된다. 언어의 내용은 자연스럽게 그에 해당하는 감정을 유발하고 몸을 통해 반응된다. 예배의 언어는 인지적 언어만이 아닌 감정과 감각의 언어다. 하나님을 예배한다는 것은 그분의 성품과 그분이 하신 일 그리고 세상을 향한 그분의 사랑을 예배하는 것이다. 이는 성경의 많은 이야기들 속에서 우리에게 전해진다. 삼위일체 하나님과 그분의 백성 이야기는 성서의 생생한 묘사를 통해 우리의 감성을 일으킨다. 이런 감성은 반복적으로 우리 안에 각인되고 내면화된다. 그리고 이런 과정에서 하나님의 이야기는 내 자신의 감성으로 스며들고 체화된다. 예수 그리스도의 삶과 죽음, 부활, 다시 오심에 대한 약속은 그에 따른 고통과 소망의 의미를 알게 하며 그 의미는 그에 따른 독특한 감성을 예배자들에게 심어놓는다. 시편 42편은 하나님을 갈망하는 예배자의 모습을 보여준다.

하나님이여 사슴이 시냇물을 찾기에 갈급함 같이 내 영혼이 주를 찾기에 갈급하니이다. 내 영혼이 하나님 곧 살아 계시는 하나님을 갈망하나니 내가 어느 때에 나아가서 하나님의 얼굴을 뵈올까 사람들이 종일 내게 하는 말이 네 하나님이 어디 있느뇨 하오니 내 눈물이 주야로 내 음식이 되었도다(시 42:1-3).

이 시편에는 하나님을 갈망하지만 그분의 음성과 그분의 흔적을 찾을 수 없는 예배자의 절망이 드러나 있다. 하나님의 부재의 경험은 오히려 하나님에 대한 강한 소망으로 연결된다. 그분의 부재의 경험은 인간에게 절망을 주지만 동시에 소망을 주기도 한다. 매우 모순적인 감정이 하나의 사건에서 동시에 또는 연이어 일어나기도 하는 것이다. 따라서 예배자의 신앙은 종교적 경험을 해석하기 위한 교리 체계를 넘어선다. 이런 감정의 복합성은 인간의 복잡성에서 기원하며 신앙은 이런 감정 없이는 경험

될 수도, 해석될 수도 없다.[11]

여기서 주의해야 할 점은 설교자나 인도자가 예배에서 나타나는 감정의 흐름을 인위적이고 강압적으로 끌어가지 말아야 한다는 점이다. 회중에게 강한 인상을 주기 위해 지나치게 감정에 호소한다든지 과잉된 웃음이나 울음으로 참여자를 자극하는 것은 매우 가식적이고 적절치 못한 행위다. 오히려 솔직하고 담백한 언어, 힘이 들어가 있지 않은 언어가 사람을 더 깊이 감동시키고 변화시킨다. 나아가 예배에서 성경의 이야기가 회중의 삶을 조명할 때 감정은 그들에게서 자연스럽게 흘러나오게 된다.[12]

중보기도는 공동체에 대한 감각을 기르는 시간이다. 한 개인, 단독자를 넘어서는 예배 공동체, 그 공동체가 하나님을 만나고 예배한다. 공동체의 탄식과 기도를 들으신다. 그들만이 만들어내는 다이내믹이 존재하며 대형교회가 늘 좋은 다이내믹을 갖는 것은 아니다. 소박한 공동체의 소박한 기도안에 하나님이 응답하신다. 문제는 소박함 안에 깃든 진정성을 보지 못하게 하는 목회자의 채워지지 않는 욕망이다. 따라서 은유, 상징, 톤, 언어, 말하는 방식과 같은 비언어적 요소들에 관심을 갖아야 한다. 사실 오늘 날 개신교에서 목사가 가장 큰 상징이다. 그들은 영적 상징일 뿐 아니라 문화적 상징이다.

살아있는 공동체가 살아계신 하나님을 예배하기 위한 몸부림이 예배이다. 죽은 사회, 세속사회를 향한 탄식과 아픔의 절규가 예배이어야 한다. 이것이 중보기도를 통해 하나님에게 올려져야 한다. 예배는 지극히 개인적이면서 철저히 공동체적 성격을 갖고 있다. 예를 들어, 초대교회의 중보기도는 이 세상을 하나님께 올려드리는 기도였고 우리가 살아가는 세상과 교회의 문제 그로 인해 고통당하는 개인의 질병을 위해 기도하였다. 만약 이러한 초대교회의 중보기도의 전통이 우리의 공중 예배에서 진실하게 드려진다면, 개인의 삶의 고통을 충분히 공동체와 초월자 앞에서 드러내 보일 수 있는 그런 공간과 시간을 가질 수 있을 것이다. 굳이 초대교부들의 신학이나 정교회의 신학을 빌리지 않더라도 초대교회는 이 세상을 그리스도의 몸으로 이해했고 세상은 그리스도가 그의 넓은 팔로 안으시는 사랑과 구원의 대상이었다. 세상은 하나님의 피조물이고 하나님의 생명이다. 그 세상의 한 지체가 당하는 고통을 그 몸이 모를 수 없고 그 몸은 그 지체의 고통에 연대책임이 있는 것이다.[13]

예수 그리스도 안에서 하나님과 화해되어진 후에 회중은, 화해의 표와 그리스도의 평화의 인사를 나누도록 초청된다. 평화의 인사를 나누면서 우리는 화해와 하나 됨과 오직 하나님으로부터만 오는 사랑을 표현한다. 그리고 우리는 우리 자신을 이 하나님의 사랑의 능력 앞에 열어 놓으므로, 하나님께서 우리의 깨어진 것들을 치유하시고 우리들을 이 세상의 사랑의 도구로 만들기를 기원한다.

3) 성찬(Communion)의 예전

성경에는 음식과 관련되어 상반된 이야기가 나타난다. 주님은 공생애를 시작하시기전 40일간의 금식하시고 극심한 육체의 한계를 경험하신다. 세례요한도 메뚜기와 석청을 먹으며 하나님 나라가 가까이 왔으니 회개하라고 선포한다. 이를 따라 기독교는 금욕의 종교로 이해하고 금욕할 것을 가르치기도 한다. 그러나 가나의 혼인잔치에서는 어머니의 요청으로 물을 포도주로 만드셨다. 예수는 죄인들과 세리들과 함께 늘 식사를 하신다. 음식을 탐하는 자라는 오명을 얻기도 하셨다. 예수는 때로 금식하기도 하시고 때로 만찬을 즐기기도 하셨다. 음식을 지독히 절제하는 금식과 음식을 풍성히 먹는 축제(fast and feast)는 사실 기독교의 복음을 이해하는 매우 중요하다.[14]

오병이어의 기적으로 예수는 오천 명을 먹이신다. 땅의 음식을 그들에게 먹이시고 그들의 배고픔을 외면하지 않으신다. 그러나 그 기적을 보고 예수를 따르는 유대인들을 책망한다. 너희가 나를 찾는 것은 떡을 먹고 배부른 까닭이라는 것이다. 음식을 많이 먹거나 적게 먹는 것이 중요하지 않고, 먹지 않거나 풍요롭게 먹는 것이 중요하지 않다. 먹는 행위 안에 스며든 하나님 나라가 중요하고 먹고자 하는 욕망을 억제하며 하나님 나라를 갈망하는 것이 중요하다.

오병이어의 기적은 이 땅의 떡과 하늘의 생명이 어떻게 연결되어 있는지를 알려주는 매우 중요한 사건이다. 떡 다섯 개와 생선 두 마리는 우리가 먹는 일상의 음식이지만 주께서 축사하실 때 그 음식은 하늘의 음식이 되고 하늘의 잔치가 된다. 세속적이고 일상적인 음식이 주님의 축복을 통해 거룩한 양식으로 변화된다. 오병이어의 기적은 인간이 음식 없이는 살 수 없다는 것을 알게 한다. 동시에 음식은 육체의 허기를 채우는 의미 이상이라는 것을 알려준다. 빵은 우리의 배고픔을 채울 빵일 뿐 아니라 하나님 나라에 대한 갈망을 채우는 빵이라는 사실이다.

오병이어의 기적은 몸과 맘이 굶주려있는 세대에게 두 가지의 희망을 준다. 하나님은 우리에게 일용할 양식을 주시는 분이라는 것과 그 일용할 양식은 썩을 수밖에 없지만 그 양식을 먹으며 영원한 하나님 나라를 소망하라는 의미이다. 여기에 땅과 하늘, 지상의 양식과 생명의 양식은 분리되지 않는다. 이 종말론적 잔치에서 하나님 나라의 식사에서 거룩과 세속이 만나고 있다. 주님은 우리의 생명의 떡이다 (요 6: 35). 주님은 우리의 생명의 떡이 되시기 위해 자신의 생명을 주셨다. 그래서 생명의 떡이 되셨고 이 생명의 떡이 우리를 소생시키고 우리의 생명을 유지한다.

우리는 성찬을 통해 주님의 몸과 피를 먹고 마신다. 떡과 포도주가 내 입으로 들어가 내 몸속에서 분해되고 나의 살이 되고 피가 된다. 나는 그리스도의 몸과 피를 먹고 마심으로 그리스도인이 되어간다. 성찬을 통해 나는 그분이 말하는 것처럼 말하고, 느끼고, 만지고, 세상을 보고, 사람들의 말과 소리를 듣기를 원한다. 그분을 먹고 마시며 우리는 그분을 닮게 되고 이는 곧 성화(Sanctification)로 이어진다. 이 변화는 존재론적 변화일 뿐 아니라 삶의 변화이고 일상생활의 변화이다. 이는 추상적 신학이 아니라 예배가운데 특히 성찬가운데 실제로 일어나는 경험적인 현상이다. 그리스도의 몸의 신비적 차원은 우리의 인식과 육체 안에서 활동하고 현재화된다. 그분의 삶과 죽음과 부활의 이야기는 성찬을 통해 우리의 몸에 각인된다.[15] 고린도전서 10장에서 바울은 "우리가 축복하는바 축복의 잔은 그리스도의 피에 참예함이 아니며 우리가 떼는 떡은 그리스도의 몸에 참예함이 아니냐. 떡이 하나요 많은 우리가 한 몸이니 이는 우리가 다 한 떡에 참예함이라"라고 주장한다. 초대교회 성도들은 모여서 사도들의 말씀을 듣고 떡을 떼며 세상을 섬기기 위해 다시 세상으로 돌아가는 예배를 드렸다. 주목할 점은 그들은 아픈 자들에게 그 성찬을 나누며 가난한 자들을 구제하는 나눔의 미덕을 갖고 있었다. 성찬은 거룩한 자들의 엄숙한 행위를 넘어서는 이 세상을 구원하고 치유하시는 그리스도의 자기주심의 상징이며 나눔이고 축제이다. 성찬을 나누는 것은 세상을 위해 자기 자신을 주신 그리스도의 몸과 피를 먹고 마시며 세상을 위해 다시 우리의 몸을 드리는 행위(Sacrifice)이다. 초대교회 공동체의 성찬은 영의 양식인 동시에 공동체에서 소외된 자들 그리고 가난한 자들에게 나누어지는 육의 양식이기도 했다.[16] 정리하면, 성찬에서 우리는 인류의 구속을 이루신 하나님께 드리는 감사와 찬양을 드리고(Eucharistia), 그리스도의 화목제물 되심과 십자가의 정신을 기억하며(Anamnesis), 성령의 임재를 기도하며(Epiclesis), 예배를 통해서 하나님과 이웃, 더 나아가 모든 피조물들과 연대하는 교제 나누고(Koinonia), 하나님의 나라의 축복과 은총을 미리 맛보고 누리는 종말론적 식사(Anticipation)를 한다.

집례자는 빵을 취하여 떼고, 포도주나 혹은 포도즙을 잔에 붓는다. 빵을 자르고 잔에 포도주를 붓는 이 예전행위는 반드시 모든 참여자들이 잘 볼 수 있도록 거행되어야 한다. 빵이 떼어지고 포도주가 잔에 부어질 때 성찬제정사(the words of institution)가 선언된다. 이 예전행위에서 우리는 모든 사람들을 위하여 그리스도가 몸을 버리시고 피를 흘리셨음을 되새기는 것이다. 이 때 모든 사람들이 떼어지는 것을 볼 수 있을 만큼 큰 빵을 준비해야 하며, 포도주를 붓는 행위를 위해서 잔과 함께 포도주를 담아 놓을 주전자를 준비해 두어야 한다. 회중은 떡과 잔을 받기 위해서 성찬상 주위에 둘러 모일 수 있다. 회중이 떡과 잔을 나누어 주는 사람들에게로 나아갈 수도 있고 회중이 있는 자리에서 떡과 잔이 나누어질 수 있다.

빵은 조그마한 조각으로 떼어져서 성찬에 참여하는 성도의 손에 주어진다. 또는 성찬식 전에 미리 조각으로 준비하여 성찬식에서 성도에게 제공될 수도 있다. 포도주는 하나의 성찬 잔을 통해 회중에게 공급될 수 있고 여러 개인잔으로 회중에게 제공될 수 있다. 잔을 들고 마시는 대신 참여자들이 떡 조각을 잔에 조금 담가서 성찬에 참여할 수도 있다. 성찬이 나누어지는 동안에 회중은 시편송, 찬송, 영가 또는 다른 적절한 노래를 부를 수 있고 찬양대가 찬양을 하거나 악기를 통해 찬양이 연주될 수도 있다. 또는 성경구절이 낭독되거나 혹은 회중이 묵상기도를 드릴 수도 있다. 모든 성도가 성찬에 참여한 후에, 남은 떡과 포도즙은 성찬상으로 되돌려진다. 성례전 안에 주어진 그리스도의 은혜로 인해 하나님께 성찬 감사기도가 드려지며, 참여한 성도들이 신실한 제자들이 되도록 하나님의 은혜와 능력이 참여한 성도들에게 임하기를 간구한다.[17]

그리스도인의 삶은 자기 자신을 하나님께 드림을 통해 하나님에 의해서 조성되어 능력을 입고, 방향이 잡혀지며, 그리고 변화된다. 예배에서 하나님은 우리에게 예수 그리스도의 값비싼 자기희생을 보여 주신다. 우리는 그리스도에 의해 구속되었고 자유를 얻었다. 이러한 예수 그리스도 안에 있는 하나님의 사랑에 응답하는 것으로 우리는 하나님께 우리의 삶과 우리의 예물, 우리의 재능과 우리의 물질적인 선물을 하나님 나라의 사업을 위해 봉헌하는 것이다. 조용한 가운데 혹은 적절한 음악과 함께 성도들이 준비된 예물을 드린다. 십일조와 예물이 모아지면 찬양이나 기도함으로 하나님께 바친다.

기독교 역사의 초기로부터 봉헌은 주님의 만찬에 사용되어지는 떡과 잔을 제단에 올리는 시간으로 사용되어 온 경우가 있었다. 따라서 주님의 만찬이 계속하여 거행될 경우, 봉헌시간에 주님에 대한 감사함의 표현과 함께 떡과 잔이 성찬대로 옮겨질 수 있다. 만일 성찬에 쓸 떡과 잔이 이미 성찬 식탁에 놓여 있었다면, 성례의 집행을 위해서 필요한 준비를 한다. 예배에 주님의 만찬이 포함되어 있지 않은 경우에는 봉헌에 이어서 성찬 감사기도와 주기도문으로 봉헌의 시간을 마무리한다. 그리고 예배는 찬송이나 영가, 영창 혹은 시편송과 아울러 파송과 축도로 끝나게 된다.

4) 파송(Sending Forth)

예배의 끝부분에 이르러서 위탁과 축복을 통해 그리스도인들은 또 다른 결단과 다짐의 예전행위를 표현하게 된다. 회중은 구체적으로 개인적인 혹은 공동체의 세상을 위한 사명을 결단하여 전도와 사랑과 정의와 화해와 평화의 도구가 될 것을 다짐한다. 교회공동체로부터 이러한 사명을 부여받고 공동체를 떠나는 성도들과, 혹은 다른 공동체로 옮겨가는 성도들을 위한 환송의 시간을 이 때에 가질 수 있다. 교회의 삶에 수반되는 여러 가지 알림사항들이 이 시간에 전달될 수 있다. 그러나 이 시간에 전달되든지 혹은 다른 시간에 전달되든지 알림의 내용은 반드시 예배공동체의 계속되는 사역과 직접적으로 관련된 것들로 제한되어야 하며, 또한 반드시 예배공동체의 모든 성도들에게 해당되는 것이어야 한다.

교회는 예배와 사역을 통해서 하나님 나라의 표증이 되어야 한다. 하나님 나라는 현재적 실체임과 동시에 미래에 이루어질 약속이기도 하다.

하나님 나라에 적대적인 시대에 살면서, 교회는 하나님 나라가 실현되어 왔음을 확신하며, 하나님의 최후 승리에 뿌리를 둔 미래에 대한 강한 소망을 가지고 예배와 사역을 계속해 가야 한다.[18] 파송의식은 고린도후서 13장 13절의 사도적 축도문과 같은 삼위일체적 축도문을 사용하거나, 또는 성경의 다른 곳에 나타나는 적절한 구절들을 인용하는 축복의 선언이 포함되어야 한다. 이러한 축복을 통해 하나님의 평안과 축복이 확고해질 때, 비로소 우리는 하나님께서 우리가 받은 사명의 길에 우리와 함께 가신다는 확신을 얻게 되는 것이다. 축복의 선언 후에 적절한 음악이 이어지게 한다. 회중은 평화와 화해의 인사를 나누며 세상 속으로 흩어진다.

4. 정체성의 회복—부르심과 소명

한국의 개혁교회가 종교개혁정신을 계승하여 근본으로 돌아가야 한다면 그 근본은 초기 교회의 예배 신학과 그 형태여야 할 것이다. 기독교 예배는 그 초기부터 "말씀의 예전"과 "성찬의 예전"이 균형을 이루고 있었다. 초기 기독교와 마찬가지로 성찬은 사실 16세기 종교개혁자들에게도 관심의 대상이었다. 개혁자들도 참다운 교회는 말씀이 바로 선포되어지고, 성례전이 올바르게 집행되어져야 한다고 생각했다. 20세기에 이르러 예배갱신운동이 일어나면서 종교 개혁자들이 초대교회의 원형을 회복하고자 하였음을 다시 깨닫고 오늘의 신학자들과 교회는 이 둘의 조화와 균형에 관심과 노력을 기울이고 있다.

사실 설교와 성찬은 예배의 분절된 개체가 아니라 하나님의 복음 선포로 이해되고 실천되어야 한다. 이제 한국교회는 성찬을 말씀의 예전과 균형을 이루어야 한다. 교회 형편과 변화의 속도에 따라 횟수는 달라질 수 있지만 적어도 한 달에 한번은 성찬을 드릴 것을 제안한다.

몸으로 이 땅에 오신 주님의 삶과 부활의 이야기가 우리의 일상에 스며들 수 있도록 성찬을 깊이 이해하고 다양한 방식을 통해 실천하는 노력이 필요하다. 나아가 삼위일체 하나님을 예배하는 균형 잡힌 예배를 드리기 위해 성찬은 반드시 한국 개신교에 회복되어져야 한다.

하나님 나라는 무너져가는 한국교회를 부여잡고 그 교회와 나 자신을 동일시하고 나의 죄와 한국교회의 죄를 회개하며 다시 이 교회를 세우실 것을 소망하는 자들에 의해 세워질 것이다. 한국교회의 무너져 가는 현실을 남이야기 하듯 비판하는 자들은 많다. 그러나 정작 자신의 문제처럼 한국교회의 문제를 부여잡고 통곡하는 목회자를 만나기가 쉽지 않다. 물량주의에 빠져있고 나의 개인적 야망과 선교적 사명을 의식적 무의식적으로 혼동하는 기만이 있다. 그러나 그것이 끝이 아니기를 기도해야 한다. 심판은 오히려 희망이 있다. 더 무서운 것은 방관이다. 이러한 시간이 오지 않도록 깨어있어야 한다.

성경이 말하는 역사관은 낙관론도 비관론도 예정론도 아니다. 절망도 아니고 근거 없는 희망도 아니다. 하나님이 이끌어 가시는 그 나라를 민감히 살아가야 한다. 하나님은 창조주이시고 세상을 창조하셨을 뿐 아니라 그 역사를 창조해 가신다. 그리고 우리에게 함께 이 역사를 창조해 가자고 요청하신다. 어두운 현실에도 미래에 대한 실낱같은 희망을 버리지 않고 최선을 다하는 이들에게서 우리는 희망을 본다. 자신의 인생을 걸고 하나님 나라를 온 전력을 다해 이루고자 하는 자들에 의해 미래는 달라질 것이다.

5. 예배 소개

시대가 변화함에 따라 예배의 형식이나 신학적 강조점이 변하는 것은 지극히 자연스러운 일이고 개혁자들이 주장한 지속적 개혁(Semper Reformanda)의 실천이기도 하다. 그렇다면 오늘날 개혁교회의 성도들이 드리는 예배는 어떠해야하는가? 또한 어떤 신학적 의미를 갖는가?

이번 목회박람회에서는 세 번의 예배(여는 예배, 아침기도회, 마치는 예배)를 드린다. 개혁가인 루터는 성례전으로 지나치게 기울어진 예배에서 설교와 성경봉독을 예배의 가장 중요한 부분으로 생각하여 말씀의 예전을 회복하였다. 또한 새로운 찬송들을 각 지역의 언어로 부를 것을 권장하여 예배음악을 풍성하게 하였고 모든 성도들이 성찬에 온전히 참여할 수 있도록 하였다.

아침기도회는 초대교회부터 발전해왔던 매일기도(Daily Prayer, 혹은 Liturgy of Hours)의 예전을 존중하되, 지금의 한국 교회 새벽예배에 적합하도록 좀 더 단순화하여, 익숙한 찬양들과 인도자의 인도와 더불어 회중이 함께 기도하는 중보기도 방식을 넣어 재구성해 보았다. 4세기 후반 콘스탄티노플의 대주교였던 요한 크리소스톰이 아침기도회에서 설교를 했다는 기록이 있으나, 아침 기도회에서의 설교가 본격적으로 중요시된 것은 루터의 영향이라고 할 수 있다.

아침기도회에서는 세례를 기억하는 예식을 통해 세례반에 물을 부으며 시각적, 청각적 경험을 하고, 물을 손으로 떠올리며 용서와 확신의 말씀을 선포한다. 여기에서, 세례의 의미 중 죄사함과 새로운 피조물이 됨을 경험할 수 있게 된다. 이렇듯 이번 목회박람회에서 드려지는 세 번의 예배는 다감각적인(multisensory) 예배이다. 교회력에 따른 색깔뿐만 아니라 초기 교회의 예전적 요소를 회복하며 수동적인 관람이 아니라 보다 참여적인 모임의 예배공동체를 지향한다. 이 예배는 예배 순서 전반에서 감동을 받을 수 있도록 설교중심을 지양하며 예배인도자는 인도자로서가 아닌 참여자로서 구원의 신비에 다가간다. 한 개인의 회심을 넘어서서 탄식, 죄의 고백, 침묵 등을 통해 개인과 공동체 전체가 하나님과 정직하게 대면할 수 있는 기회를 제공하는 예배이다.

마치는 예배는 성령강림절 재즈워십이다. 교회력의 마지막을 자리하고 있는 성령강림절은 예수님의 부활승천 사건 이후 오순절 성령의 역사를 경험한 사건과 교회의 시작을 기념하여 지키는 절기이다. 성령강림주일은 교회가 그리스도의 증인으로 살아가는 사명을 새롭게 하는 주일이다. 영원한 생명이신 예수께서 사망 권세를 이기고 부활하여 다시 오실 것을 약속하시며 성령을 선물로 보내주셨다(요 15:26-27). 서로 다르지만 동일한 성령의 역사를 체험한 증인들은 자신들의 모임을 통해서 교회를 세웠고, 교회의 사명은 하나님을 전하는 일이 되었다(마 28:18-20). 성령을 힘입어 살아가는 이 땅의 그리스도인들은 자신의 정체성을 더욱 견고히 하고 함께 모여 교회가 된다(행 2:43-47). 그리고 그리스도의 하나 된 몸인 우리는 늘 함께하시는 성령님과 영원한 생명을 향하여 우리에게 맡겨진 사명을 감당할 것이다.

본 예배는 말씀과 성찬이 중심이 되어 한 흐름으로 연결되는 예배이다. 들리는 말씀으로 말씀 봉독과 설교는 교회력에 따른 성서일과에 따라 행 2:1-21을 중심으로 이루어지며, 보이는 말씀인 성찬은 설교 말미에 성찬으로의 초대로 자연스럽게 이어진다. 이는 설교와 성찬의 경계를 낮추어 앞서 들렸던 말씀이 이제는 보여지고 경험되는 자리로 나아갈 수 있게 된다. 들리는 말씀(설교)과 보이는 말씀(성찬)의 일치는 더욱 강력한 메시지로 다가오게 된다.

재의 수요일 예배 해설

1) 예배 성격

본 예배는 2018년 예배 컨퍼런스에서 시연하는 일곱 개의 절기 예배 가운데 하나로 기획된『재의 수요일』예배이다. 2018년은 교회력에 따라 2월 14일 재의 수요일을 기점으로 4월 1일 부활주일 전까지 40일 간의 사순절을 시작한다. "재의 수요일(Ash Wednesday)"은 "참회의 수요일" 혹은 "성회(聖灰) 수요일"로도 불리는데, 이는 일상적으로 부르는 구어적 명칭이며, 공식적 이름은 "재의 날(the Day of Ashes)"이다. "재"라는 용어는 이날 성도들이 함께 모여 이마에 재로 십자가 표시를 하고 하루를 보내기 때문에 쓰였다면, "수요일"이라는 용어는 사순절이 보통 주일을 제외하고 40일 동안 지켜짐으로 항상 수요일에 시작하기에 붙여진 이름이다. 교회 초기부터 3세기 초까지는 기한을 정하지 않고 부활절 전 2-3일 동안 예수의 수난을 기억하였으나 니케아 공의회(325년) 이후 40일의 기간이 정해졌다. 재의 수요일은 주님의 고난과 부활로 가는 여정의 시작이라고 할 수 있다. 주님의 고난이 갖는 의미를 교회가 몸으로 기억하며 드리는 절기 예배가 재의 수요일 예배이다.

2) 예배 주제

"흙에서 왔으니 흙으로 돌아가라"(창 3:19). 본 예배의 주제는 "티끌과 재 가운데" 참회로의 부름이다. 인간의 유한함과 덧없음, 영원하신 하나님의 자비를 기억하며 교회가 하나님 앞에서 참회의 공동체로 서기 위한 예배이다. 하나님 앞에 재를 덮어쓰고 옷을 찢고 티끌과 같은 존재로서 섰던 이스라엘은 오늘날에도 대속죄일(Yom Kippur)에 이러한 전통을 지키고 있다. 구약의 전통과 더불어 기도, 금식, 구제의 세 가지 행위를 통해 자신을 하나님께 돌이켰던 초기 교회의 모습에 따라 재의 수요일은 교회가 공동체가 함께 기도하고 금식하며 이마에 재를 바르면서 참회의 시간을 보낸다. 이 날 교회는 공동체의 죄가 나의 죄임을 고백하며 회개와 금식의 기도를 드리는 것이다.

본 예배의 성서낭독에서 마태복음 6장에 나타나는 기도와 금식과 구제는 매우 은밀하게 드려지는 개인적 경건이다. 그러나 동시에 요엘서 2장에서 보듯이 속죄의 전통은 공동체의 회복을 위한 깊은 회개와 중보의 시간이며 서로를 돌보는 긍휼의 시간이기도 하다. 나의 죄가 우리의 죄이며, 우리의 죄가 나의 죄임을 고백하고 나를 비롯한 공동체 전체가 새롭게 되는 은혜의 여정이다. 재의 수요일 예배는 구약의 선조들이 재와 티끌을 뒤집어쓰고 하나님 앞에 참회했듯이, 재를 이마 위에 십자가 표시로 바르고 하루를 보냄으로써 공동체적으로 공적인 회개의 날의 갖는 것이다. 이는 개신교 예배가 그동안 상실해 온 공동체성을 회복하는 의미가 있다. 교회는 이미 공동체이고 예배는 하나님의 백성들이 온전히 한 몸이 되어 드리는 예배이기 때문이다. 이는 신학적인 언명일 뿐 아니라 예배 행위를 통한 공동체의 형성이라는 의미를 갖기도 하다.

3) 중심 구성

본 예배는 묵상적인 찬양 속에 말씀과 침묵, 중보기도가 물 흐르듯이 어우러진 테제 예배의 기본 구성을 따르면서 공동체적 참회의 기도가 동반된 재를 바르는 예식이 중심적인 예전 행위로 행해진다. 교회력의 성서정과에 따르면 재의 수요일의 말씀은 시편 51:1-17, 요엘 2:1-2, 12-17, 고후 5:20b-6:10, 마 6;1-6, 16-21이다. 본 예배에서는 시편은 교독하고 구약과 복음서 말씀을 봉독한다. 성도들이 깊은 묵상 가운데 예배에 임할 수 있도록 테제 기도회에서의 찬양처럼 단순하거나 익숙한 찬양들이 예배 전체를 풍성하게 감싸도록 구성되었다.

4) 예전 구조와 특징

(1) 본 예배는 기독교 예배 예전의 기본 구조인 사중구조의 순서를 따르지 않고, 재의 수요일 예배가 한국 교회의 예배 전통에서는 수요예배나 수요 새벽기도에서 드려질 수 있다는 전제 하에 성도들이 좀 더 묵상과 기도에 집중할 수 있는 테제 기도회의 기본 흐름을 따라 구성되었다. 테제 예배는 전통적인 수도원의 기도에 뿌리를 두고 현대인에 맞게 조금 단순화하여, 시편과 성경 말씀, 중보 기도와 주기도문 그리고 여러 곡의 찬양이 물 흐르듯 이어진다.

(2) 본 예배는 입례나 예배로의 부름 대신, 모든 성도들과 목회자들이 자리에 앉아 찬양 가운데 하나님과 마주하는 것으로 예배는 시작된다. 테제의 찬양들은 단순하고 소박한 아름다움을 추구한다. 예배에 참석한 모든 이들이 쉽게 따라 부르고 노래 가사가 예배자들의 묵상과 기도가 된다.

(3) 시편 교독은 한국개신교 예배에서 교독문을 낭송하는 것에서 볼 수 있듯이 오랜 예배의 전통이다. 테제의 시편 교독은 한 구절을 낭독하면 회중이 할렐루야로 응답하는 형식으로 진행된다. 본 예배에서는 사순절 기간 동안의 할렐루야를 절제하는 전통과 한국 개신교 예배의 교독문 낭송의 전통에 따라 인도자와 회중이 시편을 교독한다.

유대인들이 회당에서 안식일에 성경을 연속적으로 읽었고 교회도 전통과 교회력에 따라 연속적으로 읽기(Lectio continua)를 했다. 개인적인 독서 뿐 아니라 공예배에서 공동체적으로 성경을 읽고 듣는 것은 매우 중요하며 성경을 읽는 것 자체가 말씀 선포가 되는 것이다. 대표적인 참회의 시 편인 51편을 인도자와 회중이 함께 교독하여 교회가 오랜 세월동안 드린 기도에 함께 참여한다.

(4) 그 후에 타종과 함께 긴 침묵의 시간을 갖는다. 테제 기도회에서 말씀 봉독 후에 설교를 대체하는 긴 침묵의 시간을 갖는 것과는 달리, 본 예배에서는 찬양과 시편의 말씀 이후에 하나님 앞에서 자신을 돌아보는 시간으로서 침묵을 갖는다. 이는 예배의 시작에 회개의 기도를 넣었던 개 신교 예배 전통과 맞닿아 있다. 이 침묵의 시간은 하나님과 예배자의 직 접적인 만남의 시간이며, 자신과 세상의 모순을 하나님의 거룩함 앞에 내 려놓는 행위이다. 세상에서 일어나는 일들에 대해 즉각적인 반응을 취하 는 인간 자아의 성향을 내려놓고 하나님의 음성을 듣는 적극적인 신뢰의 행위라고 할 수 있다. 침묵은 그 어떤 언어나 소리보다 강력하며 영적으 로 깨어 하나님께 집중하는 상태이다.

(5) 구약과 복음서 말씀 봉독, 설교, 그리고 그에 응하는 회중의 찬양 후에 재를 바르는 예식을 갖는다. 재의 예식은 사순절로 초대하는 권면 의 말씀과 참회의 기도로 시작한다. 재의 예식은 이 예배의 중심 부분이 다. 회중은 앞으로 나와서 이마에 재를 바른다. 재의 예식에 참여하는 회 중들은 잡다한 생각과 영적인 갈망이 교차하는 복잡한 교차로와 같다. 복잡한 내면을 갖고 예식에 참여하는 자들은 재의 예식을 통해 그들의 통회하는 심정을 드러내고 인간의 죄악에 슬퍼하시는 하나님의 마음을 교회공동체와 함께 경험하고 체험하게 된다.

(6) 참회의 기도는 인도자가 공동 기도를 한 후, "주여 들어주소서"의 후렴과 함께 잠시 침묵의 시간을 갖는다. "주여 들어주소서"는 키리에 엘레이손, 즉 자비송으로서 자신을 낮추고 자비를 청하는 기도이며 동시에 다가올 구세주 예수를 기다리는 의미이다. 시편 4장과 6장을 비롯해서 곳곳에 "저를 불쌍히 여겨 주소서"라는 표현이나 복음서에 "다윗의 자손이여, 저희에게 자비를 베풀어 주소서" 등의 표현이 많이 나타난다. 이런 기도의 전통을 따라 공동기도에서 회중들의 "주여 들어주소서"가 반복된다.

(7) 재의 수요일 예배는 회개와 인간의 유한성을 신학적 주제로 하기에 자칫 시종일관 무거운 분위기로 흐를 수 있다. 그러나 우리의 죄와 죽음이 최후의 메시지가 아니라, 그리스도가 죽음을 이기신 부활이 그것이듯이, 그 어떤 것도 우리를 그리스도 안에 있는 하나님의 사랑에서 끊을 수 없음을 기억하며 감사와 신뢰의 마음으로 예배를 마친다.

5) 재의 수요일 예배에 사용되는 사물과 그 의미

(1) 절기의 색

재의 수요일로 시작되는 사순절의 색깔은 보라와 회색이다. 대림절의 보라색이 왕의 색이자 기대의 색이라면, 사순절의 보라는 회색과 함께 참회와 고난, 죽음과 겸손의 색이라고 할 수 있다. 보통 사순절의 장식은 강단의 십자가에 보라색이나 회색의 천을 걸치거나 40일 간의 여정을 상징하는 광야를 형상화하는 장식을 한다. 본 예배에서는 단순히 십자가에 천을 걸치는 것에서 그치지 않고, 십자가를 중심으로 다양한 톤의 회색과 보라색을 엮어서 내리고 십자가 아래에서 보랏빛 천이 강단으로 흘러내리도록 절기 장식을 했다. 이는 재의 수요일로 시작되는 참회의 기도와 구제의 삶의 여정을 상징한다. 참된 회개 후에 기쁨이 오듯, 사순절 동안 우리를 정결케 하는 이러한 시간들은 하나님의 사랑과 은혜 속에 이루어지는 여정이기 때문이다. 이러한 하나님 안에서의 희로애락의 시간들이 쌓여 사순절을 지나 부활절을 맞이한다는 것을 상징적으로 표현했다.

(2) 돌과 나뭇가지

가운데 설교단과 양쪽의 재를 바르는 단에 놓인 돌과 나뭇가지는 예수님께서 40일 동안의 광야에서 금식을 하셨던 것처럼, 우리가 하나님과 더불어 갖게 될 40일 간의 회개와 기도, 금식의 광야와 같은 여정을 상징한다. 초는 그러한 어둠과 침묵과 같은 여정 속에 더욱 영롱하게 빛나는 하나님의 은혜의 빛을 상징한다.

(3) 재

재는 인간의 유한성과 슬픔 그리고 회개의 상징이다. 대속죄일에 부정을 씻는 물에 재를 타서 사용했듯이 재는 하나님께서 우리를 깨끗하게 해 주시기를 간구하고 기대하는 상징이다(민 19:1-10, 시 51:7). 교회 절기 전통에서는 한 해 전에 종려주일에 쓰였던 종려가지들을 말려 두었다가 그것을 모아서 재로 만들어 재의 수요일에 사용한다. 재가 갖는 모든 상징적인 의미들을 품고 하나님 앞에 재를 덮어쓰고 옷을 찢고 티끌과 같은 존재로서 서는 것이다. 또한 이마에 십자가를 그리는 표시는 초기 교회부터 있던 예식으로 지금도 성공회에서는 그 전통을 지켜 복음서를 읽을 때에 이마와 입술과 가슴에 십자가를 그린다. 이는 에스겔 9:4과 요한계시록 7:3-4에서 하나님의 성도들의 이마에 표시를 하는 것에서 보듯이, 이는 하나님의 소유권을 의미한다. 특히 에스겔에서 표를 하라고 할 때에 타브(tav)라는 히브리 단어를 사용하는데, 이는 히브리어 알파벳에서의 십자가 표지와 비슷한 타브를 뜻한다. 이는 계시록에서 충성된 종의 이마에 도장을 찍으라고 하는 것과 마찬가지로 하나님 앞에서 회개와 경건의 삶을 살아가는 종들을 세상에 임하는 심판으로부터 구원하신다는 표지이다.

(4) 타종

종소리는 매우 은은하고 예배 장소에서 멀리까지 울리는 특징이 있다. 종소리의 의미는 종 자체에 있기보다 그 소리를 듣는 예배 자의 마음에 있다. 어떤 이에게 종소리는 기도를 하도록 유도하기도 하고 침묵으로 인도하기도 한다. 세상의 소리를 잠재우고 예배자의 내면과 세상을 향한 하나님의 마음에 집중하는 도구인 것이다.

Ⅱ. 예배의 실제

2.1 개회예배 - 초대교회 예배 모범에 따른 주일 공동예배

여는 예배

2019. 5. 20. 오전 11:00

모 임 (Gathering)

* 표는 일어서서

* 예배로의 부름 ·· 인도자와 회중

여호와여 위대하심과 권능과 영광과 승리와 위엄이 다 주께 속하였사오니

천지에 있는 것이 다 주의 것이로소이다.

여호와여 주권도 주께 속하였사오니

주는 높으사 만물의 머리이심이니이다.

저희 하나님이여, 이제 저희가 주께 감사하오며

주의 영화로운 이름을 찬양하나이다. (대상 29:11-13)

* 찬 양 ······················· 21장 다 찬양하여라 ······················· 다 같 이

참회의 기도·· 맡은이
응답송 ··· 다 같이

Jacques Berthier

오 주 님 우리주 예 수 오 그리스도 우리주 예 수 오

말 씀 (Proclamation)

말씀 낭독·····························   ·················· 맡은이
설 교 ······························   ························· 맡은이
응답 찬양 ·············· 586장 어느 민족 누구게나 ·············· 다 같이

1.어 느   민족 누구   게 나 결단   할 때 있 나 니
2.고 상   하고 아름   답 다 진리   편 에 서   는 일
3.순 교   자의 빛을   따 라 주의   뒤 를 좇   아 서
4.악 이   비록 성하   여 도 진리   더 욱 강   하 다

참 과   거짓 싸울   때 에 어느   편 에 설   건 가
진 리   위해 억압   받 고 명예   이 익 잃   어 도
십 자   가를 등에   지 고 앞만   향 해 가   리 라
진 리   따라 살아   갈 때 어려   움 도 당   하 리

주 가   주신 새목   표 가 우리   앞 에 보   이 니
비 겁   한자 물러   서 나 용감   한 자 굳세   게 니
새 시   대는 새사   명 을 우리   에 게 주   나 니
우 리   가는 그앞   길 에 어둔   장 막 덮쳐   도

빛 과   어둠 사이   에 서 선택   하 며 살   리 라
낙 심   한자 돌아   오 는 그날   까 지 서   리 라 아멘
진 리   따라 사는   자 는 전진   하 리 언   제 나
하 나   님이 함께   계 셔 항상   지 켜 주   시 리

중보기도 ···다 같 이

1. 세상을 위하여 2. 교회를 위하여 3. 고통 받는 자들을 위하여

1. 세상을 위하여
전 세계 곳곳에서 벌어지고 있는 테러와 종교간의 갈등으로 인한 분쟁, 한
반도를 긴장시키는 전쟁의 공포, 파괴된 자연이 세상을 향해 보여주는 재
해들, 이 모든 인간의 문제들 앞에 하나님의 구원을 기다리며 소망합니다.

2. 교회를 위하여
한국교회의 분열된 역사와 편협한 분파주의를 회개합니다. 우월의식과 자
기 교파의 정당화에서 벗어나 오직 그리스도를 높이는 교회 되게 하여 주
옵소서.

3. 고통받는 자들을 위하여
가난한 자와 병든 자들을 돌보시고 눌린 자들과 소외당한 자들을 치유하
신 예수 그리스도의 심장을 갖기를 소망합니다. 자신의 영광과 권위를 추
구했던 우리를 겸허히 회개하며 이 세상에 더 소외되고 고통가운데 있는자
들과 함께하는 교회와 신학자들, 그리고 목회자들 되게 하여 주옵소서.

치유를 위한 기도 ···다 같 이

모든 사람이 건강하고 구원 받기를 원하시는 성부 하나님,
우리로 생명을 얻고 더 얻어 풍성하게 살기를 원하시는 성자 하나님,
우리의 몸을 주님의 성전으로 삼으시는 성령 하나님,

주님의 백성을 온전케 하소서.

어려움 가운데 있는 이들에게 힘을 주시고,

상처와 상한 심령으로 아파하는 자녀에게 인내와 용기를 더하소서.

주님의 백성을 치유하소서.

심신이 지쳐있는 목회자를 치유하시고,

고통으로부터의 해방과 두려움 없는 확신을 주옵소서.

좌절에 처해있는 자녀들에게 주님의 강한 손이 함께 하심을 깨닫게 하소서.

주님의 백성을 치유하소서.

치유와 회복을 주시는 전능하신 하나님,

상하고 병든 자와 그들을 치료하는 이들에게 축복하사,

그들이 육신과 마음의 건강을 회복하고

주님의 몸 된 교회에서 당신께 감사하며 사역하게 하소서.

우리 주 예수 그리스도의 이름으로 기도하나이다. 아멘

* 평화의 인사 ·····················사랑의 나눔 ·····························다 같 이

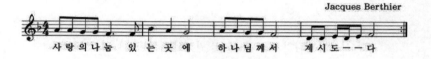

Jacques Berthier

사 랑 의 나 눔 있 는 곳 에   하 나 님 께 서   계 시 도 ― ― 다

성 찬 (Communion)

* 찬양 ···다 같 이

Nolene Prince

1. 거 룩 거 룩 거 룩 만 군 의 주 여
2. 존 귀 하 신 예 수 하 나 님 어 린 양

거 룩 거 룩 거 룩 만 군 의 주 여
존 귀 하 신 예 수 하 나 님 어 린 양

그 영 광 이 온 땅 에 충 만 그 영 광 이 온 땅 에 충 만
온 세 상 죄 를 구 속 하 셨 네 온 세 상 죄 를 구 속 하 셨 네

그 영 광 이 온 땅 에 충 만 거 룩 하 신 주
온 세 상 죄 를 구 속 하 셨 네 어 린 양 예 수

* 기 원 ··· 인 도 자

찬양 받으소서, 만물의 주 하나님!

대지와 인간의 수고를 통해 떡의 열매를 내신 분!

이것으로 생명의 떡 되게 하시옵소서.

이제로부터 영원까지 하나님 영광 받으옵소서!

찬양 받으소서 만물의 주 하나님!

포도나무와 인간의 수고를 통해 포도주의 열매를 내신 분!

이것으로 영원한 나라의 포도주 되게 하옵소서!

이제로부터 영원까지 하나님 영광 받으옵소서!

들판에 뿌려졌던 낱알들과 낮은 산언덕에 뿌려졌던 포도들이
이 떡과 포도주의 식탁에서 하나가 되듯이,
주님이시여! 주님의 모든 교회들이 세계 각처로부터 일어나
속히 주님의 나라에로 함께 모여들게 하옵소서.
마라나타! 오시옵소서. 주님 예수여! (디다케에서)

식탁으로의 초대 ·· 인 도 자

    고린도 전서 10장에서 바울은 "우리가 축복하는바 축복의 잔은 그리스도
의 피에 참예함이 아니며 우리가 떼는 떡은 그리스도의 몸에 참예함이 아니
냐. 떡이 하나요 많은 우리가 한 몸이니 이는 우리가 다 한 떡에 참예함이
라"라고 말씀하십니다. 성찬은 한 몸 되신 그리스도에 참예하는 것입니다.

    이번 목회박람회가 그동안 신학을 통해 갈라졌던 주의 형제들이 함께 예
배드리고 서로를 이해하고 포용하는 시간이 되기를 소망합니다. 성찬을
통해 하나의 빵을 나누고 서로 연결된 한 몸을 이뤄가는 것, 이것이 바로
성찬의 신비입니다.

    이 성찬을 통하여 주께서 우리를 위해 자신의 생명을 주셨듯이 우리를 살
리는 이 생명을 먹고 우리도 세상을 위한 생명으로 살아가야 할 것입니다.

    예수께서 말씀하신 "나를 기억하며 이것을 행하라(고전 11: 24-5)"는 의미는
내가 주님의 구원하시는 은총의 기억 안에 있음을 깨닫는 것입니다.

    내가 주님을 기억하고 이 성찬을 행하지만 사실 성찬의 주체는 예수 그리
스도 자신이시고 그분의 자기 주심의 사건이 성찬입니다. 그 자기주심의

사건 안에 그리고 주님의 기억 안에 나와 성찬의 공동체가 존재하는 것입니다.

성찬의 참여 ·· 인 도 자
우리는 이 빵을 떼어 주님의 몸을 나눕니다.
우리는 서로 다르나 한 빵을 나누며 한 몸을 이룹니다.
세상의 죄를 없애시는 하나님의 어린양이 여기 계십니다,
주여, 주님을 내 안에 받기를 감당치 못하오니, 한 말씀만 하소서.
내 영혼이 곧 나으리이다.

제정의 말씀 ·· 인 도 자

주님께서 잡히시던 날 밤에 떡을 손에 드시고 감사의 기도를 드리신 다음 떡을 떼시어 제자들에게 주시며 이렇게 말씀하셨습니다. "이것은 너희를 위하여 준 나의 몸이니 이것을 먹을 때마다 나를 기억하라"고 말씀하셨습니다.

또 식후에 잔을 드시고 감사의 기도를 드린 다음 제자들에게 그것을 주시며 "마셔라, 이것은 너희의 죄를 용서하기위해 흘린 내피로 맺은 새언약이니 이것을 마실 때마다 나를 기억하라" 고 말씀하셨습니다.

우리는 이 잔을 마시고 이 빵을 먹을 때마다 그분께서 이 땅에 다시 오심을 기다립니다. 그 때 죄와 죽음에서 구원받은 모든 피조물들과 더불어 그리스도 예수를 통하여 하나님을 찬양하게 될 것입니다.

우리를 위해 주신 주님의 몸입니다

우리를 위해 흘리신 주님의 피입니다.

보십시오 세상의 죄를 사하기 위해서 죽으신 주님의 몸입니다.

와서 부활하신 그리스도와 함께 믿음으로 이 성찬을 받으시기 바랍니다.

* 성찬 중 찬양 ·············우리 삶을 받아주소서 ·················· 다 같 이

* 감사기도 ·· 인 도 자

사랑의 하나님

저희를 주님의 몸과 피를 먹고 마시는

이 귀한 신비에 초청해 주셔서 감사를 드립니다.

이제 우리가 그리스도의 몸과 피를 받았으니,

구속 받은 그리스도의 몸 된 교회로서 세상을 향하여 보내소서.

생명의 하나님!

우리를 주님의 정의와 평화로 이끄소서!

파 송 (Sending Forth)

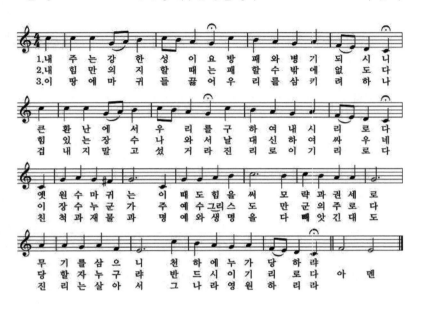

* 찬 양 ·················· 585장 내주는 강한 성이요 ····················· 다 같이

1.내 주 는 강 한 성 이 요 방 패 와 병 기 되 시 니
2.내 힘 만 의 지 할 때 는 패 할 수 밖 에 없 도 다
3.이 땅 에 마 귀 들 끓 어 우 리 를 삼 키 려 하 나

큰 환 난 에 서 우 리 를 구 하 여 내 시 리 로 다
힘 있 는 장 수 나 와 서 날 대 신 하 여 싸 우 네
겁 내 지 말 고 섰 거 라 진 리 로 이 기 리 로 다

옛 원 수 마 귀 는 이 때 도 힘 을 써 모 략 과 권 세 로
이 장 수 누 군 가 주 예 수 그 리 스 도 만 군 의 주 로 다
친 척 과 재 물 과 명 예 와 생 명 을 다 빼 앗 긴 대 도

무 기 를 삼 으 니 천 하 에 누 가 당 하 랴
당 할 자 누 구 랴 반 드 시 이 기 리 로 다 아 멘
진 리 는 살 아 서 그 나 라 영 원 하 리 라

* 위탁과 축복 ·· 맡 은 이

후 주 ·· 반 주 자

* 표는 일어서서

2.2 아침 기도회 - 새벽기도회 모범 (설교 없는 묵상예배)

아침 기도회

* 일어서서

* 예배로의 부름 ·· 인 도 자

    오 주여, 나의 입술을 열어 주소서

    나의 입이 주님을 찬양하리이다

    여호와의 인자와 긍휼이 무궁하시므로

    우리가 진멸되지 아니함이니이다

    이것들이 아침마다 새로우니 주의 성실하심이 크시도소이다

* 찬 양 ···················· 주의 인자는 끝이 없고 ···················· 다 같 이

기 도 ……………………………………………………… 맡 은 이

성서 낭독 ………………아모스 9:11-15 ……………………… 맡 은 이

그 날에 내가 다윗의 무너진 장막을 일으키고 그것들의 틈을 막으며 그 허물어진 것을 일으켜서 옛적과 같이 세우고 그들이 에돔의 남은 자와 내 이름으로 일컫는 만국을 기업으로 얻게 하리라. 이 일을 행하시는 여호와의 말씀이니라.

여호와의 말씀이니라. 보라 날이 이를지라 그 때에 파종하는 자가 곡식 추수하는 자의 뒤를 이으며 포도를 밟는 자가 씨 뿌리는 자의 뒤를 이으며 산들은 단 포도주를 흘리며 작은 산들은 녹으리라. 내가 내 백성 이스라엘이 사로잡힌 것을 돌이키리니 그들이 황폐한 성읍을 건축하여 거주하며 포도원들을 가꾸고 그 포도주를 마시며 과원들을 만들고 그 열매를 먹으리라. 내가 그들을 그들의 땅에 심으리니 그들이 내가 준 땅에서 다시 뽑히지 아니하리라. 네 하나님 여호와의 말씀이니라

* 잠시 침묵 가운데 말씀을 묵상하며 마음에 새깁니다.

응답 찬양 ………… 278장 여러 해 동안 주 떠나……………………다 같 이

오 사랑의 예수님 내 맘을 곧 엽니다

곧 들어와 나와 함께하며 내 생명이 되소서 아 멘

교회의 기도 ·· 인도자와 함께

1. 신앙의 선배인 개혁자들이 참된 교회를 회복하고 신학적인 개혁을 제시하였기에, 이를 계승하여 오늘의 교회가 새로워지기를 소망합니다. 예수 그리스도만이 (solus Christus) 하나님과 인간 사이에 유일한 중보자가 되셔서, 구원의 계획을 이루시고자 십자가에서 죽으시고 부활하셨음을 고백하던 개혁주의 신앙을 계승하기를 소망합니다. 시대의 어둠을 비춰주는 예수 그리스도의 복음을 제시함으로써, 생명의 진리와 구원의 메시지를 전세계에 증거하는 교회되게 하여 주옵소서.

주여 우리를 불쌍히 여기소서.

2. 하나님의 은혜를 세속적인 성공과 번영으로 변질시키고 십자가 없는 부활의 영광, 고난과 희생이 없는 삶을 추구하는 교회와 인생들을 불쌍히 여기소서. 하나님의 말씀을 왜곡하지 않고 성경적이고 바른 교리를 증거하는 교회되게 하여 주옵소서.

주여 우리를 불쌍히 여기소서.

3. 개혁자들의 가르침을 따라 거룩한 생활과 진실한 믿음의 열매를 맺도

록 최선의 다하는 교회와 성도의 삶이 나타나게 하여 주옵소서. 우리가 살아가는 모든 분야에서 하나님의 공의와 거룩이 드러나게 하시고 정직한 마음과 순결한 가정과 사회 공동체를 이루어가게 하여 주옵소서.

주여 우리를 불쌍히 여기소서.

4. 세계 교회의 머리는 오직 한분이요, 우리는 다 그 지체이며, 친히 피 흘려서 죄인들을 건져내신 예수 그리스도 한 분 만이 교회의 주인이심을 고백합니다. 한국교회의 분열된 역사와 편협한 분파주의를 회개합니다. 우월의식과 자기 교파의 정당화에서 벗어나 오직 그리스도를 높이는 교회 되게 하여 주옵소서.

주여 우리를 불쌍히 여기소서.

5. 한반도에서 벌어지고 있는 전쟁의 공포와 남북 간의 군사적 대립, 이웃 나라들과의 긴장된 외교관계, 질병과 자연재해, 죽음에 이르기까지 모든 인간의 문제들 앞에 하나님의 구원을 기다리며 소망합니다. 거짓을 분별하고 하나님의 정의와 평화를 위해 살아가는 이 땅의 교회가 되게 하여 주옵소서.

주여 우리를 불쌍히 여기소서.

세례를 기억하는 예식 ………………………………………… 인 도 자
찬 양 ………………… 288장 예수를 나의 구주 삼고 ………………… 다같이

예수를 나 의 구주삼고 성령과 피 로 써거듭나니
온전히 주 께 맡긴내영 사랑의음 성을듣는중에
주안에 기 쁨 누림으로 마음의풍 랑 이잔잔하 니

이세상에 서 내영혼이 하늘의영 광 누리도 다
천사들 왕 래 하는것과 하늘의영 광 보리로 다
세상과 나 는 간곳없고 구속한 주 만 보이도 다

이것이 나 의 간증이요 이것이나 의 찬송일세

나사는 동 안 끊임없 이 구주를 찬 송 하리로 다 아 멘

마치는 기도 ·· 베드로후서 3:18 . 인도자와 회중

오직 우리 구주 예수 그리스도를 아는 지식과

그의 은혜 가운데 자라나기를 빕니다.

이제부터 영원까지 주님께 영광이 있기를 바랍니다.

아멘

세례를 기억하는 예식

우리는 우리가 살아가는 모든 영역에서 주의 나라가 이루어지기를 소망합니다.
우리가 살아가는 모든 분야에서 하나님의 공의와 거룩이 드러나기를 소망합니다.

이번 목회박람회가 그동안 신학을 통해 갈라졌던 주의 형제들이 함께 예배드리고 서로를 이해하고 포용하는 시간이 되기를 소망합니다.

특별히 이 시간 세례를 기억하는 예식을 통해 우리가 이미 받은 세례를 기억하며 세례를 통해 한 하나 되게 하신 주의 말씀을 따르고자 합니다.

우리는 세례 성례전을 통하여 그리스도의 거룩한 교회 안으로 들어오게 되었습니다. 물과 성령으로 우리는 거듭나게 되었으며 하나님의 전능하신 구원으로 들어오게 되었습니다. 이 모든 것은 값없이 우리에게 주신 하나님의 은혜입니다.

이제 세례 재확인을 통하여 우리가 세례를 받을 때에 주님과 맺은 언약을 기억하고 확증하려고 합니다. 하나님께서 우리에게 베풀어주신 은혜를 생각하며 그리스도의 거룩한 교회 안에서 우리의 헌신을 재 다짐하려고 합시다.

물을 들어 올리는 퍼포먼스

1. 와이어리스 마이크 착용
2. 예배직전 리허설 -마이크 상태, 퍼포먼스 확인.
3. 준비물 - 주전자, 세례반, 수건.

여러분의 세례를 기억하십시오. 물과 성령으로 거듭난 여러분에게 성령께서 함께 하실 것입니다. 이제 그리스도의 평화가 여러분의 마음을 다스리게 하십시오.

그리스도의 말씀이 여러분 가운데 풍성히 머무르게 하십시오.

말이나 행동이든 무엇이든 주 예수의 이름으로 하십시오.

예수 그리스도의 신실한 제자로 살아가십시오. 그리고 하나님께 감사하십시오.

세례기억 후 감사기도

주님, 세계 교회의 머리는 오직 한분이요, 우리는 다 그 지체이며, 친히 피 흘려서 죄인들을 건져내신 예수 그리스도 한 분 만이 교회의 주인이심을 고백합니다. 한 국교회의 분열된 역사와 편협한 분파주의를 회개합니다. 우월의식과 자기 교파의 정당화에서 벗어나 오직 그리스도를 높이는 교회 되게 하여 주옵소서. 세례를 기억하는 이 예식을 통해 그리스도안에 한 형제요 자매임을 기억하게 하옵소서. 이 모든 말씀 우리 주 예수 그리스도 이름으로 기도드립니다. 아멘

2.3 폐회예배 - 교회력에 따른 예배 (6/9일 성령강림절) - 재즈 워십

마치는 예배 (성령강림절 재즈 워십)

* 일어서서

(인도자가 찬양을 시작하면 회중은 자리에서 함께 묵상하며 찬양한다)

성령 강림 찬양 ···. 다 같 이

주님의 성령 지금이곳에 (송정미 사/ 최덕신 곡)

빈들에 마른풀같이 (찬183)

성령이 오셨네 후렴(김도현 사/곡)

송정미 사/ 최덕신 곡

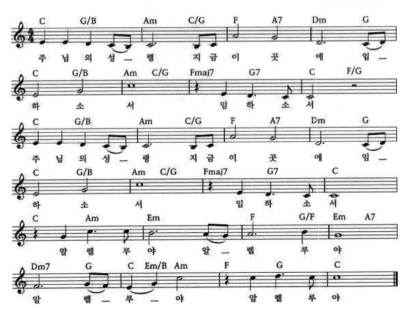

(찬양 후 회중은 일어선 채로 오늘의 기도문으로 함께 기도한다)

참회의 기도 ·· 다 같이

    오! 주님, 우리의 마음을 엽니다. 우리의 상한 심령을 주님께 드립니다.

성령님, 나의 생각이 거룩해지도록 나와 함께 호흡하소서.

오! 하나님 아버지의 크신 선하심을 따라 우리에게 사랑을 베풀어주시고 풍성한 사랑하심을 따라 우리의 죄를 제거하소서.
성령님, 나의 행함 또한 거룩해지도록 나와 함께 행하소서.

주님의 말할 수 없는 사랑으로 우리가 지은 죄에서 자유케 하시고 우리가 받아 마땅한 징벌로부터 구해주소서.
성령님, 내가 거룩한 것을 사랑하도록 나의 마음을 이끌어 주소서.

오! 모든 어둠의 행실에서 구하시고 영과 육의 모든 더러움을 씻기소서.
성령님, 내가 거룩한 것들을 지킬 수 있도록 나에게 힘을 주소서.

그리하여 때가 이를 때 정결한 마음과 생각으로 오직 한 분이신 참되신 하나님을 따르게 하소서.
성령님, 내가 항상 거룩할 수 있도록 나를 지켜주소서.
우리를 성령의 능력으로 살게 하시는 예수님의 이름으로 기도합니다.
아멘.

말씀 낭독 ·························· 행 2:1-21 ····························· 맡 은 이

설 교 ······································   ···················· 맡 은 이

응답 찬양·················· 성령이 오셨네 (김도현 사/곡)··················· 다 같 이

통성 기도 ·· 다 같 이

성   찬 ···································· 인 도 자

(회중은 집례자의 인도에 따라 성찬에 참여한 후, 자리에 돌아가 묵상으로 기도한다)

성찬 찬양 ······················· 주님의 성령 ···················· 인 도 자

송정미 사 / 최덕신 곡

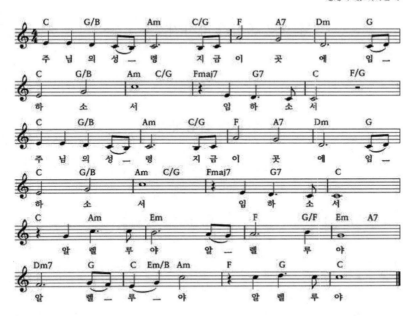

주 님 의 성 령 지 금 이 곳 에 임 —
하 소 서 임 하 소 서
주 님 의 성 령 지 금 이 곳 에 임 —
하 소 서 임 하 소 서
알 렐 루 야 알 — 렐 루 야
알 렐 — 루 — 야 알 렐 루 야

* 위탁과 축복 ·· 맡 은 이

[2018 예배컨퍼런스] 재의 수요일 예배

"흙으로 돌아갈 때까지"(Ashes to Ashes)

찬 양·····································다 같이

주님을 찬양하라

Laudate omnes gentes

Lau-da-te om-nes gen-tes, lau-da-te Do-mi num. Lau-
주 님 을찬양하라 온세 상이여 주

da-te om-nes gen-tes. lau-da-te Do-mi-num. Lau-
님 을찬양하라 온세 상이 여 주

주를 찬양하나이다

Confitemini Domino

Con-fi-te-mi-ni Do-mi-no, quo-ni-am-bo-nus.
주를찬양하 나이다 주는-좋으신분

Con-fi-te-mi-ni Do-mi-no, al-le-lu-ia.
주를찬양하 나이다 알렐루-야

하나님 사랑은

O. Clute(1837~1902)
조금 빠르게 ♩ = 100

TRENTHAM:6.6.8.6.
R. Jackson, 1894

시편교독·························· 시편 51편·························· 인도자와 회중

인도자　하나님, 주님의 한결같은 사랑으로 내게 자비를 베풀어 주십시오. 내 죄악을 말끔히 씻어 주시고, 내 죄를 깨끗이 없애 주십시오.

회　중　주님의 눈앞에서 내가 악한 짓을 저질렀으니, 주님의 판결은 옳으시며 주님의 심판은 정당합니다.

인도자　우슬초로 나를 정결케 해주십시오. 내가 깨끗하게 될 것입니다. 나를 씻어 주십시오. 내가 눈보다 더 희게 될 것입니다.

회　중　주님의 눈을 내 죄에서 돌리시고, 내 모든 죄악을 없애 주십시오.

인도자　하나님, 내 속에 깨끗한 마음을 창조하여 주시고 내 속을 견고한 심령으로 새롭게 하여 주십시오.

회 중 주님 앞에서 나를 쫓아내지 마시며, 주님의 성령을 나에게서 거두어 가지 말아 주십시오.

인도자 주님께서 베푸시는 구원의 기쁨을 내게 회복시켜 주시고, 내가 지탱할 수 있도록 내게 자발적인 마음을 주십시오.

회 중 죄인들에게 내가 주님의 길을 가르치게 하여 주십시오. 죄인들이 주님께로 돌아올 것입니다.

인도자 주님, 내 입술을 열어 주십시오. 주님을 찬양하는 노래를 내 입술로 전파하렵니다.

회 중 주님은 제물을 반기지 않으시며, 내가 번제를 드리더라도 기뻐하지 않으십니다.

인도자 하나님께서 원하시는 제물은 찢겨진 심령입니다. 오, 하나님, 주님은 찢겨지고 짓밟힌 마음을 멸시하지 않으십니다.

다같이 그 때에 주님은 올바른 제사와 번제와 온전한 제물을 기쁨으로 받으실 것이니, 그 때에 사람들이 주님의 제단 위에 수송아지를 드릴 것입니다.

침묵 ································· 타종 ································· 다같이
구약성서 낭독 ·················· 요엘 2:12-18 ······················ 인도자

12. 여호와의 말씀에 너희는 이제라도 금식하고 울며 애통하고 마음을 다하여 내게로 돌아오라 하셨나니

13. 너희는 옷을 찢지 말고 마음을 찢고 너희 하나님 여호와께로 돌아올지어다 그는 은혜로우시며 자비로우시며 노하기를 더디하시며 인애가 크

시사 뜻을 돌이켜 재앙을 내리지 아니하시나니

14. 주께서 혹시 마음과 뜻을 돌이키시고 그 뒤에 복을 내리사 너희 하나님 여호와께 소제와 전제를 드리게 하지 아니하실는지 누가 알겠느냐

15. 너희는 시온에서 나팔을 불어 거룩한 금식일을 정하고 성회를 소집하라

16. 백성을 모아 그 모임을 거룩하게 하고 장로들을 모으며 어린이와 젖 먹는 자를 모으며 신랑을 그 방에서 나오게 하며 신부도 그 신방에서 나오게 하고

17. 여호와를 섬기는 제사장들은 낭실과 제단 사이에서 울며 이르기를 여호와여 주의 백성을 불쌍히 여기소서 주의 기업을 욕되게 하여 나라들로 그들을 관할하지 못하게 하옵소서 어찌하여 이방인으로 그들의 하나님이 어디 있느냐 말하게 하겠나이까 할지어다

18. 그 때에 여호와께서 자기의 땅을 극진히 사랑하시어 그의 백성을 불쌍히 여기실 것이라

복음서 낭독 ⋯⋯⋯⋯⋯ 마태복음 6:1-6, 16-18 ⋯⋯⋯⋯⋯⋯⋯⋯⋯ 인도자

1. 사람에게 보이려고 그들 앞에서 너희 의를 행하지 않도록 주의하라 그리하지 아니하면 하늘에 계신 너희 아버지께 상을 받지 못하느니라

2. 그러므로 구제할 때에 외식하는 자가 사람에게서 영광을 받으려고 회당과 거리에서 하는 것 같이 너희 앞에 나팔을 불지 말라 진실로 너희에게 이르노니 그들은 자기 상을 이미 받았느니라

3. 너는 구제할 때에 오른손이 하는 것을 왼손이 모르게 하여

4. 네 구제함을 은밀하게 하라 은밀한 중에 보시는 너의 아버지께서 갚으시리라

5. 또 너희는 기도할 때에 외식하는 자와 같이 하지 말라 그들은 사람에게 보이려고 회당과 큰 거리 어귀에 서서 기도하기를 좋아하느니라 내가 진

실로 너희에게 이르노니 그들은 자기 상을 이미 받았느니라

6. 너는 기도할 때에 네 골방에 들어가 문을 닫고 은밀한 중에 계신 네 아버지께 기도하라 은밀한 중에 보시는 네 아버지께서 갚으시리라

16. 금식할 때에 너희는 외식하는 자들과 같이 슬픈 기색을 보이지 말라 그들은 금식하는 것을 사람에게 보이려고 얼굴을 흉하게 하느니라 내가 진실로 너희에게 이르노니 그들은 자기 상을 이미 받았느니라

17. 너는 금식할 때에 머리에 기름을 바르고 얼굴을 씻으라

18. 이는 금식하는 자로 사람에게 보이지 않고 오직 은밀한 중에 계신 네 아버지께 보이게 하려 함이라 은밀한 중에 보시는 네 아버지께서 갚으시리라

찬 양 ·· 다같이

어두운 맘 속에

Dans nos obscurités

설 교 ················· 티끌과 가운데 ···················박원호 목사

응답 찬양 ···다 같 이

재의 예식(Imposition of Ashes)

사순절로 초대하는 권면의 말씀

인도자 그리스도 안에서 형제인 여러분, 사순절은 그리스도의 십자가의 구속과 부활을 기억하고 기대하며, 그 유월절 신비 가운데 우리의 삶을 새롭게 하는 사십일의 여정입니다. 우리는 재로 우리의 이마에 십자가를 표하는 초기 교회의 예식으로부터 이 여정을 시작합니다. 이 재의 표지는 인생의 연약함과 덧없음, 그리고 우리 개인과 공동체의 참회를 의미합니다. 이제, 이 여정에 여러분을 그리스도의 이름으로 초대합니다. 반성과 참회, 기도와 금식, 사랑의 섬김 그리고 하나님의 말씀을 읽고 묵상함으로 거룩한 사순절을 지킵시다. 이제 우리의 창조주이자 구속자이신 하나님께 우리의 죄를 고백합시다.[19]

참회의 기도

인도자   거룩하고 자비로우신 하나님, 우리의 죄를 주님께 교회와 더불어 고백합니다. 우리는 우리의 생각과 말과 행동으로, 행해야 할 것을 행하지 않았고, 행하지 말아야 할 것을 행함으로 죄를 지었습니다. 주님, 우리는 온 마음과 뜻과 힘을 다하여 당신을 사랑하지 않았습니다. 우리는 이웃을 내 몸과 같이 사랑하라는 주님의 말씀을 따르지 않았습니다. 또한 우리가 용서받은 것처럼, 우리에게 잘못한 이들을 용서하지 않음으로 복음의 능력을 잃은 채 살아왔습니다.

회 중   주님, 우리의 죄를 용서하여 주옵소서

(잠시 침묵으로 기도합니다.)

인도자   주님, 우리는 인자는 섬김을 받으러 온 것이 아니라 섬기러 오셨다는 말씀에 귀기울이 않았습니다. 스스로를 비우신 그리스도를 따르기 보다는 육신의 정욕과 안목의 정욕과 이생의 자랑을 은밀하게 바라고 탐함으로 성령님을 근심하게 하였습니다.

회 중   주님, 우리의 죄를 용서하여 주옵소서

(잠시 침묵으로 기도합니다.)

인도자   주님, 우리는 당신의 말씀에 귀를 기울이고 따르기 보다는 세상의 소리, 우리 자아의 소리를 따름으로써, 세상의 소금과 빛으로서의 역할을 감당하지 못했습니다. 우리는 세속에 물들지 않고 아픈 이들과 소외된 이들을 돌보는 것에 게을렀을 뿐 아니라, 우리는 이기적이었고 비겁했으며 하나님보다 사람을 더 두려워했습니다.

회 중   주님, 우리의 죄를 용서하여 주옵소서

(잠시 침묵으로 기도합니다.)

인도자　주님, 우리는 교회로서 서로 사랑함으로 하나되어, 성부와 성자
의 성령 안에서 하나이신 그 영광을 세상 가운데 증거하지 못하였습니다.
우리는 범죄하였고 분열되었고 세상의 조롱거리가 됨으로써 영화로우신
하나님의 이름을 망령되게 일컫는 이들이 되었습니다.

회 중　주님, 우리의 죄를 용서하여 주옵소서

(잠시 침묵으로 기도합니다.)

인도자　주님, 우리는 가정과 사회에서 우리에게 주신 자리에서 항상 기뻐
하며 쉬지 말고 기도하며 범사에 감사함으로 화평의 누룩으로 살기 보다
는, 불평하며 비난하며 원망함으로써 하나님의 자녀답게 살지 못하였습니
다. 남과 북이 분열되고 지역 간, 세대 간, 빈부와 남녀와 인종 간의 분열
로 무너져있는 이 땅에서 그 무너진 데를 막아서며 평화의 왕으로 오신 그
리스도를 따르는 중보자로 살지 않았습니다.

회 중　주님, 우리의 죄를 용서하여 주옵소서

(길게 침묵으로 기도합니다.)

인도자　주님, 이제 우리의 헛된 생각과 말과 행동들을 거두어들이고, 티

끝과 재 가운데 앉아 회개합니다. 우리를 고쳐주옵소서, 우리의 상처를 싸매 주옵소서. 우리의 눈을 열어 주님의 영광을 보게 하시고, 이제 일어나 주님의 빛을 비추게 하옵소서.

회 중 아멘

참회의 찬양·· 다같이

재를 위한 기도

인도자   전능하신 하나님, 하나님께서는 흙으로 우리를 지으셨습니다. 우리 앞에 놓인 이 재를 우리의 연약함과 참회의 표지로 삼으시고, 오직 주님의 은혜로만 우리가 영원한 생명을 얻을 수 있음을 알게 하소서. 우리는 주님의 소유입니다. 우리 구주 예수 그리스도의 이름으로 기도합니다. 아멘

재의 안수··· 인도자
(한사람씩 앞으로 나아와 재의 안수를 받은 후 제자리로 돌아가 기도합니다.)

인도자   너는 흙이니 흙으로 돌아갈 것이라.

회 중 아멘

인도자　머리에 재를 입은 여러분, 머리뿐만 아니라 죄 가득한 우리 마음
에도 재를 뒤집어쓰며 사순절을 보내시기 바랍니다. 같은 얼굴을 하고 있
는 우리 옆 사람들에게, 사순절의 여정을 함께 걸어갈 믿음의 가족들에게
"주님의 평화가 당신과 함께하시기를 바랍니다"라고 인사합시다.

다같이 주님의 평화가 당신과 함께하시기를 바랍니다.

사랑의 나눔

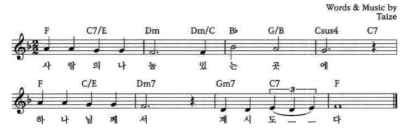

파송의 말씀

인도자 이제 평안히 가서 반성과 참회, 기도와 금식, 사랑과 섬김을 다하
며 하나님의 말씀을 읽고 묵상함으로 거룩한 사순절을 지킵시다.

회 중 우리 모두 흙에서 왔고 흙으로 돌아갈 것입니다. 아멘

후주

우리는 예수를

침묵 ··· 타종 ································· 다같이

(원하는 분들은 남아서 계속 기도하시기 바랍니다)

미주

1) 단 샐리어즈, 『거룩한 예배: 임재와 영광에로 나아감』(예배와 설교 아카데미, 2010), 59.

2) 위의 책, 59.

3) 위의 책, 38-42.

4) 박종환, 『예배미학』(동연, 2014), 34.

5) 위의 책, 93-94.

6) 위의 책, 79.

7) 위의 책, 80.

8) 박종환, 위의 책, 55.

9) 위의 책, 57.

10) 위의 책, 60.

11) 위의 책, 42.

12) 위의 책, 43.

13) 위의 책, 77.

14) 위의 책, 67.

15) 위의 책, 75.

16) 위의 책, 80.

17) 『미국장로교 공동예배서』(*Book of Common Worship*, 한국장로교출판사, 2001), 219.

18) 위의 책, 225

19) 위의 책, 223.

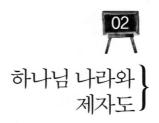

하나님 나라와 제자도

조성돈 교수

I. 제자도 운동의 신학적, 이론적 배경

1. 하나님 나라와 교회

1) 이스라엘의 존재목적

하나님이 이스라엘 백성을 부르신 것은 그를 통하여 이 세상을 구하는 것이었다. 이스라엘은 인류를 구하기 위한 도구였고, 통로였다. 그들은 제사장 나라로서 백성의 아픔을 하나님께 아뢰고, 하나님의 뜻을 또한 이 세상에 증언해야 하는 사명을 가졌다. 이것이 바로 이스라엘이 하나님의 백성으로서 이루어야할 사명이었다.

그런데 이스라엘은 이 거룩한 사명을 감당하지 못했다. 그들은 끊임없이 하나님을 배반하였고, 하나님이 아닌 이방의 신들에 기웃거렸다. 그들은 하나님의 뜻을 증언하며 세상을 구원하여야 하는 사명을 이루기는커

녕 자신들의 순결함도 지키지 못했다. 그 뿐만 아니었다. 그들은 자신들 가운데 있는 약자들, 즉 고아와 과부와 나그네 된 자들을 돌아보지 못하고 착취하였다.

이스라엘 백성들은 또한 하나님을 자신들을 지키는 수호신으로 이해했다. 자신들이 전쟁에 나갈 때면 하나님의 법궤를 이고 나가서, 그 능력으로 전쟁을 치르기를 원했다. 또한 위대하신 하나님을 부르며 자신들은 절대 망하지 않으리라 생각을 했다. 어떤 면에서 보면 이들은 참 훌륭한 신앙을 가지고 있었던 것이다. 하나님을 믿는, 그래서 하나님의 백성 된 자신들은 하나님이 보우하사 절대 망하지 않으리라 생각한 것이다.

2) 사명을 잃어버린 이스라엘

이러한 믿음은 거짓 선지자들에 의해서 증거되었다. 그들은 이스라엘이 망해가는 그 순간까지 평화를 이야기했다. 이러한 믿음이 있다면 그들은 하나님의 백성으로 살았어야 했다. 그런데 예언서에 보면 이들의 삶은 방종했고, 우상을 섬겼으며, 같은 백성들을 압제했고 괴롭혔다. 그 결과 이스라엘은 멸망하고 만다. 하나님이 이들을 외면했다.

하나님의 도성 예루살렘이 멸망하고, 하나님의 백성 이스라엘이 망하여 포로로 잡혀가는 그 때 이스라엘 백성들은 깊은 의문에 빠진다. 어떻게 하나님이 살아 계시다면 이러한 일이 일어나는가. 이 때 주어진 선지자들의 대답은 이들이 하나님을 오해했다는 것이다. 하나님은 결코 이스라엘의 수호자가 아니었다. 아니 일면 맞는 말이기도 하지만, 하나님은 그보다 더 큰 이 세상의 창조주이시며, 운행자이시고, 구속자이시며 완성자이셨다. 그 분은 이스라엘의 하나님이 분명하지만, 더 중요한 사실은 이스라엘뿐만 아니라 이 인류의, 이 모든 세상의 하나님이시오, 주님이셨다. 하나님은 이스라엘이 하나님의 백성으로, 또 이 세상의 제사장나라로 그 역할을 제대로 감당하지 못했을 때 이방의 왕들을 들어 이스라엘을 치시고, 그들을 끝내 멸망시키시는 분이셨다.

요즘 한국교회를 보면 이런 거짓평화에 속고 있는 이스라엘 백성 같다. 하나님의 백성 이스라엘은 결코 멸망하지 않으리라는 생각이 우리에게도 있는 것이다. 지금 우리에게는 커다란 자부심이 있다. 세계 10대 교회 가운데 반 이상이 한국에 있다는 것, 천만의 기독교인이 있다는 것, 장로가 대통령이 된 것이 벌써 3번째라는 것, 그 뿐만 아니라 선교를 받은 나라가 이제 130년 만에 세계에서 두 번째로 선교사를 전 세계에 많이 파송하는 나라가 됐다는 것이 우리의 자부심이다. 이렇게 성장하고, 이렇게 번성한 한국교회, 하나님께서 이렇게 복 주신 이 교회가 어떻게 멸망할 수 있겠는가 하는 거짓평화의 메시지가 우리 가운데 충만한 것 같다.

그러나 현실은 시시각각 우리의 경각심을 일깨우고 있다. 세상이 교회를 향하여서 손가락질 하고, 안티기독교가 성하여 교회를 비판한다. 신문지상에서는 교회의 지도자들이 연일 범죄와 탈법으로 그 이름이 오르내리고, 방송에서는 거짓된 목자들과 교회들의 모습이 들쳐지고 있다. 이러한 모습 속에서 과연 한국교회가 새로운 이스라엘로서, 제사장 나라로서의 역할을 감당할 수 있을까 하는 의문이 든다.

3) 하나님 나라의 복음

예수님은 이 땅에 오셔서 하나님 나라의 복음을 선포하셨다. 이 하나님 나라의 복음은 갈릴리를 지나 예루살렘으로, 또 그의 부활 이후 이스라엘을 넘어 전 유럽으로 퍼져 나갔다. 그 결과 300년이 지난 후에 당시 세계의 중심이었던 로마제국에서 공인 종교가 되었다. 즉 나라의 종교가 된 것이다. 그 후 2천여 년이 지난 오늘날에는 전 세계에 그리스도의 복음이 전파되고 있다. 그런데 과연 하나님 나라는 이곳에 좀 더 가까이 다가 온 것일까?

하나님 나라에 대해 많은 사람들은 오해를 한다. 사람들은 하나님 나라를 죽어서 가는 천국이라는 공간으로 이해하기도 한다. 예수님이 선포하신 하나님 나라는 그러한 곳을 지칭하지는 않는다. 오히려 하나님 나라는 주님의 통치가 이루어지는 곳이다. 물론 이렇게 부를 때 장소만을 의미하지 않는다. 즉 그것이 어디이던, 그것이 공간뿐만 아니라 시간까지 포함하여 하나님의 통치가 이루어지는 곳이라면 그곳이 바로 하나님 나라가 되는 것이다.

그러면 하나님의 통치의 의미는 무엇인가? 그것은 우리가 생각하는 하나님 나라의 통치의 원리가 이 땅에 이루어지는 것이다. 나는 그것을 성경에서 사랑, 정의, 평화라고 하는 세 가지 가치로 이해했다. 하나님을 사랑하고 네 이웃을 네 몸과 같이 사랑하라고 하는 예수님의 말씀처럼 우리가 사랑을 하는 것이 첫 번째이다. 정의는 하나님의 형상을 가진 이들이 그 지어진대로 인간답게 사는 것이다. 특히 이 땅에서 소외된 자들, 이 사회의 약자들이 인간다운 삶을 누리는 것이다. 그리고 평화는 하나님의 창조질서가 회복되는 것이다. 하나님이 세상을 만들어 놓으시고 보기에 좋았더라고 하셨던 그 창조의 질서가 회복될 때, 그 상태를 샬롬, 즉 평화라고 하는 것이다.

이러한 가치들은 우리의 논의 속에 정리되어질 수 있다. 중요한 것은 이러한 가치들이, 즉 하나님 나라의 통치원리가 될 이러한 가치들이 이 땅에 실현되는 것이다. 하나님이 다스리신다면 이 세상에 사랑이, 정의와 평화가 이루어지고, 생명과 공평함이 이루어지리라는 우리의 믿음 그대로 우리가 그러한 가치들을 실현하고 이루어가도록 노력해야 하는 것이다. 우리가 바로 이러한 노력을 기울이고, 수고한다면 무엇보다 하나님 나라는 바로 우리 안에서 먼저 이루어진다. 우리 안에서 이러한 통치의 원리들이 이루어지고, 바로 내 안에서 먼저 하나님 나라의 누룩이 자리하여 자라

날 것이다. 이러한 부풀려짐이 이루어질 때 이 땅에서 하나님 나라는 그 모습을 나타낼 것이다.

4) 오늘날 하나님 나라와 교회

우리는 종종 하나님 나라를 교회의 울타리 안에서 이해하려 한다. 교회가 바로 하나님 나라라는 생각을 하는 것이다. 그렇게 보면 우리는 이스라엘과 같은 오류를 범하고 마는 것이다. 이스라엘이 하나님을 자신들의 수호신으로 생각하고, 자신들만 보호해 주시고 복 주시는 분으로 알다가 자신들의 멸망에서 혼란을 겪게 되는 것처럼 우리도 그렇게 될 수 있다. 정확히 짚는다면 오늘날 교회는 새로운 이스라엘이다. 하나님 나라는 교회가 아니라 이 세상에서 이루어져야 할 부분이다. 교회는 바로 예수님의 몸이 되어서 그 하나님 나라가 이 땅에 이루어질 수 있도록 노력해야 하는 존재이다.

과거 한국교회가 성장의 신화에 갇혀 세상을 외면했다. 세상을 악한 곳, 마귀와 사탄이 지배하는 곳으로 이해했다. 교회는 바로 이러한 세상과 싸워서 전쟁을 치러야 할 존재로 이해했다. 그러나 앞에서 설명한 바와 같이 교회는 제사장 나라로서 이 세상에서 하나님 나라의 복음을 증거해야 하는 사명을 가졌고, 이 세상은 사탄의 지배지역이 아니라 하나님의 전적인 주권이 이루어지고 있는 거룩한 곳이다. 바로 이 세상에 하나님 나라는 임할 것이고, 우리는 그 일에 부름을 받은 거룩한 공동체이다.

한국교회는 대한민국에서 부름을 받았다. 이 부름을 애국주의의 관점에서 이해하고자 하는 것은 아니다. 중요한 사실은 우리가 이 땅에서 하나님 나라의 증인으로서, 그리고 그의 사역자로서 일을 감당해야 한다는 것이다. 이곳에서 우리가 사랑, 정의, 평화의 가치로 살아나가고, 그러한 가치를 이 땅에서 실현해 나갈 때 이곳에서 하나님 나라를 '우리가' 경험하게 될 것이다. 우리는 바로 교회로서 이 사명 앞에 부름을 받은 거룩한 하나님 나라 백성공동체이다.

2. 교회에 맡겨진 사역

하나님 나라를 이루어가는 도구요, 통로로서 교회는 구체적 전략으로 공동체가 되어야 한다. 그것은 단순히 연합하여 있다는 집단주의적인 개념을 말하는 것은 아니다. 오히려 하나님 나라라고 하는 신학적 비전을 품은 목적중심의 공동체를 말한다. 그들은 세상을 변화시켜 하나님 나라의 임재를 이끌어 오는 공동체로서 의미를 갖는다. 그러기에 교회는 제도도 아니고 직분도 아니다. 교회 자체의 존재를 견고히 하고 내적의미만을 가지고 있기에는 너무 좁은 생각이다. 하워드 스나이더(Howard Snyder)는 『참으로 해방된 교회』[1]에서 "교회가 세상에서 해방의 힘을 발휘하려면(심지어 정치적, 경제적인 영역에서), 교회 자체가 성경에서 말하는 대로 하나님 나라를 위해 해방되어야 한다."(27)고 주장한다. 즉 교회가 하나님 나라를 위해 쓰임 받을 수 있도록 준비되어야 한다는 의미이다. 목회는 결국 교회를 견고히 하고 성장시키는데서 그 의미를 멈추는 것이 아니라 더 나아가 하나님 나라를 위해 준비되어 나아가도록 해야 한다.

1) 구약에서 말하는 이스라엘의 사역

이스라엘은 제사장 나라이다. 하나님께 백성들을 대변하고 하나님의 뜻을 백성들에게 전하는 제사장의 역할을 이 역사 가운데 이루어가는 나라이다. 이 사명 가운데 있는 이 백성들에게 하나님은 왕과 제사장과 예언자를 통하여 공동체를 제시하셨다. 그러나 이러한 제도가 나타나기

전 이스라엘의 전적인 지도자는 하나님 자신이셨다. 그리고 그 중심은 그러한 제도가 아니라 하나님의 백성이었다. 우리가 자주 하는 오해는 출애굽에서 모세의 역할에 대한 것이다. 모세라는 걸출한 지도자를 통해서 출애굽이라는 놀라운 역사가 일어났다는 것이다. 당시 절대적 권세였던 이집트에서 종살이하는 민족인 이스라엘을 불러 탈출할 수 있었던 것은 위대한 지도자 모세 덕분이라는 것이다. 모세는 왕족이었고 준비된 지도자였기 때문에 하나님께서 그에게 이러한 위대한 역할을 맡기셨다는 것이다. 그러나 모세를 부르기 전 하나님은 이 이스라엘 백성들의 신음 소리를 먼저 들으셨다. 그리고 그들을 구원하기로 결심하셨다. 이에 모세라는 인물을 들어 사용하셨다. 만약에 모세라는 준비된 지도자가 없었다면 어떻게 되었을까. 하나님은 다른 이를 부르셨을 것이다. 예를 들어 모세가 아니라 아론을 부르셨을 것이다. 그가 누구인가는 그렇게 중요하지 않다. 중요한 사실은 하나님이 역사 가운데 주관하셔서 그의 백성을 부르기도 작정하셨다는 것이다.

제도의 문제는 여기에 있다. 왕이 서고 제사장이 서게 되어 궁전을 짓고 성전을 짓는다. 그러면 종교는 궁전의 종교요 성전의 종교가 된다. 광야의 성막 가운데 임재하셨던 하나님은 그 성전에 모셔진다. 그리고 그를 대리하는 제사장의 반열들이 나타난다. 이를 통해 하나님의 종교가 아니라 제사장들의 종교가 된다. 그러나 하나님이 원하셨던 것은 구원의 역사를 이루어가는 것이고 이것을 어느 왕이나 제사장의 반열들이 이루어가는 것이 아니라 하나님의 백성 모두가 이루어가는 것이다. 이스라엘은 바로 이러한 문제를 계속 가지게 되었다. 그래서 나온 것이 예언자들이다. 그들은 역사 가운데 임재하시는 하나님을 선포한다. 사명을 잊고 성전의 종교요 제사장의 종교로 존재하고자 하는 이스라엘을 향하여서 하나님 나라를 위해서 해방되라고 한다. 쓰임 받기 위해서 스스로 정결해야 하고, 세상을 향해서 정의로워야 하며, 하나님의 마음으로 약자들을 세우고 거룩한 공동체가 되어야 함을 선포하는 것이다. 그리고 이스라엘이 무너질 때 다가올 심판을 선언한다. 죽음과 고난을 앞에 두고서 눈물을 흘리며 하나님은 너희들을 위한 존재이지만 동시에 이 세상의 하나님임을 선포한다. 이를 통해 제도를 비판하며 공동체의 해방을 이야기한다. 하나님의 공동체로 서기를 요구하고 있는 것이다.

2) 신약에서 말하는 교회의 사역

예수 그리스도는 이 땅에서 하나님 나라를 선포하셨다. 그는 하나님 나라의 실체로서 이 땅에 오시어 우리로 하나님 나라를 경험하게 하셨다. 그는 기름부음을 받은 자로서 왕과 제사장, 그리고 예언자로서의 사역을 감당하셨다. 그는 설교와 가르침을 통하여 하나님 나라를 선포하고 자신을 보내신 하나님의 뜻을 증언하셨다. 또 그는 치유를 통하여 이 세상의 권세가 자신에게 있음을 증거하셨다. 그의 사역은 다양했지만 결국 그 궁극적 목표는 하나님과 이 세상과의 화해였으며 하나님 나라의 비전을 실현하는 것이었다.

그의 사역은 새로운 이스라엘인 교회를 통하여 이어진다. 그의 몸 된 교회는 그의 사역을 이어받는다. 교회의 모든 사역은 예수 그리스도가 선포하고 성취하셨던 하나님 나라를 향하여 있다. 그것은 어느 누구의 사역 내지는 어느 특정한 사역으로 규정되지 않는다. 그들은 다른 사역을 감당하지만 결국 그의 사역의 목표와 주제였던 하나님 나라로 수렴되어야 한다.

이러한 사역이해에서 바울은 교회를 새롭게 정의한다. 그는 교회는 그리스도의 몸이라고 한다. 고린도전서에서 바울은 "몸은 하나인데 많은 지체가 있고 몸의 지체가 많으나 한 몸임과 같이 그리스도도 그러하니라"(고전 12:12)라고 한다. 그는 교회를 몸에 비유하며 여러 지체가 있음을 말한다. 그리고 그 지체들은 따로 있는 것이 아니라 한 몸으로서 하나 되어 있다고 선포하고 있다. 그래서 어느 지체이건 그것은 그리스도의 몸이라는 독특한 공동체의 이해로 따로 이해될 수 없음을 말하고 있다. 이렇게 다양한 지체들이 한 몸을 이룰 수 있는 것은 성령의 은혜이다. 성령이 우리로 다양한 은사 가운데서도 하나로 묶는다. 그런데 여기서 아주 중요한 사실이 하나 있다. 마지막에 "그리스도도 그러하니라" 하는 것이다. 은사와 지체에 대한 이야기를 하다가 문득 나온 이야기이다. 그는 교회를 설명하면서 교회는 그리스도를 위해서 있어야 한다거나, 그리스도를 인해서 있다거나, 그리스도가 기반이 되는 것이라고 하지 않는다. 그는 말하기를 여러 지체들이 한 몸을 이루어 교회가 되는데 바로 그 몸이 그리스도라는 것이다. 달리 말하면 그 교회가 바로 그리스도라고 하는 것이다. 교회를 그리스도를 가지고 설명하는 것이 아니라 그리스도 자체라고 선포하고 있다. 아미티지 로빈슨(Armitage Robinson)은 심지어 교회 없이 그리스도는 미완성이라고 한다. 왜냐하면 교회가 그리스도이니 아직도 그리스도의 사역은 진행 중이라고 한다.

교회는 다양한 지체들이 한 몸을 이루고 있는 것이다. 하나님은 성령 가운데 우리에게 다양한 은사들을 나누어 주었다. 바울은 그 목록을 적어 확실히 보여 주고 있다. "어떤 사람에게는 성령으로 말미암아 지혜의 말씀을, 어떤 사람에게는 같은 성령을 따라 지식의 말씀을, 다른 사람에게는 같은 성령으로 믿음을, 어떤 사람에게는 한 성령으로 병 고치는 은사를 어떤 사람에게는 능력 행함을, 어떤 사람에게는 예언함을, 어떤 사람에게는 영들 분별함을, 다른 사람에게는 각종 방언 말함을, 어떤 사람에게는 방언들 통역함을 주시나니"(고전 12:8-10). 물론 교회에서는 이보다 더 많은 은사들이 나타나고 있다. 그런데 중요한 것은 이 모든 은사들은 결국 협력하여 선을 이루고 교회의 덕을 세우는 데 모아져야 한다는 것이다. 그런데 중요한 것은 교회는 그리스도로서, 그리스도의 사역을 감당하고 있다는 것이다.

고린도전서 12장 28절에 바울은 "하나님이 교회 중에 몇을 세우셨으니 첫째는 사도요 둘째는 선지자요 셋째는 교사요 그 다음은 능력을 행하는 자요 그 다음은 병 고치는 은사와 서로 돕는 것과 다스리는 것과 각종 방언을 말하는 것이라" 한다. 그는 은사의 목록을 다시 나열하고 있다. 그런데 앞에 직분도 나와 있다. 바울에게 있어서 직분도 결국 은사라고 본 것이다. 은사의 목적은 교회를 세우는 데 있기 때문이다. 다른 은사들도 교회를 세우기 위해서 주어진 것이라면 직분도 교회를 세우기 위해 주신 것이기에 은사로 보아야 한다는 것이다. 달리 말하면 교회의 사역은 어느 누구의 사역이 될 수 없다. 그것은 사제도, 목사도, 장로도 아니고 바로 주의 몸 된 교회가 그 사역을 가지고 있다는 것이다. 그것은 바로 예수 그리스도께서 보여주신 하나님 나라를 향한 거룩한 사명 가운데 있다.

교회의 사명은 명확하다. 인류를 구원하시려는 하나님의 거대한 계획 가운데 자신의 사명과 소명을 찾아가는 것이다. 하나님은 이 계획을 위하여 이스라엘을 도구로, 그리고 통로로 사용하셨다. 그러나 이스라엘이 그 사명을 감당하지 못하고 스스로 무너져 내릴 때 그리스도의 빛 가운데 새로운 약속을 시작하셨다. 교회는 바로 이 하나님 나라 백성 공동체로서 시작되었다. 예수께서 선포하시고 이루어내신 하나님 나라의 화해의 복음을 이루어 가야 한다. 교회는 공동체로서 이러한 하나의 사명을 위해 존재한다. 은사를 따라 다양한 모습으로 사역하고, 다양한 직분으로 헌신하지만 중요한 사실은 교회는 그리스도로서 그의 사역을 감당하고 있다는 것이다.

2. 제자화 전략, 소공동체

1) 성경에 나타난 소공동체 운동

구약에서 소공동체의 모습을 가장 잘 보여주는 곳은 느헤미야서이다. "에스라가 모든 백성 위에 서서 그들 목전에 책을 펴니 책을 펼 때에 모든 백성이 일어서니라 에스라가 위대하신 하나님 여호와를 송축하매 모든 백성이 손을 들고 아멘 아멘 하고 응답하고 몸을 굽혀 얼굴을 땅에 대고 여호와께 경배하니라 예수아와 바니와 세레뱌와 야민과 악굽과 사브대와 호디야와 마아세야와 그리다와 아사랴와 요사밧과 하난과 블라야와 레위 사람들은 백성이 제자리에 서 있는 동안 그들에게 율법을 깨닫게 하였는데 하나님의 율법책을 낭독하고 그 뜻을 해석하여 백성에게 그 낭독하는 것을 다 깨닫게 하니"(느 8:6-8). 바빌론에서 돌아온 백성들이 광장에 모여 성경 말씀을 듣는다. 에스라가 앞에서 성경 말씀을 읽는다. 그리고 레위인들이 돌아다니며 백성들이 성경말씀을 이해할 수 있도록 돕는다. 즉 대중을 대상으로 하는 말씀 낭독과 함께 소공동체로 나뉘어 말씀의 뜻을 새길 수 있도록 돕는 것이다. 아주 전형적인 소공동체의 형태라고 할 수 있다.

신약시대는 로마의 통치시대이고 바울이 당시 세계 곳곳에 교회를 세우고 목회를 했지만 결국 그 모든 곳은 다 로마의 통치 하에 있었던 곳이다. 로마는 여러 민족을 정복하여 로마제국을 이루었다. 즉 다양한 민족들로 이루어져 있었고, 지역 역시 광대했기에 다양한 문화가 존재했다. 그런데 로마는 이들을 통일하기 위해서 종교만큼은 통일을 시켰다. 즉 황제를 숭배하는 종교를 만들고, 각 식민지에도 이 종교를 강요했다. 그런데 종교란 것을 무조건 강요할 수만은 없었기에 약간의 여지를 남겨 두었다. 그것은 공공종교(cultus publicus)와 개인종교(cultus privatus)의 구분이다. 즉 공적으로 드러나는 종교는 황제숭배의 종교이다. 여기에는 다른 종교란 있을 수가 없다. 다른 종교는 탄압만이 있을 뿐이다. 그런데 개인적으로 섬기는 종교에 대해서는 제재를 가하지 않았다. 즉 개인적 구역인 가정에서 이루어지는 종교에 대해서는 로마가 간섭을 하지 않은 것이다.

이러한 로마시대의 환경 가운데 나타난 것이 바로 '집에서 모이는 교회' 이다. 사도행전에서 시작해서 서신서에 보면 자주 등장하는 것이 누구의 집에서 모이는 교회라는 표현들이다. 예를 들어 보면 브리스가와 아굴라의 집에 모이는 교회(롬 16:3-6), 아리스도불로의 권속(롬 16:10), 나깃수의 가족(롬 16:11) 등 로마서 16장에는 저의 집에 있는 교회, 권속(household), 가족 등의 표현으로 여러 교회들이 나온다. 그리고 갈 6:10 "그러므로 우리는 기회 있는 대로 모든 이에게 착한 일을 하되 더욱 **믿음의 가정들**에게 할지니라", 엡 2:19 "그러므로 이제부터 너희는 외인도 아니요 나그네도 아니요 오직 성도들과 동일한 시민이요 하나님의 **권속**이라", 골 4:15 "라오디게아에 있는 형제들과 눔바와 그 **여자의 집에 있는 교회**에 문안하고", 몬 1:2 "자매 압비아와 우리와 함께 병사 된 아킵보와 **네 집에 있는 교회**에 편지하노니" 등으로 나온다. (채이석, '소그룹의 역사'(서울:소그룹하우스 2010) 38f)

이와 같은 교회의 형태, 즉 가정 집에서 모이는 교회의 형태는 당시 일반적이었다. 그것은 법적인 제재를 받지 않는 모습이었다. 박해 시대를 지나서 이 가정교회의 형태들이 점점 로마와 화해하는 모습이 드러난다. 그래서 예배 시간에 황제를 위한 기도도 드려지곤 했다. 즉 가정에 모이는 개인종교의 형태는 로마시대 때 일반적이며 평범한 모습을 갖추게 된 것이다. 바울은 바로 이러한 가정교회를 그의 사역의 기본적인 단위로 삼았다. 가는 곳마다 믿는 가정을 중심으로 교회를 세워 나갔다. 그렇게 세워진 교회가 커지면, 그래서 가정집이 그 인원을 감당하지 못하면 다른 가정을 세워 나갔다. 따라서 당시의 교회는 가정을 중심으로 해서 모이는 소공동체의 형태를 가지게 된 것이다.

이 가정교회는 몇 가지 면에서 독특하면서도 선한 면을 가지고 있었다. 교회가 모일 정도면 대개 제공하는 가정은 부유했다. 사람들이 모일 정도로 집이 컸다는 것을 보면 가난하지 않았을 것이다. 보통 이들은 식당을 중심으로 모였는데 아마 연회가 가능할 정도로 큰 식당이었을 것이다. 그러면 대충 그 집의 규모가 그려진다. 그리고 그런 집을 소유했다면 역시 부유했을 것이다. 그런데 모이는 사람들은 주로 부유하지 않은 이들이었다. 이들 가운데는 이런 부자, 또는 귀족 외에 일상을 사는 가난한 이들, 심지어 다른 집의 종까지 모였다. 도저히 함께 어울릴 수 없는 사람들이 이렇게 한 집에 모여들 수 있었던 것은 참된 복음이다. 갈 3:28-29 "너희는 유대인이나 헬라인이나 종이나 자유인이나 남자나 여자나 다 그리스도 예수 안에서 하나이니라 너희가 그리스도의 것이면 곧 아브라함의 자손이요 약속대로 유업을 이을 자니라"에 보면 이런 다양한 사람들의 목록이 나온다. 이들은 이렇게 구분 없이 부유한 그리스도인의 집에서 자연스럽게 모인 것이다. 그래서 이들이 새롭게 아브라함의 자손, 즉 새로운 이스라엘로 교회가 되는 것이다.

또한 이들의 모임에서는 여자들도 한 자리를 차지했다. 아주 자연스럽게 성경에는 여성의 이름이 등장한다. 우리가 알고 있듯이 루디아, 눔바, 에피트로푸스의 과부, 이그치우스 등이다. 심지어 브리스가와 아굴라를 소개할 때에는 남자인 아굴라 앞에 여자인 브리스가를 부르고 있다. 이것은 구약적 관점에서 보면 상상할 수 없는 모습이다. 구약에서 여자들은 계수에 들지도 않았다. 그런데 신약에서는 이들의 이름이 남자들과 동등하게 나타나고, 심지어 남자에 앞서 나타나기도 한다. 이것은 어쩌면 전적으로 가정에서 모였던 교회의 분위기 때문일 수 있다. 작은 모임에서 모이는데 남자와 여자를 구별한다는 것은 편하지 않았을 것이다. 더군다나 가정이라고 하는 곳은 여자들이 주도권을 가진 구역이라고 할 수 있다. 그러니 더욱 여자들의 활약이 드러나는 것이라고 할 수 있다.

제도화된 큰 집단에서는 규칙이 있고, 법이 있고, 질서가 있다. 그 제도들은 당연히 사람들을 구별하고 차별한다. 그게 지도자들과 성직자들을 구분하고 거룩하게 하는 방법이고 수단이다. 그러나 가정이라는 작은 공동체로 모이게 된 초대교회는 그런 제도를 내려놓고 공동체가 된다. 즉 그들은 그리스도와 합하여 세례를 받고 한 몸이 된다(갈 3:27). 모든 벽을 허물고 코이노니아로서 한 몸인 공동체를 만들게 되는 것이다.

2) 소공동체의 역사적 배경

'집에서 모였던 교회'는 한 동안 제도적 형태에서 자유로울 수 있었다. 그러나 오래지 않아 이 작은 교회에서도 제도가 생겼다. 그곳에서 직분이 생겨서 성직자와 평신도 구분이 생겼다. 성직자가 특별하다는 것을 드러내기 시작했다. 그 대표적인 것은 예배의 형태였다. 초대교회의 교회는 모이는 대로 와서 밥을 나누어 먹고, 말씀을 나누었다. 물론 그 와중에서도 문제가 되어 고린도 교회는 바울의 질책을 받기도 한다(고전 11장). 하지만 거기서 보면 식사가 중요했고, 자연스럽게 말씀을 나누었던 것으로 볼 수 있다. 즉 예식이 그 중요한 자리를 차지하지는 않았다는 것이다. 그런데 성직자들이 생기면서 그 식사는 예전이 되었다. 각자 먹을 것을 가져와 나누어 먹던 식사의 자리는 예수의 살과 피로 변한 빵과 포도주로 대체되었다. 이 놀라운 기적은 매주 성직자들에 의해서 이루어졌다. 그러면서 평신도들은 식사의 참여자에서 예전의 수혜자가 되었다. 즉 모임의 주체에서 대상이 된 것이다. 이러한 예식의 변화에 따라 모임의 장소도 변했다. 가운데 식탁을 중심으로 모이던 이들은 점점 제단을 앞에 둔 예배의 군중이 되었다. 이제 예배에 참여자가 된 것이다.

이러한 경향은 기독교가 로마제국에서 공인되고 국교화 되면서 더 심해졌다. 성직자들은 점점 더 자신들의 위치를 끌어올렸고 단순한 사제에서 대제사장의 위치로까지 높아졌다. 또한 로마제국의 제도를 받아들이면서 사제의 계급구조(hierarchy)도 구성이 되었다. 한 교회의 감독에서 지역감독으로, 그리고 주교와 교황으로 수직적 구조를 만들어 놓은 것이다. 그런 만큼 또한 신격화가 이루어졌다.

교회의 이러한 권력화와 신비화가 진행되는 가운데 1517년 마틴 루터(Martin Luther)로 상징되는 종교개혁이 일어났다. 종교개혁은 1,500년 동안 진행된 이 권력화와 신비화에 도전을 한 것이다. 이들은 성찬식의 신비화를 무너뜨리고 살과 피의 신화를 거부했다. 또한 라틴어로 된 성경을 독일어로 번역하고, 예배도 라틴어에서 독일어로 바꾸었다. 1526년 루터는 독일미사와 예배규율(Deutsche Messe und Ordnung des Gottesdienstes)에서 '제3의 예배형태'(die dritte Weise)를 제안한다. 예배형태의 첫 번째는 라틴어로 드리는 미사이고, 두 번째는 독일어로 드리는 미사와 예배이다. 이 예배의 구분은 단순히 언어의 차이만을 의미하지 않는다. 라틴어 예배는 이전에 가톨릭의 예배를 의미한다. 이 당시 예배는 사제에 의해서 드려지는 제사였다. 그리스도의 살과 피를 제물로 삼아서 드리는 제사였다. 여기서 사제는 제사장, 더 나아가서는 대제사장의 자리를 하게 되었다. 모든 미사의 진행은 라틴어로 진행 되었다. 기도, 말씀, 찬양, 성찬까지 모든 순서와 내용은 라틴어로 진행 되었다. 이 뜻은 미사에 하는 평신도들의 경우 아무런 내용도 이해하지 못한다는 것이다. 당시 라틴어를 이해할 수 있었던 사람들은 사제들과 귀족층들이었다. 그러나 이렇게 특별한 계층에 속하지 못하는 사람들의 경우는 라틴어를 이해할 수 없었다. 즉 이 미사에 참여하는 대부분의 사람들은 미사가 진행되는 동안 아무런 것도 이해하지 못한 채 관습적인 참여 했을 것이다.

심지어 이 미사의 가장 핵심이 되는 성찬식에서도 이들은 소외되었다. 주님의 살과 피를 모시며 그 신비를 체험해야 할 이들에게 포도주는 전달이 안 되었다. 그 소중한 주님의 보혈을 일반 성도들에게 줄 수 없다는 생각에 포도주는 제외된 빵만 주었다. 즉 보혈을 제외하고 주님의 살만 전달된 것이다. 라틴어로 진행된 미사는 이해하지도 못하고, 주님의 임재와 동행을 경험해야할 성찬은 부분적으로만 이루어지는 미사를 드린 것이다.

일반 회중이 소외되는 이러한 미사의 형태를 혁명적으로 바꾸어 놓은 것이 바로 독일어 예배이다. 루터는 제일 먼저 모든 사람이 이해할 수 있는 독일어로 성경을 번역했다. 그리고 미술작품과 같았던 성경을 인쇄하여 사람들이 손에 들릴 수 있도록 했다. 이전에 성경은 주로 사람들이 손으로 옮겨 적는 형태인 필사본으로 전해졌다. 그 성경은 당연히 라틴어로 되어 있었고, 손으로 적는 작업을 통해 아름답게 꾸며졌다. 심지어 다양한 그림을 포함하여 예술작품으로 볼 수 있는 수준이었다. 하지만 그것은 너무 귀해서 사람들이 접할 수 없었다. 하지만 루터는 당시 퍼져 있었던 인쇄술을 이용하여 성경을 다량으로 펼쳐냈다. 무엇보다 이 성경은 독일어로 되어 있어서 라틴어를 읽을 줄 아는 이들만으로 제약되어진 성경의 독자층을 확연하게 넓혀 놓았다. 즉 제작이 많이 되고, 이에 맞는 독자층 역시 확보되었다. 루터는 여기에서 그치지 않고 예배 개혁을 한다. 제사였던 미사의 개념을 무너뜨린 것이다. 제사의 변두리 회중이며 구경꾼이었던 이들을 성도, 즉 거룩한 이들로 세우며 예배의 주체로 옮겨 놓았다. 이들은 자신들의 언어인 독일어로 찬양하며 말씀과 성찬에 참여할 수 있게 되었다. 이들은 이제 사제와 귀족들의 미사에서 떨어지는 부스러기 은혜를 받아가는 이들이 아니었다. 함께 주님을 찬양하고, 주님의 말씀을 이해하고 받아들였다. 또 온전한 성찬을 통해서 주님의 은혜를 매주 마음에 담았다. 루터는 심지어 찬송가에 당시의 민요들을 옮겨 놓았다. 그레고리안 찬가만 울려 퍼지던 성가에서 회중들이 잘 알고 있는 민요의 곡조를 가져와서 가사만 바꾸어 불렀다. 회중들은 듣기만 하던 찬양의 소비자에서 입을 벌려 함께 찬양할 수 있는 찬양의 주체가 되었다.

그런데 루터는 고민 가운데 예배에는 세 번째 방법이 있다고 한다. 그 것은 비공식적이지만 '진지하게 그리스도인이 되고자 하며 복음을 실천하고 고백하는 자들의 모임'이라고 한다. 그들은 그렇게 모여서 기도하고, 성경을 읽고, 세례와 성찬을 하고, 선행을 한다. 당시 종교개혁이 시작되고 불꽃이 일어나는 시기이기는 했지만 사람들은 그런 변화를 실감하지 못했을 것이다. 일반 민중의 입장에서는 그런 신앙의 고백이 실제적이지는 않았다. 기독교는 회중들 가운데 민간신앙의 수준이었을 것이다. 이들은 자신의 고백이 아닌 전통적으로 내려온 신앙의 형태를 유지하고 있었고, 민간종교와 뒤섞인 종교의 형태는 종교개혁을 통해 '오직 믿음'이라는 기독교의 본질을 되찾으려는 루터의 눈에 만족스럽지는 못했다. 이에 루터는 형식적인 믿음생활을 하는 이들과 구분하여 이렇게 진지하게 신앙생활을 하고자 하는 이들을 위한 예배를 제안했다. 이것은 루터가 이야기하고 있는 가시적 교회와 불가시적 교회의 구분과도 연결이 된다. 즉 모든 백성들을 대상을 하는 교구제 교회에서 바른 신앙을 가질 것을 촉구하는 것과 같다. 교회에 형식적으로 참여하는 자들은 눈에 보이는 교회이고, 정말 진지하게 신앙생활을 하고자 하는 이들은 불가시적 교회로 구분한 것이다. 루터는 이와 같이 소공동체를 통해서 형식적인 예배 참여자들과는 구별되는 신앙인의 양성과 훈련을 목표로 했다고 볼 수 있다.

그런데 여기서 눈 여겨 보아야 할 부분이 있다. 이들이 모여서 행하라고 하는 순서이다. 이들은 모여서 기도하고, 성경을 읽고, 세례와 성찬을 하고, 선행을 행하라고 했다. 놀라운 것은 이 가운데 '세례와 성찬'이 포함되어 있다는 것이다. 이 예배에는 목회자가 포함되지 않는데 루터는 세례와 성찬도 행할 것을 권한 것이다. 지금도 이 부분은 허용이 안 되어서 가정교회의 경우 어려움을 겪고 있는데, 가톨릭의 영향에서 완전히 벗어나지 못했던 당시 상황을 고려해 보면 정말 혁명적인 제안이라고 할 수 있다. 루터가 쓴 이 글은 1526년에 발표되었다. 성찬을 제사의 중심으로 보았던 가톨릭에 제안 형식을 빌은 반박문을 내놓은 지 불과 10년이 되지 않았던 상황이다. 그런데 루터는 성찬과 세례를 이런 평신도들의 모임에서 행할 수 있다고 제안했다. 당시 목회자나 귀족, 평신도들의 입장에서는 감히 상상할 수 없었던 것을 제안한 것이다. 즉 예배의 제3의 형태라고 하는 소공동체에 대한 제안은 루터의 폭발적인 상상력에 근거한 것이었다. 그것은 종교개혁가의 시각에서 기독교적이지 않은 교회와 교인들을 향한 가히 혁명적인 제안이라고 할 수 있다. 하지만 아쉬운 것은 루터조차도 이러한 제안을 실행에 옮기지 못했다는 것이다. 자신의 복음에 근거한 참된 신앙인을 만들어 보겠다는 그의 전략은 문서를 벗어나지 못했다. 그러나 눈에 보이는 교회를 뛰어 넘어 불가시적 교회를 이루어 보겠다는 그의 정신은 기억해야 한다. 특히 이를 통해서 그 동안 가톨릭에서 이루어졌던 사제 중심의 권력화 되고 신비화 된 교회의 틀을 벗어나고자 했던 그의 신학적, 목회적 의도를 이해해야 한다. 이러한 소공동체를 통해 하나님 나라 백성들을 세우고, 교회를 개혁하겠다는 그의 의지를 보는 것은 아주 중요한 부분이다.

이후 17세기와 18세기에 걸쳐 일어난 독일 경건주의 운동에서 다시 소공동체에 대한 관심이 일어난다. 종교개혁이 일어나고 200년 가까이 흐른 개신교회는 다시 교권화되고 굳어져 간다. 이에 스페너(Phillip Jakob Spener, 1653-1705)를 중심으로 경건주의(Pietismus) 운동이 일어난다. 독일 프랑크푸르트에서 목회를 하고 있던 스페너는 교회 내에 경건의 모임(Collegia Pietatis)를 만든다. 이것은 소공동체로 루터의 제3의 방법과 같은 맥락에 있다. 이들은 매주 주일이나 수요일에 모여서 그 주의 설교를 가지고 나누거나, 경건서적을 읽고 토론을 벌였다. 이 모임의 핵심은 목회자 중심에서 회중 중심으로 전환이 되었다는 것이다. 당시 새롭게 일어나는 시민계층의 참여가 눈에 띈다. 기존의 기득권층인 귀족들이 아니라 지식을 기반으로 성장하게 된 시민층이 적극적으로 참여했다. 이들은 모여서 경건서적을 몇 쪽 읽거나 그 주의 설교를 회고하며 토론을 벌였다. 기존에 목사가 예배 가운데 일방적으로 선포하던 설교에 익숙했던 이들이 주체적으로 자신들의 의견을 피력하는 것이다. 이들은 서로의 생각을 나누고, 서로에게 신앙적인 조언을 하기도 하고 권면하기도 했다. 심지어 이들은 목사의 설교에 대해서 비평적인 입장을 피력하기도 했다. 지금도 목회자의 설교에 대해서 평신도들이 자신들의 생각을 기반해서 비평을 가한다는 것은 쉽지 않은 일이다. 설교학 시간에 이런 것이 필요하다고 가르치기는 하지만 실제적으로 이렇게 하는 목회자를 보는 것은 극히 드물다. 그런데 지금으로부터 약 350년 전에 설교자에 대해서 이렇게 자신들의 의견을 피력할 수 있는 모임이 있었다는 것은 놀라운 일이다. 이것은 참여자들의 지적 수준이나 의식의 수준이 상당했음을 보여주기도 하며 동시에 참여자들을 이런 수준으로 이끌었음을 보여주고 있다.

이 모임은 폭발적인 반응을 얻었고 많은 참여자들이 있었다. 불과 몇 년 사이에 모이는 사람은 100명 넘어 섰고 더 이상 작은 모임이라고 할 수 없었다. 그런데 중요한 것은 이 모임의 장소이다. 스페너는 이러한 모임을 교회 밖으로 이끌지 않았다. 그는 처음에는 목사관에서 시작했다. 독일은 목사관 역시 교회의 건물로 이해한다. 즉 이러한 모임이 공식적인 예배나 집회는 아니지만 교회의 울타리를 벗어나지는 않겠다는 의지를 보여준 것이다. 이후 모임이 커져 더 이상 목사관에서 모일 수 없게 되었는데 이 때는 교회의 건물을 이용했다. 분리주의자들은 모임이 커지자 그렇게 교회 밖으로 나가서 루터교회와의 결별을 원했지만 스페너는 절대 동의하지 않았다. 그래서 스페너는 이 그룹의 명칭을 그의 유명한 저서인 『경건의 열망』(Pia Desideria)에서 '교회 안의 작은 교회', 즉 에클레시올라 인에클레시아(Ecclesiola in Ecclesia)라고 하였다. 즉 이 모임은 철저하게 교회 안에서 이루어지는 교회의 형태를 유지할 것을 천명한 것이다. 이것은 오늘날 우리에게 중요한 가르침을 준다. 먼저는 소공동체가 교회를 떠나서는 존재할 수 없음을 알려준다. 교회가 무엇인가를 살펴보고, 교회를 통해 이루어가는 하나님의 뜻을 이해할 수 있어야 한다. 또한 오늘날 소공동체가 성장하면서 오히려 교회에 덕이 안 되고, 오히려 교회를 분란으로 이끄는 일들이 생기는데 그러한 것에 대한 바른 이해를 주고 있다.

친젠도르프(Nikolas Ludwig Graf von Zinzendorf, 1700-1760)는 목회자가 아니라 궁중고문관이며 법고문관이기도 했다. 그는 귀족이면서 공무원이었다. 경건주의 훈련을 받으며 할레의 프랑케에게 큰 영향을 받았다. 그는 자신의 영지로 몰려온 모라비안파 사람들을 받아들였다. 그들에게서 소공동체의 모습을 보고 배워서 자신의 공동체에서도 소공동체를 실행했다. 그가 특별한 것은 소공동체를 밴드로 묶은 것이다. 밴드라는 이름으로 모임을 만들어 7-8명의 사람들을 참여시켰다. 보고에 의하면 1732년에 700명가량의 성도들이 있었는데 약 100개의 밴드가 존재했다. 이 밴드는 특별히 비슷한 삶의 배경을 가진 사람들끼리 묶였다. 예를 들어서 성과 나이, 결혼유무, 소년, 소녀, 청년, 과부, 홀아비, 임산부, 수유, 육아 구체적으로 나누어 밴드를 구성한 것이다. 이들은 이미 회심을 경험한 사람들로서 무엇보다 이러한 밴드를 통해 거듭난 사람으로서의 삶을 점검했다. 특별한 것은 일주일에 한 번씩 친젠도르프가 직접 리더 모임을 이끌었다는 것이다. 리더들을 통해서 친젠도르프는 성도들의 삶에 대해 이야기를 듣고 점검했다. 특히 그가 타지로 출장을 가더라도 리더들에게 서면으로 보고를 받았다고 하니 그가 얼마나 성도들의 삶에 관심을 가졌는지 알 수 있다.

감리교의 창시자인 웨슬리(John Wesley)는 이러한 친젠도르프의 영향을 받았다. 물론 모라비안들을 보며 결단을 했다고 한다. 하지만 헤른후트(Hermhut)에서 직접 친첸도르프와 만나, 그곳에 거하면서 소공동체를 배우게 된다. 일찍 홀리클럽(Holy Club)을 통하여 소공동체를 경험했던 그이다. 이후 웨슬리는 밴드를 구성하고 메토디스트(Methodist)답게 정해진 규칙을 통해 절도 있는 운영을 했다. 이 모임에서는 정기적으로 정해진 시간에 모이고, 정해진 순서에 따라 진행되고, 정해진 시간에 마치는 것을 원칙으로 했다. 그리고 무엇보다 친첸도르프의 헤른후트와 같이 지난 삶에 대한 고백과 반성을 넣어서 신자로서의 삶을 점검 받았다.

소공동체운동은 교회 역사에서 간헐적으로 일어났다. 그것은 교회 개혁에 대한 열망의 표현이었다. 교회가 성직자 중심으로 권력화 되고 신비화 될 때마다 진지하게 신앙생활을 원하는 이들과 함께 근본에서부터 개혁해 나가는 도구가 되었다. 그리고 이후에는 신앙생활의 훈련, 경건의 훈련을 위한 모임이 되기도 했다. 특히 교회 안의 작은 교회로서 그 독특한 지위를 가지며 교회를 변화시켜 나가는 누룩공동체의 역할에 주목할 필요가 있다.

3) 하나님 나라를 향한 선교적 교회의 구조화

(1) 평신도의 자리에서 보는 선교적 자리

일찍이 가톨릭의 신학자 이브스 콩가르(Yves Congar)는 평신도 신학에서 평신도의 자리를 중간지대(Space between)로 정의했다. 평신도들은 인류를 향한 하나님의 계획 가운데 교회와 세계 사이에 그 자리가 있다고 했다. 이것은 당시 평신도를 사제들의 부속으로 이해하던 때에 획기적인 이야기였다. 즉 평신도들을 교회에 속한 이들이 아니라 하나님의 계획 아래 교회와 세계 가운데 그 자리를 갖고, 소명을 가진 이들로 이해를 한 것이다.

헨드릭 크래머(Hendrick Kraemer)는 세상을 향한 하나님의 관심을 이야기하며 평신도의 자리를 '존재하고 살아가는 자리'(locus standi et vivendi)라고 하였다. 즉 그들의 자리는 바로 그들이 존재하고 살아가고 있는 바로 그곳이라고 한다. 바로 거기에서 하나님이 맡겨주신 사명이 있다는 것이다.

이러한 이해는 기존의 기독교의 이해에서는 새로운 것이었다. 기존의 신학은 평신도를 다르게 보지 않았다. 그들은 교회에 속하며, 세상에서 벗어나서 교회를 위해 살아야 하며, 교회에 귀속되는 존재로 보았다. 즉 그들은 비록 세속에 삶의 자리를 가지고 있지만 교회를 지향하는 존재였다. 특히 거룩한 직업인 목회자들에 비해서 덜 거룩한, 그래서 채워지지 않는 존재로 이해되었다. 그런데 위의 두 신학자는 평신도의 자리를 찾았다. 이를 콩가르는 '중간지대'로, 그리고 크래머는 '존재하고 살아가는 자리'로 표현을 했다. 그곳을 거룩한 자리로 가기 위해 떠나야 할 자리가 아니라 바로 그곳에서 그들의 사명을 이루어야 할 자리로 본 것이다. 하나님의 뜻은 교회의 울타리 안에서만 이루어지는 것이 아니라 이 세계에서 이루어져야 하며, 하나님은 바로 이 세계 가운데 그의 계획과 관심을 가지고 있음을 보았다. 그래서 평신도가 존재하고 살아가는 바로 그 자리가 평신도들이 부름을 받은 소명의 자리로 이해했다. 성인교육은 바로 이러한 평신도의 자리에서 하나님의 뜻을 발견하고, 그 소명의 자리에 이들이 서도록 돕는 역할을 하게 된다.

독일의 실천신학자 페터 빌(Peter Biehl)은 일상을 강조한다. 일상은 매일의 삶에 반복되는 삶의 경험들이다. 반복적이며 무의미한 것으로 치부되어 왔다. 실제적으로 목회현장에서 일상은 항상 무시되고 부정되었다. 심지어 일상은 거룩한 삶의 방해요소 내지는 거룩한 삶을 위해서 버려야 할 것으로 이해되었다. 하지만 일상은 우리의 삶에서 가장 많은 부분을 차지한다. 우리가 종교생활에 쓰는 시간보다 일상으로 이해되는 시간들이 훨씬 많다. 아니 그것은 비교할 수 없을 정도로 양적인 차이를 가지고 있다. 그런데 이 시간들이 부정된다는 것은 우리의 시간을 주관하시는 하나님의 의도를 부정하는 것이다. 하나님은 우리에게 24시간을 주면서 거룩하게 쓰이고 있는 단지 1시간 정도의 시간만을 의미 있다고 하시지 않는다. 오히려 그 나머지의 시간이 더 의미 있다고 보실 수 있다. 그것이 그 시간을 주신 하나님의 뜻일 것이다.

또한 일상은 우리에게 삶의 안정을 준다. 일상은 경제적이며 실용적이다. 행함에 있어서 에너지를 요구하지 않는다. 일상을 살면서 우리는 고민을 하거나 결정을 위해서 정신적 노력을 하지 않는다. 매일과 같이 반복되는 그 삶을 오늘도 진행한다. 그런 의미에서 생각과 행동이 일치하며 다른 노력을 요구하지 않기에 경제적이며 실용적이라고 할 수 있다. 일상은 존재의 위기라고 하는 선택을 요구하지 않기에 삶을 안정적으로 만들어 준다. 평안함을 감사로 받아들이지 못하고 불안으로 마주하게 된다면 우리는 이 일상이 주는 안정을 잃어버리고 불안으로 맞이하는 위기를 경험하게 된다.

페터 빌은 일상 가운데 우리는 종교적, 시적 언어를 되찾아야 한다고 한다. 그는 우리의 일상은 무의미한 것이 아니라 그 가운데 의미를 찾아가는 것이 중요하다고 했다. 마치 시에서 한 단어, 한 단어들이 함축적 의미를 가지고 있는 것과 같이 우리의 삶도 함축적 의미들을 내포하고 있다는 것이다. 그래서 그는 시적 언어를 되찾아야 한다는 이야기를 했다. 그리고 더 나아가서는 그것의 초월적 의미를 이야기하며 종교적 언어를 되찾아야 한다고 한다. 그가 강조하고 있는 바와 같이 우리는 일상의 삶에서 의미를 담는 언어를 찾아가는 훈련을 해야 한다. 여기에 성인교육의 중요한 가치가 마련된다. 성인교육은 일상에서 특별한 경험을 만들어 가는 것이 아니라 바로 이 일상을 해석하고 의미 있게 만들어 가는 과정이다. 이를 페터 빌은 "일상의 삶에서 와해되어진 경험들을 종교적, 시적 언어의 창조적이고, 영감적이고 변혁적인 능력(Kraft)의 도움으로 기본적인 사색 가운데 다시 구성하고 새롭게 하여 경험의 능력을 또 활성화하는 것이다."[2] 바로 우리의 일상의 의미를 찾아가는 것은 앞으로 우리의 삶을 가치 있게 살아갈 수 있도록 해 주는 능력이다. 교육은 바로 이 능력을 만들어 주는 것이다.

이런 의미에서 마이클 프로스트의 제안은 신선하다. 그는 『일상, 하나님의 신비』[3]에서 일상 가운데 임재하는 하나님의 신비를 찾으라고 제안한다. 그는 우리가 이목을 집중하면 우리의 삶 가운데 임재하신 하나님의 신비를 경험할 수 있다고 한다. 단지 우리가 그를 찾으려 하지 않기 때문에 못 본다는 것이다. 그의 이야기처럼 이미 우리의 일상 가운데 와 있는 하나님을 보지 못하고 있다. 우리는 항상 소망하라는 가르침을 따라서 오실 하나님에 대한 기대만을 가지고 살았다. 그 기대는 때로 축복이라는 이름으로, 돈으로 성공으로 포장이 되었다. 그래서 더 나은 삶을 기대하며 현재의 삶을 부정해 온 것이다. 하지만 하나님은 아직이 아니라, 우리가 달려가 맞아야 할 것이 아니라 바로 오늘 우리의 일상 가운데 임재해 계신다. 우리는 눈을 뜨고, 귀를 열어서 그를 보고 들어야 한다. 이렇게 우리는 일상의 영성을 찾아야 한다. 바로 우리의 일상을 만들어 주며, 의미를 부여하고 종교적, 시적 언어를 찾아주는 성령의 신비를 경험해야 한다. 바로 교육은 이러한 경험을 할 수 있도록 돕는 조력자가 되어야 한다.

(2) 성인교육의 이론적 배경

성인교육은 놀즈(Malcolm Knowles)에 의해서 '안드라고지'(Andragogy)라고 이름 지어졌다. 그것은 일반적으로 교육학을 '페다고지'(Pedagogy)라고 명한 것과 비교한 것이다. 페다고지는 그리스어 '파이디온'(paidion)에서 나왔다. 그것은 어린이를 뜻하는 단어이다. 즉 교육학이라고 하는 것은 어린

이들을 가르치는 것을 배우는 학문이다. 그런데 성인을 가르쳐야 하니 그리스어로 남자 성인을 의미하는 '안드로스'에서 그 단어를 차용한 것이다. 즉 어른을 가르치는 것을 배우는 학문이라는 것이다. 대개 방법적으로는 대화나 현장실습 등을 이용하여 기존의 강의위주에서 벗어난다는 것이고, 내용적으로는 내용을 전달하는 강의식에서 벗어나서 참가자들의 상황을 이야기하는 상황중심의 교육을 한다는 것이다. 상당히 중요한 변화이지만 이제는 어린이들이나 청소년들 역시 이러한 교육을 진행하기에 한계를 가지게 되었다.

이후 파울러(James Fowler)의 발달이론에 근거하여 연령대에 맞는 교육의 진행이 있었다. 하지만 이러한 발달이론은 과거 획일화된 사회에서는 의미가 있었으나 사회가 다원화 되면서 연령대에 맞춰진 교육이라는 것이 의미를 상실하며 자리를 잃었다.

독일의 실천신학자이자 교육학자인 에른스트 랑에(Ernst Lange)는 갈등중심의 교육을 주장한다. 남미의 교육학자라고 불리는 프레이리(Paulo Freire)는 그의 책 『페다고지』에서 교육은 억누르는 자를 위한 교육과 억눌린 자의 교육이 있다고 했다.[4] 대부분의 교육은 체제에 순응하는 법을 가르치는 억누르는 자를 위한 교육이라고 한다. 그러나 자신은 억눌린 자들을 위한 교육을 하겠다고 천명한다. 그러면서 그는 억눌린 자들은 침묵의 문화가 있다고 한다. 억울하고 괴로우면 이야기를 해야 하는데 이들은 순응하는 것에 익숙해서 말을 안 한다. 그는 이것을 침묵의 문화라고 했다. 랑에는 프레이리의 이 이야기를 독일에서 받아들여 교회는 '자유의 언어학교'[5]가 되어야 한다고 주장한다. 교회는 일찍 자유의 정신을 가지고 있다. 서신서에서 바울은 우리에게 율법에서 자유로우라고 한다. 다시는 그 종의 멍에를 지지 말라고 한다(갈 5:1). 우리 개신교는 저항의 정신이 있다. 프로테스탄트(Protestand)는 바로 저항을 의미하며 그것은 바로 자유를 향한 저항이었다. 개신교는 이러한 자유를 향한 저항의 정신을 가지고 있다. 랑에는 자유의 정신을 가지고 있는 교회가 사람들에게 침묵의 문화를 깨는 언어를 가르쳐 주어야 한다고 주장한다. 개신교가 가지고 있는 자유의 전통 가운데 사람들에게 자신들의 주장을 할 수 있는 언어를 훈련시켜야 한다는 것이다. 그래서 그는 교회를 그의 책 제목과 같이 '자유의 언어학교'라고 한다. 물론 이것은 단순한 언어만의 문제는 아니다. 아프면 아프다고 느끼고, 억울하면 억울하다고 생각할 수 있는 비평적인 사고와 삶의 태도까지도 포함하는 것이다. 그래서 방법론적으로 랑에는 갈등중심의 교육을 말한다. 갈등이 있는 곳에서 사람들은 문제에 대해서 가장 큰 관심을 갖는다. 그 갈등을 중심으로 이야기하고, 해결을 모색해 보면서 사회를 깨닫고 많은 것을 배우게 된다고 한다. 실제적으로 사회적 갈등이 일어나는 곳에서 사람들은 문제의식을 가지게 된다. 왜 이러한 일이 벌어지게 되었으며, 이것의 의미 내지는 원인을 찾아보게 된다. 그것이 특히 우리의 삶의 문제가 될 때 우리는 더욱 직접적으로 문제에 천착하게 된다. 그러한 과정을 통해서 우리는 사회를 보게 되고, 세계관이나 내 삶의 정체성을 새롭게 하게 된다. 랑에는 바로 이러한 과정들을 가르쳐 주는 것이 성인교육의 중요한 부분이라고 하는 것이다.

독일의 종교교육학자 위르겐 로트(J. Lott)는 교회가 해석공동체가 되어야 한다고 주장한다.[6] 그는 체험(Erlebnis)과 경험(Erfahrung)을 구분한다. 체험이라고 하는 것은 우리가 오감을 통해서, 또는 삶 가운데 받아들이는 것이다. 그러나 경험은 그러한 체험에 의미를 부여하는 해석의 과정을 거친 것을 의미한다. 이미 언급했던 페터 빌의 이야기와 일맥상통하는 부분들이 있다. 즉 일상 가운데 우리가 가지게 되는 체험들은 무의미한 것이 아니라는 것이다. 그것들은 해석의 과정을 통하여 경험이 되어야 한다.

로트는 더 나아가 생활세계(Lebenswelt, Life World) 중심의 교육을 강조한다. 한 인간이 주체로서 경험하는 세계이다. 과거 사회학은 사회의 구조에 관심을 가지고 있었다. 그런데 생활세계의 개념이 들어오면서 한 주체화된 개인을 중심으로 세계를 보고 있다. 한 인간이 일상 가운데 경험하게 되는 정치세계, 경제세계, 교육세계, 문화세계 등이다. 이에 종교 역시 중요한 부분을 차지하며 자리하고 있다. 성인교육에서 일상의 생활세계를 강조하는 것은 일상을 살아가고 있는 모든 사람들이 교육과정에 참여할 수 있으며, 또한 그들의 생활세계가 바로 교육의 내용이라는 것을 의미한다. 동시에 그것은 그 생활세계를 바로 인식하며, 그 안에서 자각하며 깨달아가는 것을 의미한다. 바로 주체화된 인간을 둘러싼 세계를 바로 보고 자신을 볼 수 있게 하는 것이다. 이것을 로트는 해석의 과정으로 이해하고 있다. 즉 체험되어진 것들에 대해서 주체화된 개인을 중심으로 해석의 과정을 거쳐 경험으로 만드는 것이다.

이를 위해 로트는 '생애사'를 활용한 교육을 강조한다. 과거 자신의 삶을 돌아보며 그 의미를 부여하는 것이다. 우리는 지나간 과거를 돌아볼 때 다양한 생각을 가지게 된다. 가정을 하기도 하고, 부정을 하기도 하고, 무엇보다 그 의미를 살펴보게 된다. 그 일을 겪을 때는 어떤 의미보다는 지나가는데 더 큰 수고를 하게 된다. 특히 그것이 힘들고 어려운 일이었다면 더욱 그러할 것이다. 그러나 지나고 보면 우리 삶에 어떤 영향을 주었는지, 그리고 그것이 내 삶에 어떤 의미였는지를 알게 된다. 이러한 일은 종종 우리가 모임 가운데 간증으로 만나게 된다. 지난 한 주간을 돌아보며, 또는 지난 한 달, 또는 더 오래된 일을 돌아보며 그 때는 힘든 것이었지만 돌아보았을 때 그 가운데 하나님의 뜻을 발견해 가는 과정이다. 이것을 로트는 해석이라고 하며, 체험된 것을 경험하는 것이라고 한다.

경험은 여기서 교육의 목표이면서 동시에 과정이다. 로트는 그의 책에서 "성인교육을 교육이라고 본다면 핵심적 과제는 인간으로 하여금 그들의 일상에서 만들어진 경험들을 스스로 성찰하여 기억하고, 가공하고 제 것으로 만들어 감으로 경험과 교육의 능력을 고양시키는 것이다"[7]고 이야기했다. 여기서 경험은 먼저 경험되어져야 할 대상이다. 과거 체험되어지고 경험되어졌던 것들을 다시 불러와서 주체적인 관점에서 성찰하는 것이다. 돌아보고 기억하며 그 경험에 대한 해석을 이어가는 것이다. 그래서 그것을 자기 것으로 만들어 간다. 교육은 바로 이러한 경험과 교육이 가능하도록 만들어 주는 것이다. 즉 지식의 양적인 면의 전달이 아니라 경험할 수 있는 능력을 만들어 주는 것이 바로 성인교육이라고 하는 것이다.

이렇게 경험의 능력을 만들어 가면서 사람들은 해석과 준거의 틀을 마련한다. 사람들은 경험을 축적해 가면서 자신의 정체성과 세계관을 형성하고 또한 행동의 준거를 마련해 간다. 즉 경험을 통해서 '해석과 준거의 틀'(The Frame of Interpretation and Reference)을 갖는 것이다. 사람들은 일정한 자신들의 틀을 가지고 있다. 자신들이 마주하는 세계와 자기 자신, 그리고 바로 경험들 앞에서 일정한 기준을 가지고 판단을 하게 된다. 또한 그 기준을 가지고 해석하며 경험하게 된다. 바로 그러한 틀을 사람들은 세계관, 또는 정체성이라고 한다. 그런데 이 틀은 학습해서 만들 수 있는 것은 아니다. 이것은 오랜 세월을 지나면서 사람들 가운데 형성되어진다. 정확하게 이야기한다면 사람들은 살아가면서 축적된 자신들의 경험을 통해서 학습하며 이러한 것을 구성해 나간다. 결국 경험의 축적이 이러한 틀을 마련하게 한다. 그런데 많은 사람들은 이러한 틀을 가지고 있지 않다. 그들은 사회가 정해준 틀을 자신의 것으로 이해하고 살아간다. 때로 그것은 프레이리가 말하고 있는 억누르는 자들을 위한 교육에 의해 형성된 것일 수도 있다. 즉 주체가 소외되어진 조작되어진(manipulation) 거짓의 틀일 수 있다. 성인교육은 주체된 인간에게 진실된 틀을 마련해 주기 위해 노력해야 한다. 이를 통해 삶의 의미를 바라볼 수 있는 자신의 해석의 틀을 마련하고, 자기 행위의 준거를 줄 수 있는 틀을 마련해 가야 한다. 이런 것이 정해질 때 사람들은 흔들리지 아니하며, 조작되어지지 않는다. 그것은 우리에게 바른 삶을 마련해 주고, 세상과 바르게 대면하게 하며, 일상 가운데, 생활세계 가운데 안정되고 의미 있는 삶을 살아갈 수 있다.

교회는 하나님 나라를 위해 쓰임 받는 공동체이다. 존재 자체가 의미를 갖는 것이 아니라 하나님 나라를 만들어 가는데 쓰임 받는 도구이며 통로이다. 하나님의 구원의 계획 가운데 교회는 세상을 위해 존재해야 하며 사역해야 한다. 이스라엘은 이러한 구조 가운데 부름 받았다. 그러나 그들은 이러한 사명을 잃어버렸고, 심지어 하나님의 택한 백성으로 존재함을 잃어버리고 말았다. 세상의 주인이 되시는 하나님은 그 사명을 감당하지 못하는 이스라엘을 멸망으로 이끈다. 이 때 이스라엘은 하나님을 이해하지 못한다. 어떻게 하나님의 백성 이스라엘이 망하며, 하나님의 도성 예루살렘이 망할 수 있는지 이해하지 못한다. 그러나 예언자들은 이스라엘이 그 사명을 감당하지 못할 때 이방의 막대기를 들어 이스라엘을 치신다는 것을 말한다. 즉 하나님은 이스라엘의 하나님이며 동시에 이 세계의 주인이심을 나타내신 것이다.

새로운 이스라엘이 된 교회는 바로 이러한 사명 가운데 있다. 이들은 예수 그리스도가 이루어가신 하나님 나라, 즉 그의 통치를 이루어가기 위해서 부름 받은 존재이다. 이들은 스스로의 존재가 의미 있는 것이 아니라 바로 하나님의 나라를 위해 이 세계를 향해 섬김과 증언으로 그 존재를 드러내야 한다. 교회는 바로 이러한 선교적 사명을 가지고 있다.

제자화 사역은 바로 이러한 하나님 나라로 부름 받은 교회가 이 선교적 사명 앞에 서도록 하는 역할을 한다. 그것은 성인교육으로 자유의 언어를 되찾게 하며, 경험을 경험토록 하는 일을 한다. 여기서 교육은 지식의 전달을 넘어 경험의 능력을 고양케 하며, 각 성도들이 주체화되어 자신의 해석과 준거의 틀을 갖추도록 돕는 역할을 한다. 이것은 성도 상호 간에 상호작용을 통해서 경험의 외연을 넓혀가게 하며, 하나님 나라의 관점에서 이 세계에 대한 책임성을 만들어 가는 것을 의미하기도 한다. 그래서 사람들로 하여금 일상 가운데 하나님을 만나고, 세계 가운데 하나님 나라를 경험토록 하는 일을 하게 될 것이다.

II. 하나님 나라의 제자화 사역
　―선교적 그룹을 통한 하나님 나라 운동

　하나님 나라의 제자가 되는 것은 그의 몸 된 교회가 되는 것이다. 교회에 다니거나, 교회에 속하거나, 또는 교회를 위해서 무엇을 하는 것이 아니라 바로 교회가 되는 것이다. 바울은 이것을 몸이라는 표현을 썼다. 우리가 흔히 유기체라고 하는 것이다. 교회는 살아있는 몸이라고 한다. 바울은 고린도전서 12장에서 누누이 이야기하기를 몸은 나누어질 수 없다고 한다. 심지어 우화를 만들어 이야기한다. 발 이야기도 나오고 손도 나온다. 귀가 말하기를 나는 눈이 아니니 몸에 붙어 있지 않다고 한다. 바울 서신 어디에서 이렇게 신학적 주제를 가지고 자세히 설명하는 곳이 있는가. 바울에게 있어서 교회를 이해시키는 것은 그 어느 것보다도 중요했을 것이다. 그의 결론은 몸은 하나라는 것이다. 우리 몸의 지체가 그 아무리 많을지라도 결국 그것은 한 몸이라고 한다.

　그런데 바울은 그 몸이 바로 그리스도라고 단정해서 말한다. 그리스도를 위하거나, 그리스도로 시작하거나, 그리스도가 몸의 어느 중요한 지체라고 이야기하는 것이 아니라 바로 그 몸 자체가 그리스도라고 선언한다. 그러면 우리는 무엇인가. 우리는 바로 그 몸이고, 우리는 바로 그리스도이다. 우리가 교회로서 한 몸으로 부름을 받은 그 순간부터, 세례와 성찬을 통해 그와 하나가 되는 코이노니아를 이루는 순간부터 우리는 그의 몸이다. 이 세계 교회가, 한국 교회가, 바로 우리 지역교회가 그의 몸이며 그리스도이며, 동시에 그에 속한 나 역시 그의 몸이며 그리스도이다.

　중요한 사실은 우리는 교회로서 그리스도의 사역으로 부름 받았다는 것이다. 우리가 그리스도의 몸이라고 고백하는 순간 우리는 그의 사역으로 인도함을 받는다. 예수 그리스도의 사역은 말씀, 가르침, 치유로 요약되지만 중요한 주제는 하나님 나라를 이루어 가는 것이다. 우리는 교회로서 하나님의 통치를 이 땅에서 실현하시고 우리로 자기 십자가를 지고 따라오라고 하신 주님의 명령을 좇아 그의 몸이 되어가야 한다.

이러한 하나님 나라의 소명 가운데 우리는 소공동체로서 그 전략을 만든다. 교회 안의 작은 교회(Ecclesiola in Ecclesia)로서 소공동체는 친교와 성경공부의 한계를 넘어 몸 된 교회의 일원이 된 성도들을 하나님 나라의 일꾼으로, 사역자로 세워가는 전략적 자리가 된다. 우리는 각자가 지체로서 한 몸이 되는 것뿐만 아니라 이렇게 소공동체로서 교회가 되고 그의 하나님 나라 사역으로 부름을 받는다. 그것은 교회라는 작은 울타리 안에서가 아니라 바로 이 세상을 향해 구원을 선포하시고, 그 역사를 이루어 가는 하나님의 뜻 가운데 받은 부름이다. 이로써 소공동체는 또 다른 교회의 모습으로 세상을 향해 나아가야 한다.

이제부터 교회에서 하나님 나라를 향해 사역하는 공동체의 형성과 운영에 대해 논하고자 한다. 특히 성도들을 바른 민주시민으로 세워 이 사회를 변혁시켜 나가는 전략을 먼저 내놓고자 한다. 이러한 교육을 통하여 교회에서 교인됨뿐만 아니라 세상에서 바른 민주시민의 사역을 감당할 수 있는 하나님 나라의 백성을 만들어 갈 수 있을 것이다. 둘째는 교회에서 실제적으로 하나님 나라에 대한 이해를 넓히고, 이 세상에서 다루고 있는 주제들, 즉 경제, 시민사회, 정치, 환경, 자살 등에 대한 것들을 다루고 있는 「세상을 사는 그리스도인」이라는 교재를 소개하고자 한다. 이 교재는 이러한 주제들에 대한 성경구절의 검색을 넘어 교인들이 함께 토론하며 스스로 답을 찾아가도록 인도하고 있다. 셋째는 LifeHope.기독교자살예방센터의 활동을 소개하며 어떻게 생명가치를 가지고 이 사회와 소통할 수 있는지를 소개하고자 한다.

1. 교회에서 행할 수 있는 시민교육의 실제[8]

선한 크리스천(good Christian)은 바른 민주시민이 되어야 한다. 한국교회도 시민의식에 대한 생각이 깊었다. 초기 기독교가 한국에 들어왔을 때 조선은 아직 왕정이었다. 거기에 유교적 전통에 따라서 사농공상의 제도와 반상의 구분 등이 살아 있었다. 기독교는 이 땅에 들어와서 모든 인간은 평등하다는 시민의식을 불러 일으켰다. 당시로서는 상상도 할 수 없는 일을 한 것이다. 여학교의 설립은 이런 면에서 큰 충격이었을 것이다. 양반집 여식들도 아닌 평범한 사람들, 아니 천한 집안의 여식들이 공식적으로 학교를 다니게 되었다. 교육을 통해 이들이 민족의 지도자가 되기도 했으니 여권 신장에는 기독교가 한 일이 많다.

1898년 도심에서는 만민공동회가 열렸다. 만민공동회는 선교사들의 영향이 컸다. 이들은 조선에 의회 도입을 주장하며 입헌군주제로의 전환을 꾀하였다. 10월에 있었던 만민공동회에서는 박성춘이 첫 번째 연사로 등장했다. 그는 알려져 있다시피 백정 출신이다. 만민공동회에는 민족지도자와 정부고관들이 연사로 서고 이상재 선생께서 사회를 보았다. 그런데 천민 중에 천민으로 여기던 백정이 그들과 나란히 연사로 나섰다는 것은 상징적 의미가 크다. 당시로서는 상상할 수 없는 시민운동이었다고 할 수 있다.

그러나 무엇보다 가장 의미 있는 시민운동은 바로 3.1운동이었다. 3.1운동에 기독교가 크게 기여하였다는 것은 알려진 사실이다. 기독교회가 자리한 지역마다 3.1운동이 일어났고, 기독학생들이 중요한 역할을 했다. 기독교인이라는 사실은 바로 애국시민이 되어야 한다는 것을 의미했고, 3.1운동은 바로 이러한 신앙이 애국이 되는 자리였다.

이와 같이 시민운동은 개신교의 오래된 전통이다. 한국교회에서 뿐만 아니라 세계교회가 대부분 그러하다고 할 수 있다. 그것은 시민운동의 전제 조건이라고 할 수 있는 해방된 개인이 교회에서 자라나기 때문이다. 만인이 스스로의 제사장이라고 칭한 루터의 신학적 이해는 시민의 가장 기본적인 의식이라고 할 수 있다. 이것은 앞에서 언급한 에른스트 랑에가 교회를 '자유의 언어학교'라고 칭한 것과 일맥상통한다. 즉 자유의 정신을 가지고 자신의 언어를 회복한 개인이 바로 시민이라고 할 수 있다.

여기서는 하나님 나라의 비전 가운데 우리 교인들을 시민으로 세워가는 교육의 장으로서 교회를 보고자 한다. 어떻게 하면 우리 교인들을 의식이 있는 시민으로 세우고, 하나님 나라의 비전 가운데 맡겨진 이 땅에서 소명을 이루어 갈 수 있는가를 다루어 보고자 한다.

1) 준비하기

(1) 기초적 시민교육

아직도 교회에서는 '시민'이라는 단어만으로 거부감을 불러일으키기도 한다. 시민운동이라고 하는 것을 정치운동 내지는 이념적 성향을 가진 운동으로 보는 오해 때문이다. 한국에서는 시민운동이 시민이 없는 시민 단체들에 의해서 많이 움직여 왔다. 즉 시민운동가들에 의해서 시민운동이 움직이다 보니 과격해 지고 중앙중심적이 되었다. 따라서 이러한 오해가 일반인들에게 생겨나고 편견마저 형성이 되었다. 하지만 시민운동은 이러한 면만 있지 않다. 구호활동도 시민운동이라고 할 수 있고, 폭력에 시달리는 아이들을 보호하는 것도 시민운동이라고 할 수 있다. 또 이용자들이 자원봉사로 양로원에 가서 봉사하는 것도 시민운동의 일원이다. 먼저는 시민사회나 시민, 시민운동에 대한 이해를 바로 잡아야 한다. 따라서 먼저 신학과 신앙의 외연을 넓히는 작업이 필요하다. 교인들의 사고가 유연해 질 수 있도록 하는 일이다. 일반적으로 우리의 사고는 신앙은 교회 안에서 행해질 때 그 의미가 있다고 생각하기 쉽다. 바로 이러한 틀을 깨는 작업이 필요하다. 이를 위해서 아래와 같은 주제들을 가지고 강의를 초청하여 들을 수 있다.

① 시민사회와 시민
② 시민사회와 하나님 나라
③ 한국사회와 교회
④ 대화와 참여

또는 전문적 사역을 펼치고 있는 NGO들의 도움을 받을 수도 있다. 전에 일산에 있던 한 교회에서 의뢰를 해서 녹색연합을 소개한 적이 있다. 교회는 시민운동에 대한 생각을 가지고 기독교NGO들을 불러 오후 시간에 교회에서 소개하는 기회를 가졌다. 직접 NGO에서 와서 교인들을 대상으로 활동을 소개하고 회원모집도 해 간 것이다. 그리고 이제는 기독교가 아닌 사회의 일반 NGO를 소개하고 싶다고 해서 환경운동 단체인 녹색연합을 소개했다. 단체에서는 간사가 파견되어 단체 소개와 함께 회원 모집도 하게 되었다. 이후 듣기는 그 간사가 교회가 이렇게 훌륭한 곳인지 몰랐다고 했다는 것이다. 시민들이 자발적으로 모여서 이러한 단체를 만나고 회원 가입까지 해 주니 크게 놀랐다. 이러한 일이 시민단체들의 입장에서는 쉽지 않은 일이기 때문이다.

이와 같이 교회가 관심을 가질 수 있는 방향의 NGO에 의뢰하여 교회로 특강을 초청하는 방법도 있을 것이고, 목회자가 직접 그러한 NGO에 가입하여 활동을 접해 보거나 아니면 인터넷을 통해 의견을 나누어 보는 것도 좋은 방법이다. 실제적으로 꽤 큰 교회의 담임목사가 이런 제안을 듣고 직접 지역 NGO에 참여한 적이 있다. 이 단체를 따라 의정활동 감시 활동에 참여해 본 그 목사는 세상이 이렇게 돌아가는 것을 처음 알았다고 고백을 했다. 물론 목회에서도 그런 경험을 나누게 되었다. 그리고 가능한 것은 그러한 NGO들이 공개하는 세미나나 포럼에 참여해 의식을 넓혀 보는 것이다. 그래서 지역의 NGO들과 교제할 수 있는 기회를 갖는 것이다.

(2) 환경의 조사

환경의 조사는 교회가 무엇을 할 수 있을까에 대한 조사의 단계이다. 이 단계에서는 먼저 교회 주변에서 문제를 이끌어내는 방법이 있다. 이것은 지역조사를 전제로 한다. 일반적인 지역주민들을 상대로 한 설문조사가 있을 수도 있고 아니면 관공서의 도움을 받아 지역의 현안을 파악하는 방법도 있다.

실천신학대학원에서는 원우 목회자들에게 지역에서 설문조사를 하도록 한다. 큰 조사는 아니지만 직접 지역민들과 만나서 교회가 무엇을 하면 좋을지, 또는 지역의 현안이나 요구사항은 무엇인지를 알아보는 것이다. 이렇게 직접 지역에 나가 설문조사를 해 보면 목회자들이 현장의 반응을 경험해 볼 수 있어서 좋은 기회가 된다. 그런데 이러한 조사를 보면 교회가 무엇을 하면 참여하겠느냐는 질문에 가장 많은 응답이 봉사할 수 있는 기회를 만들어 주면 오겠다는 것이다. 즉 주민들의 입장에서는 지역공동체를 위해 봉사할 마음이 있는데 교회가 그런 일을 하면 참여하겠다는 것이다. 지역주민들에게 적절한 봉사의 장을 만들어 내는 것이 가장 좋은 사역이 될 수 있음을 알 수 있다.

또는 주변에서 도와 줄 수 있는 단체와 연계하는 방법도 있다. 일례로 고양시, 일산지역에만 NGO가 200개가 넘는다고 한다. 잘 알지 못해서 그렇지 다양한 사역의 방향을 가진 NGO들이 주변에 다수 존재하고 있다. 이러한 단체들을 조사하여 함께 할 수 있는 방향으로 가면 좋을 것이다. 그리고 지역의 현안에 대해서 이들만큼 잘 알 수 있는 사람들도 없다. 또는 세계적인 문제나 광범위한 다양한 주제들에 대해서 나름 전문적 영역을 가지고 있는 단체들이 많이 있기 때문에 훌륭한 도움이 될 수 있다.

(3) 주제의 선정

한 교회가 집중적으로 이끌어 갈 수 있는 주제를 선정하는 것이 중요하다. 큰 교회의 경우는 각 부서별로나 또는 팀별로 주제를 선정할 수 있겠지만 보통의 교회들은 그러한 다양한 주제를 가지기가 쉽지 않다. 따라서 교회가 일 년간 이끌어 갈 수 있는 주제를 선정하는 것은 중요한 일이다. 예를 들면 아래와 같다.

① 세계화—이것은 '지구촌 학습'이라는 주제로 많이 열리고 있다. 또는 '선교와 세계화'같은 주제도 이러한 부류에 속할 수 있다.

② 봉사와 참여—교회에서 가장 쉽게 접근할 수 있는 방법은 봉사라고 할 수 있다. 지역의 약자들에 대한 봉사라든가 아니면 지구적 차원에서 가난한 나라에 대한 구호활동도 있을 수 있다. 이러한 경우 구호단체의 도움을 받아 한 나라를 지정하고 그 나라에 대한 집중적인 연구를 지속하는 것도 의미가 있다. 그리고 그러한 연구가 실천으로 연결되면 더 좋다.

③ 지역 현안 해결—지역에서 눈여겨지지 않은 부분들이 있다. 예를 들면 하천 정비라던지, 환경 개선을 통한 범죄예방, 함께 할 수 있는 문화 활동 등이다. 이러한 일들을 교회가 함께해서 해결해 나갈 수 있다면 지역의 신뢰를 얻고, 교인들 역시 쉽게 시민사회에 참여할 수 있는 기회가 될 것이다.

2) 실행의 단계

(1) 태스크포스 팀(Taskforce Team)의 구성

주제를 가지고 일을 진행시킬 수 있는 구속력 있는 팀을 꾸리는 것은 중요하다. 이것은 협의과정(Consultation Process)을 만드는 데 중요한 의미가 있다. 집중적으로 토론을 벌일 수 있는 팀을 마련하고 실행해 나갈 수 있는 팀으로서의 의미도 있고 교회 내에서 그러한 협의과정을 이끌어 갈 수 있는 원동력이 될 수 있다. 이러한 팀에는 두 가지 영역으로 나누는 것이 좋을 것 같다. 첫째는 연구위원회로서 주제에 대해서 조사하고 연구하는 팀이다. 이들의 연구를 통해서 교회에 그 주제에 대한 공개가 이루어질 수 있다. 둘째는 실행위원회로서 교회 내에서의 행사나 앞으로의 진행을 이끌어 갈 수 있는 팀이다.

(2) 홍보와 관심 모으기

교회적 차원의 일로 인식되고 협의되기 위해서는 홍보가 중요하다. 그러한 홍보를 통해서 교인들의 관심을 이끌어 내고 동력화해야 한다. 이를 통하여서 교회는 선교적 구조로 변화될 수 있다.

① 교회 내 기도회: 교회에서 관심을 이끌어 내기에 가장 좋은 방법은 기도회이다. 특히 핵심적 구성원들이 기도회에 참여하는 것은 아주 중요한 방편이다. 이를 통해서 하나님의 도움을 구하고 기도의 폭을 넓혀 나갈 수 있다. 이것은 첫 시작하는 단계에서 중요한 초석이 될 수 있다.

② 헌신예배: 어느 정도 연구가 이루어지고 실행의 가능성을 가지게 될 때에 헌신예배를 통해 교회에 문제제기를 하는 순간이다. 그리고 그러한 주제에 대해서 교회가 함께 하겠다는 공식적인 추인의 순간이 될 수 있다. 그리고 무엇보다도 그러한 문제를 선교적 관점에서 이해할 수 있는

좋은 기회이다. 기도회가 소수의 인너써클(Inner circle)을 구성하게 된다면 이 헌신예배는 대중성을 얻을 수 있는 기회이다.

③ 사진 및 자료 홍보: 헌신예배와 함께 연계될 수도 있고 따로 진행될 수도 있다. 교회에 게시판을 만들어 주제에 대한 관심을 불러일으키고 이러한 주제에 헌신하는 그룹들이 하고 있는 일들에 대한 관심을 얻을 수 있는 기회로 삼아야 한다.

④ 자원봉사자 모집: 자원봉사자를 모집하는 것은 무엇보다도 경험자의 확대에 목적이 있다. 가능한 많은 사람들이 이 일에 동참하여 의식을 일깨우고 관심을 불러 일으켜야 한다.

⑤ 파송의 의식: 자원봉사자들에게 파송의 의식을 치러줌으로 교회의 지원을 이끌어 내야 한다. 그것은 영적인 후원과 물질적 후원을 모두 포함한다.

(3) 세력화하기

운동을 한다는 것은 작은 자들의 다수화를 통해 의견을 표출해 내는 것이다. 특히 의식 있는 다수는 세상을 바꿀 수 있다. 이를 위해서 헌금후원은 중요한 방편이다. 그것도 소액의 다수를 지향하는 것은 중요하다. 헌금을 한다는 것은 단순히 재정적 뒷받침에서 끝나지 않는다. 사람들은 돈을 내면 관심을 가지게 되고 그러한 관심은 참여로 이어지게 된다. 이러한 면을 의식하여 후원회원을 확보할 수 있어야 한다. 그리고 이미 언급한 자원봉사자의 확대도 중요한 부분이다.

(4) 지역사회와 연계하기

이러한 일들이 교회 내에서 소화되고 만다면 그 의미가 크게 반감된다. 선교적 차원에서도 이러한 일들은 지역사회와 연계를 가져야 한다. 그러기 위해서 보편적 언어로 문제를 풀어가는 것이 중요하다. 전도에 대한 조급성이나 교회 내의 논리를 가지고 나가는 것이 아니라 모든 사람들이 이해하고 받아들일 수 있는 설득구조를 가지는 것이 중요하다. 이것은 교회가 이 사회와 소통하는 중요한 도구가 될 것이고 교인들에게는 좋은 훈련이 될 것이다. 실행의 방법으로서는 홍보용 팸플릿을 만들어 배포하는 일이 있을 수도 있고 교회 게시판을 활용한 대자보의 형태도 가질 수 있다. 또는 인터넷을 활용하여 홈페이지 구성이나 카페 등을 만들 수도 있다. 또는 일반적인 주제인 경우 반상회를 통해 홍보하는 방법도 있다. 교인들로 하여금 이러한 문제들을 숙지하고 반상회라는 논의의 틀 안에서 이야기할 수 있도록 하면 좋을 것이다. 그리고 지역신문이나 언론과의 접촉도 좋은 방법이다. 가장 파급력이 높고 그 영향이 큰 것이기 때문에 운동에 있어서 중요한 부분이 된다.

2. 하나님 나라의 가치 실현: 생명보듬운동

하나님은 생명의 주인이시다. 그는 우리 인생에 생명을 허락하시고 이 세상에 생명을 불어 넣으셨다. 예수 그리스도는 자신을 생명이라고 직접적으로 말한다. 성령께서는 생명의 성령이라고 하고 있다. 삼위일체 되신 하나님은 자신이 생명의 주인이며 동시에 그 생명이심을 성경을 통해 밝히고 있다. 한국에서는 자살이 사망원인 5위이다. 암, 심장질환, 뇌혈관 질환, 폐렴 다음으로 자살로 인해서 한국사람들은 많이 죽고 있다. 이후로 당뇨병이 나오고 있고, 교통사고는 9위로 자살에 비하면 2배 이상 적다. 개신교인이 이 사회에서 20%나 되는데 이 사회가 이렇게 자살공화국이라는 것은 우리의 책임이라고 할 수 있다. 이 사회적 문제에 대해서 기독교인들은 하나님 나라의 가치인 생명을 들고 응답해야 한다.

LifeHope.기독교자살예방센터(이하 라이프호프)는 2012년 3월 설립되어 자살예방활동을 활발히 펼치고 있는 단체이다. 설립된 다음 해인 2013년에 보건복지부 장관상을 수상하고, 2016년에는 조성돈 대표가 보건복지부 장관상을 수상하였다. 그 동안 보건복지부, 중앙자살예방센터, 서울시 등에서 지원을 받아 다양한 자살예방캠페인을 펼쳐왔다. 보건복지부를 통해서는 '생명보듬페스티벌, Life Walking' 등을 진행해왔고, 중앙자살예방센터와는 '괜찮니? 에어키스캠페인' 등을 함께 했다. 또한 서울시와는 살사프로젝트를 통해 유가족위로예배, 성직자인식개선포럼 등을 진행했고, 특히 지역교회와 정신건강복지센터 등이 연계하는 지역운동 모델을 만들어내기도 했다.

2014년부터는 '생명보듬이 기초교육 무지개'를 개발하여 중고등학교에서 자살예방교육을 실시해 왔다. 이 프로그램은 보건복지부에서 인증을 획득하여 일반학교에서 실시되는 몇 안 되는 청소년 프로그램으로 자리잡았다. 2018년도에는 전국 초중고등학교 등에서 약 2만 3천 여 명이 교육을 받았다. 이 교육을 통해 학생들은 생명 가치에 대한 교육과 함께 게이트키퍼로서 주변의 친구들을 어떻게 도울 수 있는지를 배우고 있다.

생명보듬페스티벌 Life Walking은 2014년도부터 실시하여 2018년도에는 전국 12곳에서 진행이 되었으며 연 4만 5천 명가량의 시민들이 참여했다. 초기에는 서울의 여의도나 반포 등지에서 세계자살예방의 날을 기념하는 행사로 이루어졌다. 그 후 2017년부터 지역사회로 나누어져 각 곳에서 진행이 되고 있다. 각 지역에서는 지역 리더들과 또 자살예방 및 생명운동 관련 단체들이 참여하는 운동으로 발전했다. 이를 통해서 지역에서는 생명네트워크가 형성이 되고, 학생과 시민, 단체 및 교회 등이 연계되는 일이 벌어졌다. 행사는 지역마다 형태나 규모가 다르다. 안양에서는 1만 명에 달하는 시민들이 참여하여 안양시의 대표적인 행사가 되었다. 충남 오성이나 서울 성북구의 경우는 작은 규모이지만 지역사회와 함께 진행이 되고 있다.

여기서는 세 가지 라이프호프의 사역을 소개하게 될 것이다. 먼저는 '생명보듬이 기초교육 무지개'(이하 생명보듬교육)에 대한 소개, 둘째는 세계자살예방의 날인 9월 10일을 전후로 이어지는 생명보듬주일에 대한 소개, 셋째는 거룩한빛광성교회에서 이루어지고 있는 사역공동체 광성라이프호프에 대한 소개이다.

1) 생명보듬이 기초교육 무지개

생명보듬[9]교육의 교육개발 및 목적에 대해서는 아래와 같이 소개하고 있다. 본 교육은 생명의 소중함과 가치를 통해서, 자살위험에 있는 친구와 이웃들을 도와 줄 수 있는 자살예방 전문교육 프로그램이다. 1강 '사람은 무엇으로 사는가?'는 자살예방의 인식개선을 위한 교육으로 생명의 소중함과 의미를 교육한다. 2강 일곱 빛깔 생명보듬이 무지개는 생명보듬이(Gatekeeper)로서의 역할과 의미를 배우게 된다. 본 교육을 통해서 자신의 건강한 인생을 돌아볼 뿐만 아니라, 주위에 힘든 친구들과 이웃을 보듬어 줌으로써, 우리의 가정, 학교, 공동체가 회복되고 행복한 사회가되는 것을 목적으로 한다.

생명보듬교육은 모두 2강으로 구성되어 있다. 1강과 2강은 각각 중고등학교의 45분 수업에 맞게 구성되어 있다. 각 수업은 40여 개의 슬라이드와 동영상 등으로 구성되어 참여자들의 관심과 참여를 이끌어 내고 있다. 개별 수업의 내용은 아래와 같이 구성되어 있다.

1강 사람은 무엇으로 사는가?

톨스토이의 단편소설 『사람은 무엇으로 사는가?』 이야기를 통해 생명 사랑과 생명의 가치에 대한 의미를 교육한다.

첫 번째 미션은 '사람의 마음속에는 무엇이 있는가?'이다. 영화 「은밀하게 위대하게」의 남파간첩 원류환과 슈퍼마켓 전순임 할머니의 대화 속에 이 두 사람의 마음속에는 무엇이 있는지를 알아본다.

두 번째 미션은 '사람에게 허락되지 않은 것은 무엇인가?'이다. 청소년 '자살예방 공개상담글'의 이야기를 통해서 사람에게 허락되지 않은 것은 무엇인지를 알아본다.

세 번째 미션은 '사람은 무엇으로 사는가?'이다. 다시 톨스토이 작품 『사람은 무엇으로 사는가?』와 영화 「은밀하게 위대하게」로 돌아와 사람은 무엇으로 사는지를 알아보며 미션을 완수한다.

2강 일곱 빛깔 생명보듬이

일곱 빛깔 생명보듬이의 소개와 역할을 안내하며, 나는 어떤 생명보듬이가 될 것인지를 알아본다.

나는야~ 향기충만 생명보듬이
웃음 바이러스를 전파하고 건강한 정신력을 가진 생명보듬이

나는야~ 인식전환 생명보듬이
자살에 대한 억측과 오해를 해소시키는 생명보듬이

나는야~ 살펴보는 생명보듬이
주변에 신경을 써야 할 사람이 누구인지를 계속 살펴보는 생명보듬이

나는야~ 질문하는 생명보듬이
'자살하고픈 마음이 있나요?'라고 분명하고 신중하게 질문하는 생명보
듬이

나는야~ 소개하는 생명보듬이
마음이 힘든 사람이 효과적인 도움을 받을 수 있도록 도움을 제공하는
생명보듬이

나는야~ 상담하는 생명보듬이
마음이 힘든 사람과 자살의 생각을 이야기하고 해결책을 모색하는 생
명보듬이

나는야~ 용감무쌍 생명보듬이
자살의 위험이 있는 인터넷사이트나 장소에 대해 보고하고 수정하는
생명보듬이

생명보듬교육의 구체적인 내용은 아래와 같다. 1강에서 사람은 누구나
살고자 하는 욕구를 가지고 있고 누군가에게 사랑을 받고자 하는 욕구
가 있음을 살핀다. 또한 인생을 사는 것이 사람 뜻대로 되지 않으며, 살
고 죽는 문제 역시 그렇게 사람에게 허락되어 있지 않음을 알린다. 이후
사랑만이 사람을 살릴 수 있음을 알려 준다.『사람은 무엇으로 사는가?』
에서 천사 미카엘이 주인집의 사랑을 깨달으며, 결국 인간은 사랑으로 살
고 있다는 것을 알게 된다. 이와 같이 우리도 서로의 사랑으로 살고 있음
을 알려 주는 것이다. 2강에서는 게이트키퍼라는 개념을 숙지시켜준다.
생명보듬이가 특별한 누군가에게 허락되어진 것이 아님을 알리고, 우리
가 어떻게 생명보듬이의 역할을 할 수 있는지를 살핀다. 특히 자신의 장

점을 살펴보고 나는 무엇을 할 수 있는지를 알아보고 그런 생명보듬이가 되기를 다짐하게 한다.

라이프호프에서는 부정기적으로 강사교육을 실시하고 있다. 수도권에서는 강사군이 형성되어서 강사교육을 요청하는 것에 따라서 1년에 약 2번 정도 실시하고 있다. 지역에서는 라이프호프 지부의 요청에 따라 실시되고 있다. 강사자격은 목회자나 상담가, 또는 관련된 사역을 하는 자들이다. 현재는 보건복지부에서 공인된 프로그램으로 인정을 받아 기독교인뿐만 아니라 정신건강복지센터 직원들도 참여하고 있다.

2) 생명보듬주일

생명보듬주일은 매년 세계자살예방의 날인 9월 10일을 전후한 주일을 지정하여 지키고 있다. 2014년부터 시작하여 한국교회에 이 날을 기념하여 강단에서 생명에 관한 말씀을 나누고, 청소년들에게 주일 말씀과 성경공부를 함께 할 수 있도록 하고 있다. 라이프호프에서는 자료로서 생명보듬 공동기도문, 장년 설교문, 청소년부 설교문, 청소년부 성경공부 자료 등을 담아서 배포하고 있다. 이로써 한국교회가 생명의 소중함을 강조하며 세상을 향해 생명 가치를 선포하게 한다.

지면 관계상 모든 자료를 공유할 수는 없고, 2018년 생명보듬주일 자료 중 공동기도문과 청소년 성경공부 자료를 나누고자 한다.

[생명보듬주일 공동기도문]
생명의 하나님, 이 날 저희가 생명을 기억하게 하심을 감사합니다.

천하보다 한 생명을 귀히 여기신다고 하신 주님,
우리가 주의 은혜에 의지하기를 원합니다.

세상을 살아가는 것이 어렵고, 때로 그것이 버거워서
많은 사람들이 스스로 생명을 내려놓고 있습니다.
죽는 것보다 사는 것이 더 어렵다고 여겨져 많은 사람들이 죽어가고 있습니다.

그러나 오늘 우리는 고백하기 원합니다.
우리 생명의 주인이 하나님이시오,
우리 인생의 주인 역시 하나님임을 고백합니다.

이 고백처럼 우리가 살 수 있도록 인도하여 주옵소서.
삶에 도전할 수 있는 용기를 주시고,
또한 감당할 수 있는 능력도 허락하여 주옵소서.

무엇보다 생명의 소중함을 깨달아
그 생명을 주님의 이름으로 붙잡고 살 수 있도록 하여 주옵소서.

또한 우리로 죽음의 벼랑 끝에서 고민하는 이들을 돌아보게 하시고,
사랑하는 이를 보내고 가슴 아파하는 이들을 돌아보게 하소서.

그러한 마음을 주시고, 적극적으로 손을 내밀어 잡아줄 수 있는
헌신도 허락하여 주소서.

생명의 주인이시오, 역사의 주인이신 예수님의 이름으로 기도드립니다. 아멘

"보이는 게 전부가 아니에요"

김주선 목사 (덕풍교회 부목사)

본문 잠언 4:20-27

이야기 속으로~~ Talk. Talk. Talk.
[우리의 마음속에는 어떤 단어들이 들어 있을까요?]

준비물 / 투명 슬라임, 슬라임에 섞는 재료들(진주 사이즈, 1인당 20개 정도), 네임펜

※ 진행: 투명 슬라임에 네임펜으로 마음의 상태를 적은 구슬 등의 재료를 넣고 다음과 같은 질문을 하면서 슬라임에 재료들을 섞는다.

◆ 내가 가장 행복했을 때 생각나는 단어들은 무엇인가요?(5가지)
왜 그 단어들이 생각나는 것일까요?

◆ 내가 가장 힘들고 어려웠을 때 생각나는 단어들은 무엇인가요?(5가지)
왜 그 단어들이 생각나는 것일까요?

◆ 나는 어떤 단어들을 좋아할까요?(5가지)
왜 그 단어들을 좋아하나요?

◆ 평소에 나의 마음은 어떠한가요?
요즘 나의 마음을 차지하고 있는 단어에 대해 이야기해볼까요?(5개)

거룩한 수다~~ Talk. Talk. Talk.

슬라임은 우리의 마음입니다. 여러 가지 감정들이 우리의 마음속에 있습니다.

지금 당장 내 눈에 가장 크게 보이는 감정이나, 쉽게 자주 보이는 그 감정이 내 마음의 전부는 아닙니다.

오늘 우리가 만든 슬라임처럼, 여전히 우리의 마음속에는, 행복할 때 생각나는 단어들과 평소에 내가 좋아하는 단어들이 함께 있음을 기억하시기 바랍니다.

말씀과의 수다~~ Talk. Talk. Talk.
[보이는 게 전부가 아니에요] 잠언 4:20-27

20 내 아들아 내 말에 주의하며 내가 말하는 것에 네 귀를 기울이라
21 그것을 네 눈에서 떠나게 하지 말며 네 마음속에 지키라
22 그것은 얻는 자에게 생명이 되며 그의 온 육체의 건강이 됨이니라
23 모든 지킬 만한 것 중에 더욱 네 마음을 지키라 생명의 근원이 이에서 남이니라
24 구부러진 말을 네 입에서 버리며 비뚤어진 말을 네 입술에서 멀리 하라
25 네 눈은 바로 보며 네 눈꺼풀은 네 앞을 곧게 살펴
26 네 발이 행할 길을 평탄하게 하며 네 모든 길을 든든히 하라
27 좌로나 우로나 치우치지 말고 네 발을 악에서 떠나게 하라

눈에 보이는 것만 보는 사람이 있습니다. 그런 사람들은 어쩌면 눈에 보이

는 것만 보고 싶은 것일지도 모릅니다. 왜냐하면 본인 스스로가 눈에 보이지 않는 것은 어떤 것도 갖고 있지 못하기 때문입니다. 그래서 보이는 대로 생각하고 행동하고 말합니다. 큰 차를 타면 큰 사람으로 보고, 작은 차를 타면 작은 사람으로 봅니다. 눈으로 보이는 겉사람만 볼 줄 알고 마음으로 보이는 속사람은 볼 줄 모르기 때문에 겉사람이 전부인 줄 아는 사람들이 있습니다. 그런 사람들은 구부러진 말을, 비뚤어진 말을 쏟아냅니다. 눈이, 눈꺼풀이, 발이 곧지 않게 갑니다. 왼쪽으로 갔다가 오른쪽으로 갔다가 자기 이익에 의해서 왔다 갔다 하며 악의 길로 가기 쉽습니다.

당장 눈앞에 보이는 것만 보기 때문입니다. 눈으로 보이는 것들만 볼 수 있기 때문입니다. 눈에 보이는 것들, '옷'은 갈아입으면 그만입니다. '차'도 언제든 바꿔 탈 수 있는 것입니다. '집'은 언제든 이사 할 수 있습니다. 그래도 좀 오랜 시간 가질 수 있는 '직업' 또한 한 가지 직업으로 평생 사는 사람은 거의 없습니다.

생명의 근원이신 하나님의 사람들은 잠깐 보이는 것에 치우칠 필요가 없습니다. 잠깐 보이는 것만 중요시 여기는 사람들의 구부러진 말과 비뚤어진 말에 우리가 가는 이 길에 대한 믿음이 흔들리거나 마음에 상처 받을 필요 없습니다.

우리가 하나님의 말씀을 들을 때, 그리고 그 들은 말씀을 우리의 입술과 귀와 눈과 마음에서 지킬 때 하나님의 말씀은 생명이 되어 우리 육체의 건강이 될 것입니다. 마음이 아프면 몸이 아프게 됩니다. 하나님은 우리에게 말씀하십니다. 23절 함께 보겠습니다.

"모든 지킬 만한 것 중에 더욱 네 마음을 지키라 생명의 근원이 이에서 남이니라"

우리 마음을 헤치는 구부러진 말과 비뚤어진 말들은 바람처럼 흘러갑니다. 구부러진 말과 비뚤어진 말을 우리에게 던진 사람들은 미처 기억하지 못하기도 합니다. 그 말들이 우리 마음에 머물러 우리를 상처내지 않도록 얼른 흘려보낼 수 있기를 바랍니다. 빨리 흘려보낼수록 흔적이 덜 남게 됩니다. 아예 안 남을 수도 있습니다.

비록 당장 눈에 보이고 마음에 들리는 다른 사람들의 구부러진 말과 비뚤어진 말들이 우리의 마음을 흔들지만, 그래서 우리도 구부러지고 비뚤어지고 싶을 때가 있지만 우리는, 우리를 죽기까지 사랑하신 예수님을 따라 눈을 바로 보며, 발이 가는 길을 평탄하게 하며 우리의 모든 길을 든든히 해야 합니다. 악에서 떠나야 합니다.

겨우 코끼리 다리를 만지고 코끼리를 안다고 할 수 없습니다. 지금 당장 눈에 보이는 오늘만을 가지고 내 인생에 계획 해 놓으신 하나님의 역사를 판단 할 수는 없습니다.

무릇 지킬만한 것 중에 마음을 지키십시오.

하나님 앞에, 마음의 어려운 것을 꺼내어 말씀하시기 바랍니다.

생명의 근원이시며 육체에 건강의 근원이신 하나님께 우리의 몸과 마음이 다시 한 번 단단히 붙잡히게 될 것입니다.

우리들의 수다~~ Talk. Talk. Talk.

1. 다른 사람들이 나를 보면 어떤 사람이라고 생각할까요?

다른 사람들이 나를 보고 이야기하는 것에 대해 나는 어떻게 생각하나요?

2. 다른 사람들이 보지 못하는 나의 또 다른 면은 어떤 것이 있을까요?

3. 다른 사람들이 보는 나와 사람들이 보지 못하는 나의 모습 속에서 나 스스로를 생각하는 나의 마음은 어디쯤에 위치해 있을까요?

여러 이유들로 자존감(내가 나를 생각하는 정도)이 낮아지는 경우가 있습니다.

모세도 스스로 입이 둔하다고 했고 바울도 자기가 가진 모든 조건들을 배설물로 여겼습니다.

'자존감수치'가 낮다는 것만으로 무조건 '잘못' 혹은 '잘 못'이라 할 수는 없습니다. 하지만 자존감이 낮은 이유가 '다른 사람이 나를 보는 시선' 때문이라면 다시 한 번 생각해 보시기 바랍니다. 자존감은 말 그대로 '내'가 '나'를 생각하는 정도(!)입니다.

아무 이유 없이, 나 하나를 살리고자 십자가에서 돌아가신 예수님을 생각하며 지금 모습 그대로의 내가 얼마나 소중한지 기억해 내는 시간되시기를 바랍니다.

자세한 자료는 라이프호프 홈페이지(www.lifehope.or.kr) 자료실에서 받을 수 있다.

3) 광성라이프호프

광성라이프호프는 2013년 거룩한빛광성교회에서 몇 명의 교인들이 자발적으로 만든 라이프호프 팀이다. 거룩한빛광성교회는 교인들이 스스로 팀을 만들어 운영하는 제도가 있다. 교회 내에는 다양한 취미팀이나 사역팀들이 존재한다. 이에 라이프호프의 활동에 도전을 받은 몇 교인들이 자발적인 팀을 구성한 것이다.

현재 이들은 매달 1회씩 월례회와 기도회를 갖고 있다. 또 이들은 교회와 지역사회에서 활발하게 생명보듬운동을 펼치고 있다. 이들이 하는 대표적인 프로그램들을 소개한다. 먼저는 교회 내에서 하는 교육이 있다. 1년에 한 번 생명보듬양성교육이 있다. 팀원들 중에 강의가 가능한 이들이 참여하여 교인들을 모집하여 진행하고 있다. 강의 내용은 청소년 자살, 노인 자살, 우울증, 자살예방현황 등이다. 보통 40-50명가량이 참여하게 된다. 강의 중에는 특히 지역 내에 있는 파주시 정신건강복지센터가 참여하여 강의도 하고, 센터소개를 한다. 특히 센터가 진행하는 사업에 자원봉사자를 모집할 수 있는 기회를 마련해 주고 있다. 이 때 노인돌봄 서비스나 지역민 대상 우울증 테스트를 진행하는 자원봉사자가 지원된다. 또 초기에는 게이트키퍼 교육을 진행했다. 첫 교육에서 400여 명이 참여하여 교회 내에서 자살예방에 대한 관심이 크다는 것을 확인하기도 했다. 그리고 1년에 한 번 수요예배에서 정신건강 관련된 특강을 진행하기도 한다.

두 번째 사역은 매년 진행이 되는 「파주시 생명보듬페스티벌 Life Walking」 진행이다. 2007년과 2009년에 걸쳐 두 차례 성공적으로 진행되었다. 이 행사는 교회에서 예산 지원을 하지만 모집과 진행은 광성라이프호프팀이 맡아서 한다. 팀은 약 20명 정도의 인원 밖에 없지만 당일에는 자원봉사를 신청 받아 도움을 얻는다. 행사는 파주시 운정호수공원에서 진행이 되는데 약 1,500명 정도가 참여한다. 참여자는 교인이 절반 정도 되고 나머지는 지역민들, 특히 학생들의 참여가 많다. 참여하는 학생들에게는 봉사점수가 부여되기 때문에 이들의 참여비율이 높은 편이다. 행사는 1부 부스 참여가 있다. 부스에서는 관내 자살예방 유관단체들의 소개도 있고, 참여를 통해서 자살예방에 대한 인식을 높이기도 한다. 그리고 2부는 문화행사 및 기념식을 진행한다. 그리고 3부는 공원 내약 2.5km 정도를 걷게 된다. 마지막으로 약간의 문화행사와 폐회식을 하게 된다. 행사는 전체적으로 약 3시간가량이 된다. 20명 정도의 인원이 감당하기에는 상당히 큰 행사이지만 스태프도 지역 학생들의 자원을 받기 때문에 가능하다.

세 번째 사역은 지역사회 내에 생명네트워크 사업이다. 지역 내에 학교나 군부대 지원 사역도 있고, 앞에서 언급한 정신건강복지센터 연계 사역도 있다. 또 지역 내 기관이나 단체들이 하는 행사에서 부스활동으로 참여하기도 하고, 학교나 군부대, 복지관 등에 교육 지원을 하기도 한다. 이를 통해서 지역사회에서 생명네트워크가 단단히 세워지며 서로의 활동을 지원하며 생명가치를 중심으로 하는 지역사회운동도 펼치고 있다.

참고로 광성라이프호프의 1년 대외사역 내용을 공개한다.

3월 회원 역량 강화 교육 / 농아부 생명보듬 교육 / 생명보듬양성교육
5월 크리스찬 사별자 예배
6월 수요예배 자살예방 특강 / 군 생명보듬 예배
7월 회원역량강화 교육
9월 Life Walking 사진전 / Life Walking 스태프 봉사자 교육 / Life
    Walking 파주
11월 자살유가족의 날 문화행사

3. 하나님 나라를 산다: 세상을 사는 그리스도인 교재 활용

『세상을 사는 그리스도인』[10]은 성경공부 교재가 아니라고 한다. 성경의 구절구절을 인용하고 숙지해 나가면서 결론을 도출해 내는 귀납식 성경공부와는 확연히 구분된다는 것이다. 그래서 교재는 표지에 '그리스도인의 사회적 책임과 건강한 교회를 세우는 12주 신앙공동체훈련'이라고 소개하고 있다. 여기에 이 교재의 중요한 키포인트가 나오고 있다. 먼저는 내용적인 면에서 사회적 책임을 내세우고 있다. 하나님 나라 신학의 관점에서 전체적인 맥락을 잡았다. 한국교회와 교인들을 향해서 이 사회를 향해 하나님의 통치를 선포하고 나아가기를 권하고 있다. 하지만 그것이 어떤 정복주의나 단지 복음의 전파를 의미하지는 않는다. 거기서 더

나아가서 하나님의 세상에 대한 우리 그리스도인의 책임을 이야기하고 있는 것이다. 둘째는 교회를 중심으로 이야기하고 있다는 것이다. 사회적 책임과 관련하여 기존에 있었던 교재들은 위의 귀납식 성경공부나 사회적 문제나 관점에 경도되어 있는 것들이 대부분이었다. 그래서 어떻게 보면 너무 좁은 관점에서 교회 내적인 시각을 유지하거나 또는 너무 큰 사회적 관심으로 인해서 시사잡지의 수준을 못 넘었다. 이 문제들을 인식하며 이 교재는 사회적 관심을 가지면서도 건강한 교회를 목표로 하고 있음을 선언하고 있다. 셋째는 신앙공동체훈련이라는 것이다. 공동체라는 말에 유의해야 한다. 어느 한 사람의 선각자에 의해서 가르침이 이어지고 다수가 듣는 형태의 교회 강의를 벗어나서 함께 하는 공동체를 만들겠다는 것이다. 그래서 서로 토론 하는 것을 중심으로 하고 있다.

본 교재는 사회적 이슈들에 대한 내용들이 많다. 하지만 내용전달에 치중하지 않고 오히려 많은 질문으로 채워져 있다. 결국 내용은 서로의 이야기로 채우게 된다. 그것은 서로의 경험을 나누는 것이고, 각자의 생각과 삶을 나누게 되는 것이다. 교재는 어떤 지식이나 관점을 제시하기 보다는 이야기 거리를 꺼내 놓는 수준이라고 할 수 있다.

교재는 모두 3부, 12과로 구성되어 있다. 1부는 하나님 나라와 교회라는 주제로, 1과 한국 사회 속의 교회, 2과 세상 속의 교회, 3과 시민 사회 속의 그리스도인, 4과 하나님 나라와 교회로 되어 있다. 1부에서는 먼저 한국교회의 현실에 대한 분석, 그리스도인으로 이 사회를 어떻게 보아야 할지에 대한 논의, 특히 시민 사회와의 관계 설정, 그리고 무엇보다 신학적으로 하나님 나라를 이해하고 우리의 현실에서 어떻게 적용해 나갈지에 대한 논의 등을 이끌고 있다. 2부는 하나님 나라의 삶이라는 제목으로, 5과 정의와 사랑-다문화, 6과 공동선과 참여-정치, 7과 포용과 기회-경제, 8과 창조와 질서-생태 등으로 되어 있다. 2부는 소개된 바와 같이 다문화, 정치, 경제, 생태 등에 대한 주제를 가지고 있는데 '교회'가 무엇을 할 수 있는가를 논의할 수 있도록 돕고 있다. 이에 반해 3부는 개인들에 대해 질문을 하게 된다. 세상을 변화시키는 그리스도인이라는 주제로, 9과는 공동체의 삶-시민정치, 10과는 생명과 위로-자살, 11과는 소명과 책임-직업, 12과는 새 하늘과 새 땅-가치 있는 삶 등으로 구성된다.

본 교재의 인도자들에게는 가이드북과 함께 각 과에서 활용할 수 있는 프레젠테이션(ppt) 파일과 같이 볼 수 있는 동영상 등이 제공된다. 필자들이 직접 공동체에서 진행하며 사용했던 프레젠테이션 파일과 동영상으로 현장에서 활용되었던 것이다. 무엇보다 동영상의 활용도가 높다. 각 과를 들어가는 이야기로 관련된 동영상을 보여주게 되면 긴 설명보다도 효율적으로 문제제기를 잘 해주고, 인도자의 주관이 섞이지 않기 때문에 사람들의 토의가 활발해 진다. 즉 인도자가 설명을 하거나 강의를 하게 되면 의도치 않게 참여자들이 토론이 아니라 정답을 찾아가는 경향이 있다. 동영상을 이용하면 이런 경향을 줄일 수 있다.

구체적으로 한 과를 소개해 보고자 한다. 제5과 '정의와 사랑-다문화'이다. 먼저는 '이야기 창'에서 우리나라의 다문화 현황에 대해서 소개를 한다. 통계를 그래프로 보여주는 것이 가장 정확하게 현황을 보여 준다. 그리고 반크에서 제작한 동영상을 보여 준다. 이 영상에는 다문화 가정 등에 대해 갖는 우리의 왜곡된 시각을 교정할 수 있는 내용들을 담고 있다. 특히 우리나라 역사 가운데 있었던 외국인들에 대해서 소개할 때는 놀라워하기도 한다. 예를 들어서 가야의 허황후가 있다. 약 2천 년 전 인도 아유타국에서 가야 김수로왕과 결혼하기 위해 한반도로 왔다. 그는 자신의 성을 가지고 있어서 가야 허씨의 시조이기도 하다. 고려 시대 쌍기라는 분은 중국의 사신으로 고려를 방문했다가 귀화한 외국인이기도 하다. 과거제를 도입하고 백관의 공복제정, 노비안검법 등 개혁적인 일들을 했다. 또 우리가 들어보았을 만한 박연 같은 이는 네덜란드인으로 표류하여 한반도로 들어와 조선인으로 산 사람이다. 조선시대 무기제조에 큰 공헌을 했다. 이런 동영상을 보고 느낀 점들을 나누고, 우리 주변에 다문화 가정이나 외국인 노동자를 만났던 경험을 나눈다.

'우리들의 이야기'에서는 이란인으로 한국에 들어왔다가 장로교신학교에서 신학을 공부하며 목사가 되고자 하는 H씨에 대한 이야기가 나온다. 그는 노동자로 한국에서의 삶을 시작하고 이후 그리스도인들에게 감화를 받아 교회를 다니게 된다. 그리고 성경공부를 통해 복음을 받아들이고 선교사의 삶으로 헌신하기까지 한다. 이런 스토리를 통해 이야기를 나누게 된다.

전 4:1-12과 갈 3:23-29의 말씀을 가지고 위로자가 될 것을 권한다. 이를 통해 온전한 사랑에 이르고 우리에게 허락된 형제와 이웃에게 사랑과 정의를 나눌 것을 이야기한다.

'우리들의 이야기와 성경이야기의 대화'에서는 성경말씀을 기초하여 다문화 문제에 대해서 이야기를 나누게 된다. 특히 정의와 사랑이라는 하나님 나라의 가치 가운데 다문화 사회에서 우리가 어떤 일을 할 수 있을지를 묻는다.

'그리스도인으로서의 응답과 실천'은 그리 길지 않으니 결론으로 옮겨본다. "하나님이 주신 거룩한 사명은 이미 우리의 삶 가운데 있습니다. 우리의 주위를 둘러보면 이미 하나님의 섬김과 사랑이 필요한 이웃들이 있습니다. 그들을 위한 작은 실천과 기도는 진정한 변화의 시작입니다. 문제는 그 현실을 바라볼 수 있는 하나님 나라의 마음과 하나님 백성의 책임입니다. 기억하십시오. 그들은 언제나 밖에서 문을 두드린다는 것을."11

이후 찬양을 하고 공동체 기도를 함께 나누고 마무리를 하게 된다.

본 교재는 참여자들이 그 동안 교회에서 말하기 어려웠던 주제들을 다룬다. 교회라는 울타리 안에서 교인들은 본 교재에서 다루고 있는 이런 사회적 주제들에 대해서 언급하는 것을 꺼려했다. 고백적으로는 하나님의 통치와 그 나라를 말하면서 실은 우리는 그 영역들을 외면하고 있었던 것이다. 교재는 바로 그러한 이야기들을 교회 안으로 자연스럽게 끌어들이고 있다. 그리고 교인들로 하여금 자연스럽게 나눌 수 있는 장을 마련해 준 것이다.

III. 나아가며

하나님 나라는 오해되고 있는 부분들이 있다. 우리는 하나님 나라를 이야기하고 지향한다고 하지만 실은 '어떻게'의 부분이 많이 빠져 있다. 즉 하나님 나라를 먼 미래에 갑자기 하늘에서 떨어질 것으로 기대하는 것이다. 그래서 기도 가운데, 설교 가운데 언급은 많이 하고 있지만 그것을 현실로 받아들이지 않고 있다. 결국 이것은 신학의 문제로 이어진다. 하나님 나라를 현실적으로 이해할 수 있는 신학적 기초가 빠지고 그것을 우리 목회에 요구되어지는 현실로 이해할 수 없으니 이것이 실제가 되지 못한다. 하나님 나라는 교회에 요구되는 것이며 아주 구체적으로는 바로 우리 교회에, 우리 소공동체에, 나 자신에게 요구되는 것이다. 바로 여기에 제자로서 우리의 자리가 있다.

소공동체는 성경공부나 교제에 머물러서는 안 된다. 이곳 역시 하나님 나라를 지향하는 교회 공동체가 되어야 한다. 오히려 소공동체는 이 시대에 주의 몸 된 교회인 모든 성도들을 하나님 나라와 마주하도록 하는 최전선이다. 바로 그 현장에서부터 소공동체, 교회의 울타리를 넘어서 이 땅에 하나님의 주권을 선포할 수 있어야 한다. 우리의 이웃 가운데, 이 사회 가운데 하나님의 마음을 가지고 둘러보며, 그의 사랑과 정의, 그리고 평화를 가지고 다가가야 한다. 이런 취지에서 보면 소공동체는 오히려 가장 의미 있는 교회의 단위가 될 수 있을 것이다.

여기서는 소공동체를 미션그룹의 차원에서 소개했다. 이들은 하나님 나라를 이루어 가는 전위적 그룹이 될 수 있다. 이것은 어떤 특정한 그룹의 일은 아니라고 생각한다. 오히려 이러한 미션그룹이 교회 내에서 다양하게 나타나야 한다. 그리고 그러한 준비를 위해서 시민교육과 하나님 나라의 비전을 배우고 실행해 볼 수 있는 통로를 만들어 가는 것도 중요해 보인다.

조그만 제안이지만 이런 가능성 가운데 침체되어 가는 한국교회에 하나님 나라의 큰 비전이 심어지고, 실행되기를 기대한다.

미주

1) 하워드 스나이더/ 권영석 옮김, 『참으로 해방된 교회』(서울: IVP 2005).

2) Biehl, Peter: Erfahrung, Glaube und Bildung. Studien zur erfahrungsbezogenenen Religionspaedagogik, Guetersloh 1991. 23.

3) 마이클 프로스트, 홍병룡 역, 『일상, 하나님의 신비』(서울: IVP 2002).

4) 파울로 프레이리, 남경태/허진 역, 『페다고지』(서울: 그린비 2018).

5) Ernst Lange, *Sprachschule f r die Freiheit. Bildung als Problem und Funktion der Kiche*, Gelnhausen 1980.

6) Lott, Juergen: *Erfahrung-Religion-Glaube. Probleme, Konzepte und Perspektiven religionspaedagogischen Handelns in Schule und Gemeinde*, Weinheim 1991.

7) 같은 책 154.

8) 아래의 내용은 저자가 공동저자로 참여한 『시민사회 속의 기독교회』라는 책 가운데 옮겼으며, 이 책에 맞게 수정하였음을 알린다. 조성돈, '기독교 시민교육의 가능성으로서의 교회와 NGO'. 조성돈 외, 『시민사회 속의 기독교회』(서울: 예영 2008) 117-137. 130-136.

9) 생명보듬교육에 대한 소개는 라이프호프에서 발간한 소개 팜플렛에서 인용하여 싣는다.

10) 조성돈 외, 『세상을 사는 그리스도인』(서울: 일상과초월 2018).

11) 같은 책 51.

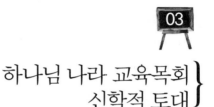

하나님 나라 교육목회 신학적 토대 }

김선영 교수

I. 왜 하나님 나라 교육목회인가?

1. 하나님 나라: 성경을 관통하는 메시지

교육목회가 큰 어려움을 겪고 있다. 교회의 내부적 문제들은 물론이거니와 교회 안에까지 깊숙이 침투해 교회의 본질까지 위협하고 탈바꿈해 놓고 있는 사회·문화·경제적 요인이 큰 문제가 되고 있다. 세속적 가치관, 물질만능주의, 자본주의, 소비주의, 무한 경쟁주의, 비인간화, 입시 전쟁, 여가문화, 유흥문화, 인터넷, 게임, 등등이 교회학교 침체에 큰 몫을 담당하고 있다. 여기에 저출산과 인구절벽이 심각한 위협이 되고 있다.

이에 더해 하워드 스나이더(Howard A. Snyder)가 제기한 다음의 문제 또한 한국 개신교회에 큰 도전거리다. 스나이더는 그리스도교를 "문화에 불과한 그리스도교", 예수보다 "명성과 성공, 안락, 또는 개인적인 쾌락과 만족"에 더 충성하는 그리스도교, "예수 그리스도와 그의 나라를 향한 값비싼 충성보다 민족주의와 애국심, 부와 수적인 성장, 명성 또는 성공을 앞세운" 그리스도교로 진단한다. 스나이더는 이런 그리스도인들은 "기능적인 다신론자"이며, "우상숭배의 죄"를 범하고 있다고 지적한다.[1] 그리고 "그리스도인들이 입으로 고백하는 것과 실제 생활 속에서 살아가는 방식 사이의 심각한 간격"이 있다는 점에서 "심각한 제자도의 공백"이 있다고 직설적으로 표현한다.[2] 한국 개신교회의 현황 역시 크게 다르지 않다. 한동안 번영신학, 양적인 성장신학, 성공신학, 적극적 사고방식 신학, 기복신학, 물질만능주의 신학, 물량주의 신학, 영광의 신학, 외형주의 신학 등이 한국 개신교회를 잠식했다. 예수님께서 생명을 내놓고 주신 하나님의 은혜는 싸구려 은혜가 되었고, 제자도는 허울 좋은 표현에 불과하게 되었다.

무엇인가 교육에 문제가 있다. 그렇다면 이 문제를 바로잡을 방법은 무엇인가? 여기서 제안하고자 하는 바는 "하나님 나라 교육목회"다. 왜냐하면 그리스도교의 규범을 제시하는 성경은 핵심적으로 '하나님 나라'에 대해 이야기하고 있기 때문이다. 사실 구약성경에는 정확히 '하나님 나라'라는 표현은 나타나지 않는다. 신약성경에도 복음서 말고는 '하나님 나라'라는 표현은 생각보다 많이 등장하지 않는다. 그럼에도 불구하고 '하나님 나라'에 주목할 수밖에 없는 것은 이것이 성경 전체가 핵심적으로 다루는 메시지이기 때문이다. 비록 정확히 '하나님 나라'라는 표현을 사용하지는 않지만 구약성경은 전적으로 하나님의 주권에 관해, 그리고 "내 백성"과 "내 나라"(사 51:4)에 대한 하나님의 통치에 관해 이야기하고 있다. 구약성경은 하나님의 통치와 언약을 강조하면서 특별히 하나님과 이스라엘 백성의 관계를 통해 '하나님 나라'에 대해 이야기한다.

신약성경을 보면 400년 동안 선지자의 목소리가 들리지 않았던 침묵의 시기 후 예수 그리스도의 길을 예비한 세례 요한이 유대 광야에 나타나 "회개하라 천국이 가까이 왔느니라"(마 3:2)고 외쳤다. 예수님이 세례를 받으신 후 40일 간의 광야 생활을 마치신 후 처음 선포하신 말씀 역시 "때가 찼고 하나님의 나라가 가까이 왔으니 회개하고 복음을 믿으라"(막 1:15)였다. 그리고 동네마다 다니는 수고를 아끼지 않으시며 "하나님의 나라 복음을 전하여야 하리니 나는 이 일을 위해 보내심을 받았노라"(눅 4:43)고 명시하셨다. 십자가에 못 박히시고 부활하신 후 승천하시기까지 40일 동안에도 하나님 나라를 선포하셨다. "그가 고난 받으신 후에 또한 그들에게 확실한 많은 증거로 친히 살아 계심을 나타내사 사십 일 동안 그들에게 보이시며 하나님 나라의 일을 말씀하시니라"(행 1:3).

그러나 예수님은 하나님 나라를 선포하기는 하셨지만 하나님 나라가 무엇인지 한 마디로 정의를 내리지는 않으셨다. 예수님의 말씀을 듣는 자들조차도 예수님이 선포하시는 하나님 나라가 정확히 무엇을 의미하는지 묻지 않았다. 왜냐하면 유대인들에게 하나님 나라는 결코 생소한 말이 아니었기 때문이다. 그들은 나름대로 하나님 나라에 대해 생각하는 바가 있었다. 하나님 나라는 이스라엘 백성의 삶 속에 깊이 배어 있던 말이었다. 따라서 하나님 나라를 이해하려면 이스라엘 백성의 삶 속으로 들어갈 필요가 있다.

이러한 시도가 완전할 수는 없지만 최대한 노력하다 보면 어렴풋하게나마 이스라엘의 역사 속에서 하나님 나라 개념이 어떻게 형성되고 변했는지 이해할 수 있게 된다. 그리고 메시아 대망 사상과 남는 자 사상과 하나님 나라에 대한 소망이 어떻게 400년의 중간기를 넘어 신약성경으로 연결되는지를 보게 된다. 이와 함께 메시아 예수님께서 하나님 나라를 선포하셨을 때 왜 유대인들이 그 메시지를 제대로 이해하지 못했는지, 그리고 이러한 갈등 속에서 참으로 예수님께서 보여주고자 한 메시아상(像)과 하나님 나라 메시지는 무엇이었는지 깨닫게 된다.

바울의 핵심 메시지 역시 하나님 나라였다. 바울 서신에 주목하면서 우리는 바울의 메시지에서 '하나님 나라'는 주된 주제가 아니었다고 생각할지 모른다. 하지만 바울의 사역에 대해 누가가 사도행전에 남긴 기록을 보면 바울의 핵심 메시지가 예수는 그리스도였다는 것과 하나님 나라였음을 알 수 있다. 한 예로 사도행전 19장을 보면 바울이 에베소에서 "회당에 들어가 석 달 동안 담대히 하나님 나라에 관하여 강론하며 권면"(행 19:8)했다. 그런데 어떤 사람들이 이 도를 비방하자 바울은 "두란노 서원에서 날마다 강론"했다(19:9). 그리고 "두 해 동안 이같이 하니 아시아에 사는 자는 유대인이나 헬라인이나 다 주의 말씀을" 들었다(19:10). 또 한 예는 사도행전 21장 25절에 나온다. 바울은 밀레도에서 에베소로 사람을 보내 교회 장로들을 오게 했다. 그리고 그들에게 "보라 내가 여러분 중에 왕래하며 하나님의 나라를 전파"하였다고 말한다. 그리고 로마에 가서 이태 동안 셋집에 머물며 "하나님의 나라를 전파하며 주 예수 그리스도에 관한 모든 것을 담대하게 거침없이" 가르쳤다(행 28:31). 이처럼 바울이 선교 여행을 하며 순교당할 때까지 집중적으로 선포한 것 역시 하나님 나라였다.

2. 하나님 나라에 대한 선입견

성경에서 '하나님 나라'는 기본적으로 두 가지 의미로 사용된다. 하나님 '나라'의 주된 의미는 하나님의 '통치'(Βασιλεία του θεου, 눅 19:11; 23:42, 요 18:36) 또는 '주권'이다. 그리고 이 의미를 전제로 한 하나님의 통치 영역 또는 하나님의 주권이 행사되는 영역이다. 사실 성경이 보여주는 하나님 나라 개념은 단순하지 않다. 다양한 차원에서 제시되는 하나님 나라를 이해하기 위해서는 겸허한 마음이 필요하다. 성경이 제시하는 하나님 나라를 이해하고자 할 때 기본적으로 기억할 사항이 세 가지 있다.

첫째, 우리는 하나님 나라를 생각하면 반사적으로 죽어서 가는 천국을 머릿속에 떠올린다. 이러한 타성은 하나님 나라에 대한 이해를 편협하게 만들 수 있다. 왜냐하면 신약성경은 예수 그리스도의 초림과 공생애, 십자가 죽음과 부활, 그리고 승천과 재림에 대한 소망을 기록하면서 하나님만의 절대적이고 완전한 통치가 구현될 미래적 하나님 나라와 더불어 이 땅위에 이미 임한 현재적 하나님 나라 복음에 대해 증언하고 있기 때문이다. 우리는 이 두 번째 차원의 하나님 나라와 이에 대한 복음이 하나님 나라 백성 공동체로서의 교회의 정체성과 사명은 물론이거니와 세상과 역사 전체에 얼마나 중요한지를 충분히 깨닫지 못했다.

둘째, 이 땅위에 이미 임한 하나님 나라에 초점을 맞추는 일은 예수님의 재림과 함께 누릴 것이라고 약속받은 하나님 나라를 도외시하지 않는다. 이와 관련해 많이 제기되는 질문이 있다. 부활 후에 우리는 하나님 나라를 어디서 경험하게 될까? 지구에서? 지구 밖 어딘가에서? 알 수 없는 또 다른 차원의 세계에서? 당연한 질문이다.

이러한 질문을 다룰 때 우리는 다음과 같은 성경구절을 생각하게 된다. "내 아버지 집에 거할 곳이 많도다 그렇지 않으면 너희에게 일렀으리라 내가 너희를 위하여 거처를 예비하러 가노니 가서 너희를 위하여 거처를 예비하면 내가 다시 와서 너희를 내게로 영접하여 나 있는 곳에 너희도 있게 하리라"(요 14:2-3). "또 내가 새 하늘과 새 땅을 보니 처음 하늘과 처음 땅이 없어졌고 바다도 다시 있지 않더라 또 내가 보매 거룩한 성 새 예루살렘이 하나님께로부터 하늘에서 내려오니 그 준비한 것이 신부가 남편을 위하여 단장한 것 같더라"(계 21:1-2). "사랑하는 자들아 주께는 하루가 천 년 같고 천 년이 하루 같다는 이 한 가지를 잊지 말라 주의 약속은 어떤 이들이 더디다고 생각하는 것 같이 더딘 것이 아니라.... 그러나 주의 날이 도둑 같이 오리니 그 날에는 하늘이 큰 소리로 떠나가고 물질이 뜨거운 불에 풀어지고 땅과 그 중에 있는 모든 일이 드러나리로다.... 하나님의 날이 임하기를 바라보고 간절히 사모하라 그 날에 하늘이 불에 타서 풀어지고 물질이 뜨거운 불에 녹아지려니와 우리는 그의 약속대로

의가 있는 곳인 새 하늘과 새 땅을 바라보도다"(벧후 3:8-13).

　이러한 성경구절들을 읽을 때 우리는 예수님의 재림과 함께 누릴 것이라고 약속받은 하나님 나라의 영역에 대해서는 하나님께 온전히 맡기고 기다리는 겸허한 자세가 필요하다는 고백을 하지 않을 수 없게 된다. 하지만 상기한 바와 같이 하나님 나라의 주된 개념은 하나님의 통치이지 하나님의 통치 영역이 아니다. 그런 점에서 예수님의 재림과 함께 우리가 누리게 될 하나님 나라에 대한 주된 소망은 하나님의 절대적이고 온전한 통치이지 어디에서 이 통치를 누릴 것인지가 아님을 기억할 필요가 있다. 이 부분은 하나님께 속해 있고, 우리는 하나님을 신뢰하고 있으면 된다.

　이와 함께 우리는 성경이 가르쳐주는 하나님 나라에 접근할 때 인간의 사고와 언어가 가지고 있는 한계를 잊어서는 안 된다. 하나님의 차원을 인간의 차원에서 생각하고 표현하려는 노력 가운데 인간의 한계를 인정하고 항상 초월과 신비의 여지를 남겨놓을 필요가 있다. 가장 기본적으로 인간의 시·공 개념과 하나님의 시·공 개념(물론 이것도 인간적 개념에 불과하다)은 상이하다. 한 예로 하나님께서 우리에게 약속하시고 우리가 소망하는 영생, 즉 영원한 생명 또는 삶을 생각할 때 영원은 끝없이 계속되는 시간을 의미하지 않는다. 영원은 인간의 시·공 개념의 차원을 넘어서는 것으로, 인간의 언어로는 표현할 수 없다. 이것은 궁극적으로 우리가 경험하게 될 하나님 나라는 단순히 이 세상의 끝없는 연장은 아닐 것임을 알려준다.

　셋째, 우리의 역할은 이 땅 위에 살고 있는 동안 예수 그리스도께서 명령하신 하나님 나라 복음의 충실한 증인이요 증인 공동체가 되는 일이다. 여기서 증인이 되는 일은 언어를 통해 하나님 나라 복음을 선포하는 일만이 아니다. 예수 그리스도께서는 그분의 존재와 삶 자체를 통해 종말에 누릴 하나님의 완전한 통치가 이미 이 땅 위에서 시작되었음을 보여주셨고, 그 하나님의 통치에 사람들을 초청하셨다. 이처럼 하나님 나라 백성도 존재와 삶 자체를 통해 하나님 나라 복음에 대한 증인 역할을 하고 하나님의 통치에 순복하고 그 축복을 누리도록 사람들을 초청하는 역사적 사명을 감당하도록 부름 받고, 세움 받고, 보내졌다. 개인으로서나 공동체로서나 하나님 나라 백성이 있는 곳에 사탄과 악과 죄와 사망의 권세 대신 삼위일체 하나님과 선과 의와 생명의 권세가 지배하게 되도록 하는 일이 증인의 사역이다. 그리고 하나님 나라 백성은 세상에서도 이 증인의 역할을 감당하도록 소명의 자리를 받았기에 이 소명의 자리에도 충성해야 함을 기억해야 한다.

3. 하나님 나라 이해를 위한 하나의 틀

하나님 나라를 이해하기 위해 시도할 수 있는 다양한 접근 가운데, 존 브라이트(John Bright)는 특히 북이스라엘과 남유다가 멸망하는 와중에 하나님 나라 개념(하나님의 통치 영역)이 현존하는 이스라엘에서 미래적 하나님 나라로 변화되고, 하나님 나라 백성 개념 역시 혈연관계와 할례에 토대를 둔 이스라엘 전체에서 남은 자로 변화되는 과정을 잘 보여준다. 이와 함께 브라이트는 이 역사적 흐름이 어떻게 교회로 이어지는지를 제시한다. 브라이트는 '하나님 나라'에 관한 고전으로 불리는 『하나님 나라』(The Kingdom of God)에서 성경과 하나님 나라에 대해 다음과 같이 설명한다.

> 구약성경과 신약성경은 하나의 드라마의 두 막으로 함께 서있다. 제1막은 제2막에서 등장할 그 결론을 지시하고, 그것이 없으면 드라마는 불완전하고, 불만족스러운 것이 되고 만다. 그러나 제2막은 제1막에 비추어 읽혀져야 한다. 그렇지 않으면 그 의미는 상실될 것이다. 그 이유는 그 드라마는 유기적으로 하나이기 때문이다. 성경은 하나의 책이다. 우리가 그 책에 제목을 붙인다면, "도래할 하나님 나라에 관한 책"이라고 부르는 것이 정당할 것이다. 다

시 말해 참으로 그 중심주제는 성경 모든 부분에서 발견된다. 그러나 신약성경에서는 다음과 같은 차이가 있다: 하나님 나라는 또한 그리스도의 나라가 되며, 그 나라는 실제로 가까이 임하였다는 것이다. 나사렛 회당에서(눅 4:16-21) 예수님은 이사야서로부터 고난의 종에 관한 구절 가운데 하나(사 61:1-2)를 읽으신 다음에 "이 글이 오늘날 너희 귀에 응하였느니라"고 말씀하셨을 때, 그 드라마의 최후의 막이 언젠가 시작될 것이라든가 또는 그것이 이제 막 시작될 것이라고 선언하시지 않고, 그것이 이미 실제로 시작되었다고 선언하셨다: 고난의 종은 여기 있고, 그의 사역을 시작하였다. 신약성경은 예수를 그리스도 즉 그의 나라를 수립하시기 위해 오신 약속된 메시아로서—우리가 믿고 있듯, 그가 자신을 본 것처럼—보았다. 신약성경은 그분을 율법과 예언의 완성으로 찬미하였다. 그것은 그 다양한 형식을 취하고 있던 이스라엘의 모든 소망이 그리스도와 그의 나라 안에서 그 실현을 발견하였다고 한 목소리로 증언하였다. [3]

이 부분을 중심 삼아 브라이트의 책 전체의 흐름을 따라가면 다음과 같은 도식이 그려진다.

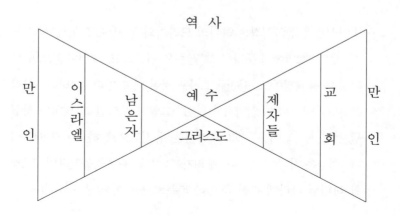

"내 나라"와 "내 백성"으로 삼고자 했던 하나님께서 만인을 품고자 이스라엘을 먼저 선민으로 삼고 언약을 맺으셨다. 하지만 이스라엘은 언약에 충실하지 못했다. 북이스라엘과 남유다는 멸망하고, 그 와중에 남은 자 사상과 메시아 대망 사상, 그리고 그 메시아가 세울 미래의 하나님 나라에 대한 소망이 나타났다. 400년의 중간기를 깨고 메시아 예수가 나타나 하나님 나라가 가까이 왔음을 선포했다. 신약성경에 의하면 예수님이야 말로 구약성경이 고대하던 메시아요, 율법과 예언의 성취다. 예수님은 믿는 무리를 하나님 나라로 초청해 하나님 나라 백성으로 만드셨고, 신약성경은 그 무리가 점점 더 커지고 있음을 보여준다. 이 도식은 기본적으로 하나님 나라와 하나님 나라 백성 개념이 결코 추상적인 개념이 아니라 이스라엘의 역사 안에서 형성된 개념임을 알려준다. 그리고 그 개념에 변화가 있었음을 알려준다. 이 역사의 흐름을 짚어보면 교회의 정체성과 사명이 드러난다.

II. 하나님 나라와 하나님 나라 백성—이스라엘: 구약

1. 언약으로 시작된 하나님 나라와 하나님의 백성
"너희를 내 백성으로 삼고 나는 너희의 하나님이 되리니"

구약성경에 나타나는 하나님 나라와 하나님 나라 백성 개념을 살펴볼 때 다음의 두 구절이 특히 눈에 띈다. 하나는 출애굽기 6장 7절 말씀이다. "너희를 내 백성으로 삼고 나는 너희의 하나님이 되리니 나는 애굽 사람의 무거운 짐 밑에서 너희를 빼낸 너희의 하나님 여호와인줄 너희가 알지라." 같은 요지의 말씀이 레위기 26장 12절에도 나온다. "나는 너희 중에 행하여 너희의 하나님이 되고 너희는 내 백성이 될 것이니라." 다른 하나는 호세아 1장 9절 말씀이다. "여호와께서 이르시되 그의 이름을 로암미라 하라 너희는 내 백성이 아니요 나는 너희 하나님이 되지 아니할 것임이니라."

하나님께서 말씀을 번복하셨다. 어떻게 이런 일이 벌어질 수 있나? 도대체 무슨 일이 일어났던가? 이 상황을 파악해야 구약성경에서 하나님 나라 개념이 어떻게 형성되고 변화되었는지, 그 개념의 중심 내용이 무엇이었는지를 볼 수 있다. 일단 출애굽기 6장 7절 상황을 살펴보자.

이스라엘은 하나님께서 자기들을 선택하시고, 자기들과 언약을 맺으시고, 자기들을 그분의 백성으로 삼으셨다고 확신했다. 이 선택은 아브라함에게서 시작되었고, 그 계획은 이미 에덴동산으로 거슬러 올라간다. 하지만 역사 속에서 이스라엘이 하나님의 나라요 하나님의 백성이라는 정체성을 갖게 된 결정적인 계기는 출애굽 사건이었다.

출애굽기 6장 7절은 애굽에서 노예 생활을 하던 자들을 하나님께서 해방시켜 하나님의 백성으로 만드신 사건을 보여주는 말씀으로서, 이스라엘이 하나님 나라를 꿈꿀 수 있는 계기를 마련해 준다. 시내산 사건은 하나님이 이스라엘의 하나님이 되고, 이스라엘이 하나님의 백성이 되는 사건이었다. 이러한 관계는 전적으로 하나님의 은혜로 형성되었고, 언약으로 맺어졌다. 이 언약에 따라 이스라엘은 하나님의 백성으로 부름을 받았다는 정체성을 확립했고, 오직 하나님만을 참된 유일신으로 모시고, 그분의 법을 준수하며, 그분의 통치에 순복하는 하나님의 나라로서 그 역사를 시작했다. 이렇게 해서 이스라엘의 역사 속에서 구체적으로 하나님의 나라와 하나님의 백성 개념이 시작되었다.

언약은 온전한 순종을 요구했고, 순종은 심판과 연결되었다. "세계가 다 내게 속하였나니 너희가 내 말을 잘 듣고 내 언약을 지키면 너희는 열국 중에서 내 소유가 되겠고"(출 19:5). 하나님이 이스라엘을 하나님의 백성이요 하나님의 나라로 간주하는 것은 이스라엘이 하나님의 계명을 이행하는 한 지속되었다. 그렇지 않은 경우 하나님은 열방을 들어 이스라엘을 심판하셨다.

하나님은 당신의 백성에게 성실히 준수해야 할 법을 주셨고, 그것은 핵심적으로 열 개의 계명으로 제시되었다. 첫 번째 돌 판에 새겨진 제1계명은 하나님 외에 다른 신을 섬겨서는 절대로 안 된다는 명령이었다. 우상숭배는 철저히 금지되었다. 이것은 영적인 간음은 물론이거니와 물질로 만든 우상도 의미했다(제2계명). 두 번째 돌 판은 하나님의 백성이 서로 어떻게 살아야 하는지에 대한 명령을 담고 있다. 이 십계명을 통해 하나님은 "내 나라"와 "내 백성"이 어떻게 살아야 할지를 제시하셨다.

출애굽 후 이스라엘은 광야에서 40년을 보내고 주전 13세기 후반 마침내 약속의 땅인 가나안을 정복하고 그곳에 정착했다. 애굽이나 광야와는 전혀 다른 새로운 삶이 시작되었다. 이들이 가지고 있는 정치 체제는 당시 주변에서 볼 수 있는 국가가 아니라 유일신 하나님을 예배하는 씨족들로 연합된 지파동맹이었다. 이들은 유일신 하나님을 왕으로 모셨고, 하나님이 주신 십계명을 중시하면서 그것을 법궤(언약궤) 안에 보관해 삶의 중심으로 삼았다.

사사기 시대에 이스라엘을 다스리는 하나님의 직접적 통치는 하나님의 영을 받은 자들을 통해 이루어졌다(삿 3:10, 14:6). 카리스마를 받은 사사들은 위기 상황마다 이스라엘을 구했고, 이스라엘은 국가를 조직하고 왕을 선출할 필요를 절실히 느끼지 않았다. 이스라엘은 가나안족의 도시국가 양식을 본받지 않고 의도적으로 왕정제도를 거부했다(삿 8:23; 삿 9:7-21). 하나님의 나라와 왕정제도를 비롯한 인간이 만든 국가 체제는 동일한 것이 아니었다.

2. 하나님의 통치에 대한 반란

"왕을 세워 우리를 다스리게 하소서"

하지만 블레셋의 위협에 이스라엘은 흔들렸다. 주전 1050년경, 팔레스타인을 정복하기 시작한 군사민족 블레셋은 이스라엘을 완파했다(삼상 4장). 이스라엘은 그들의 자부심이요 정체성의 상징물인 언약궤마저 빼앗겼다. 이스라엘은 혼란에 빠졌다. 그들은 주변의 다른 나라들처럼 국가체제가 필요하다는 판단을 내렸다. 그래서 사무엘에게 "모든 나라와 같이 우리에게 왕을 세워 우리를 다스리게"(삼상 8:5) 해달라고 요청했다. 하나님의 선지자 사무엘은 못마땅해했다. 그리고 하나님께 아뢰었다. 이에 대한 하나님의 답변은 특별히 주목할 만하다. "백성이 네게 한 말을 다 들으라 이는 그들이 너를 버림이 아니요 나를 버려 자기들의 왕이 되지 못하게 함이니라"(8:7). 사무엘은 왕정제도를 하나님의 통치에 대한 모반으로 여겼다. 그리고 왕정제도가 어떠한 것인지 이스라엘 백성에게 가르쳤다(8:11-17). 이스라엘이 택한 왕으로 인해 부르짖어도 하나님께서 응답하지 아니하실 것이라고 분명히 경고도 했다(8:18). 그런데도 이스라엘은 끝끝내 사무엘의 경고를 무시하고 왕을 요구했다. 여기서 사무엘이 이스라엘 백성에게 알린 왕정제도를 통한 왕의 통치는 하나님의 통치와 전혀 다름을 보여준다.

결국 이스라엘은 왕정제도를 시작했고 사울이 첫 왕으로 뽑혔다. 하지만 그의 통치는 오래가지 못했다. 이새의 아들 다윗이 제2대 왕이 되었다. 다윗이 왕위에 오르면서 이스라엘은 큰 변화를 겪었다. 다윗은 영토를 확장했고, 예루살렘을 새로운 수도로 정했고(삼하 5:6-10), 경제적 번영의 기반을 닦았고, 통일국가를 추구하면서 일련의 변화를 주도했다. 다윗의 왕위를 계승한 솔로몬은 유례없는 부귀와 영화를 누렸다.

이처럼 지파동맹이 왕이 중심이 되는 국가로 바뀌면서 이스라엘은 사실상 하나님의 백성에서 다윗과 솔로몬 왕국의 백성이 되었다. 이것은 사무엘이 이스라엘 백성이 왕을 요구할 때 이미 경고한 바였다. 지파동맹은 폐지되었고, 왕에게 맹종하는 12행정구역으로 대체되었다(왕상 4:7-19). 하나님의 영을 받아 이스라엘을 통치했던 자들의 카리스마는 인간이 형성한 왕권으로 대체되었다. 하나님의 영을 받은 자들이 통치를 이어가는 대신 세습제도가 들어섰고, 나라는 사유화되었고, 백성은 왕의 종이 되었다. 솔로몬의 왕국은 많은 문제가 산재해 있었다. 그것은 하나님이 수립한 나라도, 이스라엘의 이상을 구현한 나라도 아니었다. 솔로몬은 이방 민족들과 동맹을 맺었고, 결혼으로 이루어진 대외관계는 이방종교의 무분별한 도입을 초래했다. 이스라엘 백성 간에 신분제도가 형성되었고, 빈부 격차가 심화되었다.

하나님의 통치에 대한 이스라엘의 불충은 대표적으로 갈멜산 사건에서 드러난다. 이스라엘은 아합 왕조의 치하에서 여호와와 바알 사이에서 갈피를 못 잡고 있었다. 하나님과의 언약을 통해 하나님의 백성이 된 이스라엘은 바알 앞에서 그들의 정체성을 망각했다. 이에 엘리야가 온 백성이 다시 정신을 차리고 깨닫도록 바알의 선지자 450명과 아세라의 선지자 400명에 맞서 살아계신 하나님께 부르짖었다. 하늘에서 "여호와의 불이 내려와 번제물과 나무와 돌과 흙을 태우고 또 도랑의 물"을 핥아버렸다 (왕상 18:36-38). 이에 여호와 하나님과 바알 "둘 사이에서 머뭇머뭇"(18:21) 하던 백성이 엎드려 말하되 "여호와 그는 하나님이시로다 여호와 그는 하나님이시로다"라고 외쳤다(18:39). 그들은 하나님의 통치에 다시 순복했고 자신들이 하나님의 백성임을 고백했다. 이스라엘 백성을 오도했던 이세벨과 아합 가문의 마지막은 끔찍했다(왕하 9-10장).

3. 언약을 깬 이스라엘

"너희는 내 백성이 아니요 나도 너희 하나님이 되지 아니할 것임이니라"

그렇지만 엘리야 사건 이후 이스라엘이 다시 온전히 하나님의 나라로, 하나님의 백성으로 회복된 것은 아니었다. 북이스라엘은 41년 동안 다스린 여로보암 2세 시대에 솔로몬 이후 전무후무한 번영을 누렸다. 이스라엘은 다시 한 번 기회를 맞이한 듯 했다. 하지만 솔로몬 시대처럼 사회는 심각하게 병들어 있었다. 여로보암 2세 시대에 활동한 북이스라엘의 선지자들이었던 아모스와 호세아는 하나님에 대한 지식을 버리고, 우상을 숭배함으로써 영적 간음을 범하고, 하나님을 모욕하고, 불의하고, 병들고, 부도덕한 이스라엘의 모습을 잘 보여준다. 내분된 사회는 심각한 빈부의 격차를 드러냈고, 양심은 온데간데없었고, 탐욕과 허영이 넘쳤고, 재물이 최고가 되었다. 종교적 외식만 있었지 하나님께 순종하지 않았고, 물질적 축복만 구했다(암 2:6-8; 호 4:4-14).

이스라엘은 하나님과의 언약에 충실하지 않았다. 하나님만을 참된 유일신으로 섬기고, 하나님과의 관계에서나 이웃과의 관계에서나 하나님의 계명에 따라 살아야 함에도 불구하고 그들의 삶은 온갖 불의와 부도덕으로 가득 차 있었다. 이스라엘은 언약의 특권만 누리고자 했지 의무는 저버렸다. 그럼에도 불구하고 이스라엘 백성은 여전히 자신들이 하나님의 백성이요, 하나님은 절대로 이스라엘을 버리지 않으실 것이라는 맹신적 확신에 빠져 있었다. 따라서 그들은 잘못된 자신들의 실체를 직시하지 못했다. 그들은 한마디로 자기기만과 착각에 빠져 살고 있었다.

아모스는 이러한 이스라엘 백성에게 강력히 경고했다. 이스라엘은 언약과 계명에 충실한 한 하나님의 나라요, 하나님의 백성이다. 그런데 이스라엘은 그렇지 못했다. 이스라엘은 참된 하나님의 나라도 하나님의 백성도 아니다. 이런 면에서 아모스 선지자는 이스라엘은 하나님의 나라와

도 하나님의 백성과도 동일시 될 수 없다는 충격적인 메시지를 던졌다. 아모스는 이러한 소망을 확실히 포기했다. "보라 주 여호와의 눈이 범죄한 나라를 주목하노니 내가 그것을 지면에서 멸하리라"(9:8상). 아모스가 경고한 심판은 신속히 임했다. 북왕국이 여로보암 2세의 치하에서 솔로몬 이후 누린 최고의 전성기는 주전 722년 앗수르에 의해 역사의 뒤안길로 완전히 사라졌다.

호세아는 바알숭배와 배교행위를 맹공격했다. 이것은 이스라엘을 하나님의 나라와 하나님의 백성이 되지 못하게 하고, 이스라엘에 재앙을 초래하는 죄악이었다. 이스라엘의 우상숭배, 영적 간음, 총체적인 타락, 극악한 탐욕이 이스라엘과 하나님 사이의 언약관계를 깨뜨렸다. 이스라엘을 향한 하나님의 심판은 호세아의 아들에게 붙여준 이름을 통해 전달되었다. "그 이름을 로암미라 하라 너희는 내 백성이 아니요 나도 너희 하나님이 되지 아니할 것임이니라"(호 1:9).

4. 메시아 대망, 남은 자 사상, 하나님 나라에 대한 새 소망
"보라 날이 이르리니 내가 이스라엘 집과 유다 집에 새 언약을 맺으리라"

북이스라엘이 멸망하면서 남유다만 남았다. 이스라엘은 하나님 나라요 하나님의 백성이라는 신념은 그나마 남유다로 인해 유지되었다. 하지만 남유다의 상황은 이스라엘이 하나님 나라요 하나님의 백성이라는 신념에 큰 위협을 가했다. 하나님 나라도 하나님의 백성도 더 이상 소망할 수 없는 것이 된 듯 했다. 그런데 바로 이러한 시대에 선지자들의 선포를 통해 하나님 나라에 대한 소망이 그 어느 때보다 더 명확한 모양으로 등장했다. 특히 이사야가 결정적인 역할을 했다. 이사야서에는 신앙의 길에서 벗어나 하나님께 반역하고, 엉뚱한 곳에 도움을 구하는 이스라엘의 모습이 나타난다. 이스라엘은 심판을 받아 마땅하다. 그런데도 이사야는 완전히 절망적인 심판을 선언하지 않았다. 북왕국에 대해 아모스가 선포한 심판과는 달리 이사야는 이스라엘이 전멸하리라고 생각하지 않았다. 이사야는 다윗 계열의 왕조가 계속 될 것이라고 확신했다. 그리고 그 왕조의 지배를 영원히 확립하기 위해 도래할 왕에 대해 선포하면서 메시아 대망사상을 제시했다.

이 사상으로 이사야는 비록 하나님 나라가 이스라엘 국가와 동일시되지는 않지만, 그럼에도 불구하고 하나님 나라에 대한 소망 자체는 소멸될 수 없는 것임을 보여주었고, 미래로 투영된 하나님 나라, 메시아에 대한 대망, 메시아의 이상 국가, 남은 자의 이스라엘 개념 등을 제시했다. 남은 자 사상은 하나님의 뜻에 순종하도록 연단 받고, 하나님의 계획을 실현하는 데 부름 받은 동역자가 될 참된 이스라엘이 형성될 것임을 알린다.[4] 이 참된 이스라엘이 하나님 나라를 기업으로 상속받을 것이다. 이처럼 남은 자 사상은 혈연으로 형성된 이스라엘과 참된 이스라엘, 현실의 이스라엘과 미래적이고 이상적인 이스라엘을 구분한다. 제2이사야와 제3이사야에 의하면 하나님 나라는 이스라엘 안에서도 그의 참된 종들에 한정될 것이고(65:13-15), 동시에 하나님께 순복하고 돌아오는 모든 민족을 포함한다(45:22-23; 49:6). 이와 관련해 제2이사야는 만민을 품는 하나님 나라를 위해 하나님이 사용하실 고난 받는 종의 개념도 제시한다.[5]

주전 7세기 초에 통치한 요시야 왕의 개혁은 이스라엘 역사의 한 획을 긋는 중요한 사건이었다. 열왕기하 22-23장은 이 개혁에 대해 이야기해 준다. 23장에 분명히 기록되어 있듯이 이 개혁은 모든 종류의 이교를 철저히 소탕할 목적으로 시작되었다. 이스라엘이 참으로 하나님의 백성이 되려면 개혁은 필수적이었다. 하지만 예레미야는 유다가 하나님의 백성이 되기 위해서는 요시야의 개혁만으로는 충분하지 않음을 알았다. 예레미야는 하나님과 이스라엘의 언약 관계는 외적인 모습을 바꿈으로써 회복되는 것이 아님을 역설했다. 그리고 율법의 문자와 형식적인 율법 준수가 아닌 율법의 정신과 내적인 준수를, 진실한 회개와 내적 변화를 강조했다 (4:14). 예레미야는 예루살렘과 성전에 맹신적 태도를 보이며 자기기만에 빠진 이스라엘 백성에 맞서 하나님의 말씀을 선포했다. 여호와 하나님은 더 이상 이스라엘 백성과도 예루살렘 성전과도 함께 하지 않으실 것이다. 결국 남유다마저 주전 586년 바벨론의 침략에 패망했다.

5. 포로기, 회복기, 중간기
"보라 내가 새 일을 행하리니"

국가도 성전도 없어진 상황에서 이스라엘 백성이 의미를 부여할 수 있는 것은 율법뿐이었다. 율법을 마음속에 간직하고, 조문화하고, 탐구하는 일이 유대인의 삶의 중심이 되었다. 이스라엘은 율법을 준수함으로써 하나님이 원하시는 거룩한 백성이 되고자 했다. 이제 이스라엘은 예루살렘 성전 중심의 제사의식을 보유한 국가에서 유대교의 율법 공동체로 바뀌었다.[6] 이 와중에 큰 변화가 일어났다. 바벨론이 멸망하고 페르시아의 고레스가 새로운 권세를 잡고 세계를 장악했다. 고레스는 관용정책의 일환으로 유대인에게 귀환령을 공포했다. 이러한 일련의 사건은 이스라엘 백성에게 커다란 희망을 불러일으켰다.

이사야 40-66장은 비약적인 소망을 제시한다. 제2이사야는 구약성경 전체에서 가장 명시적으로 역사의 주인이신 하나님에 대해 이야기한다. 하나님이 참된 유일신이시라면 그분은 절대적으로 역사를 지배하는 분이시다. 그렇다면 하나님은 그분의 백성을 위한 미래를 계획하고 계신다. 과거에 있었던 위대한 일들은 비교도 되지 않을 엄청난 "새 일"이 일어날 것이다(42:9; 43:19; 46:9; 48:3, 6-8). 이스라엘은 새로운 출애굽을 경험하게 될 것이다. 하나님은 그분의 백성을 세우고 통치하실 것이다(51:16). 에덴동산에서의 평화(51:3)가 다시 한 번 땅에 임할 것이고, 하나님의 통치가 다시 확립될 것이다. 제3이사야는 심판과 함께 새 하늘과 새 땅을 이야기한다(65:17-19). 피조물이 새롭게 되고(60:13), 장수와 평강이 있을 것이고 (65:20-23), 하나님과의 교제가 회복될 것이다(65:24).

회복기 선지자들의 선포와 관련해 주목할 사항 중 하나는 하나님께서 그분의 나라 안에 이방인도 품으시려는 의도를 갖고 계시다는 의식이다 (슥 2:11; 8:23; 말 1:11). 하나님께서는 이미 북이스라엘의 선지자 요나를 통해 이스라엘의 왜곡되고 배타적인 선민의식을 강력히 규탄하면서 이방인에게도 하나님을 전해야 한다는 사명의식의 필요성을 분명히 알리셨다. 왜냐하면 하나님은 이방인도 아끼시고 백성으로 삼고자 하시기 때문이다(욘 4:11). 하지만 이방인을 개종하기 위한 개별적인 노력이 없지는 않았으나 그럼에도 불구하고 유대교는 체계적인 선교를 시도하지 않았다. 하나님 나라 백성에 이방인이 포함된다는 생각은 할 수 없었다. 신약성경을 보아도 이방인에 대한 사도들의 편견을 잘 볼 수 있다. 이방인 선교에 앞장섰던 바울이 힘들여 싸워야 했던 과제 중 하나가 바로 이러한 편견을 없애는 일이었다.

국가도 성전도 사라진 상태에서 하나님 나라에 대한 이스라엘의 소망은 크게 세 형태로 나타났다. 첫 번째는 하나님은 율법을 충실히 지키는 거룩한 백성으로 이루어진 하나님 나라를 세우실 것이라는 소망이었다. 두 번째는 메시아가 영광 가운데 나타나 하나님의 나라를 세우실 것이라는 묵시문학의 소망이었다. 세 번째는 로마제국에 대한 정치적 투쟁을 통해 다윗 왕가의 영광을 다시 찾음으로써 하나님 나라를 세우겠다는 젤롯당의 소망이었다. 메시아와 하나님 나라에 대한 이러한 기대 때문에 예수 그리스도가 자신을 고난의 종으로서의 메시아로 제시하고 하나님 나라를 선포했을 때 대다수의 유대인은 예수를 메시아로 인지하지 못했다. 그리고 그분이 선포한 하나님 나라를 이해할 수 없었다.

III. 하나님 나라와 하나님 나라 백성—교회: 신약

1. 메시아 예수의 등장과 하나님 나라 선포
"때가 찼고 하나님의 나라가 가까이 왔으니"

말라기 이후 4백여 년 동안 이스라엘 백성은 선지자의 목소리를 듣지 못했다. 그런데 수세기에 걸친 이 기나긴 침묵을 깨고 광야에서 마침내 한 외치는 자의 소리가 들렸다. 구약성경에서 광야는 예언자들과 떼려야 뗄 수 없는 관계를 맺고 있는 장소였다. 따라서 유대 광야에서 목소리가 울려 퍼졌을 때 이것은 분명 예언자의 목소리를 의미했다. 그런데 이스라엘 백성에게 더 놀라운 것은 세례 요한이 "회개하라 천국이 가까이 왔느니라"(마 3:2)고 외쳤다는 사실이다. 그들이 그렇게 고대하고 고대하던 하나님 나라가 가까이 왔다고 선포하니 이 얼마나 놀라운 일인가! 더욱이 이는 선지자 이사야가 예언한 바였다. "광야에 외치는 자의 소리가 있어 이르되 너희는 주의 길을 준비하라 그가 오실 길을 곧게 하라"(사 40:3). 요한은 "죄 사함을 받게 하는 회개의 세례를 전파"했다(눅 3:3). 이에 "예루살렘과 온 유대와 요단 강 사방에서 다 그에게 나아와 자기들의 죄를 자복하고 요단강에서 그에게 세례를" 받았다(마 3:5-6).

세례 요한이 잡히자 예수님께서 전파하기 시작하셨다. 그분의 첫 외침은 세례 요한이 외친 메시지와 같았다. "때가 찼고 하나님의 나라가 가까이 왔으니 회개하고 복음을 믿으라 하시더라"(막 1:15). 그리고 예수 그리스도는 동네마다 다니시며 "하나님의 나라 복음을 전하여야 하리니 나는 이 일을 위해 보내심을 받았노라"고 말씀하셨다(눅 4:43). 이것이 예수 그리스도의 주된 사역이었다. 예수 그리스도의 존재와 사역 자체가 바로 하나님 나라의 임재를 의미했다.[7]

예수님은 제자들에게도 하나님 나라 복음 전파의 과업을 물려주셨다. 이것은 마태복음 28장 19-20절에 나오는 예수 그리스도의 지상명령으로 잘 표현된다. "너희는 가서 모든 민족을 제자로 삼아 아버지와 아들과 성령의 이름으로 세례를 베풀고 내가 너희에게 분부한 모든 것을 가르쳐 지키게 하라." 이 지상명령은 누가복음 24장 44-49절과 함께 볼 필요가 있다. "또 이르시되 내가 너희와 함께 있을 때에 너희에게 말한 바 곧 모세의 율법과 선지자의 글과 시편에 나를 가리켜 기록된 모든 것이 이루어져야 하리라 한 말이 이것이라 하시고, 이에 그들의 마음을 열어 성경을 깨닫게 하시고, 또 이르시되 이같이 그리스도가 고난을 받고 제 삼일에 죽은 자 가운데서 살아날 것과, 또 그의 이름으로 죄 사함을 받게 하는 회개가 예루살렘에서 시작하여 모든 족속에게 전파될 것이 기록되었으니, 너희는 이 모든 일의 증인이라."

이 말씀은 예수님의 지상명령을 따르는 일은 곧 증인의 역할을 감당하는 일임을 알려준다. 그리고 이 말씀은 사도행전 1장 8절의 말씀과 연결된다. "오직 성령이 너희에게 임하시면 너희가 권능을 받고 예루살렘과 온 유대와 사마리아와 땅 끝까지 이르러 내 증인이 되리라 하시니라." 승천하시기 전 예수님께서 제자들에게 하신 이 말씀은 땅 끝까지 이르러 증인의 역할을 감당하는 일은 인간의 계획이 아니라 하나님의 계획이요, 인간이 자신의 열정으로 완성하는 사역이 아니라 근본적으로 성령이 완성하시는 사역임을 명시한다.

여기서 한 가지 짚고 넘어갈 사항이 있다. "예수"와 "그리스도"의 의미다. "예수"는 헬라어 Ἰησοῦς(이에수스)의 라틴어 표기인 Iesus(예수스)의 우리말 표기다. 히브리어 이름은 ישוע(Jeshua)다. 이 이름은 어원상 "구원자, 해방자"의 의미를 가지고 있다. 예수는 참 신이요 참 인간으로서 "구원자, 해방자"가 되시기에 어떤 인간도 모방할 수 없는 독보적 존재다. 그리고 "구원자, 해방자"로서 그분의 역할은 여느 인간이 감당할 수 있는 구원과 해방의 차원이 아니다. 마태복음 1장 21절은 이것을 잘 보여준다. 이 구절은 예수라는 이름이 어떻게 주어졌는지, 그리고 그 이름의 의미가 무엇인지를 알려준다. 주의 사자가 요셉에게 현몽하여, 마리아가 "아들을 낳으리니 이름을 예수라 하라 이는 그가 자기 백성을 그들의 죄에서 구원할 자이심이라"고 이른다(1:21). 이 말씀은 구원자, 해방자로서의 예수의 역할이 근본적으로 그분의 백성을 죄에서 자유롭게 하는 일임을 알려준다.

"그리스도"(Χριστός)는 히브리어 מָשִׁיחַ (마쉬아흐)의 헬라어 번역어로 기름부음을 받은 자를 의미하며, 기본적으로 구원자, 해방자를 뜻한다. 구약성경을 보면 왕(삼상 9:16; 10:1; 24:10, 삼하 19:10, 21; 23:1)이나 제사장(출 29:7; 레 4:3, 6:22)이나 선지자(왕상 19:16; 사 61:1)를 세울 때 머리에 기름을 부었다. 이 기름은 하나님의 성령을 상징했다. 따라서 머리에 기름을 붓는 행위는 성령을 선물로 주는 행위를 의미한다. 성령을 선물로 받은 자는 하나님의 특별한 일을 위해 구별된 자로 쓰임을 받는다. 여기서 더 나아가 메시아는 좀 더 전문적인 의미로 하나님께서 그분의 백성을 구원하시고자 특별히 선택한 다윗의 후손을 의미했다. 이스라엘 백성은 이 메시아가 나타나기를 수세기에 걸쳐 고대했다.

이런 맥락에서 예수를 "그리스도"라 부르는 베드로의 고백(마 16:16)은 매우 중요한 의미가 있다. 베드로는 예수 그리스도가 승천한 후에도 유대인들을 향해 "너희가 십자가에 못 박은 이 예수를 하나님이 주와 그리스도"가 되게 하셨다고 외쳤다(행 2:36). 바울 역시 "하나님의 말씀에 붙잡혀 유대인들에게 예수는 그리스도라 밝히 증언"했다(행 18:5). 하지만 대부분의 유대인은 자신들이 가지고 있던 메시아상과 너무나 다른 예수님을 메시아로 인정할 수 없었다. 오히려 예수님을 십자가에 못 박아 버렸다. 예수님은 로마 제국의 압제 하에서 이스라엘을 다시 독립국가로 만들고, 다윗 왕조를 재건하고 다윗 시대의 영광을 재현할 정치적 해방자도 정치적 왕도 아니었다. 메시아 예수가 선포한 하나님 나라는 이스라엘이라는 한 민족과 국가에 제한된 나라가 아니었다. 메시아 예수가 선포한 하나님 나라는 근본적으로 영적인 것이요 범민족적이고 범세계적인 나라였다.

예수님이 선포한 하나님 나라는 에덴동산에서부터 하나님의 통치에 반기를 들고 대적한 사탄과 그의 악과 죄와 사망의 권세가 멸절되고 하나님의 통치가 온전히 회복된 나라다. 이런 의미에서 예수님은 "내 나라는 이 세상에 속한 것이 아니니라 만일 내 나라가 이 세상에 속한 것이었더라면 내 종들이 싸워 나로 유대인들에게 넘겨지지 않게 하였으리라 이제 내 나라는 여기에 속한 것이 아니니라"고 말씀하셨다(요 18:36). 그리고 그럼에도 불구하고 "내가 왕이니라 내가 이를 위하여 태어났으며 이를 위하여 세상에 왔나니 곧 진리에 대하여 증언하려 함이로라"고 말씀하셨다(요 18:37).

이와 함께 예수님이 선포한 하나님 나라는 에덴동산에서 사탄이 하나님의 통치에 반란을 일으키고 이간질함으로써 깨진 모든 관계를 십자가를 통해 다시 화해시키고 회복시키신 나라다. 이것은 곧 하나님과 인간, 인간과 인간, 인간과 자기 자신, 그리고 인간과 자연의 관계가 화해되고 회복되었음을 의미한다. 여기서 중요한 사실은 창세기 3장에 기록된 에덴동산의 선악과 사건은 단지 인간이 하나님께 불순종하여 죄를 짓는 사건이 아니라는 점이다. 이것은 하나님의 통치에 대한 사탄의 반란 사건이었다. 사탄 (히브리어 שׂטן, 헬라어 σατανᾶς)은 적대자, 반대자, 악한 자, 원수를 의미한다. 사탄의 또 다른 이름인 마귀(διάβολος 디아볼로스)는 중상자, 비방자를 뜻하며, 이간자라는 의미도 갖고 있다. 즉, 사탄/마귀는 관계를 파괴하는 존재다. 사탄/마귀와 악과 죄와 사망의 권세를 이기신 예수 그리스도는 이 이간자가 파괴한 모든 관계를 회복하는 사역을 하신다.

이 하나님 나라의 백성은 이스라엘 백성만이 아닌 만민을 포함한다. 사도행전을 보면 예수의 제자들이 안디옥에서 처음 "그리스도인", 즉 Χριστός (크리스토스)의 추종자들을 의미하는 Χριστιανός(크리스티아노스)라 불렸다("제자들이 안디옥에서 비로소 그리스도인이라 일컬음을 받게 되었더라", 행 11:26).

"그리스도인"이 의미하는 바를 다양한 차원에서 살펴볼 수 있겠지만 (1) 무엇보다 "그리스도"가 메시아를 의미하므로 "그리스도인"은 "메시아에게 속한 자", "메시아의 사람들", "메시아의 추종자들", 그리고 더 나아가서는 "메시아가 이룬 하나님 나라에 속한 자" 또는 그 하나님 나라의 백성을 의미하게 된다. 이것은 "그리스도인"이란 근본적으로 메시아로서의 예수가 선포하는 하나님 나라를 위해 헌신하는 자를 의미함을 알려준다. (2) 그리고 "그리스도"가 "기름 부음 받은 자"라는 의미에서 그리스도인 역시 하나님 나라를 위해 특별히 선택된 자들을 의미한다. 다만 신약성경에서는 기름 부음 대신 세례가 있다. 예수님도 요단강에서 세례를 받으셨고, 물에서 올라오실 때 하늘이 열리고 성령이 비둘기 같이 임했다. 그리고 하늘로부터 "이는 내 사랑하는 아들이요 내 기뻐하는 자라"는 음성이 울려 퍼졌다(마 3:17). 교회 공동체는 이러한 자들로 이루어진 공동체다. (3) 이 공동체를 하나로 묶고 있는 유일한 공통점은 오로지 예수 그리스도였다. 이들을 하나로 묶어 준 것은 혈연도 언어도 민족도 국가도 계급도 아니었다. 이것이 이 공동체를 범세계적 공동체가 될 수 있게 했다. 여기에 교회의 정체성이 잘 나타난다.

2. 메시아 공동체의 형성: 교회의 탄생과 성장
"믿는 사람이 다 함께 있어"

부활 후 예수 그리스도는 제자들에게 나타나 다음과 같이 말씀하셨다. "너희는 이 모든 일의 증인이라 볼지어다 내가 내 아버지께서 약속하신 것을 너희에게 보내리니 너희는 위로부터 능력으로 입혀질 때까지 이 성에 머물라"(눅 24:48-49). 이 말씀을 통해 예수님은 제자들이 증인 역할을 해 내려면 인간의 힘으로는 절대로 되지 않으니 "위로부터 능력"을 입을 때까지 예루살렘 성에서 기다리라고 강권하신다. 그리고 누가복음 24장

50-53절을 보면 예수님은 승천하시고, 제자들은 "큰 기쁨으로 예루살렘에 돌아가 늘 성전에서 하나님을 찬송"하였다.

이 이야기는 사도행전 1장 3절에서 이어진다. 특히 4절과 5절을 보면 다음과 같이 기록되어 있다. "사도와 함께 모이사 그들에게 분부하여 이르시되 예루살렘을 떠나지 말고 내게서 들은 바 아버지께서 약속하신 것을 기다리라 요한은 물로 세례를 베풀었으나 너희는 몇 날이 못 되어 성령으로 세례를 받으리라 하셨느니라." 그리고 8절을 보면 "오직 성령이 너희에게 임하시면 너희가 권능을 받고 예루살렘과 온 유대와 사마리아와 땅 끝까지 이르러 내 증인이 되리라 하시니라."고 기록되어 있다. 12-14절을 보면 약 백이십 명의 무리가 마음을 같이하여 오로지 기도에 힘썼다.

2장 1절과 4절을 보니 오순절 날이 이르매 그들이 다 같이 한 곳에 모였고, 약속된 성령의 충만함을 받았다. 베드로가 소리 높여 예수에 관한 말씀을 선포했고(14절), 듣던 무리가 "이 말을 듣고 마음에 찔려 베드로와 다른 사도들에게 물어 이르되 형제들아 우리가 어찌할꼬 하거늘"(37절), "베드로가 이르되 너희가 회개하여 각각 예수 그리스도의 이름으로 세례를 받고 죄 사함을 받으라 그리하면 성령의 선물을 받으리니" 하였다(38절). 그리고 "너희가 이 패역한 세대에서 구원을 받으라 하니"(40절) "그 말을 받은 사람들은 세례를 받으매 이 날에 신도의 수가 삼천이나" 더해졌다(41절).

그러고 나서 이들이 한 일이 무엇인가? 아니 보다 정확하게 표현해서 이들에게 일어난 일이 무엇인가? 그것은 42절에서부터 47절까지 잘 묘사되어 있다. "그들이 사도의 가르침을 받아 서로 교제하고 떡을 떼며 오로지 기도하기를 힘쓰니라. 사람마다 두려워하는데 사도들로 말미암아 기사와 표적이 많이 나타나니 믿는 사람이 다 함께 있어 모든 물건을 서로 통용하고 또 재산과 소유를 팔아 각 사람의 필요를 따라 나눠 주며, 날마다 마음을 같이하여 성전에 모이기를 힘쓰고 집에서 떡을 떼며 기쁨과 순전한 마음으로 음식을 먹고 하나님을 찬미하며 또 온 백성에게 칭송을 받으니 주께서 구원 받는 사람을 날마다 더하게 하시니라." 여기서 우리는 교회의 탄생과 그 공동체의 모습을 보게 된다.

이처럼 사도행전 2:42-47에 초점을 맞추어 그 전후맥락을 살펴보면 누가 이 교회 공동체를 탄생시켰는지, 이 공동체가 어떻게 탄생했는지, 누가 이 공동체의 구성원이 되었는지, 이 공동체의 삶이 어떤 성격이었는지, 그리고 무엇을 위해 이 공동체가 탄생했는지 등에 관한 내용이 드러난다. 그것을 간단히 정리해 보면 다음과 같다.

1) 성삼위일체 하나님이 예수 그리스도의 성육신과 죽음과 부활과 승천이라는 복음을 성령의 능력을 통해 전파하고 깨닫게 함—교회로 부름 (행 2:1-36)

2) 오로지 기도에 힘쓰던 사도들이 약속된 성령을 받으니 기사와 표적을 행하고 권능 있는 자들이 됨—교회의 지도자들(행 2:43)

3) 복음을 들은 자들이 성령의 감동을 받고 마음에 찔려 "우리가 어찌 할꼬" 외침—부름 받은 자들의 자세(행 2:37)

4) 이들이 회개하고, 예수 그리스도의 이름으로 세례를 받고 죄 사함을 받고, 성령의 선물을 받고, 구원의 반열에 들어감. 그 수가 삼천이나 됨—성령의 주권적 행위에 의해 죄인에서 의인이 된 교회의 알곡들(행 2:38-41)

5) 회개하고 의인이 된 자들이 성령의 역사에 의해 자발적으로 공동체를 이루고, 예배, 말씀선포, 가르침, 교제, 섬김에 힘씀—교회 공동체의 삶—공동체로 세움(행 2:42-47)

6) 재산과 소유를 팔아 각 사람의 필요를 따라 나눠 줌—교회 공동체의 삶—하나님 나라에 대한 종말론적 고대 가운데 사는 공동체(행 2:45)

7) 온 백성에게 칭송을 받음—교회 공동체의 삶—신뢰받고 존경받으며 귀감이 되는 대안 공동체—칭송 받을 수 있는 가치관을 갖고 그것을

살아내는 공동체(행 2:47)

8) 주께서 구원 받는 사람들을 날마다 더하게 하심—성령이 교회를 성장케 함(행 2:47)

9) 성령이 하시는 일에 대한 증인의 역할을 하게 될 것을 말씀하심: "오직 성령이 너희에게 임하시면 너희가 권능을 받고 예루살렘과 온 유대와 사마리아와 땅 끝까지 이르러 내 증인이 되리라."—성령의 역사를 증언하도록 보냄 받은 공동체(행 1:8). 이것은 곧 하나님 나라 복음을 전파하고 하나님 나라 사역을 위해 보냄 받은 공동체를 의미

3. 하나님 나라 복음의 증인: 교회의 사명
"유다와 사마리아와 땅 끝까지 하나님 나라 복음을 전파하라"

하지만 이렇게 이상적으로 보이는 교회도 하나님의 눈에는 부족함이 있었던 듯하다. 사도들의 사역의 중심지는 예루살렘이었고, 복음 전도의 주된 대상자는 유대인이었다. 예수님은 제자들이 예루살렘, 유대와 사마리아, 그리고 땅 끝까지 이르러 예수 그리스도의 증인이 되리라고 하셨다. 하지만 제자들은 이방인을 열외로 취급했다. 사도행전 2장에 의하면 오순절 사건 때 천하 각국에서 와 예루살렘에 머물며 제자들에게 나타난 성령의 역사를 보고, 베드로의 설교를 듣고, 회개하고 세례를 받은 자들은 유대인들이었다. 사도행전 11장 1절부터 18절까지를 보면 고넬료 집안에게 복음을 전파하고, 성령이 임함을 체험하고, 물 세례를 베풀었던 베드로가 예루살렘에 돌아가자, 이방인들도 하나님의 말씀을 받았다 함을 들은 할례자들이 그를 비난했다. 11장 19절을 보면 스데반의 일로 일어난 환난으로 말미암아 흩어진 자들이 베니게와 구브로와 안디옥까지 이르러 유대인에게만 말씀을 전했다.

그러나 하나님의 계획은 달랐다. 예수 그리스도는 분명히 "유대와 사

마리아와 땅 끝까지 이르러 내 증인이 되리라"고 말씀하셨다. 이 말씀에 의하면 그리스도인이 증인이 되는 일은 하나님의 계획이요 따라서 하나님께서 이루실 일이었다. 따라서 12제자가 예루살렘을 중심으로 사역을 하면서 유대인에게만 복음을 전파한 것은 분명히 문제가 있었다.

이러한 상황 속에서 복음이 어떻게 전파되어 가는지 누가는 다음과 같이 기록한다. 사도행전 6장 7절을 보면 "하나님의 말씀이 점점 왕성하여 예루살렘에 있는 제자의 수가 더 심히 많아지고 허다한 제사장의 무리도 이 도에 복종하니라." 그리고 나서 8장 1절에 의하면 스데반이 죽임을 당하고, "그 날에 예루살렘에 있는 교회에 큰 박해가 있어 사도 외에는 다 유대와 사마리아 모든 땅으로" 흩어졌다. 그리고 8장 4절부터 끝까지 나오는 이야기는 빌립의 전도 이야기다. 여기에 나오는 빌립은 사도 빌립이 아니라 새로 선정된 일곱 집사들 중 한 사람이었던 빌립이다(행 6:1-6). 이 빌립이 복음의 말씀을 전한 곳이 어디인가? 바로 사마리아다. 예루살렘에 있는 교회에 큰 박해가 있은 후 사도만 빼고 유대와 사마리아 모든 땅으로 흩어졌는데, 그 흩어진 사람들이 두루 다니며 복음의 말씀을 전했고, 빌립은 사마리아 성에 내려가 그리스도를 전파했다. 그리고 그 결과를 보니 무리가 한마음으로 빌립이 하는 말을 따랐고, 그 성에 큰 기쁨이 있었다.

이런 소식이 예루살렘에 있는 사도들에게 들려왔다. 그러자 이들이 어떤 행동을 취했는가? 8장 14절과 15절을 보니 예루살렘에 있는 사도들이 사마리아도 하나님의 말씀을 받았다 함을 듣고 베드로와 요한을 보냈다. 그들이 그곳에 가서 무엇을 했는가? 사마리아 백성들이 성령 받기를 기도했다. 왜 그랬나? 16절에 보니 그들 중 아직 한 사람에게도 성령이 내리신 일이 없고 오직 주 예수의 이름으로 세례만 받았기 때문이었다. 그래서 베드로와 요한이 안수하니 그들이 성령을 받았다. 그리고 베드로와 요한이 예루살렘으로 귀환하면서 무엇을 했나? 25절에 보니 그들이 예루살렘으로 돌아가면서 사마리아의 여러 마을에서 복음을 전했다.

사도행전 1장 8절 말씀처럼 제자들은 성령을 받고 권능을 얻어 예루살렘과 온 유대와 사마리아와 땅 끝까지 이르러 예수 그리스도의 증인이 되었다. 여기서 두 가지를 짚고 넘어가야 한다. 첫째는 누가는 끊임없이 성령을 강조하고 있다는 점이다. 부활하신 예수 그리스도가 제자들에게 성령을 받을 때까지 예루살렘에서 기다리라고 명령한 것에 순종하여, 제자들은 성령을 받을 때까지 예루살렘을 떠나지 않고 그곳에 함께 모여 힘써 기도하며 공동체 생활을 하며 성령을 기다렸다. 그리고 마침내 그들이 성령을 받았을 때, 그들은 부산하게 움직이기 시작했다. 예수님의 명령을 수행하기 위해서. 그리고 예루살렘을 넘어서서 사마리아에서 어떤 일이 벌어졌는가? 오직 주 예수의 이름으로 세례만 받았던 자들에게 베드로와 요한이 안수하매 사마리아에 있던 백성이 성령을 받았다.

예수 그리스도의 죽음과 부활을 경험했던 제자들이 복음을 전파하며 다닐 때, 사람들은 말씀을 받은 것뿐만 아니라 물과 성령으로 세례를 받았다. 요한복음 3장에 바리새인 중 니고데모라 하는 유대인의 지도자가 밤에 몰래 예수를 찾아와 예수님이 참으로 하나님께로부터 오신 선생이라고 고백했다. 그때, 예수께서 그에게 사람이 거듭나지 아니하면 하나님의 나라를 볼 수 없다 하시면서 사람이 물과 성령으로 나지 아니하면 하나님의 나라에 들어갈 수 없다 하셨다. 누가는 끊임없이 사도들이 말씀 전파와 함께 물과 성령 세례를 베풀고 있으며, 백성들은 말씀을 받음과 동시에 물과 성령 세례를 받고 있음을 증언하고 있다. 즉 누가의 증언에 의하면 원시 그리스도교 공동체의 탄생에 있어서 말씀과 물 세례와 성령 세례가 핵심을 이루고 있음을 알 수 있다.

둘째는 다음과 같은 질문이다. 예루살렘과 온 유대와 사마리아에 복음이 전파되었으니 이제 누가 땅 끝까지 이르러 예수가 그리스도(메시아)이심과 그분이 선포한 하나님 나라를 전파하겠는가? 놀랍게도 그 과업을 수행하게 될 첫 주역을 위한 하나님의 선택은 다름 아닌 스데반이 돌에 맞아 죽는 현장에 있었고, 교회를 잔멸하기 위해 각 집에 들어가 남녀를 끌어다가 옥에 넘겼던 바울이었다. 바울이 핍박하던 예수 그리스도가 스데반이 바라보았던 그 하늘로부터 바울에게 말을 걸으셨다. 바울은 새로 태어났고, 과거의 세계관과 가치관은 그의 눈멂과 함께 정화되고 새로운 세계에 눈을 떴다. 교회를 잔멸하기 위해 각 집을 찾아다니며 남녀를 끌어다가 옥에 넘겼던 교회의 원수가 땅 끝까지 이르러 복음을 전파하면서 교회를 세우는 과업을 수행할 하나님과 하나님 나라의 일꾼으로 거듭났다. 그리고 바울을 통해 예수 그리스도를 믿고 증인의 역할을 헌신적으로 감당하는 자들의 수가 점점 늘어났다.

이처럼 예수 그리스도는 제자들을 부르고, 세우고, 보내시며 지상 사명을 주셨다(마 28:19-20; 눅 24:44-49). 누가는 사도행전에서 예루살렘(1-7장)과 온 유대와 사마리아(8-12장), 그리고 땅 끝까지(13-28장) 하나님께서 어떻게 하나님의 일꾼들을 통해 복음을 증거하고 계시는지를 기록하고 있다. 물론 여기에는 하나님의 부르심과 양육과 공동체 형성이 포함되어 있다. 바울은 땅 끝까지 복음의 증인이 되기 위해 헌신했다.

사도행전의 말씀을 따라가다 보면 우리는 상황이 얼마나 긴박하게 돌아가고 있는지를 느끼게 된다. 그리고 동시에 하나님께서 예루살렘뿐만 아니라 유대와 사마리아와 땅 끝까지 이르러 유대인이든 이방인이든 상관없이 복음이 전파되게 할 목적을 이루기 위해 끊임없이 세우시고 흩으시고, 부르시고 파송하시는 사역들을 발견하게 된다.

이 과정에서 우리는 두 가지 역사적으로 중요한 사건을 기억해야 한다. 첫째는 예루살렘 공의회(49년, 행 15장)다. 처음에 사도들은 구약성경의 이스라엘 백성이 그랬듯이 만민을 향한 하나님의 뜻을 올바로 이해하지 못했다. 따라서 그들의 복음 전파는 유대인에게만 한정되어 있었다. 하지만 이러한 편협한 사고방식을 깬 성령의 사건이 일어났다. 그것은 바로 베드로가 환상을 본 사건이었다. 이로 인해 예루살렘 공의회에서 베드로가 교회를 핍박하다가 예수 그리스도의 열정적인 전도자가 된 바울에게 이방인 선교를 허락하는 극적인 일이 벌어졌다. 교회는 이제 만민을 향해 하나님 나라 복음을 전파하고 증인이 되는 일에 헌신하게 된다. 둘째는 유대인들의 독립전쟁이었던 제1차 유대-로마전쟁으로 인해 주후 70년에 예루살렘이 멸망한 사건이다. 티투스가 진두지휘하는 로마군이 예루살렘을 함락하고 성전을 불태우면서 본격적으로 디아스포라가 시작되었고, 예루살렘은 더 이상 초기교회의 중심지가 될 수 없었다.

IV. 교회의 정체성과 사명

이러한 역사의 흐름을 파악할 때 교회의 정체성과 사명은 분명히 드러난다. 하나님께서 이스라엘과 언약을 맺으시고 "내 나라"요 "내 백성"으로 삼아주셨는데, 이스라엘은 언약을 깸으로써 하나님 나라 백성으로서의 자격을 스스로 던져버렸다. 하지만 기나긴 역사의 여정 가운데 때가 찼고, 이스라엘이 그렇게 고대하던 메시아가 이 땅에 오셨다. 하지만 이 메시아는 대부분의 유대인이 생각했던 그런 메시아가 아니었다. 그분은 하나님 나라 복음을 전파하셨다. 그 하나님 나라는 묵시문학이 제시한 영광 가운데 나타난 인자가 이룩한 나라도, 율법을 충실히 지킴으로써 세운 거룩한 율법 공동체로서의 나라도, 젤롯당이 로마 제국을 물리치고 재건한 다윗 왕국도 아니었다. 그 나라는 기본적으로 사탄과 악과 죄와 사망의 권세를 물리치고 승리함으로써 온전한 하나님의 통치를 확립한 나라였다. 그 방법은 세상적인 권력도, 율법도, 칼과 전쟁도 아니었다. 메시아 예수가 선택한 승리의 도구는 십자가였고 고난의 종으로서의 섬김이었다. 그분의 승리는 부활과 승천을 통해 확증되었다. 그리스도인이란 이 메시아와 그의 나라를 따른 추종자들이고, 이 메시아가 선포한 하나님 나라에 응답한 하나님 나라 백성이었다. 이런 의미에서 원시 그리스도교 공동체는 그것이 영적 이스라엘이라는 정체성을 갖고 있었다. 자신들은 남은 자였다. 고난의 종의 삶을 살고 십자가에 못 박히고 부활한 메시아 예수를 따르는 메시아인/그리스도인 공동체야 말로 하나님 나라를 기업으로 물려받은 자들이었다. 그리고 땅 끝까지 이르러 만민을 향해 메시아 예수와 그분이 이 땅에 임하게 한 하나님 나라의 복음을 전파하고 증인이 되는 사역을 감당해야 할 존재였다.

이와 같이 교회는 처음부터 자신들이 하나님 나라에 대한 이스라엘의 소망의 역사 가운데서 어떤 위치에 서 있는지를 인식하고 있었다. 그래서 신약성경의 기자들은 교회를 다음과 같이 묘사한다. 교회는 "하나님의 백성"이다(히 4:9; 벧전 2:9-10). 참된 이스라엘의 열 두 지파다(약 1:1). 그것은 "택하신 족속이요, 왕 같은 제사장들이요, 거룩한 나라"다(벧전 2:9-10). 그것은 "제사장 나라"다(계 1:6; 5:10). 이스라엘이 하나님의 아내라면(예. 호 1-3장; 렘 3:1-5; 사 54:4-7) 교회는 그리스도의 신부다(엡 5:22-33; 계 21:2, 9-11).[8]

교회를 다양하게 묘사하는 바울도 일맥상통하는 입장을 보인다. 대표적인 예로 그리스도의 몸(고전 12:27), 그리스도의 성만찬적인 몸(고전 10:16-17), 그리스도의 신부(고후 11:2; 엡 5:22-33), 그리고 성령의 친교(고전 3:16; 롬 8:14-17) 등이 있다.[9] 무엇보다 교회는 영적 이스라엘이요 참 이스라엘이다. 단지 아브라함의 자손이기 때문에 이스라엘 백성인 것이 아니고(롬 9:6-8), 할례를 받았다고 해서 유대인인 것이 아니다. 진심으로 하나님께 복종하는 자가 참된 유대인이다(롬 2:28-29). 이스라엘은 믿지 아니함으로 가지 얼마가 꺾인 참 감람나무인데 교회는 하나님께서 이 나무에 접붙이신 돌 감람나무 가지다(롬 11:17-20). 교회는 "하나님의 이스라엘"(갈 6:16), "은혜로 택하심을 따라 남은 자"(롬 11:5)다. 이방인이지만 예수 그리스도를 믿는 자는 혈통으로 아브라함의 자손이 아닐지라도 "믿음으로" 말미암아 "아브라함의 자손"이 된 자다(갈 3:7). 하나님께서 아브라함으로 말미암아 모든 이방인이 복을 받으리라 하셨기에 "믿음으로 말미암은 자는 믿음이 있는 아브라함과 함께 복을" 받을 자다(갈 3:8-9). 그리고 아브라함의 자손이므로 "약속대로 유업을 이을 자"다(갈 3:29).[10]

하나님 나라 백성으로서 교회의 사명은 하나님 나라를 건설하는 것이 아니라 하나님 나라 복음의 증인이 되는 것이다. 여기서 중요한 것은 하나님 나라 백성은 개인적으로나 공동체적으로나 말을 통해서만이 아니라 존재와 삶 자체로 하나님 나라 복음의 증인이 되어야 한다는 점이다. 즉, 하나님 나라 백성이 있는 곳에 하나님 나라의 능력이 경험되어야 한다는 점이다. 이것은 곧 사탄과 악과 죄와 사망의 권세 대신 삼위일체 하나님과 선과 의와 생명의 권세가 나타나야 한다는 것을 의미한다. 이와 관련해 사도 바울은 "하나님의 나라는 말에 있지 아니하고 오직 능력에 있음이라"(고전 4:20)고 말한다.

여기서 한 가지 짚고 넘어갈 점은 예수 그리스도는 하나님 나라를 선포했는데, 그의 제자들과 초기교회는 예수 그리스도를 선포하는 오류를 범했다는 지적이다. 이러한 지적에는 문제가 있다. 왜냐하면 예수가 메시아라는 선포는 그 메시아가 선포한 하나님 나라와 떼려야 뗄 수 없는 관계를 맺고 있기 때문이다. 메시아 예수는 하나님 나라를 이 땅에 임하게 했을 뿐만 아니라 그분 자신의 존재와 사역 자체가 하나님 나라의 현존이었다. 그리고 그분이 선포한 하나님 나라에 들어갈 수 있는 유일한 길은 그분을 통하는 길밖에 없다(요 14:6). 그렇기에 바울이 선포한 메시지의 핵심은 예수는 메시아이시라는 것("바울이 하나님의 말씀에 붙잡혀 유대인들에게 예수는 그리스도라 밝히 증언하니", 행 18:5)과 하나님 나라 복음("바울이 회당에 들어가 석 달 동안 담대히 하나님 나라에 관하여 강론하며 권면하되... 두 해 동안 이같이 하니 아시아에 사는 자는 유대인이나 헬라인이나 다 주의 말씀을 듣더라", 행 19:7-10; 20:25; 28:31)이었다.

하나님 나라 교육목회 } 실천적 방안 }

교육목회 패러다임을 하나님 나라 교육목회로 전환해야할 신학적 토대를 살펴보았다. 이제 그 신학적 토대 위에 핵심적인 실천적 방안을 제시해 보고자 한다. 교육목회의 범위가 상당히 넓다는 점을 고려해 볼 때 한정된 지면에서 모든 세부 영역을 다 취급할 수는 없기에 여기서는 간단하게나마 하나님 나라 교육목회 실천을 위해 가장 근간이 되는 교육목적과 교육방법을 다루어 보고자 한다.

I. 교육목적

교육목적은 "왜", 즉 "무엇을 위해" 교육을 하느냐는 질문에 대한 대답이다. 우리는 왜, 무엇을 위해 교육을 하는가? 이 질문은 기본적으로 어떤 사람을 만들고 어떤 공동체를 만들고자 하느냐는 질문과 직결되어 있다. 하나님 나라 교육목회의 관점에서 볼 때 우리는 가장 근본적으로 하나님 나라 백성 공동체를 만들기 위해 교육을 한다. 그렇다면 하나님 나라 백성 공동체란 어떤 것인가? 이 질문에 답하기 위해서는 성경으로 돌아갈 수밖에 없다. 하나님께서 성경을 통해 하나님이 원하시는 하나님 나라 백성 공동체의 모습을 알려주셨기 때문이다. 하나님 나라 백성 공동체에 대한 하나님의 비전을 우리의 비전으로 만듦으로써 하나님께서 생각하시는 하나님 나라 백성 공동체를 이루는 것이 하나님 나라 교육목회의 궁극적인 목적이다.

여기서 공동체에 먼저 관심을 기울이는 이유는 하나님께서 이루시고자 하는 "내 나라"와 "내 백성"은 결코 한 개인으로 이루어지지 않기 때문이다. 물론 그렇다고 해서 각 개인의 영혼이 상대적으로 덜 중요하다는 말은 결코 아니다. 또한 이 공동체는 개인이 매몰되는 집단을 의미하지도 않는다. 왜냐하면 이 공동체는 예수 그리스도를 믿는 믿음으로 의롭게 되고 하나님의 백성이요 자녀가 된 각 개인이 지체가 되고 예수 그리스도가 머리가 되는 유기적 공동체이기 때문이다. 그럼에도 불구하고 공동체에 대한 비전에 먼저 초점을 맞추는 이유는 하나님 나라 교육목회의 관점에서 볼 때 각 개인의 변화와 양육이 이 유기적 공동체 안에서 이루어지기 때문이다. 삼위일체 하나님께서는 규모와 건물과 상관없이 이 살아있는 유기적 공동체, 즉 하나님 나라 백성 공동체를 통해 "내 백성"을 부르시고, 세우시고, 보내시기 때문이다.

이와 관련하여 꼭 명심해야 할 사항은 고린도전서 1장 1-2절("하나님의 교회 곧 그리스도 예수 안에서 거룩하여지고 성도라 부르심을 받은 자들과 또 각처에서 우리의 주 곧 그들과 우리의 주 되신 예수 그리스도의 이름을 부르는 모든 자들")에서 바울이 명시하고 있듯이 교회는 본질적으로 건물이 아니라 사람의 모임이라는 사실이다. 교회를 세우는 일은 건물을 세우는 일이 아니라 하나님 나라 백성 공동체를 세우는 일이다.

1. 주의 사항

이런 관점에서 하나님 나라 교육목회를 위한 목적을 설정할 때 크게 여섯 가지 주의할 점이 있다.

하나님 나라 교육목회의 관점에서 볼 때 교육의 궁극적인 목적은

(1) 단순히 지역교회와 목회자에게 충성하고, 성실히 교회에 출석하고, 열심히 교회에서 봉사하고, 교회의 빈자리를 채우기 위해 전도하고, 선교지에 나가 활동하는 교인을 양성하는 것이 아니다.

(2) 단지 한 개인의 영혼을 구원해 천당에 갈 수 있게 하는 것이 아니다.

(3) 교회는 교회고 세상은 세상이라는 이분법적 사고방식과 삶의 태도를 가진 교인을 양성하는 것이 아니다.

(4) 세상은 악하고 교회는 노아 방주라는 입장에 근거해 배타적이고 이기적인 게토를 형성하는 것이 아니다.

(5) 탈역사적이거나 맹신적인 종교집단이나 사교집단을 만드는 것이 아니다.

(6) 이 땅 위에 그리스도교 왕국(Christendom)을 세우고 확장하며, 제국주의나 식민주의 사고나 문화적 우월의식을 갖고 힘을 과시하면서 전도나 선교를 하는 종교집단을 만드는 것이 아니다.

(7) 성장주의, 기복주의, 나는 할 수 있다 주의 등의 사고방식을 심어주고, 그런 삶을 추구하게 만드는 소위 성공한 인물을 만드는 것이 아니다.

(8) 하나님 나라를 건설하고, 하나님 나라를 건설할 일꾼을 만드는 것이 아니다. 하나님 나라 백성 공동체로서의 교회는 하나님 나라 건설업체도 아니요 하나님 나라 건설업자들을 양성하는 기관도 아니다. 하나님 나라를 건설하는 일은 인간의 몫이 아니다. 이 일은 삼위일체 하나님께서 주체가 되어 이루시는 일이므로 이 차원은 교육목회의 목적이 될 수 없다.

이것은 부활하신 예수님을 만난 후 제자들이 영적인 눈이 열려 예루살렘으로 다시 돌아갔음에도 불구하고 예수님께서 그들에게 성령을 받을 때까지 기다리라고 명령하셨다는 사실에서도 잘 드러난다. 제자들은 하

나님 나라를 건설하러 보내심을 받으신 것이 아니요, 하나님 나라 복음을 전파하는 증인이 되는 일을 감당하라고 보내심을 받았다. 그리고 이 증인의 역할조차 스스로 할 수 있는 일이 아니요 절대적으로 삼위일체 하나님의 주도하에 그분의 능력을 입어 할 수 있는 것이다. 더 나아가서 메시아 예수가 이 땅위에 임하게 한 하나님 나라는 참 신이요 참 인간인 성자 예수 그리스도에 의해서만 가능한 나라다. 왜냐하면 이 하나님 나라는 어떤 인간도 세울 수 없는 사탄과 악과 죄와 사망의 권세를 이기고 하나님만의 통치를 다시 온전히 확립한 나라이기 때문이다. 또한 예수 그리스도는 주기도문을 통해 "아버지의 나라가 오게 하시며"(마 6:10)라고 기도하라고 가르쳐주셨고, "먼저 그의 나라와 그의 의를 구하라"(마 6:33)고 요청하셨다.

2. 교육목적 설정

이러한 점들을 고려하면서 하나님 나라 교육목회의 궁극적인 교육목적을 좀 더 구체적으로 다음과 같이 서술해 볼 수 있다.

하나님 나라 교육목회는 각 사람과 공동체를 하나님 나라에로의 초청에 응하여 하나님 나라 백성으로 변화되게 하고, 하나님 나라 백성이라는 이름에 걸맞은 존재로 성장하고 살 수 있게 하고, 현재의 삶 속에서 하나님 나라 백성으로서의 특권을 분명히 알고 풍성한 삶을 누릴 수 있게 하고, 동시에 이 세상에서 하나님 나라 백성이요 하나님의 통치의 동역자로서 감당해야 할 사명에 헌신할 수 있도록 지속적으로 변화시키고 양육하는 일을 궁극적인 교육목적으로 삼는다.

이 목적은 기본적으로 다음과 같은 다섯 가지 차원으로 구분해 볼 수 있다.

(1) "내 나라"를 세우기 원하시는 하나님의 통치에 온전히 순복하고,

(2) 하나님 나라에로의 초청에 응하여 하나님 나라 백성으로 변화되고,

(3) "내 백성" 즉 하나님 나라 백성이라는 이름에 걸맞은 존재로서의 삶을 살면서 끊임없이 성장하고,

(4) 현재의 삶 속에서 하나님 나라 백성으로서의 특권을 분명히 알고 그에 따른 풍성한 삶을 누리고,

(5) 이 세상에서 하나님 나라 백성이요 하나님의 통치의 동역자요 증인으로서 감당해야 할 사명에 헌신하는 하나님 나라 백성 공동체 세우기

그렇다면 하나님께서 원하시는 하나님 나라 백성 공동체는 어떤 공동체인가? "하나님 나라 교육목회—신학적 토대"에서 살펴본 하나님 나라와 교회 개념을 살펴보면 다음과 같은 하나님 나라 백성 공동체로서의 교회의 대표적인 특성이 나타난다.

3. 하나님 나라 백성 공동체의 특성

(1) 접붙임 받은 이스라엘

하나님께서 "내 나라"요 "내 백성"으로 부르셨던 이스라엘이 하나님 나라와 하나님 백성이 되게 한 언약을 깨뜨림으로써 선지자들은 이스라엘이 더 이상 하나님 나라와 하나님 백성이 될 수 없음을 선포했다. 그리고 북이스라엘과 남유다는 멸망했다. 이 와중에 선지자들은 메시아 고대 사상, 남은 자 사상, 그리고 미래로 투영된 하나님 나라 소망을 전파했다. 이처럼 하나님 나라와 하나님 나라 백성 개념이 변하는 역사의 흐름을 따라가다 보면 여기서 필연적으로 만나는 존재가 바로 역사 속에 실제로 등장한 메시아 예수다. 그리고 이스라엘에게 메시아 대망 사상과 하나님

나라에 대한 소망은 떼려야 뗄 수 없는 관계를 맺고 있었듯이, 이 메시아는 정말로 하나님 나라가 가까이 왔다고 선포했고, 하나님 나라의 능력을 보여주었고, 하나님 나라 복음을 전파하며 다녔다.

이 메시아는 제자들을 불렀다. 제자의 무리는 점점 커졌다. 이들은 자신들의 근원을 잘 의식하고 있었다. 이들은 자신들의 정체성과 사명이 구약성경의 이스라엘의 역사와 분리되지 않음을 알고 있었다. 그런 의미에서 이들은 예수를 이스라엘이 그렇게 오랫동안 대망하던 메시아로 영접하고 그분이 선포한 하나님 나라를 받아들인 공동체였다. 이들은 남은 자였고, 사도 바울의 표현처럼 접붙임 받은 이스라엘이었다(롬 11:17-20). 이 접붙임 받은 이스라엘에 이방인까지 포함되기 시작했고, 그들도 "내 나라"요 "내 백성"의 일원이 되었다. 만민이 이 안에 포함될 때까지 하나님 나라 복음의 증인이 되는 그리스도인의 사명은 계속될 것이다.

여기서 주목할 점은 바울은 "하나님의 이스라엘"(갈 6:16), 즉 접붙임을 받은 이스라엘을 언급하면서 아브라함을 지속적으로 언급한다는 사실이다. 그렇게 함으로써 바울은 그리스도인을 접붙임을 받은 이스라엘 백성으로 만드신 하나님이 다름 아닌 아브라함의 하나님이요, 따라서 아브라함에게 하신 약속들이 이 이스라엘 백성에게도 유효함을 알려준다. 접붙임 받은 이스라엘은 만인에게 복의 근원이 될 것이다.

(2) 그리스도의 몸—그리스도와 연합한 공동체

이 새 언약에 의해 탄생한 하나님 나라 백성 공동체인 교회는 혈연관계가 아닌 예수 그리스도를 믿는 믿음에 의해 형성되었다. 그리스도와 그의 교회는 하나의 연합된 몸이 된다. "너희는 그리스도의 몸이라"고 바울은 말한다(고전 12:27). 또는 요한이 말하는 것처럼, 교회는 그리스도인 포도나무에 달린 가지들이다(요 15:5). 또는 바울이 반복해서 언급한 것처럼(예. 롬 12:5; 고전 1:30; 골 1:28), 그리스도인은 "그리스도 안에" 있다. 즉 그리스도인은 하나님의 새 백성의 공동체 곧 그리스도가 머리가 되는 몸속에서 유기체적으로 그리스도 및 동료 신자들과 관계를 맺는다.

예수 그리스도를 통해 하나님 나라가 인간의 역사 속으로 침투해 들어왔고, 예수 그리스도의 존재 자체와 그분의 사역은 하나님 나라의 표징이었다. 이것은 하나님 나라는 근본적으로 예수 그리스도와 관계를 맺음으로써 체험할 수 있는 것임을 알려준다. 즉, 현세에서 하나님 나라에 들어가는 것은 지도에 표시되어 있는 어떤 나라에 입국하는 것과는 전혀 다르다. 하나님 나라에 초청되어 들어갈 때 그 길과 문은 예수 그리스도다.

이러한 신약성경의 가르침에 귀를 기울여 볼 때 우리는 예수 그리스도는 하나님 나라를 가리켰는데, 초기교회는 예수 그리스도를 가리켰다고 분리하는 것은 옳지 않음을 알 수 있다. 이 둘은 떼려야 뗄 수 없는 관계를 맺고 있다.

그렇다면 예수 그리스도와 관계를 맺음으로써 하나님 나라에 들어가고, 하나님 나라를 체험할 수 있다는 것은 무엇을 의미하는 것일까? 신약성경은 이에 대해 옛 사람이 죽고 새 사람이 되는 것, 물 세례와 성령 세례를 받는 것, 예수 그리스도와 함께 십자가에 죽고 부활하는 것 등 다양한 표현으로 설명하고 있다.

(3) 그리스도는 머리이고, 그리스도인은 각 지체를 이루는 유기적 생명 공동체

이 공동체는 기본적으로 세상의 권위적인 위계질서를 갖고 있는 조직이 아니다. 또한 목사든 누가 되었든 사람이 머리가 되는 공동체가 아니다. 더욱이 집단을 위해 개인이 희생되는 공동체도 아니다. 교회의 머리는 예수 그리스도이고(엡 1:22), 우리는 "그리스도의 몸이요 지체의 각 부분"(고전 12:27. 참조, 엡 4:11-13)이다. 또 바울은 유기적 생명 공동체로서의 교회를 다음과 같이 묘사한다. "너희는 사도들과 선지자들의 터 위에 세우심을 입은 자라 그리스도 예수께서 친히 모퉁잇돌이 되셨느니라 그의 안에서 건물마다 서로 연결하여 주 안에서 성전이 되어 가고 너희도 성령 안에서 하나님이 거하실 처소가 되기 위하여 그리스도 예수 안에서 함께 지어져 가느니라"(엡 2:20-22).

(4) 예수 그리스도의 피로 세운 새 언약의 공동체

성경 자체가 구약(옛 언약)과 신약(새 언약)으로 구분된다. 구약성경에서 출애굽 이후 동물의 피로 세워진 언약에 따라 하나님께서 이스라엘의 하나님이 되시고, 이스라엘을 하나님의 백성으로 삼으신 것처럼(출 24:8), 신약성경에서는 예수 그리스도의 피로 세워진 새 언약에 따라 하나님께서 그리스도인들의 하나님이 되시고, 그들을 하나님의 백성으로 삼으셨다(눅 22:20; 고전 11:25).

일찍이 예레미야는 하나님께서 이스라엘과 맺을 새 언약에 대해 이야기했다. "여호와의 말씀이니라 보라 날이 이르리니 내가 이스라엘 집과 유다 집에 새 언약을 맺으리라 이 언약은 내가 그들의 조상들의 손을 잡고 애굽 땅에서 인도하여 내던 날에 맺은 것과 같지 아니할 것은 내가 그들의 남편이 되었어도 그들이 내 언약을 깨뜨렸음이라 여호와의 말씀이니라 그러나 그 날 후에 내가 이스라엘 집과 맺을 언약은 이러하니 곧 내가 나의 법을 그들의 속에 두며 그들의 마음에 기록하여 나는 그들의 하나님이 되고 그들은 내 백성이 될 것이라 여호와의 말씀이니라 그들이 다시는 각기 이웃과 형제를 가르쳐 이르기를 너는 여호와를 알라 하지 아니하리니 이는 작은 자로부터 큰 자까지 다 나를 알기 때문이라 내가 그들의 악행을 사하고 다시는 그 죄를 기억하지 아니하리라 여호와의 말씀이니라"(렘 31:31-34).

이 예언은 600여 년이 지난 후 예수 그리스도께서 유월절 만찬을 통해 자신의 피로 세우신 새 언약을 통해 성취되었다. 히브리서 기자는 예레미야 31장 31-34절을 인용하면서 이 새 언약에 대해 자세히 다룬다(8-9장). 하나님 나라 백성 공동체로서의 교회는 예수 그리스도의 피로 세운 새 언약의 공동체다. 이 사실은 성찬의 중요성을 알려준다. 그럼에도 불구하고 한국 개신교회는 성찬의 중요성을 제대로 인식하지 못하고 있으며, 그것은 곧 자신의 정체성을 올바로 깨닫지 못하고 있음을 드러낸다.

(5) 새 계명을 받은 사랑 공동체

하나님께서 이스라엘과 언약을 맺으시고 그들을 하나님의 백성으로 삼으시면서 지켜야 할 계명을 주셨다. 그것은 두 돌 판에 새겨진 십계명이었다. 그 핵심은 "너는 마음을 다하고 뜻을 다하고 힘을 다하여 네 하나님 여호와를 사랑하라"(신 6:5)는 것과, "네 이웃 사랑하기를 네 자신과 같이 사랑하라"(레 19:18)는 것이었다. 예수 그리스도는 이 두 구절을 인용하면서 하나님 사랑과 이웃 사랑을 가장 큰 두 계명으로 제시한다. "네 마음을 다하고 목숨을 다하고 뜻을 다하여 주 너의 하나님을 사랑하라 하셨으니 이것이 크고 첫째 되는 계명이요 둘째도 그와 같으니 네 이웃을 네 자신 같이 사랑하라 하셨으니 이 두 계명이 온 율법과 선지자의 강령이니라"(마 22:37-40).

예수 그리스도는 잡히시기 전날 밤 제자들의 발을 씻어 주신 후 그들에게 새 계명을 주셨다. 그것 역시 사랑의 계명이었다. "새 계명을 너희에게 주노니 서로 사랑하라 내가 너희를 사랑한 것 같이 너희도 서로 사랑하라"(요 13:34). 그리고 계속 말씀하셨다. "너희가 서로 사랑하면 이로써 모든 사람이 너희가 내 제자인 줄 알리라"(13:35). 사도 바울 역시 "믿음, 소망, 사랑, 이 세 가지는 항상 있을 것인데 그 중의 제일은 사랑"(13:13)임을 강조한다.

여기서 한 가지 명심할 사항은 하나님께서 명령하신 사랑은 "그럼에도 불구하고"의 사랑이요, 하나님의 피조물이라는 존재 자체에 대한 사랑이라는 점이다. 아가페 사랑은 조건부 사랑도 아니요 어떤 사람과 관련된 소유물, 집안 배경, 업적, 능력 등에 대한 사랑도 아니다. 예수님은 이 사랑을 이웃뿐만 아니라 원수까지 사랑하는 그런 사랑이라고 규정하신다. 그리고 "너희가 너희를 사랑하는 자를 사랑하면 무슨 상이 있으리요 세리도 이같이 아니하느냐"고 말씀하신다(마 5:46).

특히 어릴 때 받은 사랑의 경험은 평생 역경을 헤쳐 나가는 데 결정적인 역할을 하는 만큼 하나님 나라 백성 공동체는 무엇보다 어린 아이들에게 사랑을 베푸는 데 인색하지 말아야 한다. 그리고 아이들을 사랑할 때 그 아이들이 자신의 존재 자체로 사랑을 받고 있는 것이지, 그들이 무엇인가를 성취했다거나 사랑받을만한 무엇인가를 가지고 있기 때문이 아님을 분명히 느끼게 해 줄 필요가 있다. 이것은 업적주의, 무한경쟁, 외모지상주의, 금수저 등 존재 자체가 아닌 외형과 소유물과 업적과 배경에 집착하고 이에 따라 사람의 가치를 매기는 한국 사회에서 하나님 나라 백성이 책임의식을 갖고 감당해야할 매우 중요한 사명이다.

(6) 세례와 성찬 공동체

무엇보다 예수 그리스도의 세례는 예수가 왕으로 기름부음을 받았음(메시아)을 알리는 의식이요, 그 메시아와 함께 새로운 왕국이 도래했음을 보여주는 의식이었다. 예수 그리스도는 공생애 기간 동안 사람들을 이 하나님 나라 백성으로 초청하기 위해 동네마다 다니며 하나님 나라 복음을 선포했다. 그리고 제자들에게 나가서 사람들에게 세례를 주고 가르치라는 명령을 남겼다. 죄 사함을 받게 하는 세례는 하나님 나라 백성이 되는 데 중요한 의미를 갖고 있다.

예수 그리스도는 니고데모에게 "사람이 거듭나지 아니하면 하나님의 나라를 볼 수 없느니라"(요 3:3)고 말씀하셨다. 그리고 거듭남의 의미를 제대로 이해하지 못한 채 의아해 하는 니고데모에게 "사람이 물과 성령으로

나지 아니하면 하나님의 나라에 들어갈 수 없느니라"(3:5)고 말씀하셨다. 이런 의미에서 세례는 단지 교회 교인이 되는 의식이 아니라 하나님 나라 백성으로 다시 태어나는 의식이다. 바울은 거듭남에 대해 "너희는 유혹의 욕심을 따라 썩어져 가는 구습을 따르는 옛 사람을 벗어 버리고 오직 너희의 심령이 새롭게 되어 하나님을 따라 의와 진리의 거룩함으로 지으심을 받은 새 사람을 입으라"(엡 4:22-24)고 강권한다.

하나님 나라 백성이 된 자들에게 성찬은 너무나 중요하다. 성찬이 의미하는 바는 다양하다. 그 중에서도 특히 하나님 나라 관점에서 볼 때 성찬은 하나님께서 우리의 하나님이 되시고 우리는 하나님 나라 백성이 되는 새 언약이 예수 그리스도의 피, 즉 "죄 사함을 얻게 하려고 많은 사람을 위하여 흘리는" 피로 세워졌고(마 26:28. 참조, 막 14:24; 눅 22:20; 고전 11:25), 그것을 마실 때마다 주님을 기념해야 하고 "주의 죽으심을 그가 오실 때까지 전하는 것"이기에 매우 중요하다. 성찬은 또한 영원한 하나님의 통치 가운데 누릴 하나님 나라 백성의 식탁 잔치요 교제를 이 땅에서 이미 경험하는 식탁 잔치요 교제라는 점에서도 하나님 나라 백성 공동체에서 중요한 위치를 차지하고 있다.

이와 함께 성찬은 우리가 그리스도인의 존재와 삶을 위해 그리스도와의 연합이 얼마나 결정적인 역할을 하고 있음을 인식하고 있다면 결코 소홀히 할 수 없는 예식이다. 이러한 그리스도와의 연합은 모태 안에 있는 생명체가 탯줄을 통해 산모와 연결되어 있고, 그 탯줄을 통해 산모로부터 산모의 살과 피를 비롯해 생명에 필요한 모든 것을 공급받는 모습에 비유해 볼 수 있다. 만약 탯줄이 끊어진다면 그 생명체는 더 이상 생명을 유지할 수 없고 결국 유산/낙태되고 만다. 그리스도인도 마찬가지다. 그리스도와 연합되어 있지 않으면 그리스도인으로서의 생명을 더 이상 유지할 수 없다. 이 모태는 신비로운 기관이다. 이 모태 안에서 생명체가 탄생하고 성장한다. 그처럼 그리스도와의 연합도 신비로운 것이다. 이 연합 안에서 그리스도인이라는 새로운 생명체가 탄생하고 성장한다. 그래서 칼뱅은 이 연합을 그리스도와의 "신비적 연합"(unio mystica)이라고 표현했다. 이러한 관계를 고려해 볼 때 말씀을 통한 공급뿐만 아니라 예수 그리스도의 살과 피가 되는 성찬의 중요성을 다시 회복할 필요가 있다.

그럼에도 불구하고 한국 개신교회는 성찬의 중요성을 제대로 인식하지 못하고 있다. 하나님 나라 교육목회는 세례와 성찬 교육을 성경말씀 교육 못지않게 신경을 써서 다루어야 한다. 16세기 프로테스탄트 지도자들은 제대로 선포된 말씀과 제대로 집례된 성례를 참된 교회의 두 표지로 보았다는 점을 기억할 필요가 있다.

(7) 역사의식이 분명한 공동체

하나님 나라 백성 공동체로서의 교회가 접붙임 받은 이스라엘이라는 자아정체성은 교회가 오순절 성령 사건으로 갑작스레 탄생한 게 아님을 잘 보여준다. 교회는 만인을 "내 나라"와 "내 백성"으로 품고자 하시는 하나님의 뜻과 계획에 따라 형성되었고, 이 점에서 이스라엘의 역사와 연결된다. 만인을 향해 나아가기 위해 이스라엘을 먼저 선택하신 하나님의 뜻과 계획은 교회에도 적용된다. 더 나아가서 만인을 향해 나아가는 교회의 사명은 현재와 미래의 역사와 연결된다. 교회는 이러한 역사의식을 분명히 가지고 있어야 한다. 이런 면에서 교회가 명심해야 할 몇 가지 중요한 사항이 있다. 첫째, 교회는 구약성경의 역사를 통해 하나님께서 보여주시는 하나님 나라 개념과 하나님 나라 백성을 향한 계획과 뜻을 깊이 이해해야 한다. 둘째, 하나님의 이러한 뜻과 계획 안에서 교회의 정체성과 사명을 파악해야 한다. 셋째, 하나님의 이러한 뜻과 계획을 위해 지역교회는 개교회주의에 함몰되지 아니하고 참된 하나님 나라 백성 공동체로서의 공교회 또는 보편교회(Catholic Church)의 일부로서 함께 힘을 모아야 한다.

(8) 절대적 대안 공동체: 현실 속의 또 다른 현실

메시아 예수가 선포하고 이 땅 위에 임하게 한 하나님 나라는 현실 속에 존재하는 또 다른 현실/실재(reality)다. 비록 이 현실/실재를 아직 완전한 형태로 경험할 수는 없지만 그럼에도 불구하고 믿음으로 경험할 수 있다. 하나님 나라 백성 공동체는 이 땅 위에서 다른 사람들이 이 현실/실재를 경험할 수 있게 증인의 역할을 하는 자들이다. 초기교회가 박해와 순교의 시대 속에서도 성장할 수 있었던 놀라운 비밀은 그 공동체가 로마 제국이라는 현실과는 전혀 다른 절대적인 대안 현실이 되었기 때문이다. 그 안에서 그리스도인들은 로마제국에서는 경험할 수 없었던 사랑, 자유, 평등, 정의, 평화 등을 경험했기에 비록 언제 자신의 목숨을 내놓아야 할지 모르는 상황에서도 기꺼이 이 공동체의 일원이 되고자 했다.

출애굽 사건을 통해서 애굽에서 노예생활을 했던 무리가 하나님의 은혜로 해방되어 자유인이 되고 하나의 독립 국가를 이루었다. 그뿐만 아니라 하나님께서 언약을 통해 그들의 하나님이 되시고, 그들을 하나님의 백성으로 삼으셨다. 예수 그리스도의 십자가와 부활 사건은 출죄의 사건과 같다. 죄의 노예로 생활하던 자들이 하나님의 은혜로 죄에서 해방되어 자유인이 되었다. 그뿐만 아니라 하나님께서 새언약을 통해 그들의 하나님이 되시고, 그들을 하나님의 백성으로 삼으셨다. 그리고 이러한 영적 자유뿐만 아니라 하나님 나라 백성 공동체 안에서 로마제국 안에서는 경험하지 못하는 자유를 경험하게 해 주셨다.

하나님이 보시기에(coram Deo) 모두 죄인인 반면, 또 예수 그리스도를 믿는 믿음으로 모두 의인이다. 여기에는 신분의 귀천, 남녀노소, 인종과 민족적 차별 등이 들어설 자리가 없다. 이러한 평등이 초기 그리스도교 공동체가 하나님 나라 백성으로서 누렸던 하나님 나라의 맛이었다.

예수 그리스도는 십자가와 부활 사건을 통해서 사탄/마귀와 악과 죄와 사망을 이겼다. 그리고 화해와 함께 선과 의와 생명으로 충만한 하나님 나라를 이 땅 위에 임하게 하셨다. 이것은 추상적인 이야기가 아니다. 우리는 주변에서 온갖 형태의 악과 죄와 사망의 권세를 경험하고 고통스러워한다. 그 종류는 인신매매, 인종말살, 환경 파괴, 테러, 전쟁, 분쟁, 난민, 불의, 억압, 불평등, 차별 등에서부터 시작해 살인, 자살, 학교폭력, 가정폭력, 성폭력, 부정부패 등 이루 다 말할 수 없다. 하나님 나라 백성 공동체는 예수 그리스도께서 이러한 온갖 형태의 악과 죄와 사망의 권세를 이기셨음을 신뢰하고 선포하면서, 선과 의와 생명의 권세와 그 능력을 보여주는 공동체가 되어야 한다.

(9) 이미와 아직의 갈등 사이에 있는 공동체

절대적인 하나님만의 통치는 아직 기다림의 대상이다. 그것은 예수 그리스도의 재림과 함께 종말론적으로 실현될 것이다. 이런 의미에서 하나님 나라는 미래에 속해있다. 동시에 하나님 나라는 현재에 속해있다. 왜냐하면 예수 그리스도께서 그분의 인격과 사역 안에 하나님 나라를 담고 인간의 역사 속에 침투하셨기에 비록 완전한 형태로는 아니지만 하나님 나라는 이미 이 땅 위에 임했기 때문이다. 따라서 하나님 나라 백성 공동체로서 교회는 '이미'와 '아직' 사이의 긴장 가운데 살고 있다.

(10) 새로운 세상의 삶의 방식과 가치관에 따라 사는 종말론적 공동체

사도행전 2장 44-47절을 보면 회개하고 죄 사함을 받은 이들이 공동체를 이루고 사는 삶이 그들이 태어나서 살고 있는 세상의 삶과 다르다는 것을 노출한다. 그들을 둘러싸고 있는 세상의 삶은 재산과 소유가 있고, 신분과 계급이 있고, 평등과 자유가 없는 곳이다. 하지만 이들은 죄를 사하는 회개를 통해 새로운 세상에 속한 자들이 됨으로써, 그들을 둘러싼 세상의 제도와 가치관은 이제 그들에게 옛 세상의 것들이 되어버렸다. 여전히 옛 세상에 몸담고 있고, 그 세상에서 증인의 역할을 감당해야 할 사명이 있기는 하지만, 그들의 삶의 방식과 가치관은 이제 그들이 새롭게 속하게 된 새로운 세상의 것이었다. 거기에는 각 개인이 자신의 재산과 소유에 집착하는 것보다 각 사람의 필요에 민감하게 반응하고 그 필요가 실질적으로 채워질 수 있도록 서로가 자신의 재산과 소유를 나누는 삶의 방식과 가치관이 작용하고 있다. 거기에는 신분과 계급에 따른 갑질과 착취와 억압과 권위를 내세운 행패와 우월의식과 특권의식과 분리가 존재하지 않는다. 거기에는 평등과 자유와 섬김과 사랑과 나눔과 협력과 같은 삶의 방식과 가치관이 작용하고 있다.

한국개신교회는 세상보다 더 세속적이라는 비판을 받고 있다. 세상의 삶의 방식과 가치관에 대한 새로운 세상, 하나님 나라의 삶의 방식과 가치관을 제시하고 경험하게 하지 못하고, 교회는 오히려 세상의 삶의 방식과 가치관을 더 강화하는 역할을 하고 있다. 많은 사람들이 교회에 갔다가 오히려 다양한 차원에서 불평등과 불의와 열등감과 소외감과 무시당함과 상대적 빈곤감을 사회 안에서 보다 더 강하게 경험하면서 상처받고 피해가고, 혀를 내두르며 뛰쳐나온다. 사도행전 2장 47절에 나타난 공동체는 온 백성에게 칭송을 받고 주께서 구원 받는 사람을 날마다 더하게 하여 그 수가 늘어났다고 하는데, 한국개신교회는 백성들이 보이는 불신과 비난과 반그리스도교적 태도, 그리고 성도 수 감소를 경험하고 있다는 점에서 사도행전의 공동체와 대조를 이루고 있다. 이러한 대조적 모습은 사도행전 공동체에 비추어 볼 때 근본적으로 한국개신교회가 무엇인가 성경적으로 잘못된 것이 있음을 드러낸다.

(11) 회개와 용서 공동체

마태복음 3장 2절을 보면 세례 요한이 광야에서 외치던 소리는 "회개하라 천국이 가까이 왔느니라"이다. 마태복음 4장 17절을 보면 예수 그리스도가 광야에서 40일 동안 시험을 받은 뒤 지상 사역을 시작하면서 가장 먼저 외친 말씀은 "회개하라 천국이 가까이 왔느니라"이다. 이 동일한 외침은 분명 회개와 천국 간의 떼려야 뗄 수 없는 관계를 보여주고 있다. 또 예수님께서는 승천하시기 전 제자들에게 나타나 자신의 "이름으로 죄 사함을 받게 하는 회개가 예루살렘에서 시작하여 모든 족속에게 전파될 것"이라고 말씀하신다(눅 24:47-48). 여기서 말하는 회개는 인간이 주도할 수 있는 회개가 아니라, "죄 사함을 받게 하는" 회개이며, 예수 그리스도의 이름으로 죄 사함을 받는 회개이다. 이러한 회개는 성부와 성자의 성령의 역사가 아니고서는 인간의 힘만으로, 인간의 열정만으로 연기될 수 없는 일이다. 인간이 물로 세례를 줄 수는 있겠지만, 죄 사함을 받는 회개를 가능케 할 수는 없다.

죄의 회개는 그리스도인이 평생토록 해야 할 일이다. 알코올 중독자가 자신이 중독자임을 인식하지 못하고 극구 그 사실을 부인하듯, 인간은 죄인임에도 불구하고 자신이 죄인임을 깨닫지 못하고 극구 그 사실을 회피하고 부인한다. 죄인인 인간이 자신이 죄인임을 인식할 있는 것은 오직 하나님의 은혜 안에서 하나님의 말씀이 깨달음을 얻게 할 때 가능하다. 하나님 나라 백성 공동체로서의 교회는 이러한 깨달음이 있도록 하나님의 은혜를 간구하고 공동체의 환경을 조성해야 한다. 하나님 앞에서 (coram Deo) 인간은 죄인이며, 죄인이라는 신분과 죄인이기에 스스로 겪거나 다른 사람에게 초래하는 영적, 실존적, 구조적 악과 억압과 고난에서 벗어나기 위해 하나님의 구원 계획, 즉 독생자 예수 그리스도의 구세주 되심에 전적으로 의존할 수밖에 없음을 분명히 해야 한다. "다른 이로써는 구원을 받을 수 없나니 천하 사람 중에 구원을 받을 만한 다른 이름을 우리에게 주신 일이 없음이라"(행 4:12). 그리고 이 예수 그리스도를 구세주로 믿고 영접하며, 그분과 연합한 관계를 유지하면서 죽는 순간까지 회개하는 신앙의 삶을 살도록 해야 한다.

하지만 예수님께서 명령하신 회개는 결코 마음에 무거운 부담을 주기 위해서도, 죄의식에 사로잡혀 두려워 떨게 하기 위해서도 아니다. 오히려 마음의 부담을 덜어내고, 죄의식에서 벗어나게 하기 위해서다. 왜냐하면 예수님께서 명령하신 회개는 반드시 용서를 동반하기 때문이다. 이를 위해서 참 신이시오 참 하나님이신 성자 예수 그리스도께서 직접 십자가에 못 박혔고 구속 사건을 완성하신 것이다.

예수님께서는 하나님 나라 백성 공동체의 구성원 모두에게 용서를 선포하고 베풀라고 요청하신다. 특별히 이와 관련해 우리는 예수님이 주신 두 열쇠(마 16:19)에 주목하지 않을 수 없다. 이 두 열쇠는 "네가 땅에서 무엇이든지 매면 하늘에서도 매일 것이요 네가 땅에서 무엇이든지 풀면 하늘에서도 풀리"게 되는 열쇠다. 하나님께서 하나님 나라 백성 공동체의 모든 구성원을 통해 선포하시고 베푸시는 용서는 예수님께서 모든 그리스도인에게 주신 특권이자 의무다.

요한복음도 20장 21절에서 예수님께서 "아버지께서 나를 보내신 것 같이 나도 너희를 보내노라"고 말씀하시고, 그들을 향해 숨을 내쉬며 성령을 받으라 하신 뒤(22절), 23절에 보면 "너희가 누구의 죄든지 사하면 사하여 질 것이요 누구의 죄든지 그대로 두면 그대로 있으리라"고 말씀하신다. 이 두 구절은 예수님께서 성령을 주어 제자들을 보내시는 가장 본질적인 이유가 두 열쇠를 제대로 사용하게 하기 위해서, 즉 죄를 사하거나 죄를 그대로 두거나 하기 위해서임을 알려준다. 회개하고 죄 사함을 받은 자들, 즉 죄인에서 의인이 된 자들이 바로 교회의 알곡이요, 진정한 교회 공동체를 이루는 자들이다. 그리고 이들은 지속적인 회개와 용서를 통해 참된 교회 공동체를 세워 나간다.

서로 죄를 고백하고 용서할 때 주의할 여러 사항 중 반드시 지켜야 할 점이 한 가지 있다. 그것은 죄의 고백을 듣는 자와 관련된 문제다. 죄의 고백이 있을 때 죄를 고백하는 자와 죄의 고백을 듣는 자(들) 사이에는 특별한 신뢰관계를 전제로 하며, 죄의 내용을 공개하는 것을 꺼리지 않는다면 상관없지만 그렇지 않다면 죄의 고백을 듣는 자(들)는 꼭 비밀유지(confidentiality) 의무를 지켜야 한다. 이 의무를 지키지 않은 경우 공동체는 오히려 와해되고, 신뢰하고 죄를 고백한 그리스도인은 내면의 깊은 상처를 받고 공동체를 떠나게 된다. 이에 대한 교육이 절실히 필요하다.

(12) 화해 공동체

진정한 죄의 회개와 용서는 하나님 나라 백성 공동체인 교회를 화해 공동체로 만든다. 예수 그리스도의 십자가 사건은 핵심적으로 화해의 사건이기도 하다. 십자가 사건을 통해 예수 그리스도는 하나님과 인간, 인간과 인간, 인간과 자기 자신, 그리고 인간과 자연 사이의 깨진 관계를 회복시켰다. 화해를 통해 참된 성도의 교제가 이루어지고, 하나님 나라 백성 공동체가 만들어진다.

교회 안의 온갖 불화와 분쟁은 화해하게 하시는 예수 그리스도의 사역이 아니라 중상자요 이간자인 마귀(διάβολος 디아볼로스)의 사역이다. 예수 그리스도를 믿는 믿음으로 하나님 나라 백성이 된 교회 공동체의 머리는 예수 그리스도인만큼 불화와 분쟁의 공동체가 아니라 화해의 공동체로 견고히 서야 하며, 화해를 경험하는 공동체가 되어야 한다.

(13) 성부와 성자의 성령이 주도하고 동력이 되는 공동체: 부름, 세움, 보냄

아브라함을 비롯해 그 이후 하나님께서는 먼저 선택 받고 약속을 받은 이스라엘이 만민에게 복이 되고 하나님만이 참 신이심을 증거하도록 끊임없이 부르시고, 세우시고, 보내셨다. 누가와 바울이 기록하고 있듯이 그 하나님께서는 계속해서 접붙임을 받은 이스라엘 백성도 예루살렘과 유대와 사마리아와 땅 끝까지 메시아 예수의 증인이 되고 만민에게 복이 되도록 부르시고, 세우시고, 보내셨고, 현재도 그렇게 하고 계신다. 우리도 바로 이 접붙임을 받은 이스라엘의 일부다. 우리는 이방인임에도 불구하고 하나님의 은혜와 예수 그리스도를 믿는 믿음으로 의롭게 되고 이스라엘에 속하고 아브라함에게 약속된 것들을 받는다. 그뿐만 아니라 바울처럼 땅 끝까지 이르러 예수가 그리스도, 즉 메시아이심과 하나님 나라 복음을 선포하며 복의 근원이 되는 사명을 가지고 있다.

그런데 지상명령을 준 예수 그리스도께서 부활하여 승천하시면서 왜 제자들에게 이제 즉각 명령을 행동으로 옮기라고 지시하지 않으시고 예루살렘에서 기다리라고 하셨을까? 그것은 그들이 성령을 받아야 했기 때문이었다. 왜 성령을 받아야 했을까? 그것은 그들이 예수님의 지상명령을 하나님이 원하시는 방식으로 수행할 수 있는 능력이 필요했기 때문이었다. 인간적인 열정과 방법으로도 어떻게든 무엇인가 할 수 있었겠지만, 하나님의 눈에 그것은 예수님의 명령을 제대로 준행하는 것이 아니었기 때문이었다.

이것은 그리스도인이 아무리 굉장한 열정과 헌신을 갖고 예수님의 명령을 따르고자 수고하고 땀 흘린다고 할지라도 예수님께서 주시겠다고 약속하신, 그리고 받을 때까지 기다리라고 하신 성령을 받지 않으면 우리의 수고는 우리의 수고로 끝나는 것이지, 삼위일체 하나님의 뜻을 준행하는 것이 아니라는 것을 의미한다. 즉 지상명령을 준행하는 주체는 삼위일체 하나님이요, 성부와 성자의 성령이지, 인간으로서의 그리스도인이 아니라는 것을 의미한다.

이와 함께 예수님은 제자들을 향하여 이제 너희가 모였으니 건물을 짓고, 제도를 만들고, 위계질서를 형성하고, 그리고 그렇게 교회를 만들라고 명령하지 않았다. 예수님은 성령을 받으라고 했다. 그리고 회개와 용서를 통해서, 의롭게 됨을 통해서, 사람을 새롭게 만들라고, 재창조되게 하라고 하셨다. 창세기와 연결시켜 보면, 땅의 흙으로 인간을 지으신 하나님께서 그 코에 생기를 불어 넣으시니 인간이 생령이 되었다고 했다(창 2:7). 하지만 인간은 타락했다. 그 타락한 인간들인 제자들에게 예수님께서 숨을 내쉬며 성령을 받으라 하셨다(요 20:22). 그리고 제자들은 성령을 받았다(행 2:1-4). 이 말씀들을 연결시켜 볼 때 궁극적으로 예수님의 지상명령의 핵심을 다음과 같이 풀어 볼 수 있다. 그것은 성삼위일체 하나님은 하나님이 창조한 인간들에게 성부와 성자의 성령, 즉 새로운 생기를 불어 넣음으로써 새로운 생령으로 재창조하기를 원하신다는 것이다.

(14) 증인 공동체

하나님 나라 백성 공동체로서 교회는 증인 공동체다. 이것은 주님께서 승천하시기 전 제자들에게 남기신 말씀에 잘 나타난다. "오직 성령이 너희에게 임하시면 너희가 권능을 받고 예루살렘과 온 유대와 사마리아와 땅 끝까지 이르러 내 증인이 되리라"(행 1:8). 사도 바울 역시 자신이 증인으로 부름을 받았음을 분명히 밝힌다. "내가 네게 나타난 것은 곧 네가 나를 본 일과 장차 내가 네게 나타날 일에 너로 종과 증인을 삼으려 함이니"(행 26:16).

증인은 증언을 해 줄 수 있는 인물이다. 이런 의미에서 증인이 된다는 것은 무엇을 의미하는가? 법정 상황을 상상해 보면 쉽게 대답할 수 있을 것이다. 증인은 어떤 사건이 발생했을 때, 그 사건에서 가해자도 피해자도 아니다. 증인은 그 사건 현장에 있었던 자로서, 그 사건을 목격하거나 어떤 말을 들은 자다. 그래서 그것을 법정에서 가감 없이 있는 그대로 말할 수 있는 자다. 이렇게 볼 때 하나님 나라 백성으로서 그리스도인이 증인이라 함은 그 그리스도인이 예수가 그리스도(메시아)이심과 그분이 선포한 하나님 나라 복음을 증언하는 자임을 의미한다. 하지만 성경이 말하는 증인의 의미는 여기서 끝나지 않는다. 성경이 의미하는 증인은 하나님 나라 백성으로서 하나님 나라를 미리 맛 본 자가 자신의 존재와 삶 전체를 통해 그 나라를 전파하는 자다. 단순히 말만으로 증언하는 자가 아닌 것이다.

이와 함께 여기서 증인이라는 단어가 가지고 있는 또 다른 중요한 의미가 있다. 그것은 메시아 예수, 즉 예수 그리스도의 사람들은 절대적으로 삼위일체 하나님의 주도권과 이끄심 가운데 동역자로서의 사명을 감당하는 것이지, 결코 자신의 계획과 방법을 가지고 하나님 나라의 일이라는 명분으로 사업을 꾀하는 것이 아니라는 사실이다. 이것은 무엇을 의미하는가? 왜 누가를 비롯해 신약기자들은 계속해서 "증인"이라는 단어를 사용하고 있는 것일까? 이것은 예수의 제자들과 마찬가지로 그리스도인들은 성부와 성자의 성령이 주체가 되어 행하는 일들이 그 행위의 대상자들에게 일어나는 일들을 보면서 그것을 증언하는 증인의 역할을 하는 것임을 강조하기 위해서다. 그리고 동시에 부르시고 세우시는 것이 증인 역할을 감당해야만 한다는 것, 즉 보냄을 받기 위한 것임을 강조하기 위해서다.

(15) 의인 공동체와 의로운 일을 행하는 공동체

상기한 누가복음과 사도행전의 말씀들을 보면 분명한 논리적 순서가 있다. 사도행전 2장 42-47절에 나오는 공동체의 구성원들은, 모든 물건을 통용하고, 재산과 소유를 팔아 각 사람의 필요를 따라 나눠 주고, 성전에 모이기를 힘쓰고, 집에서 떡을 떼며 음식을 먹고, 하나님을 찬미함으로써 죄 사함을 받고, 죄인에서 의인이 되고, 그리스도인이라 불리고, 교회 공동체를 이루게 된 것이 아니다. 이들은 먼저 회개함으로써 죄 사함을 받고, 죄인에서 의인이 되고, 그리스도인이 됨으로써 위와 같은 일들을 할 수 있게 된 것이고, 그러한 삶의 모습은 백성들의 칭송을 받고, 사람들의 수를 늘어나게 하는 힘을 갖고 있었다.

이와 관련하여 마르틴 루터는 의로운 행동의 반복이 의인을 만들어 낸다는 아리스토텔레스의 철학적 사고관이 하나님의 관점을 다루는 신학적 사고에 적용될 때의 한계를 지적했다. 그리고 열매가 나무를 만드는 것이 아니라 나무가 열매를 맺는 것처럼, 의로운 행동이 의인을 만드는 것이 아니고 의인이 의로운 행동을 하는 것이라는 성경에 근거한 신학적 사고를 갖고 16세기 프로테스탄트 개혁을 이끌어 갔다.

현재 한국 교회는 많은 '의로운' 행위들을 하고 있다. 바람직한 현상이다. 하지만 우리는 한 가지 질문을 던질 필요가 있다. 우리는 이러한 행위들이 교회를 교회답게 만들 것이라고 생각하고 있는 것인가? 이에 대해 우리는 다음과 같이 대답할 수 있어야 할 것이다. 우리는 이러한 행위들이 교회를 '교회답게' 만들 것이라고 생각해서 이러한 행위들을 하는 것이 아니라, 우리 교회가 이미 참된 교회이기 때문에 이런 행위의 열매들을 맺고 있는 것뿐이라고. 이러한 사고의 정립은, 건물이 크고 사람이 많을수록 '교회답다'는 생각에 근거하여 교회가 양적 성장을 위한 수단으로 사회봉사를 할 때, 비그리스도인들이 그러한 순수하지 못한 섬김의 동기를 눈치 채고 오히려 따가운 시선으로 교회의 사회봉사를 바라본다는 지적이 없지 않은 현실이기에 더욱 중요한 것 같다.

교육목표는 매년 바뀔 수 있다. 또는 3년이나 5년 계획을 세워 반복할 수도 있다. 하지만 어떤 목표를 세우든 모든 목표는 궁극적인 교육목적에 부합하는 것이어야 한다. 그리고 이 궁극적인 교육목적은 목회자가 바뀌어도 변하지 않도록 이 목적에 충실한 교육을 이어갈 평신도 지도자들의 훈련이 중요하다. 담임 목회자는 이 궁극적인 교육목적을 가지고 영아부에서부터 노년부에 이르기까지 신앙 공동체 전체를 위한 교육목회 비전을 가져야 한다. 그렇지 않은 경우 각 부서가 서로 다른 목적을 가지고 교육을 시도함으로써 한 부서에서 다음 부서로 옮길 때 교육의 연속성이 끊기고, 신앙 공동체 전체가 하나의 궁극적이고 포괄적인 목적을 향해 나아가고 있다는 비전을 심어주지 못하게 된다.

II. 교육방법 설정 지침

1. 교육방법에 포함되어야 할 3차원

(1) 존재의 변화

구약성경에는 출애굽 사건이 나온다. 출애굽 이전에 이스라엘은 노예 집단에 불과했다. 하지만 하나님께서 그 노예집단을 애굽에서 탈출시키신 후 하나의 독립된 나라를 세우셨고, 독립국가의 백성으로 만드셨다. 이들은 노예라는 존재에서 자유인이라는 존재로 바뀌었다. 그뿐만 아니라 하나님께서는 그 나라를 "내 나라"라고, 그 백성을 "내 백성"이라고 부르셨다.

신약성경에도 이와 유사한 유형의 일이 일어난다. 노예였던 자들을 애굽에서 탈출시켜 자유인으로 만들고, 더 나아가 하나님의 나라와 하나님의 백성으로 만든 일은 죄의 노예였던 자들을 죄에서 해방하여 자유인으로 만들고, 더 나아가 하나님 나라의 백성으로 만든 일과 비교된다. 이로 인해 죄의 노예였던 자들은 예수 그리스도를 믿는 믿음으로 자유인, 의인, 그리고 하나님의 백성이라는 존재로 바뀌었다. 이것이 가능한 이유는 예수 그리스도의 십자가와 부활 사건 때문이었다.

이것을 의롭게 됨(justification)이라 부른다.

(2) 존재의 형성

하지만 성경은 하나님이 주도하신 존재론적 변화에 대한 이야기에서 그치지 않는다. 구약성경도 신약성경도 하나님께서는 이 변화된 존재를 동역자로 들어 쓰시기에 적합한 형태로 만들기 위해 끊임없이 훈련시키고 형성하고 계심을 보여준다. 하나님은 애굽을 떠난 노예들을 하나님의 나라요 하나님의 백성으로 만들기 위해 광야의 삶을 살게 하셨다.

예수 그리스도를 믿는 믿음으로 죄인에서 의인이 된 자들 역시 하나님께서는 계속 하나님의 백성답게 형성하고 빚으신다. 이 과정은 예수 그리스도께서 십자가와 부활 사건을 통해 이미 사탄과 악과 죄와 죽음의 권세를 이기시고 새로운 현실을 이 세상 가운데 열어놓으셨기에 가능하다. 따라서 이 과정은 근본적으로 하나님의 백성이 이 세상에 살면서 사탄과 악과 죄와 죽음의 권세에 굴복하거나 그로 인해 좌절하지 아니하고 맞서 싸우면서 선과 의와 생명의 권세를 누리고 전파하는 과정이다.

이것을 개인적 차원에서의 거룩하게 됨(personal sanctification)이라 부른다.

(3) 존재를 변혁하고 형성하는 힘이 삶과 역사를 변혁하고 형성하는 힘으로 전환

성경의 가르침은 여기서 한 걸음 더 나아간다. 하나님은 변화시키시고 형성하시면서 사역을 맡겨 하나님 나라 백성을 개인적으로나 공동체적으로나 삶 속으로, 세상 속으로, 역사 속으로 파송하신다. 존재를 변혁하고 형성하는 삼위일체 하나님의 힘과 능력은 삶과 역사를 변혁하고 형성하는 힘으로 전환되어야만 한다. 이것은 삶의 전 영역과 세상과 역사 속에서 예수 그리스도가 이미 이기신 사탄과 악과 죄와 죽음의 권세의 잔재 세력에 맞서 선과 의와 생명의 권세를 확장하는 과정이다.

이것을 사회적 차원에서의 거룩하게 됨(social sanctification)이라 부른다.

2. 교육방법의 두 가지 예

하나님 나라 교육목회의 관점에서 기존에 약했던 부분을 강화하는 측면에 초점을 맞추어 2가지 교육방법의 예를 제시해 보고자 한다.

(1) 공동체를 활성화하는 교육방법

접붙임을 받은 이스라엘로서의 교회를 삼위일체 하나님의 통치를 받아 이끌리게 하기 위해 목회자가 감당해야 할 일은 공동체 전체에 대한 하나님의 비전을 공유하고 하나님의 말씀을 받아 이끌고 나가는 것이다. 이러한 모습은 구약을 통해 도움을 받을 수 있는데, 여기서 한 가지 주목할 점은 목회적 차원과 교육적 차원이 이분화 되어 있지 않다는 것이다. 이런 관점에서 볼 때, 현재 한국 개신교는 목회(성인중심의 교역형태)와 교육(미성년층 중심의 주일교회학교 수업형태)의 이분화 된 체제로 운영되는 경향이 있다는 문제를 발견하게 된다. 무엇보다 목회자의 의식 안에서 목회와 교육이 분리되어 있고, 이로 인해 목회와 교육이 분리된 구조적 틀을 벗어나지 못하고 있다. 어린이와 청소년을 대상으로 하는 교육구조는 전체 목회구조로부터 분리되면서 교회에 속한 한 부속기관으로 전락하게 되었다. 그리고 이 같은 상황은 하나님 나라 백성 공동체라는 하나의 유기체로서의 공동체적 성격을 취약하게 만든다는 문제를 안고 있다.

또한 공동체 전체 안에서 이루어지는 전인적이고 총체적 차원에서의 신앙체험과 신앙형성은 학교식 교육구조 안에서 "수업"이라는 교수형태 중심의 교회교육과 다름에도 불구하고 이런 교육형태를 벗어나지 못하는 문제도 안고 있다. 어린이와 청소년을 위한 교육목회 역시 예배, 설교, 교육, 섬김과 봉사, 그리고 선교 차원을 다 포함하고 있어야 하며, 이 모든 차원이 신앙체험과 신앙형성을 위한 교육적 역할을 할 수 있다.

일찍이 존 웨스터호프(John H. Westerhoff III)는 "학교-수업형 패러다임"을 비판하면서, 교회교육이 학교 교육 체제를 그대로 모방하고 교회학교, 주일학교, 교장, 교사, 분반공부, 공과, 교사대학, 공부 등의 용어와 개념을 그대로 수용한 것을 문제 삼았다. 일방적으로 지식을 전달하고 강의하는 구조인 학교-수업형 패러다임은 하나님 나라 백성 공동체 안에서 회심과 양육을 위한 적절한 패러다임이 될 수 없다. 이 패러다임에 대한 대안으로 웨스터호프는 "신앙공동체-문화화 패러다임"을 제시한다. 그리고 신앙은 학교식 수업이나 강의를 통해서 가르칠 수 있는 것이 아니라 신앙공동체 안에서 형성된다는 점을 강조했다.

교회학교보다 신앙공동체를 더 중요한 교육의 장으로 부각하면서 웨스터호프는 신앙공동체에 대해 다음과 같이 기술한다. 첫째, 신앙공동체는 공통적인 기억 또는 전승, 곧 삶에 대한 공통의 이해와 삶의 방식, 그리고 공통의 목적과 의지를 공유하고 있다. 둘째, 신앙공동체는 상호작용을 유지할 수 있도록 소규모이어야 한다. 셋째, 신앙공동체는 세 세대(generation)의 사람들이 함께 존재하고 그 사이의 상호작용이 있어야 한다. 넷째, 신앙공동체는 다양한 은사를 지닌 사람들로 구성되어야 한다. 웨스터호프는 이러한 신앙공동체 안에서 이루어지는 의식(ritual), 경험(experience), 그리고 활동(activities)을 중요한 교육방법으로 여겼고, 이를 통해 신앙이 형성되어 간다고 보았다.

(2) 역사의식을 고취하는 교육방법

하나님 나라 교육목회에서 중요한 또 다른 교육방법은 역사를 의식하는 교육, 역사 안에서 이루어지는 교육, 역사를 활용하는 교육, 역사를 변혁하는 교육이다. 이러한 교육방법을 위해 주목해야 할 것은 구약성경이 보여주는 절기를 통한 기억의 방법이다.

출애굽기 23장 10절에서 19절까지는 각종 절기 준수에 관한 법의 한 부분이 나온다. 이 부분은 이스라엘이 가나안에 정착하여 농경 위주의 생활을 할 때 적용되는 각종 절기에 관한 규정을 제시한다. 특히 15절에서 19절까지는 이스라엘의 대표 3대 절기인 무교절/유월절, 맥추절, 수장절 절기 규정이 소개된다. 무교절/유월절은 무엇보다도 출애굽을 기념하기 위한 절기다. 맥추절은 일종의 추수 감사절기로서 첫 보리 수확 때부터 밀 수확을 마칠 때까지의 50일간의 곡물 수확 기간과 관련되어 있다. 수

장절은 모든 추수가 끝난 데 대한 기쁨과 감사로 드리는 절기인 동시에, 40년간의 광야 생활을 기억하면서 하나님의 은혜를 깊이 새기는 절기다. 그래서 수장절에는 이스라엘 백성이 초막을 짓고 거기서 거하면서 출애굽 후의 광야 생활을 기억하고 기념했다.

하나님께서 이러한 특별 절기들을 제정하시고 준수할 것을 명하신 목적은 기본적으로 과거에 하나님께서 베푸신 구원의 은혜와 능력을 끊임없이 다시 체험하고 기억함으로써 현재도 구원의 은혜와 능력을 베풀고 계심을 믿고 하나님만 온전히 의지하게 하기 위해서다. 하나님은 이 절기들을 통해 이스라엘 백성이 하나님의 주권과 돌보심을 잊지 않고 절기 때마다 하나님께 경배드림으로써, 하나님과의 언약 관계를 재정립하고 영적으로 새로이 각성하는 계기를 원하신 것이다. 그리고 이러한 관계를 통해 하나님의 지속적인 보살핌과 축복을 약속해 주고 계시는 것이다.

이러한 하나님의 근본적인 의도가 쉐마 본문인 신명기 6장 4절에서 9절까지의 말씀에 잘 나타나 있다. 하나님께서 명령하시기를 하나님을 마음과 영혼과 정성을 다 기울여 사랑하라고 하신다. 그런데 이와 같이 권면하는 명령문 이전에 선행되는 명령이 있다. 그것은 바로 "들으라 이스라엘. 우리의 하나님은 야훼시다."라는 명령이다. "들으라 이스라엘." 이 명령이 의미하는 바가 무엇인가? 이 명령은 기억하라는 강력한 메시지다. 그렇다면 무엇을 기억하라는 것인가? 역사의 구체적 사건들을 통해 하나님의 구원과 그 구원으로 보여주신 하나님의 주권과 통치, 그리고 언약과 보살피심과 명령을 영영토록 기억하라는 것이다.

광야 생활을 하면서 차라리 이집트로 되돌아가면 좋겠다고 하는 이스라엘 백성에게 모세가 소리친다. 하나님을 잊지 말라고. 하나님을 알지 못했던 생활로 돌아가려고 하지 말라고. 이집트에서 너희들이 부르짖을 때에 하나님이 너희에게 구원의 손길을 뻗쳐 구원해 주셨던 사건을 벌써 망각해 버렸느냐? 믿음의 지조도 없이 순간순간 상황에 따라 마음이 변하는 이스라엘 백성들이여! 기억하라! 하나님이 너희에게 어떻게 행하셨는지를 기억하라!

하나님은 이스라엘 백성들에게 이것이 그들의 마음과 생각 속에 확실하게 각인되도록 반복하여 기억하라고 명령하고 계신 것이다. 그리고 그 기억과 함께 명심하라고 명령하고 계신 것이다. 과거에 내가 너희에게 이런 야훼였듯이 현재도, 미래도 계속 그런 야훼이리라는 사실을 명심하고 야훼신앙으로부터 흔들리지 말라는 것이다. 그러면 너희의 현재와 미래가 야훼의 돌보심 가운데 진행되리라는 사실을 명심하라는 것이다.

여기서 한 가지 주목할 것이 있다. 그것은 바로 "쉐마 이스라엘"은 단순히 두 마디로 형성된 명령문이 아니라는 점이다. "쉐마 이스라엘"이 외쳐지면 그 이면에는 엄청난 이스라엘의 역사 이야기가 기다리고 있다. 다시 말해, "쉐마 이스라엘"이라는 외침은 그 이면에 이스라엘 백성이 그들의 역사 전체를 야훼 신앙의 관점에서 풀어냈다는 사실, 즉 하나님에 대한 신앙의 관점에서 그들의 전 역사에 의미를 부여하는 작업을 했다는 사실을 알려준다. "쉐마 이스라엘"은 이것을 이스라엘 백성에게 부단히 가르치면서 하나님의 통치 하에서만 가능한 그들의 존재와 삶을 개인적 차원에서뿐만 아니라 공동체와 민족적 차원에서도 상기시키면서 가르친 것이다.

이처럼 이스라엘에게 하나님의 백성이라는 신앙적이고 민족적인 정체성을 지닌 공동체를 유지하고 그러한 신앙을 물려줄 수 있는 가장 중요하고도 효과적인 교육방법은 절기 준수를 통해 온 몸이 참여하는 "기억"의 방법이었다. 그리고 여기서 가장 중요한 기억의 내용은 출애굽 사건이었다. 그래서 선지자들은 이스라엘 백성이 길을 벗어날 때마다 끊임없이 출애굽 사건을 상기시켰다(암 2:9-11; 미 6:2-5; 겔 20:5-7).

하나님 나라 교육목회의 관점에서 볼 때 한국 개신교회에도 이처럼 한국의 역사를 하나님에 대한 신앙의 관점에서 해석하여 정리한 기록이 필요하다. 그것은 한국의 구체적인 역사 속에서 하나님 보여주시고 한국인이 경험한 하나님의 하나님 되심, 하나님의 백성 됨, 하나님의 구원의 은혜와 능력 등을 담고 있어야 한다. 그뿐만 아니라 한국 개신교회 전체가 기억할 사건들, 각 지역교회가 기억할 사건들, 각 가정이 기억할 사건들, 그리고 각 그리스도인이 기억할 사건들을 정리하여 기록하고, 이 모든 것을 계속 기억하는 작업이 필요하다.

이스라엘 백성이 이 세상에 살면서 하나님과의 관계를 통한 특별한 시간과 공간을 만들어 내고 이를 통해 하나님 나라 백성 공동체로서의 정체성을 유지하고 전승했듯이, 하나님의 백성으로서의 교회는 교회력을 활용할 수 있다. 이스라엘 백성이 그들의 역사를 하나님의 관점에서 해석하고, 그 해석에 의해 자신들의 신앙을 더욱 견고히 하듯이, 교회력은 교회가 인간역사의 시간과 공간을 하나님의 관점에서 해석해 놓은 것이다. 세상의 시간과 공간과는 구분되는 이 하나님의 시간과 공간 안에서 하나님의 백성은 하나님과 끊임없이 만나고 관계를 심화하며, 삶을 유지하고 변혁하는 힘을 얻는다. 따라서 이에 대한 깊은 이해와 참여는 교회의 정체성을 확고히 하고, 신앙을 전승하며, 사명을 고취하는 데 결정적인 역할을 한다.

여기서 주목할 사항은 교회력이란 예수 그리스도의 생애와 사역을 중심으로 이루어지기는 했지만 그렇다고 해서 과거의 시·공에 묶여 있는 것은 결코 아니라는 점이다. 교회력의 기본적 틀은 과거와 종말론적 미래, 그리고 그 둘 사이에 있는 현재다. 예수 그리스도의 초림과 함께 이 땅에 임한 하나님 나라가 가지고 있는 "이미—아직"의 속성으로 인해 현재는 항상 긴장 상태에 있다. 따라서 교회력은 하나님의 백성이 이 긴장감을 끊임없이 체험하고, 계속해서 "지금, 여기서" 새로운 결단을 하도록 도전하는 데 중요한 역할을 할 수 있다. 이것은 chronos 안에서 kairos를 경험하고, 예수 그리스도가 선포한 하나님 나라 복음을 체험하고 이에 대한 증인이 될 수 있는 사건들로 이루어져 있다.

Ⅲ. 교육목회 현황 진단

마지막으로 간단하게나마 교육목회의 현황을 진단하고 평가하는 작업을 해 봄으로써 하나님 나라 교육목회의 관점에서 현재 교육목회의 문제를 발견하고, 하나님 나라 교육목회로 전환하는 출발점을 만들어보고자 한다.

(1) 왜?

현재 교육목회의 궁극적 목적이 하나님 나라 교육목회인가? 이 질문은 교육의 목적에 관한 것이다. 이와 관련하여 제기할 또 다른 질문은 목회자와 성도 전체가 왜 하나님 나라 교육목회가 필요한지에 대한 충분한 이해를 갖고 있는가이다.

현재 교육목회의 궁극적인 목적이 각 사람과 공동체를 하나님 나라에로의 초청에 응하여 하나님 나라 백성으로 변화되게 하고, 하나님 나라 백성이라는 이름에 걸맞은 존재로 성장하고 삶을 살 수 있게 하고, 현재의 삶 속에서 하나님 나라 백성으로서의 특권을 분명히 알고 풍성한 삶을 누릴 수 있게 하고, 동시에 이 세상에서 하나님 나라 백성이요 하나님의 통치의 동역자로서 감당해야 할 사명에 헌신할 수 있도록 지속적으로 변화시키고 양육하는 것인가? 그리고 세부적이고 구체적인 교육목회 목표들은 이 궁극적인 목적에 맞추어 세워졌는가?

(2) 누가?

위의 궁극적인 목적을 이루기 위해 목회자를 비롯하여 성도 모두가 하나님의 백성으로서 교육을 하는 자도 되고 교육을 받는 자도 되는 교육목회 체제를 갖추고 있는가?

여전히 목회자는 장년 위주로 성경공부나 제자훈련을 시키고, 교육담당 부목사나 전도사는 영유아부로부터 청년부까지의 교육을 맡으며, 가정의 부모는 주일학교에 교육을 일임하고 있지는 않은가? 교육을 하는 자와 교육을 받는 자가 분리되어 있다는 사고방식에 근거한 교육 체제를 갖추고 있지 않은가?

(3) 언제?

위의 궁극적인 목적을 이루기 위해 삶의 모든 시간을 교육을 위해 활용하고 있는가?

현재 교육목회는 단지 성경공부나 제자훈련 시간, 또는 주일학교나 교회학교 시간에만 거의 전적으로 의존하고 있지 않은가?

(4) 어디서?

위의 궁극적인 목적을 이루기 위해 교회건물뿐만 아니라 가정, 학교, 학원, 직장, 사회, 세상, 자연, 그리고 역사 등 인간 삶의 모든 영역을 교육의 장으로 활용하고 있는가?

현재 교육목회는 주로 교회 건물에 거의 전적으로 의존하고 있지 않은가?

(5) 무엇을?

위의 궁극적인 목적을 이루기 위해 필요한 교육내용을 다루고 있는가? 기본적으로 하나님 나라와 하나님 나라 백성에 대해, 그리고 이와 관련된 내용을 다루고 있는가? 하나님 나라는 교회는 물론이거니와 역사와 세상까지 품고 있기에 교육내용이 하나님께서 이 세상에서 감당하라고 맡겨주신 일에도 바르고 분명한 소명의식을 가지고 살 수 있는 하나님 나라 백성으로 변화시키고 양육하는 폭넓은 내용을 다루고 있는가? 아니면 한 개인의 영혼 구원 및 교회 일꾼과 제자를 키우는 내용, 탈역사적인 내용, 비종말론적인 내용에 치중해 있지는 않은가?

(6) 어떻게?

위의 궁극적인 목적을 위해 효과적인 교수-학습 방법을 사용하고 있는가?

교실이나 실내 공간에 함께 모여 하는 주입식 교육이나 토론식 교육이 주를 이루지는 않은가? 성경을 통해 하나님께서 하나님 나라와 하나님 나라 백성 및 그 공동체가 어떤 모습이기를 원하시는지를 파악하고, 그러한 하나님 나라 백성 및 그 공동체를 이루기에 적합한 교수-학습 방법들을 사용하는가?

하나님 나라 교육목회의 관점에서 이러한 질문들을 던져보면 대표적으로 다음과 같은 문제점들이 드러난다.

(1) 체계적인 신학, 특히 하나님 나라와 하나님 나라 백성 신학에 근거해 교육이 이루어지고 있는 것이 아니라 인스턴트 프로그램으로 교육이 이루어지고 있다. 그렇기 때문에 적절한 평가 작업이 이루어지기 힘들다. 교육을 위한 이론이 정립되고, 그에 따라 교육 행위가 이루어져야 하고, 그 결과를 놓고 평가하는 선순환이 이루어져야 하는데, 이론도 없이 인스턴트 프로그램을 돌리고 있으니, 체계적이고 발전적인 교육이 이루어질 수 없다는 한계가 있다. 왜 이런 교육행위를 해야 하는가에 대한 신학적 토대가 분명해야 하고, 비전이 있어야 하는데, 대부분의 교회에서 어떤 교육 프로그램을 선택할 때 그 프로그램이 인원수를 늘리는 데 도움이 되느냐가 거의 유일한 척도다.

(2) 목회자가 하나님 나라 교육목회의 관점에서 교회와 성도(영아부에서 노년부) 전체를 위한 교육비전을 갖고 있지 못하다.

(3) 하나님 나라 교육목회에서는 하나님 나라 백성 공동체로서 성도 전체가 함께 하는 삶 자체가 중요한데, 현재 교회는 청년부까지의 교육 부서와 장년 중심 목회가 분리되어 있다.

(4) 하나님 나라 교육목회에서는 가정이 매우 중요한 교육의 장이 되는데, 현재는 가정이 교육을 거의 포기한 상태다.

(5) 하나님 나라 교육목회에서는 교회 교실뿐만 아니라 자연과 역사와 세상도 중요한 교육 현장이고, 다양한 교수-학습 방법이 사용될 수 있음에도 불구하고 주일학교는 여전히 교실교육, 주입식 교육, 대량생산 교육에 의존하고 있다.

(6) 하나님 나라 백성으로서의 역사의식과 세상 안에서의 소명 의식이 결핍되어 있다.

(7) 하나님 나라의 관점에서 사회의 구조적 악에 대한 의식이 미흡하고, 사회적 성화에 대한 관심이 부족하다.

미주

1) 하워드 스나이더, "성서적 신앙으로부터 기독교 왕국의 종말로", 실천신학대학원
대학교 제9차 국제실천신학심포지엄 자료집 (2012, 7), 12.

2) 위의 글, 13.

3) 존 브라이트/ 김인환 역, 『하나님의 나라』(크리스챤다이제스트, 1998), 245-246.

4) 위의 책, 114.

5) 위의 책, 181.

6) 위의 책, 164-165.

7) 조지 래드/ 원광연 역, 『하나님 나라의 복음』(크리스챤다이제스트, 2009), 17.

8) 존 브라이트/ 김인환 역, 『하나님의 나라』, 282.

9) E. G. 제이/ 주재용 역, 『교회론의 변천사』(대한기독교서회, 2002), 25-45.

10) 존 브라이트/ 김인환 역, 『하나님의 나라』, 282-283.

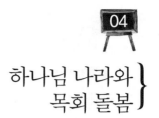

하나님 나라와 목회 돌봄 }

김정선 교수

미국의 목회신학자 패티슨(Stephen Pattison)은 목회신학은 "현재의 경험에서 오는 즐거움을 춤추고, 풀어보고, 자극하고, 깨치며, 개인과 공동체를 변혁시키는 생동적이고, 초탈적인 신학"이라고 정의했다.[1] 이는 목회신학은 이론적 정밀성을 위한 지식이 아니라 목회현장을 변화시키는 지식을 추구해야 한다는 말이라고 보인다. 하나님 나라의 기본적인 뜻이 '하나님이 다스리신다'라면 하나님 나라는 변화와 변혁과 관련될 수밖에 없고, 목회 돌봄과 상담의 측면에서 이 변화는 치유라는 말과 연결된다. 여기서는 이러한 변화와 치유의 관점에서 목회 돌봄을 이해하는 기본적인 관점을 제시하고 개 교회에서 목회 돌봄을 어떻게 시행할 것인지 주요한 내용을 골라 서술하고자 한다.

I. 깨어진 현실과 트라우마-리홈 관점

하나님 나라의 관점에서 목회 돌봄을 다룰 때 먼저 이 시대의 사람들과 교인들의 상황과 변화와 치유를 이해하는 기본 관점을 이해할 필요가 있다. 목회자라면 누구나 인간 실존과 목회 현장이 상처, 필요, 갈증과 좌절, 불확실성과 역설과 신비로 가득 찬 깨어진 현실이라는 데에 동의할 것이다.[2] 목회자가 경험하는 현실은 책이나 신학교에서 배운 대로 움직여지지 않는다. 때로는 정답을 알 수 없고, 선악도 제대로 분별할 수 없고, 옳고 그름을 따지는 것도 무의미하게 느껴지는 경우가 많은 것이 우리의 삶이고 목회 현장이다. 겉으로는 아무 문제없는 듯 멀쩡하게 보이는 교인들도 조금만 깊이 들어가 보면, 건강, 직장과 사업, 배우자와 자녀와 부모 등 갖가지 문제로 고민과 부담과 상처로 아파하고 있는 것을 발견한다.

이러한 깨어진 현실을 잘 표현하는 심리학 개념이 트라우마(심리적 외상)이다.[3] 트라우마는 극심한 충격으로 인한 심리적 외상을 말하는데, 이러한 극심한 충격을 주는 요인으로는 기근, 홍수, 화재, 전쟁 등과 같은 자연적 재앙과 테러, 고문, 집단수용, 아동학대, 납치, 가정폭력, 성폭력 등 사회적 재앙이 포함될 수 있다. 최근에는 이렇게 뚜렷하고 분명한 재난과 사건뿐만 아니라 사회적 편견과 차별이나 인격발달의 중요한 시기의 학대, 방임, 유기도 트라우마와 관련될 수 있다는 연구도 나와 있다.[4] 이는 트라우마를 유발하는 요인이 우리가 일상적으로 만나는 현실일 수도 있다는 것을 보여준다. 또한 죽음과 유한성 자체도 트라우마가 될 수 있다고 본다면, 트라우마는 인간의 실존에 깊이 자리 잡고 있다고 말할 수 있고 널리 퍼져 있다고 말할 수 있다.

이렇게 볼 때 인간의 현실과 목회 현장을 트라우마를 중심으로 이해할 수 있을 것이다. 목회자는 일상생활이나 목회 현장에서 만나는 사람들이 인생을 살면서 이러저러한 외상성 사건과 조건을 경험했을 가능성이 있고, 그로 인해 어떻든지 마음에 상처를 입고 그 영향을 받고 있다고 가정하고 교인들을 이해하고 만나고 관계 맺고 문제에 대응할 수 있다. 또한 트라우마 치유의 가장 중요한 개념으로서 '릴레이셔널 홈'('리홈'이라고 줄일 수 있다)이란 은유를 사용할 수 있다.[5] 정서적 트라우마를 견딜 수 없는 이유는 외상성 사건이 일으키는 고통스런 감정의 크기 때문이 아니라 그 고통을 나누고 품을 수 있는 릴레이셔널 홈이 없기 때문이다. 누군가 트라우마를 겪은 사람에게 릴레이셔널 홈이 되어준다면, 이전에는 견딜 수 없었던 고통이 점차적으로 견딜만하고 표현할 수 있는 감정으로 바뀌며, 트라우마가 극복되고 변화될 수 있다.

목회현장에서 트라우마를 생각하는 것은 인간의 깨어진 현실을 이해하기 위해서다. 하지만 목회현장에서는 트라우마 자체를 다루기 위해서가 아니라 치유와 변화, 곧 릴레이셔널 홈의 관점에서 다룬다. 따라서 트라우마와 릴레이셔널 홈을 붙여 '트라우마-리홈 관점'이라고 부르는 것이 낫겠다. 이제 트라우마-리홈 관점으로 하나님 나라와 목회 돌봄과의 관계를 정리해보자.

1. 목자 없는 양

트라우마-리홈 관점에서 중요한 본문은 마가복음 6장 30-44절이며, 그 출발점은 '목자 없는 양 같은' '무리'(6:34)이다. 에스겔 34장은 목자 없는 양의 모습을 구체적으로 묘사한다. 목자들이 양을 먹이지 않고, 약한 양을 강하게 하지 않고, 병든 양을 고치지 않고, 상한 자를 싸매어 주지 않아 잃어버린 양을 찾지 않아, 양은 산과 고지에 흩어져 들짐승의 밥이 되었다. 살찌고 힘센 양은 파리한 양의 꼴을 발로 밟고, 물을 더럽히고 뿔로 받았다. 이것이 오늘날 살아가는 한국인의 상황이요, 목회현장에서 만나는 교인들의 상황이다.

한국인의 마음 깊숙한 곳에는 다양한 형태의 상처와 트라우마와 한이 존재한다. 일제의 강점, 월남, 한국전쟁, 보릿고개, 월남전 파병, 독재 권력의 탄압과 억압 등 험난한 역사가 한국인의 삶에 깊은 영향을 주었다. 또한 삼풍백화점과 성수대교 붕괴, 대구지하철 방화, 세월호, 연평도 포격, 포항 지진 등 사회면을 장식한 커다란 사건뿐만 아니라 화재, 교통사고, 강도, 살인 등 어딘가에서 일어나는 다양한 사건과 사고들은 당사자들에게 지울 수 없는 상처를 남겼을 것이다. 여기에 청소년기에 겪을 수 있는 학교 폭력과 따돌림뿐만 아니라 가정 폭력과 성 폭력, 아동기의 정서적 학대와 방임 등 사적 영역에서 일어나는 트라우마, 성차별과 지역차별 등 사회제도적 억압과 차별로 인한 지속적이고 누적적인 잠재성 트라우마까지 생각하면, 얼마나 많은 사람들이 트라우마를 겪고 그 영향 하에 살고 있는지 가늠할 수 있다. 더욱이 트라우마는 배우자와 자녀, 친구, 이웃, 동료에게 간접적으로 영향을 줄 수 있으며, 가정이나 다양한 통로를 통해 세대를 거쳐 전해질 수 있다.

그런데 일상생활이나 목회현장에서 트라우마를 다루는 것은 정신의학의 접근과는 매우 다르다. 목회자들은 부부문제, 자녀문제, 진로문제 등 일상적인 문제로 고민하는 사람들과 만난다. 한국인들은 외상성 사건을 털어놓는 것에 강한 저항심을 갖고 있기도 하다. 따라서 정신병리학의 진단 범주인 '외상후 스트레스 장애'의 증상을 직접 호소하는 경우는 극히 드물다. 그런데 가족사를 들어보면 일제 강점과 한국 전쟁 등 질곡의 역사가 주는 상흔을 쉽게 발견할 때가 많다. 때로 이러한 상처는 중독이나 폭력으로 표현되고, 성장기에 깊은 영향을 줄 수 있다. 이러한 경험이 반드시 부정적인 영향을 주는 것만은 아니다. 극심한 트라우마로 완전히 폐인이 된 사람들도 있지만, 트라우마를 경험하고도 '정상적인 삶' 혹은 '성공적인 삶'을 살아가는 사람들도 많다. 그럼에도 트마우마리홈의 관점은 트라우마의 경험이 부정적으로든 긍정적으로든 그 사람의 삶에 어떻게든 영향을 주었으리라고 생각한다. 이러한 점에서 일상생활이나 목회현장에서는 특정한 증상보다는 외상을 일으키는 외적 요인에 관심을 두고, 어떤 특정 종류의 외상성 사건에 주목하기보다는 인생에서 일어날 수 있는 모든 요인을 포함시켜 장기적이고 포괄적인 관점에서 트라우마를 이해할 필요가 있다(〈그림 1〉).[6]

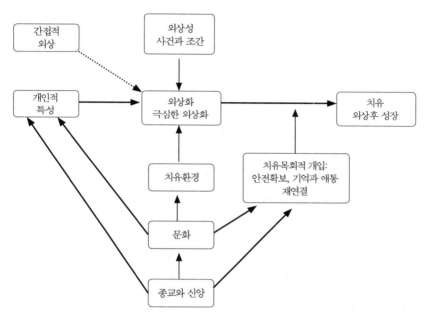

〈그림 1〉 목회현장에서 트라우마를 이해하기 위한 모델(트라우마리홈 모델)

따라서 트라우마-리홈 관점은 사람들의 현재 문제만 바라보지 않고 삶 전체의 이력에 관심을 두게 한다. 그 사람의 인생 여정에 트라우마가 있었는지, 있다면 그 구체적인 내용은 무엇이고 어떻게 대처했으며 그 영향은 무엇인지, 또한 혹시 현재의 문제가 과거의 트라우마, 이에 대한 대처방식, 혹은 그 영향과 어떠한 관련이 있는지를 살펴볼 수 있다. 이를 위해서는 삶의 이야기를 듣는 것이 필수적이다. 하지만 일상생활이나 목회현장에서는 커다란 신뢰를 얻기 전에는 과거의 삶의 이야기, 특히 아픈 과거의 상처를 나누기 쉽지 않는데, 이것이 이 시대의 목회 돌봄의 과제라고 말할 수 있다.

트라우마-리홈 관점은 일상생활과 목회현장에서 만나는 많은 사람들이 마음속에 깊은 상처와 트라우마를 지니고 살아가며, 우리가 사는 이 현실은 보통 사람이 감당할 수 없는 커다란 사건과 억압적 제도로 얼룩진 깨어진 현실이라고 이해한다. '목자 없는 양'이란 표현은 이렇게 갖가지 트라우마와 상처와 한을 지니고 살아가는 사람들을 표현하는 말로 해석할 수 있다.

2. 오호라 나는 곤고한 사람이로다

트라우마-리홈 관점은 사람들이 고민하는 많은 문제들이 몇 번의 결단으로 쉽게 해결될 수 없는 뿌리 깊은 문제라고 이해한다. 바울은 "내가 원하는 바 선은 행하지 아니하고 도리어 원치 아니하는 바 악은 행하는도다" "오호라 나는 곤고한 사람이로다"(롬 8:19, 24)라고 고백했는데, 이 고백은 특히 트라우마를 겪고 그 영향 하에 있는 사람들의 고백이라고 말할 수 있다.

트라우마의 가장 핵심적인 경험은 무력화와 단절이다. 전자는 압도하는 힘에 의해 두려움과 절망을 느끼는 것이며, 후자는 공동체와 더 큰 질서와의 연결성을 상실하는 것이다. 트라우마 경험의 주요한 특징은 반복하려는 특징인데, 트라우마를 기억나게 하는 상황에 계속 자신을 노출시키거나(충동적 재경험), 다른 사람들을 가해하거나(가해의 재현), 자살 시도, 단식 등 자신을 파괴하려는 행동 때문에 고통을 겪거나(자기 파괴성), 반복적으로 자신을 외상적 상황에 노출시켜 트라우마를 받는다(피해의 반복). 장기적이고 반복적인 외상은 심각한 성격의 변화나 보다 복합적인 형태의 외상에의 적응―해리, 신체화―을 초래할 수 있다(복합적 외상후 스트레스 장애). 최근의 연구는 트라우마가 뇌의 기능과 호르몬 분비를 변화시켜 생리

적으로 지속적인 영향을 준다고 밝혔다.[7]

트라우마는 현실 인지와 대인관계 능력을 크게 손상시킬 수 있다. 트라우마를 겪은 사람들은 현실이 안전하지 않다고 느껴, 특정 자극에 대해 심신상관적으로 과민하게 반응하거나, 친밀함과 거리 두기의 긴장 속에 이루어지는 건전한 인간관계를 맺을 수 없어 일생동안 괴로워할 수 있다. 트라우마가 사람의 성격까지 변화시키고, 정신분열과 신체적인 증상까지 초래하는 것을 안다면 트라우마의 고통이 얼마나 뿌리 깊은 것인지를 잘 알 수 있다. 트라우마를 해결하기 위해 중독, 폭력, 학대, 피해의 반복 등 자신에게나 다른 사람들에게 부정적인 행동방식을 체득한 사람들은 곤고한 삶을 살아갈 수밖에 없다. 이처럼 트라우마를 경험한 사람들은 자신이 통제할 수 없는 힘에 사로잡혀 있다는 것을 절감하고, '마음은 원하지만 원하지 않는 악을 행한다'는 바울의 고백을 자신의 것으로 받아들인다. 트라우마가 우리 주위에서 흔히 경험할 수 있는 것이라면, 대부분의 사람들이 의지의 굴레 안에 갇혀 살아가며, 바울의 고백은 우리 모두의 실존을 잘 표현하는 것이라고 말할 수 있다.

일상생활이나 목회현장에선 트라우마의 전형적인 증상들과 직접 마주치지 않을 수 있다. 트라우마를 겪었지만, '정상적이고 성공적인' 삶을 살아가는 사람들이 많이 있기 때문이다. 트라우마를 어떻게 받아들이고 어떻게 대처하느냐, 또 어떠한 성장과정을 거쳤느냐 하는 개인적 특성이 트라우마에 대한 반응을 결정할 수 있다. 사회성이 높고 적극적으로 대응하며 내적인 자제력을 지닌 사람들은 극심한 트라우마의 증상을 피할 수 있다. 또 사회 전체가 외상성 사건들에 대해 구성원들을 보호하고, 이에 대처할 수 있는 여러 가지 자원들을 제공할 수 있다. 예를 들면 이스라엘은 국민 대다수가 전쟁과 테러와 관련된 외상에 노출되어 있지만, 상대적으로 외상후 스트레스 장애 증상을 보이는 사람들이 적다고 한다. 사회 전체가 여러 가지 통로를 통해 구성원들에게 트라우마에 효과적으로 대처하고 관리할 수 있는 자원을 제공하기 때문이다. 한국 사회도 이스라엘과 같이 구성원들이 외상성 사건들에 대응할 수 있도록 다양한 경로로 도움을 주었다. 다만 최근의 한국 사회는 이념 갈등으로 인해 외상성 사건이 정쟁의 대상이 되는 경우가 많아 사회적으로 트라우마에 효과적으로 대처하지 못한다는 인상을 받는다.

한국 사회에서는 계층상승 욕구가 트라우마에 대응하는데 일정한 영향을 주었다고 여겨진다. 대부분의 한국인들은 자신의 트라우마 경험에 대해 말하거나 기억하기를 꺼려한다. 대신 계층상승, 경제적 혹은 사회적 성공, 자녀교육에 헌신함으로써 트라우마를 극복하는 경우가 많은데, 이는 문화적으로 규정되고 사회적으로 인정받는 대응방식이라고 말할 수 있다. 종교적 신앙도 트라우마에 대처하는 자원이 될 수 있다. 트라우마를 당한 사람들은 욥과 같이 악의 문제, 인간의 선악 등 종교적, 철학적 문제들과 씨름하게 되며, 트라우마 치유는 고통의 새로운 의미를 발견하고 믿음을 재구성하는 과정을 포함한다. 일반적으로 한국 기독교인들은 외상성 사건들이 불신앙에 대한 하나님의 심판으로 이해하고, 기도, 성경 읽기, 교회출석 등 경건 행위를 강화함으로써 이겨내려고 한다.

트라우마-리홉 관점에서는 겉으로는 아무런 문제가 없고 사회적으로 성공적인 삶을 살아갈지라도 내면에는 깊은 상처가 있을 수 있다는 가능성을 염두에 둔다. 동시에 계층 상승과 사회적 성공, 자녀 교육, 심지어 신앙 행위에 몰두하는 것도 트라우마를 덮어버리는 것이지 치유와 변화로 이끌지 못한다고 이해할 수 있다. 깊은 상처를 안고 살아가지만 자신의 상처를 심지어 가족에게도 드러낼 수 없고, 자신의 상처를 받아들이지 않고, 외적인 성취로만 트라우마를 해결하려 하는 것은 내면을 곤고하게 만들 수 있다. 이는 마치 사마리아 여인이 참 님을 만나지 못한 갈증을 해결하지 못해 여섯 명의 남자와 살았던 것으로 비유할 수 있다(요 4:18). 마음속에 깊이 자리 잡은 상처는 잊어버리고 눌러버리고 피해가려고 해도 없어지지 않는다. 특히 요즘과 같은 저성장과 침체의 시기에는 계층상승 욕구나 자녀들의 성공을 통한 대리 만족이 충족되기 어렵고, 이로 인해 그동안 눌러두었던 기억과 상처와 갈등이 첨예화될 수 있다.

트라우마를 대면하고 인정하며, 트라우마가 자신의 삶에 어떠한 영향을 주는지를 깨닫고 트라우마에 효과적으로 대처하는 방법을 체득할 때 트라우마는 극복될 수 있다. 깊은 상처를 입고 때로는 부적절한 행동을 보이고 뭔가에 사로잡혀 자기 뜻과는 달리 살아가는 자신의 실존을 있는 그대로 받아들이고, 트라우마가 제기하는 종교적이고 철학적 질문에 창조적으로 응답하고, 고통과 아픔의 경험을 통합시켜 삶을 새롭게 살아갈 때 트라우마는 치유되고 변화될 수 있다. 그런데 트라우마는 사람이 일반적으로 감당할 수 없는 깊은 상처이기 때문에 그 과정이 쉽지 않다. 고통당하는 자신을 깊은 공감과 연대로 수용하고 지지하고 격려하며, 때로는 절망적이라고 느껴지는 기나긴 트라우마 치유의 과정을 신실하게 동행하는 릴레이셔널 홈이 있어야 변화가 가능하다. 이제 어떻게 릴레이셔널 홈이 되고 릴레이셔널 홈을 만들어갈 수 있는지 살펴보자.

3. 릴레이셔널 홈: 공감과 연대

예수께서는 "큰 무리를 보시고 그 목자 없는 양 같음으로 인하여 불쌍히 여기"셨다(막 6:34). 여기서 '불쌍히 여기셨다'란 말은 그리스어로 '스프랑키조마이'(σπλαγχνίζομαι)로 이것은 내장을 뜻하는 '스프랑크논'(σπλάγχνον)에서 나온 단어다. 목자 없는 양 같은 무리, 트라우마를 경험하고 내면의 깊은 상처 속에서 고통당하는 사람들을 보시고 예수께서는 내장이 찢어지는 듯한 아픔을 느끼셨다. 트라우마-리홈 관점에서는 이 상처 입은 자들을 보시고 아픔과 연민을 느끼시는 그리스도의 마음이 중요하다. 우리는 고통과 고난이 있는 곳에 그리스도의 긍휼이 있고, 슬픔과 눈물이 있는 곳에 그리스도의 상처 입은 심장도 있으며, 사람들이 억압과 트라우마 속에 한탄하고 울부짖을 때 그리스도 안에 있는 하나님이 친히 들으신다고 믿고 고백하고 가르쳐야 한다.

심리학자들은 트라우마의 치유와 변화를 위해서는 깊은 공감이 필요하다고 주장하며, 이는 릴레이셔널 홈(이하 '리홈'이라고 줄인다)이란 은유로 표현되기도 한다. 리홈이란 상대방의 관점에서 정서적 고통을 공감적으로 이해할 뿐만 아니라 상대방의 정서적 고통 안으로 자신을 구부려 이에 참여하는 것을 말한다. 이는 상처 입은 무리를 보시고 내장이 찢어지는 듯한 아픔을 느끼시고(막 6:34), 한센병자에게 손을 내밀어 대시고(막 2:41 병행), 예수의 옷에 손을 대어 치유를 받은 여인을 부르시는(막 5:27-34) 예수의 사역에서 잘 표현되었다. 트라우마를 경험한 자에게 깊은 공감과 연대를 보여줄 때, 곧 리홈이 되어줄 때, 고통은 견딜 수 있을 만한 것이 되고 치유와 변화가 일어난다.

일반적으로 트라우마의 치유는 안전 확보, 기억과 애통, 재연결의 단계를 거쳐 일어난다고 한다. 이러한 임상적 치유의 과정이 일상생활이나 목회현장에서 그대로 적용되기는 어려울 것이다. 목회현장에서는 정신의학에서 관심을 두는 외상후 스트레스 장애의 증상을 직접 다루기보다는 과거에 일어난 트라우마 경험이 긍정적으로든 부정적으로든, 정도가 어떠하든 어떤 영향을 주고 있는지, 또 어떻게 치유와 변화를 이끌 수 있는지에 관심을 두기 때문이다. 그럼에도 임상심리학적인 치유 단계가 목회현장에서 트라우마를 다룰 때에 중요한 의미를 지니고 있다.

첫째는 안전 확보인데, 이는 우선 자신의 몸, 그 다음에는 환경을 통제할 수 있도록 돕고 힘을 실어주는 것(empowering)을 말한다. 여기서 가장 중요한 것은 권위와 자율권을 주어 스스로 행동을 계획하고 주도하고 최선의 판단을 내리도록 이끄는 것이다. 경우에 따라서는 목회현장에서 가정폭력과 아동학대의 사례를 직접 접할 수 있고, 이때에는 피해자의 안전을 확보할 수 있는 목회적 개입이 요청된다. 이때에도 스스로 자신의 삶에 결정을 내릴 수 있도록 도와야 한다.

일반적인 교인들의 모임과 만남에서 안전 확보는 서로를 있는 그대로 받아들이고, 서로를 인격의 주체로 인정하는 것이다. 가정에서나 교회에서나 서로에 대해 편안하게 느끼는 심리적 안전감과 부족하고 연약한 모습을 수용하는 상호 수용의 분위기가 만들어질 때 리홈은 시작될 수 있다. 특히 한국 교회에서 리홈을 만들어가려면 비밀 유지를 강조할 필요가 있다. 모임이나 만남에서 털어놓은 이야기가 원하지 않게 다른 사람들에게 알려진다면 안전하다고 느낄 수 없기 때문이다. 누구 하나 억지로 강요되지 않고 자신이 원하는 만큼 털어놓고, 또 목회자나 지도자에게 알려야 하는 경우라면 반드시 당사자의 동의를 얻어야 한다는 원칙을 고수할 수 있어야 안전이 확보될 수 있다.

둘째는 기억과 애통인데, 임상적으로는 트라우마 치유에서 가장 중요한 단계이다. 리홈은 아프고 쓰라린 상처를 털어놓을 수 있고 이에 대해 지지 받고 격려 받는 관계라고 말할 수 있다. 그런데 고통당하는 자에게 리홈이 되어주는 것이 생각보다 쉽지 않다. 욥은 친구들에게 "나를 위로한다고 하지만, 오히려 너희는 하나같이 나를 괴롭힐 뿐이다"(욥 16:2 〈새번역〉)고 호소했다. 이는 고통을 당하는 자에게는 공감 없는 위로와 조언이 전혀 도움을 주지 못하고 오히려 역효과를 만들어낸다는 사실을 잘 보여준다. 그런데 욥의 아내나 친구와 같은 자들이 우리 주변에는 너무 많다. 다른 사람의 상처와 아픔을 정서적으로 깊이 공감할 뿐만 아니라 그 고통 안에 '내주'한다고 할 수 있을 만큼 내면에 들어가 참여하는 것이 리홈이다. 이렇게 리홈이 되어줄 때, 트라우마에 신음하는 자는 그 사람을 통해 하나님의 은혜와 사랑을 경험한다. 리홈이 되어주는 자는 신앙 공동체를 대표하고, 고통당하는 자를 위로하고 치유하시는 하나님의 자비와 긍휼의 통로가 될 수 있다. 그를 통해 마음의 깊은 상처로 신음하는 자가 하나님의 자비에 눈을 뜨고 하나님과 화해하고 하나님의 새로운 부르심을 들을 수 있다. 따라서 리홈을 만들고 리홈이 되어주는 것은 하나님의 역사와 다스림을 기다리는 행위의 기도 혹은 삶으로 드리는 기도라고 말할 수 있다.

셋째는 재연결인데, 이는 변화의 내용과 목표를 보여준다. 재연결은 자신과 하나님과 다른 사람과 인생의 과제와 새롭게 연결되는 것을 말하며, 리홈을 통한 하나님의 은혜와 다스림으로 일어난다. 심리학자들은 이러한 변화를 자신과 화해하고 자신의 삶에 대한 욕구와 주도권을 회복하고 자신의 생각을 구체적인 행동으로 옮길 수 있고, 일상생활을 즐기고, 자신에 대해 보다 관용적이 되며, 자신의 약점을 잘 알고 다른 사람들에 대한 신뢰를 회복하여 친밀한 관계를 맺고, 경우에 따라서는 트라우마 경험에 대한 정치적, 종교적 의미를 발견하여 사회 행동으로 나아가는 것이라고 묘사한다. 목회현장에서는 이러한 변화가 하나님을 만나고 새로운 소명을 받고 더욱더 그리스도를 닮아가는 과정으로 이어질 것이라고 기대할 수 있다.

4. 리홈의 신학적 의미

리홈은 깊은 정서적 공감과 고통에의 참여(내주)를 표현하는 은유인데, 목회현장에서도 유용하게 사용될 수 있다. 리홈은 인간의 관계적 특징을 잘 보여주는 단어이며, 기독교 신학에서 인간의 관계성은 삼위일체 하나님 안에 근거를 지닌다. 하나님은 단일한 위격이 아니라 상호침투 내주 내재하는 세 위격으로 존재하시며, 사람은 이 삼위일체 하나님의 형상으로 창조되었다. 세 위격의 상호성과 사랑의 관계는 리홈과 신앙의 유비의 관계를 지닌다. 리홈의 궁극적인 원형은 세 위격의 상호 침투 내주 내재의 관계로, "내가 아버지 안에 있고 아버지께서 내 안에 계신"다는 그리스도의 말씀(요 14:10-11) 안에서 잘 표현된다.

하나님의 형상은 다양하게 해석될 수 있지만, 아우구스티누스가 가르치듯 삼위일체 하나님의 형상이라고 말할 수 있다. 아우구스티누스는 삼위일체의 형상을 인간의 심리적 구조 안에서 찾았지만,[9] 최근에는 하나님의 형상이 남자와 여자, 인격과 인격의 사랑의 관계로 이해된다. 사람은 삼위일체 하나님과 유비되게 관계적 존재로 창조되었고, 이는 남녀의 연합과 사랑에서 가장 잘 표현된다. 다시 말하면 사람은 서로에게 리홈이 되도록 창조되었다고 말할 수 있다.

하지만 사람이 범죄함으로 관계가 깨어지고 서로에게 리홈이 될 수 없다. 서로 벌거벗어도 부끄러움을 알지 못했던 관계가 하나님을 피하여 숨고 무화과로 자신을 가리는 관계로 변화되었다(창 2:25; 3:7-8). 하나님의 질문에 여자는 뱀에게, 아담은 여자에게, 궁극적으로는 여자를 만든 하나님에게 책임을 전가했다(창 3:11-13). 여기에 살인과 폭력과 억압, 이로 인한 트라우마가 인간의 실존 안에 자리 잡았다. 그런데 지진, 해일, 홍수와 기근 등 자연재해도 트라우마를 일으킬 수 있고, 트라우마의 영향은 평생 동안 계속될 수 있기 때문에 고통과 고난의 문제는 죄와는 다른 차원을 지니고 있다. 리홈을 발견하지 못하면, 트라우마는 치유되거나 변화될 수 없고, 죄와 고통은 더욱 깊어진다.

죄에 사로잡힌 인류를 구원하기 위해 하나님은 아들을 보내셨다. 예수의 가르침의 핵심은 하나님 나라였고, 하나님 나라는 그의 말씀과 행위에 현존했다. 세리와 죄인의 친구가 되시고(눅 7:34), 뽕나무에 올라간 삭개오를 부르시고 그의 집에 들어가시고(눅 19:5), 어린이들을 껴안으시고 손을 얹어 축복하시며(막 10:16), 눈물로 발을 적시고 발에 입 맞춘 여인에게 죄 용서를 선언하신 것은(눅 8:48) 예수께서 상처 입은 자들의 리홈이 되어 주셨다는 것을 잘 보여준다. 이러한 본문들은 예수께서 여러 가지 방법으로 사람들을 치유하셨지만, 리홈이 되어 주신 것도 치유와 변화의 주요한 통로 중 하나라는 것을 잘 보여준다. 리홈은 예수처럼 타자를 있는 그대로 받아들이고 수용하는 것이다. 리홈을 발견할 때 상처 입은 자는 잃은 자를 찾고 빚진 자를 용서하시고 탕자를 보고 달려오시는 그리스도 안에 있는 아버지 하나님의 무한한 사랑과 화해를 경험할 수 있다.

마태복음에서는 예수의 치유 사역을 "우리의 연약한 것을 담당하시고 질병을 짊어지셨다"는 이사야 예언의 성취로 해석한다(사 53:4; 마 8:17). 이는 리홈이 되어준다는 것이 무엇이고 리홈이 어떻게 치유로 연결될 수 있는지를 잘 보여준다. 리홈은 공감을 넘어서서 타자의 연약함과 질병을 짊어지는 차원까지 포함한다. 우리도 예수처럼 타자의 트라우마에 깊이 참여하고 그 고통과 부담을 나누어질 때, 하나님 나라, 하나님의 치유의 능력이 작용할 것이다.

또한 리홈이 된다는 것은 성령의 탄식하는 기도를 듣고 함께 그 기도를 드리는 것이다. 우리는 어떻게 기도해야 할지 알지 못하지만, 성령께서 우리를 대신하여 하나님의 뜻을 따라 말할 수 없는 탄식으로 간구하신다(롬 8:26-27). 트라우마로 고통당하는 사람들 안에서 성령께서 무슨 기도를 하실까 물으면서, 그들 안에서 탄식하며 간구하시는 성령의 생각과 기도에 우리의 생각과 기도를 연합시킬 때, 우리는 그들에게 리홈이 되어줄 수 있다.

교회는 리홈 공동체이다. 교회는 그리스도의 몸이요 각 사람은 그리스도의 지체이며, "한 지체가 고통을 받으면 모든 지체도 함께 고통을 받고, 한 지체가 영광을 얻으면 모든 지체도 함께 즐거워한다"(고전 12:26). 우리는 서로 짐을 지고(갈 6:12), 서로 뜨겁게 사랑하며(벧전 1:22, 4:8), 친구를 위해 목숨을 내놓으신 그리스도처럼 형제를 위해 목숨을 버리고(요 3:16) 즐거워하는 자들과 함께 즐거워하고 우는 자들과 함께 울어야 한다(롬 12:15). 이렇게 리홈 공동체를 이룰 때 하나님 나라가 구체적으로 현존하며 교회는 하나님 나라의 표지가 될 것이다.

마지막으로 죽음과 유한성이 인간 실존 안에 자리 잡고, 이 세상에서는 정의와 평화가 완전히 실현되기 어렵기 때문에, 트라우마는 종말론적 희망 안에서 해결될 수 있다. 모든 사람들이 하나님의 심판대 앞에 설 때, 하나님은 인간의 잘못되고 치우친 판결을 바로잡고 완전한 정의를 세워 주실 것이다. 그때에는 하나님의 장막이 사람들과 함께 있고 하나님이 그 백성과 함께 계셔서 모든 눈물을 닦아 주시므로 다시는 사망이 없고 애통하는 것이나 곡하는 것이나 아픈 것이 다시 있지 않을 것이다(계 21:3-4). 교회는 이러한 종말론적 비전을 가지고 리홈 공동체를 세워갈 것이며, 리홈을 통해 이루어지는 치유와 변화, 정의와 공의의 승리 경험을 종말의 하나님 나라의 현존으로 받아들이고 축하할 것이다.

II. 트라우마-리홈 관점에서 목회 돌봄의 재조직

지금까지 트라우마-리홈 관점이 이 시대를 살아가는 사람들과 교인들의 상황을 이해하고 변화시키는 핵심 원리가 된다고 밝혔다. 이제는 트라우마-리홈 관점에서 어떻게 목회 돌봄을 재조직할 것인지 살펴보기로 하자.

1. 트라우마-리홈 관점에서 예배와 양육

트라우마-리홈 관점은 기본적으로 목회 돌봄의 영역과 관련되며, 한국 교회의 전형적인 목회 돌봄은 심방과 구역 조직을 통해 이루어졌다. 그런데 이러한 목회 돌봄의 영역뿐만 아니라 예배와 양육을 포함한 교회 전체의 활동이 트라우마-리홈 관점과 유기적으로 연결될 필요가 있다.

예배는 교인 전체가 모여 함께 신앙을 고백하고 증언하며 서로 교제하고 축복하며 파송하고 하나님께 영광을 돌릴 수 있는 유일한 장(場)이다. 트라우마-리홈 관점에서 예배는 고통과 고난 속에 있는 교인들이 자신의 상처와 아픔을 하나님에게 가져가고, 하나님의 행동을 기억하며 하나님의 임재를 통해 치유와 변화를 경험하는 자리가 된다. 트라우마-리홈 관점에서 이루어진 설교와 예식을 통해 교인들은 인생의 고난과 고통이 자신만의 문제가 아니고 성경의 많은 인물들이 겪은 문제라는 것을 발견하여 고립감을 극복하고 연대를 발견하며, 하나님으로부터 위로 받고, 고통의 삶을 견딜 수 있는 힘을 얻고, 자신이 누구인지를 깨닫고, 자신의 생의 의미와 목적을 찾고, 새로운 소명을 발견하고, 그리스도의 일에 헌신한다.

또한 치유 예식을 기획하여 육체적인 질병과 심적인 고통뿐만 아니라 깊은 내면의 상처를 치유하도록 도울 수 있다. 치유 예식은 정기 예배나 특별 예배로서 혹은 주일예배의 일부로 드려질 수 있을 것이다. 치유 예식에서 가장 중요한 것은 기도인데, 이는 믿음 안에서 하나님의 은혜와 자비를 기다리는 것이 치유 예식의 핵심 요소이기 때문이다. 치유 예식은 치유와 회복을 약속하신 하나님께 감사하며 아픈 사람들을 위해 중보와 간구 기도를 드리며, 말과 노래와 침묵으로 드리는 기도, 아픈 곳이나 환우에게 손을 얹고 드리는 기도를 적절하게 활용할 때 더욱 효과적일 수 있다.

양육의 사역은 목회 돌봄의 사역과 긴밀하게 연결된다. 양육은 돌봄을 포함하며, 돌봄이 제대로 이루어지면 양육의 질을 높일 수 있다. 트라우마-리홈 관점에서 양육은 트라우마를 예방하고 관리하는 효과적인 수단이다. 교회는 정기적인 교육을 통해 가정 폭력과 아동 학대를 통한 트라우마를 예방하고, 트라우마에 대한 건전한 대응 전략을 제시하고, 리홈을 만들기 위한 원리와 방법을 가르칠 수 있다. 이러한 교육은 워크숍 형태로 이루어질 수 있는데, 본고의 적용 부분에서 이에 대한 상세한 내용을 다룰 것이다. 이렇게 예배와 교육을 통해 트라우마-리홈에 대한 교육과 치유를 지속적으로 가르치고 강조한다면, 목회 돌봄이 한층 더 효과적으로 이루어질 수 있다.

2. 공동체 패러다임과 소그룹

하나님 나라와 트라우마-리홈 관점에서 목회 돌봄을 이해할 때 가장 중요한 것은 돌봄의 주체가 교역자가 아니라 공동체 전체라는 공동체 패러다임이다. 목회 돌봄은 안수 받은 목회자만의 사역이 아니라 교회 전체의 사역, 교회 전체의 행동, 교회 전체의 책임이 되어야 한다. 트라우마는 안수 받은 교역자 홀로 담당할 수 없다. 교회 공동체 전체가 리홈이 되며 트라우마의 예방, 관리, 치유가 일어나는 장이 되어야 한다. 교회가 리홈 공동체이며, 교회에서 리홈을 만들어가야 한다는 것을 예배와 교육을 통해 지속적으로 강조하고 제시해야 한다.

또한 목회자가 목회의 다른 활동들, 예배와 교육과 공동체를 조직하는 일과 잃어버린 양을 돌보는 일을 찾을 필요가 있다. 목회자의 능력은 설교하고 가르치고 기획하는 능력으로 평가되기 쉽고 때로 소외되고 상처 입은 사람들을 돌보는 일이 목회자의 더 중요한 일을 중단시키고 심지어 방해한다고 여겨질 때도 있다. 하지만 잃은 양을 찾고 돌보는 목회 돌봄의 활동은 성경에서의 목자 이미지의 핵심과 연결된다. 목자 되신 주님을 따르는 활동은 회복을 위한 동행과 인도를 제공하는 것이다. 더 나아가서 잃은 양을 돌보는 일은 신학적 사고의 원천이 되며 충만한 인간성을 경험하게 해준다. 목회자는 교회 전체를 리홈 공동체로 세우는 일과 목회자도 소외된 자에게 리홈이 되어 돌봄의 사역에 실제적으로 참여하는 일에 균형을 맞추어야 한다.

3. 소집단의 활용

교회를 리홈 공동체로 세우려면 소그룹을 활용하는 것이 매우 효과적이라고 느껴진다. 이미 한국 교회에선 구역, 셀교회, 목장, 가정교회 등 다양한 형태의 소그룹이 존재하고 구역장, 목자, 교사 등의 형태로 다양한 평신도 지도력이 계발되었다. 개인주의가 발달된 현대 사회에서 교회 안의 소집단 같은 자발적인 결사체가 기존의 혈연과 지연과 학연으로 얽힌 관계를 대체하고 새로운 공동체 형태로 발전할 가능성이 크다.[10] 교회 내의 소집단을 리홈 집단으로 만드는 것은 교회 전체를 리홈 공동체로 세우고 하나님 나라의 현존을 경험할 수 있는 핵심 동력이 될 수 있다.

트라우마-리홈 관점에서 집단은 자신의 가장 깊은 상처와 가장 깊은 감정을 언어화해서 다른 사람과 나누어 트라우마의 고립된 상태를 벗어날 수 있는 통로가 될 수 있다. 또한 집단은 자신에 대해 몰랐던 사실을 깨닫고 과거의 경험이 현재 관계에 어떻게 영향을 주는지 통찰을 얻고, 더 나아가서 공감적이고 건강한 리홈의 관계 속에서 안전하게 다른 사람들과 새롭게 관계를 맺고 새롭게 터득한 관계 맺기 방식을 연습하는 장이 될 수 있다. 한국 교회 안에 존재하는 다양한 소그룹이 리홈 집단이 되기 위해서는 소집단 지도자뿐만 아니라 구성원에 대한 지속적인 교육과 훈련이 필요하다. 소집단에서 말씀과 삶을 나누면서 리홈을 경험한다면, 이는 트라우마 치유와 변화는 물론, 새로운 소명을 받는 통로가 될 수 있을 것이다.

4. 리홈과 목회 돌봄

목회 돌봄의 최고 목표는 리홈이 되는 것이다. 리홈이 된다는 것을 염두에 둔다면, 목회 돌봄의 의미와 성격도 새롭게 이해할 수 있을 것이다. 예외적인 경우도 있겠지만, 목회 돌봄은 어떤 특정한 문제의 해결을 목표로 하는 것이 아니다. 우선 돌봄은 돌보는 자의 현존을 통해 이루어진다는 것을 기억해야 한다. 돌보는 자는 하나님의 현존을 대표한다. 돌보는 자가 기억하고 들을 때 돌봄을 받는 자는 하나님이 함께 하시며 우리를 기억하고 돌보신다는 확신을 얻게 된다. 돌보는 자가 제공하는 관계와 그 관계로부터 만들어지는 영혼의 회복, 곧 관계 속에서 살아가고 변화시키는 자기(self)와 힘을 재발견하도록 하는 것이 돌봄의 핵심 내용이다. 따라서 어려움을 당한 자와 함께 하고, 그와 신앙공동체의 관계를 강화시키며, 관계 안에서 전인을 돌본다는 목회 돌봄의 관계적 특징을 강조하는 것이 중요하며,[11] 리홈은 이러한 특징을 가장 적절하게 나타내는 표현이다.

돌봄은 일차적으로는 현존을 통해 이루어지지만, 때로 인도(guidance)의 차원을 포함할 수 있다. 욥의 친구들처럼 일반적인 확신이나 많은 사람에게 도움이 되는 정보를 제공하는 것은 효과적일 수 없다. 오히려 현재 겪고 있는 질병과 고통이 전부가 아니며, 자신 안에 있었지만 지금은 없거나 약해진 자원들을 깨닫게 해주는 것이 중요하다. 인도는 지시와 정보를 포함할 수 있지만, 그 목표는 영혼 회복 혹은 자기 회복이며, 따라서 가장 중요한 것은 주의 깊은 경청이다. 상대방을 홀로 남겨두지 않고 최선을 다해 이해하고, 듣고 이해한 것을 알려줄 것이라는 메시지를 전달하는 것이 경청이다. 교인의 지금 여기서(here and now)의 상황에서 시작하면서 과거와 현재와 미래를 연결시키고, 지금 어디에 있고, 어디에 있었으며, 앞으로 어디로 나아가기를 원하는지를 분별하도록 돕는 것이 인도의 핵심 요소이다.

1) 심방

한국 교회의 목회 돌봄의 주요한 통로는 심방이다. 모든 교인을 둘러보는 대심방 뿐만 아니라 환자 심방을 비롯해 특별한 일이 있을 때 이루어지는 특별 심방은 목회 돌봄의 핵심적인 요소이다. 오늘날에는 개인주의의 발달과 사생활에 대한 강조로 심방이 형식적으로 이루어지거나 꺼려하는 분위기도 있다. 하지만 트라우마-리홈 관점에서 심방은 가정을 방문하여 가정의 형편과 상황, 삶의 내력과 신앙의 이력, 당면한 과제와 문제를 파악하고 현존과 인도의 목회 돌봄을 제공할 수 있는 가장 좋은 기회이다. 따라서 심방은 깊고 내밀한 이야기를 나눌 수 있도록 충분한 시간을 가질 필요가 있다. 또한 교역자와 함께 심방에 참여하는 평신도 지도자들을 잘 선별해서 가정의 내밀한 이야기를 나누는데 거리낌이 없도록 하고, 심방에서 나온 이야기는 비밀을 보장하도록 훈련시켜야 한다. 또한 심방을 할 때에는 가정을 방문해서 바로 예배를 드리는 것보다 가정의 상황과 문제에 대한 이야기를 듣고, 예배를 드려 가정의 상황에 맞는 메시지를 전하고 함께 기도하는 것이 효과적이다.

2) 슬픔과 상실

슬픔과 상실에 대한 위로는 목회 돌봄의 주요한 영역이다. 우선 죽음뿐만 아니라 이별과 이주를 통해서도 슬픔과 상실이 일어난다는 것을 기억해야 한다. 상실은 인생의 이른 시기에 시작될 수 있고 많은 경우 성장을 돕는다. 인생에서 상실은 피할 수 없고 필요하며 인생은 사랑과 상실의 지속적인 과정이다. 인간은 시간 안에서 살고 인생이 단 한 번의 유일한 기회이며 언젠가 끝이 있다는 인식은 슬픔과 상실에 처한 자를 돕는 영적 자산이다.

애도의 과정은 세상을 다시 배우는 것이라고 말할 수 있다. 상실을 경험한 각자가 들려주는 특정한 이야기를 듣고 반응하여, 그들이 세상을 다시 배우는데 필요한 신체적, 심리적, 사회적, 영적 도전을 분별할 수 있도록 도와야 한다. 애도의 과정에서 그들은 세상 속에서 다시 존재하고 행하는 방법을 배운다. 여기에는 망자에 대한 관계를 다시 배우는 것, 곧 떠난 사람의 인격을 계속해서 사랑하고 소중히 간직하는 법을 배우는 것도 포함된다.[12]

슬픔의 상황에서 가장 필요한 돌봄은 함께 하는 현존이며 특히 침묵이다. 이는 슬퍼하는 자의 고통을 거부하거나 축소하지 않고 그 아픔이 들려지도록 하는 것을 말한다. 적절한 때에 돌보는 자는 하나님의 은혜, 부활과 종말에 대한 위로와 소망을 전할 수 있다. 이를 위해서는 교인이 어디에 있는지 알도록 주의 깊은 경청이 필요하다. 애도하는 자를 인도할 때에는 삶을 지도하기보다는 그의 삶의 일부였지만 지금은 없거나 약해진 자원을 일깨워주는 것이 인도의 핵심 내용이라는 것을 기억해야 한다.

3) 병든 사람에 대한 돌봄

병원 심방을 할 때에는 환자가 질병만이 아니라 병원이란 환경에서도 위기를 겪는다는 것을 기억해야 한다. 병원에서 환자는 사회에서의 독립적이고 자족적인 지위를 잃고, 아프고 병에 걸리고 돌봄을 받는 자로 연약하고 무기력하고 의존적인 존재로 전락한다. 병원에서는 환자를 비인격화시키고 특정한 사례로 대하는 전문가들에 의해 둘러싸이고, 의사와 가족들이 정보를 통제하고 환자를 배제하고 결정을 내린다는 것을 알면 환자의 불안은 커진다. 목회 돌봄은 이러한 환자의 상황을 충분히 고려하여 이루어져야 한다.

병원 심방은 도움이 되고 방해가 되지 않으며 지지적이어야 한다. 우선 병원 심방은 외부인으로서 병원에 온다는 사실을 기억하고 길지 않는 것이 좋다. 목회 돌봄은 관심과 지지로 환자와 가족과 함께 한다는 것을 표현하는 것을 목적으로 한다. 환자의 현재 감정과 심리 상태에 민감하게 반응하고, 환자의 인도를 따라야 한다. 환자들이 처음 충격을 이기고 자신의 질병에 대해 대처하기 시작하면, 환자의 자존감을 높이고 고립감과 외로움을 감소시키도록 자신의 치료 절차나 과정에 대한 정보를 요구하고 치료에 참여할 수 있도록 격려하는 것이 좋다.[13]

이와 함께 병원 심방은 지지적이어야 한다. 이는 환자에게 새로운 것을 받아들이도록 요청하기보다는 이전의 관계와 신앙을 유지하도록 붙들어 줘야 한다는 것을 뜻한다. 기도할 때에는 환자와 가족의 희망과 두려움과 소원을 포함해서 그들의 삶의 정황에서 중요한 것을 표현하고, 이러한 인간적 관심사를 하나님의 은혜와 사랑의 맥락 안에 위치시키는 것이 필요하다.[14]

4) 중독과 학대

중독은 자기에 대한 학대라고 말할 수 있다. 알코올과 약물 중독을 죄로 이해할 것인가, 질병으로 이해할 것인가에 대한 논의가 있다. 중독을 죄나 중독으로 단정하는 입장 사이에는 1) 중독은 죄로 시작해서 나중에 질병이 된다, 2) 중독은 죄와 질병의 혼합이다, 3) 중독은 죄로부터 비롯되지만, 그 죄는 중독의 대물림, 차별, 가난 등으로 유발되기 때문에 중독자의 책임은 아니다는 견해들이 있다.[15] 이런 점에서 중독과 트라우마를 연결시킬 수 있다. 예외가 있을 수 있지만, 중독은 트라우마를 해결하는 자기파괴적이고 반사회적인 방법이라고 볼 수 있다.

중독이 트라우마와 연결될 가능성이 있다고 이해한다면 중독자에 대한 부정적 인식과 편견에서 해방될 수 있다. 그럼에도 중독은 트라우마와 다른 차원을 가지고 있기 때문에 주의 깊게 다루어야 한다. 목회자는 일반적으로 중독 자체보다는 중독으로 인한 일상생활이나 교회생활의 문제를 다루기 위해 돌보는 경우가 많다. 우선 목회자는 그에 대해 자신이 관찰한 것에 대해 묻고 대답을 들을 수 있다. 그가 자신이 겪은 어려움과 고통을 말하기 시작한다면, 오히려 중독 문제를 다루지 않는 것이 좋다. 그가 이를 인정하거나 부인하면서 자신에 대해서 말하는 것을 회피하는 방법이 될 수 있기 때문이다. 그가 자신의 느낌과 감정을 목회자와 나누고 인격적인 방식으로 목회자와의 관계를 활용한다면 중독의 치료 없이도 인생의 고통을 어느 정도 다룰 수 있다는 것을 뜻한다.[16]

하지만 자신의 고통과 감정을 나누지 않고, 중독적 행위에 대해 변명하거나 논쟁하고 이를 계속 화제의 중심으로 삼고, 일상생활이나 교회생활에서 나타나는 문제를 부인하거나, 이에 대해 다른 사람들을 비난한다면, 자신의 감정이나 느낌을 의식하고 드러내지 못하는 상황에 이르렀다고 판단하고 중독의 문제를 직접적으로 다루고 전문기관에게 의뢰해야 한다. 중독자뿐만 아니라 중독자의 가정도 전문기관의 도움이 필요하다는 것도 기억해야 한다.

타인에 대한 학대도 트라우마와 연관된다. 돌봄과 사랑이 필요한 인생의 가장 중요한 성장기에 학대와 방임을 경험한 사람들은 이로 인한 트라우마를 자신과 타인에 대한 학대로 다루려고 할 수 있다. 성장기에 자신의 욕구와 필요에 대한 거절과 박탈의 경험은 후일에 타인의 경계선을 침범하고서라도 자신이 거절당한 것을 취하려는 행위로 이어질 수 있다. 반대로 학대받는 사람들은 타인이 계속해서 자신의 경계선을 침범하도록 허용하고 심지어 가해자를 보호하는 충동도 느낀다.[17] 목회자는 중독되거나 학대받은 사람의 리홈이 되어 중독과 학대를 치료하지 못하더라도 마음속의 깊은 상처를 어느 정도 다루고 자존감을 일부 회복시킬 수 있다.

목회자는 일상생활과 교회 안, 특히 사적 영역에서 일어나는 트라우마를 이해하고 다룰 수 있는 준비가 되어야 한다. 가정폭력, 아동학대, 성폭력이 종종 일어날 수 있는 현실이라고 인식하고, 이러한 사례가 의심될 때 직접 물어보아야 한다. 다만 목회 돌봄에 필수적인 이러한 정보를 직접 묻는 것을 방해하는 수치심과 두려움을 다룰 준비가 되어 있어야 한다. 결혼 전 예비상담이나 청년들의 상담에서는 자연스런 방식으로 폭력의 문제를 질문하고 다룰 필요가 있다.[18] 교회 안에서 트라우마-리홈 관점에서 설교와 교육이 지속적으로 이루어진다면, 학대와 폭력의 실제적인 사례를 다룰 때에도 매우 효과적일 것이다.

학대와 희생자와 관련해서 교회는 용서의 문제를 신중하게 다뤄야 한다. 때로 교회는 오히려 희생자를 비난할 수도 있고 피해자에게 학대자를 무조건 용서하도록 요구하는 경향이 있다. 하지만 용서는 피해자가 겪은 고통이 용납될 수 있고 인정할 만하다거나, 아무 것도 일어나지 않은 것처럼 무시되거나, 학대와 폭력에 대한 법적이고 도의적인 책임을 면제하는 것은 아니다. 용서는 모든 것을 잊어버리거나 너그럽게 봐주고 가해자를 모든 책임에서 면제시키는 것이 아니다. 또한 용서는 자기희생적인 결단이나 일회적인 결정이 아니다. 오히려 용서는 고통의 경험을 직면하고 상처를 치유하는 과정의 결과이다. 용서하지 못하는 것은 상처가 완전히 치유되지 못했다는 것을 뜻한다. 더 이상 자신의 상처가 전존재를 규정하지 않고 일부를 구성한다는 것을 깨닫고, 증오와 분노가 더 이상 필요하지 않고 자신만큼 가해자가 고통 받을 필요는 없다고 느낄 때, 가해자의 징계가 자신의 치유로 이어지지 않는다는 것을 인정하고, 증오와 분노를 새로운 삶을 위한 에너지로 바꿀 수 있을 때, 용서가 일어난다.[19]

5) 결혼과 가정의 돌봄

결혼과 가정을 돌볼 때 중요한 것은 목회 돌봄은 개인뿐만 아니라 세대를 돌보는 것이고, 자신의 세대만을 돌보는 것으로는 결혼을 세우고 지속시킬 수 없고 결혼은 이전 세대와 다음 세대를 돌보는 것을 필요로 한다는 것이다. 목회자는 현존과 인도로 가정을 돌볼 때, 결혼은 세대들의 돌봄이란 사실을 부부에게 일깨워주어야 한다.[20]

결혼 전 상담은 결혼과 가정에 대한 기독교적 이해를 소통할 수 있는 중요한 자리이다. 최소한 두 차례 정도 예비부부와 만나는 것이 바람직하다. 첫 만남에서는 예비부부가 혼인예식에 대해 생각하는 것과 신앙공동체의 이해가 어느 정도 부합하는지 확인할 수 있다. 둘째 만남에서 예비부부의 현재의 삶의 정황을 나누고, 예비부부를 교회와 목회자와 어떤 방식으로든 연결점을 만들 필요가 있다. 또한 예비부부가 이전 세대의 결혼관계들을 바라보게 하고 결혼의 의미와 결혼을 유지하기 위해 필요한 것을 나눌 수 있다. 원가족의 다양한 구성원들이 서로를 돌보았던 방식을 질문하면, 이전 세대의 영향력이 부부관계에 어떻게 영향을 미칠 수 있는지 깨닫게 할 수 있다. 이전 세대의 결혼과 관행에 대한 논의는 미래 세대에 대한 질문으로 이어질 수 있다. 수년 후의 가정의 모습을 그리게 하고, 자녀 출산 계획에 대해 질문하는 것은 미래 세대에 대한 헌신과 욕구를 소통할 수 있는 기회를 줄 것이다.

부부는 애착과 돌봄, 의미와 메시지의 상호소통, 문제의 공동해결과 일상적인 임무의 공유가 지속적인 관계로 통합될 때 친밀감이 형성된다. 대화를 통해 공동의 세계를 건설하고 견고하고 지속적인 인격적인 관계를 만들어낼 때 부부 사이의 친밀함과 가까움이 자라난다. 결혼은 부부가 상대방의 필요를 느끼고 돌보고, 상대방과의 관계 속에서 자신을 더 많이 알고 충만하게 경험하는 능력을 발전시킴으로써 유지되고 강화된다.

목회자는 가정 전체를 돌볼 책임이 있으며, 특히 가정의 신앙공동체의 일원일 때는 각 구성원을 적극적으로 돌보아야 한다. 따라서 결혼과 가정 문제를 다룰 때, 목회자는 먼저 가족을 한데 모을 필요가 있다. 이는 목회자가 당사자로 참여하지 않은 채로 배우자나 다른 가족 구성원의 문제를 나누는 상황을 피하는 것을 뜻한다. 결혼 관계에서 한 사람의 도움의 요청에 응답하는 것이 결혼 관계를 지지하기보다 오히려 파괴할 수도 있기 때문이다.[21]

부부와 가정의 돌봄에서는 개인의 돌봄보다 더 적극적인 구조화와 인도가 필요하다. 목회자는 목회 돌봄을 확고하게 구조화하여, 당사자가 모두 모여 직접 자신의 이야기를 나눌 수 있는 자리를 마련하도록 노력해야 한다. 이는 목회자의 도움이 자신들의 문제를 해결하는데 도움이 될 것이라는 기대를 갖게 할 수 있다. 가족이 모이고 나면, 각 구성원이 다른 구성원 앞에서 자신의 이야기를 하도록 유도한다. 목회자는 가족을 하나의 체계로 이해하고 가족의 한 사람이 문제가 아니라 가족 전체가 문제라는 입장에서 가족을 돌보아야 한다. 목회자는 가족의 구성원이 서로서로 어떻게 관계하는지를 알리고 가족 내 관계들의 패턴을 변화시키기 위해 질문하거나 논의하는 방식으로 개입할 수 있다.[22]

목회자는 가족 안에 무엇이 작동하지 않는가라고 묻거나, 동일한 질문을 모든 구성원에게 던질 수 있다. 여기에는 가족 전체가 겪는 고통, 이 고통이 각자에게 미치는 영향, 가족 문제 해결 방식에 대한 질문이 포함될 수 있다. 이야기를 나누면서 가족 구성원들은 세대 간의 경계, 가정의 비밀, 관행, 각자의 의사소통 방식 등에 대해 더 많이 알게 된다. 목회자가 자신이 관찰한 것을 해석할 때, 가족 구성원들은 지금까지 당연하게 생각했던 것을 뚜렷하게 인식하고, 이러한 인식은 변화를 만들어내는 요인이 될 수 있다. 목회 돌봄은 그 가족이 사물을 다르게 인식하고 경험하도록 하고, 신앙공동체를 대표하는 목사를 통해 새로운 것을 시도하는 자유와 지지를 느끼도록 한다. 또한 목회자가 가족 안에서 일어나는 일들을 이해하려고 시도했다는 것이 구성원에게 만족을 줄 수 있다.[23]

III. 나가는 말

트라우마-리홈 관점은 '이미'와 '아직 아니'의 변증법적 관계로 이해되는 하나님 나라와 목회 돌봄을 이해하는데 매우 유용하다. 트라우마는 인간 실존의 깨어진 현실을 잘 묘사한다면, 릴레이셔널 홈(리홈)은 목회 돌봄의 목표와 방법을 뚜렷하게 제시한다. 하나님 나라의 복음을 선포하지만 우리의 현실은 트라우마의 굴레 안에 놓여있다. 트라우마는 악과 고통의 현실, 의지적인 결단만으로는 쉽게 벗어나기 어려운 질곡의 현실을 개념화한다. 반면 하나님 나라의 복음은 고통과 질곡의 현실에서 우리를 해방시키고 치유하고 변화시키는 하나님의 은혜와 능력을 증언한다. 리홈은 하나님 나라의 현존과 표지가 된다. 리홈은 하나님의 은혜와 치유를 매개하는 통로가 될 수 있다. 리홈을 만들어가면서 우리는 하나님 나라의 종말적 지평에서 소망을 발견한다. 인간의 실존에 자리 잡은 트라우마와 고통과 부조리한 현실이 완전히 해소되진 않을지라도 리홈을 통한 하나님 나라의 경험, 치유와 변화는 종말의 새로운 현실에 대한 소망을 불러일으킨다. 트라우마-리홈 관점은 목회 돌봄이 하나님 나라를 증언하고 실현하는 핵심적인 도구가 된다는 것을 잘 보여준다.

이제 하나님 나라와 목회돌봄, 곧 트라우마와 리홈 관점에서의 목회 돌봄을 현장에서 적용하기 위한 실제적인 지침들을 목회자의 자기점검(I), 트라우마-리홈 교육(II), 리홈 되기(III)의 세 주제로 나누어 정리한다. 마지막에는 부록의 형식으로 소그룹으로 진행할 수 있는 활동을 소개한다.

I. 목회자의 자기 점검(마음건강척도)

【사례 1】A목사는 소도시에서 개척하여 수년 안에 교인이 200명이 될 만큼 성장했지만, 재정 운용 문제로 오해가 생겨 갈등이 커지면서 결국 교회가 분열되었다. 분열을 막기 위해 기도하고 교인들을 설득하며 노력했지만, 결국 자신이 가장 신임하던 교인이 주도가 되어 순서를 정해 매주 몇 가정씩 교회를 떠났다. 교인들은 교회를 떠나면서 토요일 저녁에 전화로 통보했는데, 지금은 교회가 어느 정도 자리를 잡았지만, 교회 안에 조그마한 갈등이 생겨도 덜컥 두려움이 앞서고 교인들이 전화를 걸면 심장이 벌렁거리고 불안감이 엄습하고 예민해진다.

【사례 2】B목사는 교회는 중형교회로 안정되었지만 배우자와 자녀의 갈등으로 고민이 깊다. 아내와는 결혼 초부터 성격이 맞지 않아 다투는 일이 많았고, 아내와의 사이가 벌어질수록 더욱 목회에 전념했다. 자녀들은 목표가 없고 삶의 의욕이 없어 보여 대화를 시도했지만 언성만 높아지고 싸움으로 끝이 난다. 자신의 아버지는 술만 먹으면 폭언을 하고 어머니와 다투고 집안 살림을 던지고 부수고 때로 자신과 어머니에게 폭력을 행사했었다. 아버지와 비교하면 자신은 아내와 자녀들에게 풍족하고 편안한 삶을 제공하는 괜찮은 가장이라고 생각하는데, 가정 안에서 신임을 받지 못하는 자신이 답답하게만 느껴진다.

【사례 3】C목사는 작은 농촌 교회에 부임해서 7년 목회했다. 처음에는 교인이 4-50명 정도 되었지만, 고령자들은 세상을 떠나고 다른 곳으로 이사가는 가정이 생기면서 30명 정도로 줄었다. 교인들과 좋은 관계를 맺고 목회하지만, 마을은 정체되고 새로운 사람의 유입은 없어서 앞으로 큰 변화를 기대하기 어렵다. 요즘은 목회를 제대로 하고 있는 건지, 이렇게 목회하는 것이 맞는 건지 회의가 들 때가 많다. 지역의 목회자 모임에 참석하면 이질감이 느껴지고, 큰 교회를 목회하는 다른 목사들의 이야기를 들을 때에는 오히려 자격지심이 들고 기운이 빠져 잘 참석하지 않으며, 위축감과 고립감에 시달린다.

위의 사례들은 목회 경험이 목회자에게 트라우마와 맞먹는 심리적 충격을 줄 수 있다는 것을 잘 보여준다. 따라서 목회자 자신에게 목회에서 생기는 어려움과 좌절과 실패를 털어놓을 수 있는 리홈이 필요하다. 목회자 배우자와 자녀들도 교회에서 여러 가지 상처와 트라우마를 입을 수 있기 때문에 목회자 부부와 가정이 회복되어 서로에게 리홈이 되어주는 것이 필요하다. 또한 목회자가 홀로 고립되지 않도록 마음이 잘 맞는 목회자들과 함께 정기적으로 모이는 지지 집단을 만들어 서로에게 리홈이 되어주어야 한다.

【마음건강척도】

목회자는 정신의학계에서 계발된 '마음건강척도'를 활용해서 자신의 마음건강을 점검해볼 수 있다. 이 척도는 마음건강을 정신적 활력과 자기 긍정성(정신적 에너지), 대인 공감과 사회적 소통능력(공감적 소통), 환경에 대한 유연한 적응과 재미 추구(유연성), 자신감과 초연성(자기 확신) 등 네 가지 측면에서 이해하였다.[24] 각 항목에 대한 질문은 다음과 같은데, 이는 목회자가 자기점검을 위해 간단히 활용할 수 있다. 아래 질문들에 5개의 척도 (전혀 아니다=0점, 아니다=1점, 보통이다=2점, 그렇다=3점, 매우 그렇다=4점)으로 계산하여 요인별로 합산하여 정상인 평균보다 높으면 건강하고 환자보다 낮으면 건강하지 못하다고 판정할 수 있다.[25]

■ 정신적 에너지: ① 나는 피곤해도 쉽게 활력을 되찾는다. ② 나는 매사에 긍정적이다. ③ 나는 나 자신을 아끼고 사랑한다. ④ 나는 하고 싶은 일이 분명하다. ⑤ 내가 원하는 것은 이루어진다고 생각한다. ⑥ 나는 무엇을 하든 재미를 잘 느낀다. ⑦ 나의 재능이 무엇인지 잘 알고 있다. ⑧ 나는 열정적이다. (정상인 평균 20.8; 환자 평균 14.3)

■ 공감적 소통: ① 나는 칭찬을 잘 한다. ② 나는 어려운 상황에서도 유머를 잘 쓴다. ③ 나는 상대방의 감정 상태를 잘 파악한다. ④ 나는 상대가 기분 나쁘지 않게 잘 거절할 수 있다. ⑤ 나는 평상시에 가족과 대화를 많이 한다. ⑥ 나는 하고 싶은 말을 잘 표현한다. (정상인 평균 14.7; 환자 평균 11.7)

■ 유연성: ① 나는 틈틈이 잘 논다. ② 나는 새로운 것에 관심이 많다. ③ 나는 입장 바꿔 생각하길 좋아한다. ④ 나는 낯선 환경에 잘 적응한다. (정상인 평균 10.7; 환자 평균 8.6)

■ 자기 확신: ① 다른 사람과 나를 비교하지 않는다. ② 지나간 일에 연연하지 않는다. (정상인 평균 4.3; 환자 평균 2.9)

Ⅱ. 트라우마-리홈 교육

트라우마-리홈 관점에서 교회의 돌봄 체계를 변화시키기 위해서는 설교와 특강을 통한 교육이 선행되어야 하고, 공감과 소통에 대한 실제적인 훈련이 필요하다. 여기서는 이러한 교육과 훈련을 위한 기본적인 내용을 소개하고자 한다. 여기서는 핵심 성경구절과 교육내용과 성찰을 위한 질문과 활동을 제시했다. 활동은 교인 전체보다는 소그룹에서 이루어질 활동을 소개했다.

1. 트라우마와 현대인(트라우마와 리홈)

【성경 구절】마가복음 6장 30-44절, 참조. 에스겔 34장 7-24절
【교육 내용】

① 들어가는 말(현대사회 이해): 알랭 드 보통은 『불안』이란 책에서 현대사회에 등장한 평등사상과 능력주의가 새로운 심리적 고뇌와 불안을 가져왔다고 말한다. 신분사회와 달리 이제는 자신이 낮은 지위에 있는 것이 운명이나 신이 정한 이치가 아니라 자신의 능력과 관련되고 성공한 사람은 남보다 더 나은 자질과 능력이 있고 낮은 지위에 있는 사람은 게으르고 무책임하고 무능하다고 여겨진다. 한병철은 현대사회가 더 큰 성공

을 위해 자기 자신을 가혹하게 착취하고 자신이 설정한 요구에 부응하지 못할 때 좌절하고 우울해지게 한다고 묘사하고 피로사회란 이름을 붙였다.

② 목자 없는 양(막 6:34): 에스겔 34장 7-24절의 목자 없는 양의 구체적인 묘사와 연결시켜 '목자 없는 양'은 갖가지 트라우마로 어려움을 겪고 있는 현대인을 묘사하는 표현으로 해석될 수 있다. 일반적으로 트라우마는 일상적인 경험을 넘어서는 충격적 사건(들)로 인한 심리적 외상이라고 정의된다. 전쟁, 지진, 화재, 해일, 교통사고뿐만 아니라 가정 폭력, 학교 폭력, 성 폭력, 더 나아가서 아동기의 정서적 학대와 방임, 사회적으로 제도화된 갖가지 차별과 억압도 트라우마를 일으킬 수 있고, 트라우마는 배우자와 자녀, 친구, 이웃에게 간접적으로 영향을 미치고 가정이나 다양한 통로를 통해 대물림될 수 있다. 이러한 트라우마 경험이 알게 모르게 우리 삶에 영향을 미칠 수 있다.

③ 불쌍히 여기사(막 6:34): 여기서 '불쌍히 여기셨다'는 말은 내장을 뜻하는 '스프랑크논'에서 나온 말로, 트라우마를 경험하고 내면의 깊은 상처 속에서 고통당하는 목자 없는 양 같은 사람들을 보고 예수께서 내장이 찢어지는 듯한 아픔을 느끼셨다. 고통과 고난이 있는 곳에는 그리스도의 긍휼이 있고, 슬픔과 눈물이 있는 곳에 그리스도의 상처 입은 심장이 있고, 억압과 트라우마 속에 사람들이 한탄하고 울부짖을 때 그리스도 안에 있는 하나님이 친히 들으신다.

④ 너희가 먹을 것을 주라(막 6:37): 예수께선 제자들에게 트라우마로 고통당하는 사람들을 맡기셨다. 빈 들이고 날도 저물어가고 이백 데나리온의 많은 빵이 필요해서 제자들의 생각과 능력을 뛰어넘는 일이었지만, 예수께서 함께 계실 때 오병이어의 기적이 일어난 것처럼, 상처입은 이들의 치유와 회복의 역사가 일어날 것이다. 릴레이셔날 홈이 있을 때 트라우마의 고통은 견딜 수 있는 것이 되고 변화가 일어난다. 트라우마의 회복이

비록 더디고 힘들지만, 누군가 이 여정에 함께 동행하고, 고통에 함께 참여하고, 깊은 공감과 연대를 보여줄 때, 곧 리홈이 되어줄 때, 치유와 변화가 일어난다. 주님은 우리에게 이 일을 맡기셨고, 교회가 리홈공동체가 될 때 하나님 나라를 드러낸다.

⑤ 나가는 말: 하나님 나라의 가치는 현대사회의 지배적인 가치와 대립된다. 물질만능, 성과주의, 무한경쟁의 사회에서 이미 여러 가지 형태로 트라우마를 경험하고 그 영향 하에 살아가는 많은 사람들을 하나님은 긍휼히 여기시고 치유하신다. 우리가 상처 입은 자들에게 리홈이 될 때 하나님의 치유 능력을 경험하고 하나님 나라를 맛볼 수 있다.

【성찰을 위한 질문들】

① 나의 트라우마는 무엇인가? ② 트라우마가 내 삶에 미치는 영향은 무엇인가? ③ 신앙은 나의 트라우마 혹은 아픈 상처를 극복하는데 어떤 도움을 주었는가?

2. 심리적 울타리와 자존감 높이기

【성경 구절】 요한복음 4장 5-26절

【교육 내용】

① 들어가는 말: 다른 이를 돌보기 위해서는 내 자신을 잘 돌보아야 한다. 상대방의 감정을 이해하려면 먼저 자신 안에도 그러한 감정이 있음을 인정하는 것이 선행되어야 한다. 자신 안에 있는 분노나 고통의 감정을 인정하고 받아들이지 못하면 다른 사람의 감정에 대해 무감각해지거나 피하거나 정죄하기 쉽다. 자존감은 자신을 소중하게 생각하고 사랑하는 마음이다. 다른 이들이 자신의 가치를 알아주지 않고 인정해주지 않더라도 이와 상관없이 자기 스스로를 가치 있는 사람으로 존중하는 마음이다.

② 사마리아 여인: 다른 사람의 눈을 피해 우물가에 온 이 여인은 자존감이 낮은 우리의 모습을 상징한다. 이 여인은 여섯 남편과 생활한 기구한 삶을 살고 있었다. 자존감이 낮을 때 우리는 사마리아 여인처럼 위축되고 다른 사람을 만나기를 꺼린다. 이렇게 낮은 자존감을 일으켜 세우는 잘못된 방법이 세 가지 있다. 첫째, 자존감이 적으면 다른 사람의 시선과 인정과 찬사에 의존하기 때문에 자존심을 많이 내세우고 남들이 알아주지 않고 무시당한다고 여기면 자존심이 상해 분노하기 쉽다. 둘째, 폭력은 자기 존재를 확인하고 증명하고 자기 존재감을 극대화시키는 가장 빠르고 확실한 방법이다. 학교 폭력은 힘 있는 박해자가 되어 다른 이를 비참하게 만들어 무자비한 폭력을 당한 자신의 고통스런 경험을 더 쾌적한 상태로 가공하는 일종의 '치유'작업이라고 이해될 수 있다. 셋째, 자기 내부에서 찾을 수 없는 안전감이나 위로를 밖에서 찾으려 할 때 중독(알콜중독, 마약중독, 일중독 등)이 일어난다.

③ 가슴으로 말할 때 만나는 나: 예수가 선지자라고 고백한 사마리아 여인은 예배 장소에 대한 논쟁으로 넘어가려고 한다. 하지만 영과 진리의 예배에 대한 이야기를 듣고 여인은 메시아에 대한 소망을 표현한다(요 4:25). 이것은 자신의 마음 깊숙한 곳에서 우러나오는 외침이라고 볼 수 있다. 고통의 현실, 이지러진 삶, 깨어진 자아 속에서 이 여인은 구원의 때를 고대하고 있다. 예수께서는 정죄나 비난 없이 여인이 자신의 실존과 대면하고 메시아 소망을 표현하도록 했다. 자존감이 낮은 사람들은 때로 자신에게 가혹하고 혹독한 잣대를 들이댈 수 있다. 자기 비난을 멈추고 자신을 있는 그대로 받아들일 때 구원과 치유를 향한 열망도 표현된다.

④ 이 사람을 보라(요 4:29): 예수가 메시아라고 밝히자 여인의 삶은 완전히 바뀌었다. 물동이를 버려두고 동네로 들어가 그리스도를 증언한다. 복음서에서 예수께서는 상처 입은 자들을 받아들이고 그들에게 리훔이 되어주셨다. 이는 예수께서 세리와 죄인의 친구가 되시고(눅 7:34), 한센병

자에게 손을 내밀어 대시고(막 2:41), 옷에 손을 대어 치유 받은 여인을 부르시고(막 5:27-34), 뽕나무에 올라간 삭개오를 부르시고 그의 집에 들어가시고(눅 19:5), 눈물로 발을 적시고 발에 입 맞춘 여인에게 죄 용서를 선언하실 때(눅 8:48) 잘 나타났으며, 이는 치유와 변화의 통로가 되었다.

⑤ 나오는 말: 우리는 하나님의 형상으로 지어진 고귀한 존재이며, 하나님께서 사람이 되어 이 땅에 오시기까지 사랑하는 존재이며, 예수 그리스도의 십자가 보혈로 모든 죄를 씻어주신 성결한 존재이며, 주님과 함께 영원한 천국에서 부활할 선택받은 존재라는 복음의 네 기둥에 우리 자신을 묶어두고 인생을 살며 실수도 하고 어려움과 고난에 흔들리더라도 결코 떠내려가지 않고 소중한 존재임을 기억하자.

【성찰을 위한 질문들】

① 나의 긍정적인 면과 부정적인 면은 무엇인가? ② 다른 사람이 나에 대한 평가는 무엇인가? ③ 나를 소중히 여기기 위해 내가 할 것은 무엇인가?

3. 공감과 소통(비폭력적 대화)

【성경 구절】 요한복음 8장 2-11절

【교육 내용】

① 들어가는 말: 트라우마의 고통은 릴레이셔널 홈이 있을 때 견딜만한 것이 된다. 릴레이셔널 홈은 자신의 아픔과 상처를 솔직하게 털어놓을 수 있는 관계로 깊은 정서적 '내주'를 표현한다. 릴레이셔널 홈이 된다는 것은 더디고 힘든 트라우마의 회복의 여정에 동행하고, 극심한 고통과 아픔에 참여하고 깊은 공감과 연대를 말과 행위와 삶으로 표현한다는 것을 뜻한다.

② 가슴으로 들을 때 보이는 당신(경청): 리홈이 되기 위해 중요한 것은 경청이다. 돌봄에서는 '무슨 말을 할까'가 아니라 '얼마만큼 들을 수 있는가'가 핵심이다. 대체로 대화에서는 언어(단어나 말)는 7%, 청각언어(목소리 크기, 속도, 어조)는 38%, 시각 언어(시선, 몸짓, 표정)는 55%를 차지한다고 한다. 이는 언어정보보다 비언어정보가 압도적으로 중요하며(93%)말하는 내용 자체보다 말을 전달하는 목소리나 얼굴 표정이 훨씬 더 중요하다는 것을 뜻한다.

③ 몸을 굽히사(요 8:6, 공감과 소통의 자세): 리홈이 되기 위해서는 첫째, 나의 가치관과 판단을 내려놓고 있는 그대로 상대방을 바라보고, 둘째, 상대방을 연민의 마음으로 대하며, 셋째, 나의 공감의 마음을 상대방도 느낄 수 있도록 노력해야 한다. 서기관과 바리새인들이 간음한 여인을 데려와 앞에 세웠을 때 예수께서는 몸을 굽히시고 땅에 무언가를 쓰셨다. 몸을 굽히신 행위는 앞에 선 여인의 비참한 마음을 몸으로 표현한 것이라고 해석할 수 있다. 리홈이 되기 위해서는 다른 이의 처지와 형편과 마음으로 내려갈 수 있어야 한다.

④ 비폭력적 대화: 리홈이 되기 위해서는 자신의 공감의 마음을 효과적으로 전달할 수 있어야 한다. 이를 위해서는 비폭력대화(Non-Violent Communication)에 따라 훈련하는 것이 도움이 된다. 1960년대 마샬 로젠버그가 개발한 비폭력대화는 세계 분쟁과 갈등 상황을 조절하고 해소하는 방법으로 널리 사용되어왔다. 비폭력대화는 관찰, 느낌(관찰에 대한 자신의 감정을 인지하고 표현), 필요/욕구(감정 기저에 있는 나의 깊은 욕구 알기), 요청/부탁(상대방이 해주기를 바라는 것을 구체적으로 표현하고 요청)의 4단계로 이루어지는데, 간단하지만 효과적으로 대화하고 진술한 관계를 맺기 위해 매우 유용하다.

⑤ 성령의 기도에 동참함: 또한 리홈이 된다는 것은 성령의 탄식하는 기도를 듣고 함께 그 기도를 드리는 것이다. 우리는 어떻게 기도해야 할지 알지 못하지만, 성령께서 우리를 대신하여 하나님의 뜻을 따라 말할 수

없는 탄식으로 간구하신다(롬 8:26-27). 트라우마로 고통당하는 사람들 안에서 성령께서 무슨 기도를 하실까 물으면서, 그들 안에서 탄식하며 간구하시는 성령의 기도에 우리의 생각과 기도를 연합시킬 때, 우리는 그들에게 리홈이 되어줄 수 있다.

⑥ 나가는 말: 경청과 공감과 소통은 리홈이 되는 핵심 요소이다. 신실한 동행과 진실한 사랑과 끊임없는 인내로 리홈이 되어줄 때 돌보는 이는 상처 입은 이를 회복하고 치유하시는 하나님의 은혜와 자비의 통로가 된다.

【성찰을 위한 질문들】

① 나의 상처를 솔직하게 이야기할 수 있는 리홈이 있는가, 또 누구인가? ② 내가 받은 지지와 사랑의 경험은 무엇인가? ③ 가정이나 교회가 리홈이 되기 위해 필요한 일은 무엇인가?

4. 리홈 공동체

【성경구절】마가복음 3장 31-35절; 참조. 마가복음 2장 1-12절
【교육 내용】

① 들어가는 말: 심리학자들은 '자기'(self)는 타인과의 관계 안에서 발전하고 아이는 성장할 때까지 타인의 '자기'에게 의지하며, 타인의 '자기'를 마치 자신의 것처럼 생각하고, 성인의 감정조절 능력을 자기의 것으로 내재화 한다고 가르친다. 따라서 어린 시절에 누구와 함께 지냈는지, 그들이 어떻게 바라보고 어떤 태도로 대했는지가 자신을 바라보는 틀과 자기 자신이 될 수 있다. 이러한 의미에서 가족은 '자기'를 형성하는 토대가 된다.

② 내 어머니와 형제들을 보라(막 3:34): 가족이 항상 긍정적인 영향을 미

치는 것은 아니다. 가족에서 무관심과 정서적 학대와 신체적 폭력이 일어날 수 있고, 가족 안에서 겪은 고통과 트라우마는 일생동안 지울 수 없는 상처를 남긴다. 예수의 어머니와 형제들이 예수께로 왔을 때 예수는 둘러앉은 자를 보시며 '내 어머니와 형제들을 보라'고 말씀하셨다. 이는 혈연적인 가족 제도를 넘어선 하나님 나라의 가족을 보여주며, 이제는 하나님의 뜻대로 행하는 자들이 새로운 가족으로 맺어진다는 것을 나타낸다. 교회는 새로운 가족으로 리홈 공동체가 되어야 한다. 교회는 예수께서 행하셨듯이 목자 없는 양과 같은 민중을 보고 깨어지고 아파하는 마음으로 가르치고 복음을 전파하고 모든 질병과 연약함을 치유하는 공동체가 되어야 한다(마 9:35-36).

③ 그들의 믿음을 보시고(막 2:5): 예수께서 가버나움에 오셨을 때 사람들은 네 사람에게 중풍병자를 메워 예수께 데려갔다. 안으로 들어갈 수 없게 되자 그들은 지붕을 뜯어 구멍을 내고 중풍병자를 내려놓았다. 예수께선 '그들의' 믿음을 보시고 중풍병자에게 죄 용서를 선언하시고 치유해주셨다. 중풍병자 한 사람을 위해 사람들이 함께 노력했다. 지붕을 뜯고 내리는 한결같은 마음과 사랑이 있었기에 치유와 회복의 기적이 일어났다. 이는 리홈 공동체로서 교회의 모습을 잘 보여준다.

④ 리홈 공동체: 교회는 그리스도의 몸이요, 각 사람은 그리스도의 지체이며, '한 지체가 고통을 받으면 모든 지체도 함께 고통을 받고, 한 지체가 영광을 얻으면 모든 지체도 함께 즐거워한다'(고전 12:26). 우리는 서로 짐을 지고(갈 6:12), 서로 뜨겁게 사랑하며(벧전 1:22, 4:8), 친구를 위해 목숨을 내놓으신 그리스도처럼 형제를 위해 목숨을 버리고(요 3:16) 즐거워하는 자들과 함께 즐거워하고 우는 자들과 함께 울어야 한다(롬 12:15). 이러한 리홈 공동체의 사랑은 교회 안에서뿐만 아니라 모든 사람에게로 확대될 수 있다.

⑤ 나가는 말: 리홈이 있을 때 트라우마는 치유되고 변화된다. 리홈은

하나님의 기적을 매개하는 통로이다. 리홈 공동체를 이룰 때 하나님 나라가 구체적으로 현존하며 교회는 하나님 나라의 표지가 될 것이다. 더 나아가서 이는 믿지 않는 이들에게 그리스도와 하나님 나라를 전하는 증언이 될 것이다.

【성찰을 위한 질문들】

① 우리 교회는 리홈 공동체와 얼마나 가까운가? ② 우리 교회가 리홈 공동체가 되기 위해 가장 필요한 일은 무엇인가? ③ 비신자에게 리홈이 되기 위해 교회가 할 일은 무엇인가?

III. 리홈 되기

이제 교회 안에서 어려움과 고통을 겪는 지체들을 실제적으로 돌보는 방법을 제시하겠다.

1. 목회 돌봄의 의미와 한계

목회 돌봄은 첫째, 고통을 겪는 교인이 새로운 통찰을 얻어 문제에 고착되지 않고 앞으로 나아가고, 둘째, 그를 안전하고 든든하게 지지해주며, 셋째, 필요에 따라 전문가에게 도움을 받을 수 있도록 준비시키는 일을 한다. 교인들은 문제가 생길 때 무조건 목회자를 찾아오는 경향이 있기 때문에 목회자는 자신의 한계를 인정하고 도울 수 있는 부분을 돕고, 필요할 경우 전문가의 도움을 받아야 한다. 예를 들면 목회상담을 전공했더라도 목회현장에서 목회자의 임무는 돌봄의 차원이고 상담을 요구하는 문제는 전문가에게 의뢰하는 것이 적절하다. 따라서 목회자는 신뢰하고 교인들을 맡길 수 있는 전문기관과 전문가를 미리 알아두어야 한다.

목회 돌봄에서 특히 주의를 기울여할 사항은 비밀보장과 경계 지키기이다.

① 비밀보장: 목회 돌봄이나 다른 관계에서 알게 된 교인들의 공적이고 사적인 정보에 대해 비밀보장이 중요하다. 비밀보장을 교인들에게도 가르치고 목회자 스스로도 실천해야 한다.

② 경계 지키기: 이는 단순히 이성 교인과 단 둘이 있는 자리를 피하고, 심방에는 가능한 한 사모/사부를 동행해야 한다는 것만 뜻하지 않는다. 과도하게 돌봄을 요구하는 교인들에게는 자신을 이타적으로 희생해야 한다는 비현실적인 기준이 아니라 교인의 요구의 성격과 그에 대한 반응을 면밀히 살피고 인식해야 부적절한 관계를 피할 수 있다. 또한 교인이 목회자와의 약속을 잊고 취소하고 무관심하거나 책임을 회피하는 경우 목회자와 교인의 관계는 유지하되 일방적이고 지나친 돌봄의 관계는 계속하지 않는다고 결정을 내릴 필요도 있음을 인지한다.

2. 슬픔과 상실

슬픔은 중요한 상실에 대한 지극히 정상적인 감정반응이다. 슬퍼하기를 거절하거나 슬픔을 당한 사람을 돌보아줄 사람을 찾지 못할 때 비정상적인 슬픔이 비롯된다. 슬픔은 우주적이고 피할 수 없는 것이고 슬퍼하는 것은 궁극적으로 슬픔을 당한 사람이 다시 만족스럽고 풍성한 삶을 살도록 하는 의도적인 작업이다.

【상실로 슬픔을 겪는 이를 돌보는 방법】
① 상실 이후 충격에 의한 무감각과 감정적 단절 등으로 일상의 업무나

작은 결정도 버겁게 느껴질 수 있다. 우선적으로 결정할 일과 잠시 미루어도 되는 일을 구분해서 중요한 변화를 일으키는 결정을 가능한 최대로 미루도록 지지하고 격려하는 것이 유용하다.

② 상실을 겪고 슬퍼하는 이는 상처를 받기 쉬운 상태이므로 그에게 불이익을 끼친다고 판단이 될 때 단호한 대변인의 역할을 하면서 보호하는 것도 필요하다.

③ 슬픔 작업을 돕는 일은 대부분 들어주면서 옆에 있어주는 과정이다. 침묵을 두려워하지 않고, 고통과 혼란을 겪는 동안 표출되는 격렬한 감정 표현을 비난하지 않고 격려하며 때로 든든한 버팀목이 되어주는 것이 필요하다.

④ 슬픔 작업에는 필연적으로 "왜 나에게 이런 일이 일어났을까?"하는 질문이 표현되는 것이 포함된다. 목회자나 돌보는 자는 너무 손쉬운 대답이나 가벼운 답변을 주지 않도록 주의해야 한다. 고통 받고 있는 사람 곁에서 고통에 귀 기울이는 돌보는 자의 모습에서 자신의 상실의 아픔과 고통 한가운데 임재하시는 하나님을 발견하도록 돕는 것이 필요하며, 이러한 과정에서 스스로 상실로 인한 고난의 의미를 찾아갈 때 슬픔 작업은 완성될 수 있다.

【상실의 여섯 가지 유형】
① 물질적인 상실: 애착이 형성된 친숙한 장소나 사물의 상실.
② 관계의 상실: 상대방과 이야기하고 감정과 사랑을 나누고 만지고 싸울 기회의 상실.
③ 내부심리적인 상실: 감정적으로 중요한 자신의 이미지 상실(미래 계획 포기, 꿈의 좌절)
④ 기능적인 상실: 신체의 근육이나 기능의 상실(청각, 시력, 기동성, 자치성의 상실)

⑤ 역할의 상실: 사회적 역할이나 지위의 상실.

⑥ 체제의 상실: 기존 체제가 예전 같지 않다고 느끼는 상실(결혼으로 분가할 때, 친밀한 관계를 나누어도 예전 집안 분위기와는 다른 느낌을 가진다)

【상실의 가변적 요소】

① 피할 수 있는 상실/ 피할 수 없는 상실: 선택에 의한 피할 수 있는 상실도 있다.

② 일시적 상실/ 영구적 상실: 일시적 상실로 인한 고통은 감내하기 쉽다. 반면 언젠가는 다시 만나리라는 생각에 끝나지 않은 상실감을 일으킬 수도 있다(예. 세월호 미수습자 가족)

③ 실제적 상실/ 상상적 상실: 자녀들이 매주 찾아오는 경우에는 노인이 자식이 자신을 버렸다고 불평한다면, 이는 바라는 것을 자녀들이 다 들어주지 못했다는 상상적인 상실감이다.

④ 예측된 상실/ 예측하지 못한 상실: 예측된 죽음의 경우 관계를 회복할 기회를 가질 수도 있고 고통을 솔직하게 터놓을 기회를 얻을 수 있다.

⑤ 떠나는 상실/ 남겨진 상실: 남겨진 사람은 상처와 분노를 경험하고 떠난 사람을 비난한다. 죽음의 경우에도 그의 선택이 아니었다고 이성적으로 이해하지만 감정적으론 버림받았다는 느낌을 가진다. 떠나는 사람의 경우엔 종종 죄의식이 있고, 때로 버림받은 느낌도 갖는다.

3. 중독

중독은 육체적, 정신적, 영적인 질병으로 이해되어야 한다. 중독의 정의는 다음 세 가지로 정리된다. ① 문제 행위(술, 마약, 게임, 도박)를 한다. ② 문제 행위로 인해 건강, 가족관계, 사회생활, 직업, 법적인 측면에서 문제가 발생한다. ③ 이런 문제가 발생함에도 계속 문제 행위를 지속한다.

【중독자를 도울 때 주의할 점】

① 중독의 문제를 다룰 때에는 과거의 원인을 현재의 문제와 연결시키는 일반적인 상담 기법이 효과적이지 않을 수 있다. 왜냐하면 중독의 이유나 원인을 물을 때 중독이 될 수밖에 없는 이유와 핑계를 대면서 중독의 문제와 대면하지 않을 수 있기 때문이다.

② 중독자는 자신의 약한 의지를 탓하며 낮은 자존감, 죄의식, 수치감을 경험한다. 따라서 도덕적이나 종교적으로 죄의식을 느끼게 하거나 설교나 충고로 변화시키려는 시도는 거의 효과가 없다. 변화시킨다는 말보다는 회복이라는 말이 더 적절하다.

③ 중독자가 불행이나 실패에 대해 말할 때, 성급하게 상황을 낙관하거나 심각하지 않다고 격려하는 것은 적절하지 않다. 중독자 자신의 상황이 얼마나 자신을 힘들게 하는지 돌보는 자가 이해한다는 것을 느끼도록 하는 것이 중요하다.

④ 중독자라는 딱지를 붙이면 더 방어적이 될 수 있다. 중독으로 인해 생기는 생활의 문제, 그로 인해 겪는 어려움을 지적하는 것이 더 효과적이다.

【익명의 알콜중독자들 12단계】

알콜중독 문제는 익명의 알콜중독자들(Alchoholics Anonymous)이 효과적일 수 있다. 목회 돌봄을 제공하는 자도 이러한 12단계의 내용을 알 필요가 있다.

① 우리는 알콜에 무력했으며, 우리의 삶을 수습할 수 없게 되었다는 것을 시인했다.

② 우리보다 위대하신 '힘'이 우리를 본 정신으로 돌아오게 해 주실 수 있다는 것을 믿게 되었다.

③ 우리가 이해하게 된 대로, 그 신의 돌보심에 우리의 의지와 생명을 맡기기로 결정했다.

④ 철저하고 두려움 없이 우리 자신에 대한 도덕적 검토를 했다.

⑤ 우리의 잘못에 대한 정확한 본질을 신과 자신에게 그리고 다른 어떤 사람에게 시인했다.

⑥ 신께서 이러한 모든 성격상 결점을 제거해주시도록 완전히 준비했다.

⑦ 겸손하게 신께서 우리의 단점을 없애주시기를 간청했다.

⑧ 우리가 해를 끼친 모든 사람의 명단을 만들어서 그들 모두에게 기꺼이 보상할 용의를 갖게 되었다.

⑨ 어느 누구에게도 해가 되지 않는 한, 할 수 있는 데까지 어디서나 그들에게 직접 보상했다.

⑩ 인격적인 검토를 계속하여 잘못이 있을 때마다 즉시 시인했다.

⑪ 기도와 명상을 통해 우리가 이해하게 되 ??로의 신과 의식적인 접촉을 증진하려고 노력했다. 그리고 우리를 위한 그의 뜻만 알도록 해주시며, 그것을 이행할 수 있는 힘을 주시도록 간청했다.

⑫ 이런 단계의 결과, 우리는 영적으로 각성되었고, 알콜중독자에게 이 메시지를 전하려고 노력했으며, 우리 일상의 모든 면에서도 이러한 원칙을 실천하려고 했다.

4. 가정폭력

가정폭력은 "남편과 아내, 부모와 자녀, 형제자매 및 기타 동거가족을 포함한 가족구성원 중의 한 사람이 다른 구성원에게 의도적으로 물리적인 힘을 사용하거나, 정신적인 학대, 재산상의 손해 등을 통하여 고통을 주는 행위"라고 정의된다.

【가정폭력 피해자 돌봄】

① 목회자는 가정폭력의 피해가 있다고 느껴지는 경우 직접적으로 질문하는 것이 좋다. 목회자에게 상담을 요청해도 가정폭력의 문제보다는 결혼, 부부 갈등, 자녀 문제를 언급하는 경향이 있다. 교인의 사정을 잘 알면 알수록 효과적으로 도움을 줄 수 있으므로 가능한 한 많은 정보를 수집하고, 가족 관계 질문을 하면서 자연스럽게 중독이나 가정폭력에 대해 질문할 수 있다. 폭력 상황을 인정하지 않더라도 후에 이 문제도 목회자가 다룰 수 있다는 신뢰를 준다.

② 피해자에겐 연민과 지지로 힘을 실어주어야 한다. 가정폭력 피해자는 수치심으로, 모든 일이 자신의 잘못이라는 비난 때문에, 혹은 자신의 말을 믿지 않을까봐 털어놓기를 꺼려하고 두려워한다. 그동안 감춰놓았던 이야기를 할 때에는 이를 일단 믿어주고, 피해자가 처한 상황의 심각성을 인식하고 그의 경험을 존중해야 한다.

③ 폭력은 전적으로 가해자 책임이라는 것을 확인시켜 준다. 가해자는 피해자가 잘못해서 폭력이 일어난다고 강조하고, 또 피해자도 알게 모르게 이러한 비난을 내면화시킬 수 있다. 목회자는 이러한 인식에 맞서 어떤 이유에서도 학대 받아 마땅한 일은 없고 어떤 경우에도 학대는 용납되지 않는 행위임을 깨닫게 하고 이렇게 대우 받을 이유가 없다는 것을 계속해서 강조해야 한다. 피해자는 시간이 지나면서 믿기 시작한다.

④ 상담은 절대 비밀보장이 되며, 도움을 청하러 왔다는 사실을 가해자에게 말할지 않을 것을 확신시킨다. 또한 비록 과거에 받은 학대 때문에 도움을 구하더라도 현재에도 학대가 일어날 가능성이 있다는 것을 염두에 두고 학대가 계속해서 일어나지 않도록 유의한다.

⑤ 피해자는 자신의 경험을 털어놓으면서 수치를 경험한다. 그래서 자신의 고통과 어려움을 이야기한 다음에 피하거나 냉담해지거나 폐쇄적이

될 수 있다. 이러한 경우 목회자는 혼란스러운 느낌을 갖고 더 많은 이야기를 털어놓도록 압박할 수 있지만, 이러한 반응이 수치심에서 나왔다는 것을 이해할 필요가 있다.

【가정 폭력과 교회】

① 가해자가 교인이라면 권면, 돌봄과 함께 치리가 필요하다. 가해자를 돌볼 때에는 변명을 받아들이지 않고, 우회적인 표현보다는 직접적으로 표현하는 것이 좋다('어떤 경우에도 폭력은 잘못되었고 도움이 필요하다' 등). 분노나 감정이 올라오기 시작하면 즉시 자리를 피하고 감정을 가라앉힐 것을 요구해야 한다.

② 교회 차원에서 전 교인을 대상으로 가정폭력에 대한 특강과 세미나를 연다. 가정폭력에 대한 잘못된 생각이나 견해를 바로잡고 가정폭력의 문제를 터놓고 이야기할 수 있는 분위기를 만들어 교회 안에 이러한 가정이 있을 때 이에 대해 민감하게 대응할 수 있는 공동체를 만든다.

5. 자살 예방

2016년 우리나라에서 자살로 죽은 사람은 13,092명으로 하루 평균 약 36명이 자살로 삶을 마감했다는 것을 뜻한다. 자살은 2016년 사망 원인의 5위에 해당하지만 10대~30대 사망 원인의 1위를 차지한다. 또 30%의 학생들이 1년간 평균 4번이나 죽고 싶다는 생각을 했다고 한다. 2017년 대한민국 13세에서 19세까지의 청소년들의 자살 생각, 자살시도 원인 중 39%는 성적문제와 학교문제라고 한다면, 경쟁교육, 학교폭력, 왕따와 같은 죽음의 문화를 극복하고 생명의 문화를 정착시키는 것이 중요하다.

【자살 경고신호를 보내는 사람과 대화할 때 범하기 쉬운 실수】

① "죽고 싶다" "더 이상 살고 싶지 않다"는 말을 들을 때 무시하거나 회피하기. 친구나 동료가 자살을 암시할 때 종종 당황하거나 놀라는 경우가 많고 불안감 때문에 대화 내용 자체를 무시하거나 언급을 피하면서 불안을 없애려고 한다.

② 상대방의 말의 의미나 상태의 심각성을 축소하기. "너무 힘들어서 하루에도 몇 번씩 자살을 생각해"란 말에 "요즘 기분이 좀 가라앉았구나"라는 말로 상황을 축소할 수 있다.

③ 시기상조의 충고와 조언 하기. 이는 교사나 목회자가 흔히 범하는 실수로 "죽으면 편할 것 같다"는 말을 들을 때, "네가 살아야 할 이유가 얼마나 많은데...", "죽으려는 독한 마음으로 이를 악물고 살아봐라.", "하나님이 함께 하시니 힘내라"라는 등의 충고와 조언을 준다. 이러한 충고는 맞는 말이고 언젠가는 힘을 줄 수 있지만, 당장 힘들어서 죽게 되는 사람에게는 "이 사람도 결국 나의 고통을 이해하지 못하는구나", "이 세상에 내 고통을 알 사람은 없어"라고 답답함을 느끼게 하고 더 절망스럽게 만들 수 있다.

【자살 경고신호를 보내는 사람과 대화할 때 도움이 되는 태도】

① 공감적으로 듣기. 공감은 상대방의 입장에서 상대방의 마음과 상태를 헤아리는 것이다. 청소년의 경우 자살 이유와 호소 내용이 어른의 입장에선 별로 중요하지 않거나 사소한 일로 여겨질 수 있는데, 청소년의 시각과 입장에서 문제를 보려고 노력하는 것이 중요하다. "자살 외엔 다른 길이 안 보일 정도로 고통스럽고 절망적이구나" 혹은 "이런 상황에서 네가 혼자 버틴다는 것이 정말 힘들었을 것 같다" 와 같은 반응처럼 상대방의 이야기를 주의 깊게 경청하고 그 사람이 경험하는 절망, 고통, 무의미를 이해하려고 노력하고 공감적 반응을 해야 한다.

② 구체적인 질문으로 상황의 심각성을 파악하기. 자살계획 즉 자살 방법("자살 방법에 대해 생각한 것이 있느냐?"), 자살 시기와 장소("언제 어디서 할 생각이야?"), 자살시도("정말 실행에 옮길 것 같아?")에 대해서 물을 수 있다. 직접 자살이란 단어를 사용한다고 해서 더 자살하려는 의지를 강하게 만들지는 않으며, 오히려 자신의 상황의 심각성을 알아준다는 생각에 안도감을 느끼고 더 솔직하게 자신의 마음을 털어놓을 수도 있다.

③ 위기 상황이라면 즉각적으로 전문기관에 알리고 안전하게 인도될 때까지 곁에 머물면서 함께 있어주기. 자살하려고 하는 사람을 달래고 잠시 홀로 두고 가족과 병원에 연락을 취하는 동안 자살을 시도하는 경우도 있다. 전문 심리치료 과정에선 생명사랑 서약서를 작성하도록 도울 수 있다. 이는 상담 받는 동안엔 자살하지 않고 자살 생각이 들 때 우선적으로 상담자에게 알리고 도움을 요청하겠다는 내용을 포함하는데, 서약서 자체가 자살 시도를 막기보다는 내담자의 안전을 염려하며, 그 생명을 지키는 것이 최우선이며, 그 생명을 유지하기 위해 모든 노력을 다하겠다는 상담자의 의지를 표현하기 때문에 유용하다.

6. 가족의 돌봄

현대사회에서는 비혼, 이혼, 재혼이 증가하여 가족의 형태가 매우 다양해졌다. 따라서 목회자는 변화하는 가족 형태에 대한 충분한 이해를 지니고 결혼과 가족을 돌봐야 한다. 결혼과 가족을 돌볼 때 중요한 사항은 다음과 같다.

① 결혼과 가족의 돌봄은 개인뿐만 아니라 세대를 돌보는 것이므로, 목회자는 부부에게 결혼은 이전 세대와 다음 세대에 대한 돌봄을 필요로 한다는 것을 깨우쳐주어야 한다.

② 전통적인 견해는 결혼 제도 등 가족의 구조에 초점을 두었지만, 현

대의 목회 돌봄에서는 구조보다 기능을 강조한다. 곧 구조가 완전한 삶을 위해 필요하지만, 구조 자체는 목적이 아니고 완전한 인간의 삶을 촉진하는 도구이다. 목회 돌봄은 구조 자체를 유지하는 것만으로 끝나지 않고 건강한 가족 구조, 돌봄의 구조를 만들어내는 것을 목표로 둔다.

③ 고통의 시기에 있는 가족을 돌볼 때, 목회자의 임무는 가족을 치료하는 것이 아니라 가족 안에 돌봄의 구조를 만드는 것이다.

④ 가족을 돌볼 때는 개인의 돌봄보다 더 적극적인 구조화와 인도가 필요하다. 가족 돌봄에선 가족 전체를 불러 모으는 것이 중요하며, 한 사람이 아니라 가족 전체가 문제라는 입장에서 접근해야 한다. 가족 구성원이 모두 모여 다른 구성원이 듣는 자리에서 직접 자신의 이야기를 나눌 수 있도록 노력해야 한다.

부록: 리홈 공동체를 위한 활동들

1. 활동: 트라우마와 우리 삶을 연결시키기

인생을 살면서 경험한 트라우마를 일으킬 수 있는 사건들을 떠올리고 이에 대한 자신의 반응을 확인하기 위해 다음 표를 활용할 수 있다.

트라우마 사건	직접 경험/목격	생명 위협 여부	나의 반응
전쟁			
자연재해 (홍수, 화재 등)			
각종 사고 (차사고, 화재 등)			
18세 이전의 원치 않은 성적 접촉			
성인 이후 원치 않던 성적 접촉			
성폭행			
아는 이의 폭행/협박(가정폭력)			
모르는 이의 폭행/협박 (강도, 상해)			
납치 수감 및 고문			
사랑하는 사람의 갑작스런 혹은 예상치 못한 죽음			
제도적이고 지속적인 차별			
기타			

2. 자기 감정을 인지하고 표현하기

【활동 1: 자기 감정 인지】

불편한 감정을 느낄 때, 대체로 이러한 감정에서 빨리 벗어나려고 하고 감정을 무시하고 잊어버리려는 경향이 있다. 이러한 방식은 일시적으로는 도움을 줄 수 있지만, 해결되지 않은 감정이 상황을 더 악화시키거나 다른 문제를 일으킬 수 있다. 또한 불쾌하거나 유쾌한 모든 감정에서 점점 더 무감각해지고, 결과적으로 삶의 잠재적인 풍요로움과 자신의 마음 깊은 곳에 있는 치유의 잠재력에서 차단될 수 있다. 단순히 감각에 주의를 기울이기만 해도, 넓은 감정의 세계로 다시 연결되고 살아 있다는 경이로움을 온전히 느낄 수 있다.

다음 순서에 따라 자신의 감정을 느껴보고 이를 반복하면서 훈련하자.
① 하던 것을 멈추고 잠시 움직이지 말고 조용히 침묵한다.
② 지금 몸의 상태에 주의를 기울인다(예를 들면 어깨 뭉침/ 배의 울렁거리거나 미식거림/ 입이 꽉 다물어지고 턱이 굳어짐/ 숨을 참고 있거나 숨이 막힘 등)
③ 지금 느낌을 알아챈다(예를 들면 화가 남/ 슬픔/ 분노/ 실망/ 외로움/ 무서움 등)
④ 집중하기 어렵거나 불편하게 느껴지더라도 이 사실을 수용하고 인지한다.
⑤ 천천히 긴장을 푼다.

【활동 2: 자동 조정 상태 벗어나기】

우리의 마음은 반복적인 학습을 거쳐 무의식적 유능 단계가 되면, 시간이 지나도 학습한 정보가 계속해서 유지된다. 이는 관계 맺기에도 적용된다. 과거에 익힌 관계의 유형이 무의식적으로 자동적으로 다른 관계를 맺을 때에도 습관적으로 재현될 수 있다. 상황이 달라졌고 대상이 달라졌는데도 이를 깨닫지 못하고 늘 하던 방식으로 반응할 수 있다. 자신의 자동적인 습관을 인지하고 변화를 만들어가기 위해서는 일상 활동을 음미하고 성찰하는 과정이 필요하다.

① 건포도 먹기

(활동) 손바닥에 건포도를 올려놓고 이전에 한 번도 본적 없는 것처럼 관찰하기(시각)/ 뒤집어 보기도 하고 손바닥에 굴리기도 하면서 관찰하기(촉각)/ 냄새 맡아보기(후각)/ 입안에 넣고 씹지 말고 가만히 있으면서 혓바닥의 느낌에 집중하기, 씹기(미각)/ 삼키려는 의도를 알아채면서 천천히 삼키고 위장으로 내려가는 것을 느끼기.

(질문) 어떤 감각과 감정을 알아차렸는가/ 평소 먹던 경험과는 어떻게 다른가?/ 건포도 먹기연습을 하는 동안 마음은 어디에 있었는가?(마음이 방황하는 것은 흔한 일이다.)

② 다른 일상 활동으로 연습

(활동) 아침에 일어나기/ 샤워한 후 몸의 물기 닦기/ 옷 입기/ 커피 내리기/ 설거지하기/ 운전하기/ 쓰레기 버리기/ 집으로 들어오기/ 식사하기

(지침) 적어도 한 번의 식사시간에 혹은 식사 도중에 연습해보기.

3. 가계도(Genogram)

가족체계이론의 한 부분으로서 보웬(M. Bowen)이 개발한 가계도는 최소한 3세대까지 가족관계를 확장해서 가족성원에 관한 정보와 상호 관계를 그림으로 기록하는 작성법이다. 가계도는 가족에 대한 정보, 가족관계, 가족문제, 관계 유형 등을 한눈에 알아 볼 수 있음으로 유용하다.

【가계도에 기록되어야 할 사항】

① 각 가족의 이름(혹은 애칭): "대들보/기둥," "망난이/철부지," "공주/왕자," "미련 곰탱이," "할아버지와 똑같다/ ○○○와 풀빵이다"와 같은 표현

은 종종 그 사람이 취했으면 하는 역할이나 모습에 대한 가족들의 바람이 나타나며, 가족에서 받는 특권이나 불이익을 표현할 수 있다.

② 출생, 사망, 질병, 결혼 일시(연월일): 생일, 기일이나 모든 의식은 감정과 밀접히 연관된다. 우연의 일치로 겹치는 일들을 살핀다(예를 들면 첫아이의 탄생, 승진, 사춘기, 주요 가족들의 죽음 등의 사건을 겪은 후 6개월 내지 1년 사이에 일어난 일)

③ 가족관계 형태: 친하고 소원한 관계, 분노, 갈등, 긴장 등이 세대를 통해 다루어진 방식

④ 가족 비밀: 중독, 외도, 가정폭력, 이혼, 정신병력, 유산, 임신중절, 혼외자녀, 근친강간, 원치 않는 임신, 경제적 어려움, 자살 등

⑤ 지리적 위치와 결합력: 지리적 거리에 대한 문화 혹은 가족의 규율. 지리적 거리감의 이유(직장, 건강, 가족관계).

⑥ 종교: 가족의 종교, 신력, 종교 갈등

【가계도 기호 표기 요령】

① □ 남성, ○ 여성, M 기혼, ｜ 자손, D 이혼, S 별거, X 사망 (사망일 기록)

② 출생일은 기호의 왼쪽 위, 사망일은 기호의 오른쪽 위에 기입.

③ 연령은 기호 안에 숫자로

④ ─ 결혼관계, ---- 동거 또는 내연관계, // 이혼관계 또는 심리적 단절, / 별거관계

⑤ 결혼 연도기록 (M. 91)와 이혼 연도기록(D. 03)

⑥ 자녀는 왼쪽부터 출생 순서대로 실선으로 표기(─)하고 입양/위탁아동은 점선 표기(----)

⑦ 중심인물은 진한 굵은 선으로 표시(─), ● 자연유산, × 낙태(인공유산)

⑧ 갈등관계는 지그재그선. 함께 사는 건 점선으로 울타리

⑨ 현재 가족에서 나타나는 문제나 반복된 유형(중독, 폭력, 이혼, 낙태, 종교

4. 비폭력대화

【활동 1: 소통을 방해하는 요소 찾기】

일상에서 쓰는 말 가운데 다음에 속하는 말들을 찾아본다.

① 판단하는 말: 자신/ 다른 사람

② 강요하는 말: 자신/ 다른 사람

③ 당연시하는 말: 자신/ 다른 사람

④ 책임을 부인하는 말: 자신/ 다른 사람

⑤ 비교하는 말: 자신/ 다른 사람

【활동 2: 드러나지 않는 욕구 추측하기】

문장을 읽고 안에 드러나지 않은 욕구(안전, 이해받기, 사랑, 신뢰, 존중, 공감, 사랑, 유능감, 수용, 즐거움, 배려 등)가 무엇인지 추측한다. 예를 들면 "그 사람은 무책임해. 불참할 때 사정을 미리 알려주기로 우리 모두 동의 했잖아"라는 문장에선 신뢰의 욕구, 존중받음의 욕구, 배려받기의 요구가 포함되어 있다고 말할 수 있다.

① 사람들이 아무 준비 없이 모임에 와서 시간만 때우는 거 보면 짜증 나고 화나.

② 이 모임 사람들은 정이 없어. 너무 차갑고 딱딱해.

③ 저 사람은 너무 자기 말만 길게 해. 그래서 다른 사람들이 말 할 시간이 부족해.

④ 회의시간이 정말 싫어. 지루하고 의미도 없어.

【활동 3: 부정을 긍정으로 바꾸는 연습하기】

우리가 어떤 것에 '아니오' 혹은 '싫어'라고 말할 때 실제로는 또 다른 어떤 것에 대해 '예' 혹은 '그래'라고 말하는 것이다. 예를 들어 모임 중 쉬는 시간에 함께 아이스크림을 먹으러 가자는 동료의 제안에 대해 내가 '아니오'라고 말한다면 그 이면에는 내가 안전하게 느끼는 장소에 남아있고 싶거나 잠시 동안 움직이지 않고 편하게 쉬고 싶은 나의 바람에 대한 '예'일 수 있다.

■ 당신이 누군가에게 '아니오'라고 말했던 사례를 2가지 이상 떠올려보고 당신의 '아니오' 뒤에 있던 '예'는 무엇인지 알아보자. 당신이 원했거나 필요로 했던 것을 긍정문의 형태로 표현해보자.

예) "우리 아이스크림 먹으러 갈까?" "아니. 안갈래." (난 오늘 좀 피곤해서 그냥 쉬고 싶어. 맛있게 먹고 와).

참고문헌

김정선. 『외상, 심리치료 그리고 목회신학』. 서울: 한국심리치료연구소, 2006.

_____. "임상심리학적 공감 개념과 공감의 신학적 의미." 「신학과 실천」 59 (2019), 507-536.

_____. "트라우마와 릴레이셔널 홈: 목회자와 사모 돌봄과 사암을 위한 개념적 틀." 「신학과 실천」 58 (2018), 389-416.

베셀 반 데어 콜크. 『몸은 기억한다: 트라우마가 남긴 흔적들』. 제호영 옮김. 서울: 을유문화사, 2016.

존 패튼. 『혼 돌봄의 목회: 본질적 가이드』. 윤덕규 옮김. 서울: 기독교문서선교회, 2011.

Hunter, Rodney. "What is Pastoral About Pastoral Theology? Insights from Eight Years Shepherding the *Dictionary of Pastoral Care and Counseling.*" *Journal of Pastoral Theology 1* (1991), 33-52.

Milgram, Noach. "War-related Trauma and Victimization: Principles of Traumatic Stress Prevention in Israel." In *International Handbook of Traumatic Stress Syndromes*, ed. John P. Wilson and Beverley Raphael, 811-820. New York: Plenum Press, 1993.

Pattison, Stephen. *A Vision of Pastoral Theology in Search of Words that Resurrect the Dead*, Contact Pastoral Monographs, no. 4. Edinburgh: Contact Pastoral Limited Trust, 1994.

Stolorow, Robert D. "A Phenomenological-Contextual, Existential, and Ethical Perspective on Emotional Trauma." *Psychoanlytic Review 102/1* (2015), 123-138.

Wuthnow, Robert. *Sharing the Journey: Support Groups and America's New Quest for Community*. New York: Free Press, 1994.

미주

1) Stephen Pattison, *A Vision of Pastoral Theology in Search of Words that Resurrect the Dead*, Contact Pastoral Monographs, no. 4 (Edinburgh: Contact Pastoral Limited Trust, 1994), 3.

2) 이는 목회신학의 정체성과도 관련된다. 헌터(Rodney Hunter)는 임상목회적 관점은 7가지 특성을 지니고 있다고 말한다: (1) 인생을 상처, 필요, 갈등, 좌절의 측면에서 보는 것; (2) 인간의 상황들을 인격적, 대인관계적인 관점에서 이해하는 것; (3) '행함, 행위'보다 '존재, 현존, 관계, 잠재성'을 우선시하는 것; (4) 인생의 불확실성, 깊이, 신비에 대해 특별히 관심을 두는 것; (5) '개념적인 추상'보다 '구체성'을 붙잡는 것; (6) 종교와 윤리적인 전망을 강조하는 것; (7) 학문적, 철학적, 신학적, 기술적 언어보다는 상징적, 신화적, 이야기적, 대화적 언어를 사용하는 것 (Rodney Hunter, "What is Pastoral About Pastoral Theology? Insights from Eight Years Shepherding the Dictionary of Pastoral Care and Counseling," *Journal of Pastoral Theology 1* [1991], pp. 33-52).

3) 여기서 트라우마의 개념이나 이론을 소개할 수는 없다. 졸저, 『외상, 심리치료 그리고 목회신학』(서울: 한국심리치료연구소, 2006)을 참조하라. 한국에서 이루어진 목회신학과 관련된 트라우마 연구는 "트라우마와 릴레이셔널 홈: 목회자와 사모 돌봄과 사암을 위한 개념적 틀," 「신학과 실천」 58 (2018), 389-416을 참조하라.

4) 트라우마는 스트레스와 대비된다. 스트레스가 사람이 일상적인 수준에서 견딜 수 있는 자극으로 항상성(homeostasis), 적응, 정상성과 관련된다면, 트라우마는 이 항상성의 상태가 깨지고 해리, 혼란, 이상심리와 관련된다. 극심한 스트레스는 정상적인 스트레스 수준과는 질적으로 다른 형태의 스트레스 반응을 낳는다. 그런데 개별적으로는 트라우마를 일으키지 않을지라도 반복되고 누적될 때에는 외상성 증상을 유발할 수 있고, 트라우마는 간접적으로 전이되고 세대를 이어 대물림되기도 한다.

5) '릴레이셔널 홈'이란 단어를 최초로 사용한 이는 스톨로로우(Robert D. Stolorow)이다. Robert D. Stolorow, "A Phenomenological-Contextual, Existential, and Ethical Perspective on Emotional Trauma," *Psychoanlytic Review 102/1* (2015), 123-138, 특히 124-25. 이에 대한 자세한 논의는 졸고,

"트라우마와 릴레이셔널 홈: 목회자와 사모 돌봄과 사암을 위한 개념적 틀"과 "임
상심리학적 공감 개념과 공감의 신학적 의미," 「신학과 실천」 59 (2019), 507-536
을 참조하라.

6) 여기서는 『외상, 심리치료 그리고 목회신학』, 157의 모델을 약간 보완했다. 모든
변수에 대한 더 자세한 설명과 참고 자료는 같은 책, 155-174를 참조하라.

7) 최근의 트라우마 연구에 대해서는 베셀 반 데어 콜크, 『몸은 기억한다: 트라우마
가 남긴 흔적들』, 제호영 옮김 (서울: 을유문화사, 2016)을 보라.

8) Noach Milgram, "War-related Trauma and Victimization: Principles of
Traumatic Stress Prevention in Israel," in *International Handbook of
Traumatic Stress Syndromes*, ed. John P. Wilson and Beverley Raphael
(New York: Plenum Press, 1993), pp. 811-820. 밀그람은 건강 유발적
(salutogenic) 관점과 병리 유발적(pathogenic) 관점을 구분했는데, 전자는 트
라우마에 노출되었지만, 정신적 심리적 건강에 기여하는 요인을 찾는다면, 후자
는 신체적 정신적 질병에 기여하는 요인을 탐구한다. 목회현장에서 트라우마를
다루는 것은 전자의 관점이라고 말할 수 있다.

9) 아우구스티누스는 『삼위일체론』에서 이러한 사상을 전개했다.

10) 대표적으로 Robert Wuthnow, *Sharing the Journey: Support Groups and
America's New Quest for Community* (New York: Free Press, 1994)를 보
라.

11) 존 패튼, 『영혼 돌봄의 목회: 본질적 가이드』, 윤덕규 옮김 (서울: 기독교문서선
교회, 2011), 50, 53

12) 위의 책, 82-85. 이하 목회 돌봄의 네 가지 주제─슬픔과 상실, 질병, 중독과 학
대, 결혼과 가족─를 서술할 때, 목회 매뉴얼이라는 본서의 성격에 맞게 트라우
마-리홈 관점에서 패튼의 핵심 가르침을 요약적으로 제시하고자 한다.

13) 위의 책, 97-99.

14) 위의 책, 99-101.

15) 위의 책, 118.

16) 위의 책, 116.

17) 위의 책, 122-123.

18) 위의 책, 124-125.

19) 위의 책, 127-129.

20) 위의 책, 135.

21) 위의 책, 142.

22) 위의 책, 144-147.

23) 위의 책, 147-149.

24) 조소현, 우종민, 김원 외, "'마음건강' 척도의 개발," *Journal of Korean Neuropyschiatric Association 50-2* (2011), 116-124. 마음건강척도는 이윤주 박사에게서 처음 소개받았다.

25) 네 가지 요인 모두를 합산한 정상인 평균은 50.5이고 환자 평균은 37.6이다. 이는 목회자의 자기 점검을 위한 간단한 도구일 뿐이며, 실제적으로 마음건강을 측정하기 위해서는 전문가의 도움을 받아야 한다.

26) https://www.women1366.kr/_sub03/sub03_01a.html (2019년 3월 17일 접속).

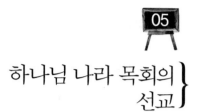

하나님 나라 목회의 선교

이범성 교수

I. 이론

1. 교회는 하나님 나라를 위해 존재한다.

1) 하나님 나라를 위한 목회가 되어야 한다.

하나님 나라 목회가 되어야 하는데 교회의 목회가 되었다? 교회는 예수께서 지상에서 시작하신 하나님 나라 증언과 증거, 즉 하나님 나라 선교를 계승하기 위해 이 땅에 존재한다. 교회는 하나님 나라를 위해 존재한다는 점이 여기서 중요하다. 하나님 나라를 선교하지 않는 교회는 그래서 그리스도의 교회라고 볼 수 없다. 예수께서 교회를 설정하신 목적에 위배되기 때문이다. 그 존재 이유에 맞게 합목적적으로 교회는 하나님 나라를 전하고 경험하면서 살아가도록 목회를 계획하고 진행해야겠지만, 자칫 목회는 하나님 나라에 대한 관심이 저조한 가운데 이기적인 목표를 세우고, 교회 구성원이나 교회 자체(단체)의 이기적 욕구를 충족하는 일에 만족할 수도 있다.

여기서 우리가 주의를 기울이고 싶은 것은 교회를 위한 일이 곧 하나님 나라를 위한 일이라고 보는 너무 단순한 견해다. 교회는 하나님 나라에 집중하지 않을 때에 참다운 의미에서 교회가 아니며, 그때에 교회가 하는 일은 하나님 나라와 상관없는 교회 자신의 일이 될 것이다. 교회가 하는 일이 어떻게 하나님 나라와 상관없는 일이 될 수가 있느냐는 물음이 바로 우리가 경계하는 단순한 견해이다.

설교를 하거나 예배를 드리거나 심방을 하거나 교제를 하거나 봉사를 하는 것 그리고 성경공부 시간을 갖고 주일학교를 운영하는 교회의 일들이 그대로 하나님 나라 선교가 될 수 없다. 설교는 하나님 나라에 대한 설교가 되어야 한다. 하나님 나라를 소개하고 드러내고 소망하게 하는 내용이어야 한다. 예수 그리스도의 세상에 오심과 더불어 이 세상에 하나님 나라가 시작되었고, 그가 성령을 보내심으로 교회가 하나님 나라를 증거할 수 있는 능력을 갖게 되었기 때문에 완성된 하나님 나라를 그가 다시 가지고 오실 때까지 교회는 증거하는 공동체로서의 사명을 다할 것을 교회의 구성원에게 설교해야 하는 것이다.

2) '예수의 복음'은 하나님 나라에 관한 것

『예언자적 대화의 선교』의 저자 베반스와 슈레더(R. Schroeder & S. B. Bevans)는 이천년의 교회가 예수의 복음을 전하기보다는 예수에 관한 복음을 전했다고 지적한다. 예수께서 선포하신 내용은 하나님 나라였는데, 예수의 사명을 이어받은 교회가 계속해서 하나님 나라에 집중하지 못하고 예수님은 누구신가에만 주목하다보니 결과적으로 예수께서 원하시던 바를 강조하지 못하고, 예수를 교회가 원하는 목적을 위한 방편으로 사용하였다는 것이다.

그렇다면 목회는 하나님 나라를 선교하기 위해 계획되어야 하겠는데, 과연 어떻게 하는 것이 하나님 나라를 선교하기 위한 목회계획이 되겠는지 살펴보는 것이 중요하다. 부연 설명하자면, 여기서 하나님 나라를 선교하는 목회라는 말은 교회의 여러 가지 기능 중에 해외선교 내지는 외부로 향하는 '선교'라고 명명되는 어떤 특정유형의 교회활동들을 목회의 중심으로 삼자는 말이 아니라, 교회의 존재목적을 하나님 나라 선교로 보고, 그 존재목적에 맞추어서 목회를 계획하자는 뜻이다.

3) '선교'와 '선교들'을 구분하는 하나님 나라

선교 개념에 대한 효과적인 이해와 구분을 위해서, 우리시대의 유능한 선교학자 데이비드 보쉬(David Bosch)는 교회의 존재목적인 하나님 나라 선교는 대문자 M을 써서 The Mission이라고 지칭했고, 교회가 하는 여러 일들 중의 하나로서 열거될 수 있는 해외선교, 국내선교, 특수선교, 학원선교, 혹은 선교회, 선교사, 선교비 등의 직접적인 선교행위들을 소문자 m을 써서 missions라고 이름 붙였다. 다시 한 번 하나님 나라를 위해 존재하는 교회의 관계를 설명하자면, 교회의 존재양식에는 예배하는 공동체, 친교하는 공동체, 교육하는 공동체, 봉사하는 공동체, 선교하는 공동체 등 여러 가지가 있겠지만, 이 모든 존재양식이 추구해야할 것은 각 존재양식 자체의 만족도를 높이는 것이 아니라 하나님 나라를 구현하는 것이기 때문에, 예배는 공동체가 하나님을 만나는 하나님 나라의 미리 맛봄, 설교는 하나님 나라에 대한 들음, 친교는 죄인이지만 구속함을 받은 성도들 사이에서 발생하는 하나님 나라의 새로운 질서, 즉 누구든지 크고자 하는 자는 섬기는 자가 되어야 하는 경험을 통한 하나님 나라의 미리 맛봄, 교육은 세상의 질서에 대한 하나님 나라 질서의 도전이자 응용, 봉사는 하나님 나라의 서로 섬김에 대한 선취하는 경험이고, 선교는 여기서 협의적 의미로서 하나님 나라에 대한 소식을 전도하는 일과 말로만 하는 것이 아니고 하나님 나라를 세상에서 실천하는 적극적인 행동인 것이다.

다시, 하나님 나라 선교를 위한 목회에 대해 이야기를 진전시키고, 그 다음에 하나님 나라 (선교를 위한) 목회를 위한 선교에 대해 다른 항목에서 진술을 해야겠다. 큰 의미에서 교회는 하나님 나라 선교를 위해 존재하는데 교회의 존재 목적 설정이 잘못되면 선교가 어려워진다. 이것은 단지 전도하는 일이 어렵게 된 현상만을 문제 삼자는 의도가 아니다. 어떻게 보면 전도하는 일이 쉬웠던 시대에 전도하기 어려운 상황들을 미리 만들어 나가고 있었기 때문에 전도하는 일이 어려운 시대가 오게 될 수 있는 것이다. 그러니 그것은 현재 교회의 권위가 사회에서 인정을 받고 있고 그 활동이 왕성하다고 해서 교회가 현재 선교를 잘 하고 있다고 단정할 수 없다는 말도 된다. 이 말은 역으로 현재 교회가 처한 상황이 어렵지만 그 것이 교회가 현재 잘못하고 있다는 판단의 근거를 제공할 수 없다는 얘기이고, 교회가 처한 상황 자체가 교회가 선교를 현재 잘 하고 있다 혹은 못하고 있다는 것을 판단하는 기준이 되지 못한다는 뜻이다.

4) 가나안성도가 모르는 '하나님 나라 공동체'

우리는 2019년 현재 한국 개신교인 일천만 중에 이백만이 기독교인이라는 정체성은 가지고 있지만 교회에는 출석하지 않는 소위 '가나안 성도'의 존재를 통계자료를 통해서 알고 있다. 이렇게 증가하고 있는 교회안 나가는 교인들을 시대의 경향으로 이해하자는 제안도 있으나, 교회가 단지 설교를 듣는 곳이거나 종교인의 소속을 밝혀주는 기관이라서가 아니라, 기독교인이 된다는 것은 세례를 통해 공동체의 일원이 되는 것이기 때문에 단지 새로운 신앙 유형이라고 인정하기에는 그 전에 기독교인이 무엇인지에 대해, 즉 기독교 신앙의 형성이 어떻게 이루어지는지를 확인해야 할 필요가 있다. 기독교인이 되는 세례는 뭇 성도들과의 연합이며, 그리스도를 머리로 인정하는 그 몸인 교회를 이루는 지체로서의 개인은 세례 이후 계속해서 반복되는 성찬예식을 통해서 한 몸을 이루는 신앙생활을 확인하고 있는 것이 기독교 신앙이기 때문이다.

교회에 소속되어서도 개인주의적인 신앙생활로 빠져들기 쉬운 개별화되어가는 생활 가운데에 있는 성도들이 교회를 떠나 혼자 신앙생활을 영위한다는 것은 무슨 말인지 생각해 보자. 먼저 믿음을 유지하며 기도할 것이다. 홀로 찬송도 부를 수 있을 것이다. 성경의 말씀을 묵상하고 주석서도 참고할 수 있다. 그러나 성도의 교제는 혼자서 할 수 없는 노릇이다. 무인도에서도 신앙생활이 가능하겠지만 교회를 등진 신앙생활은 성립되기 어렵다. 하나님 나라를 살아갈 수 있다는 것이 복음인데 그 복음을 누려야 할 공동체를 외면한 혼자만의 신앙생활은 하나님 나라를 경험하지 못한 채 하나님 나라를 안다고 말하는 것과 같다. 그렇다면 소위 '가나안 성도'를 하나의 신앙유형으로 인정하기보다는 왜 가나안 성도가 증가하는지, 교회는 어떻게 해야 가나안 성도가 줄어들게 할 수 있을지를 고민해야 한다.

5) 하나님 나라 대신에 교회만 있다.

"예수께서 이 세상에 오셔서 전하신 것은 하나님 나라인데 이 세상에 남은 것은 교회밖에 없다"는 르와시(A. Loisy)의 자극적 발언을 생각해 보자. 그 뜻은 교회가 하나님 나라를 보여주지 못하고 있다는 말일 것이다. 지난 이천년 동안 예수의 하나님 나라 운동은 놀라운 성과를 거두어서 그 운동의 계승자인 기독교회가 전 세계 곳곳에 산재해 있다. 어느 나라 어느 문화권에는 기독교전통이 자리를 잡은 지 오래다. 그러나 그러한 기독교 전통을 가진 지역들이 다시 전도와 선교가 필요한 장소가 되어서 기성 교회들로 하여금 소위 '선교적 교회' 운동을 불러일으키고 있는 실정이다. 이러한 비참한 기독교문화권의 현장은 앞에서 언급한대로 화려한 기독교문화권의 결과다.

그렇다면 화려한 교회들의 시대는 하나님 나라를 보여주던 교회들의 시대가 아니었을 것이다. 하나님 나라와 상관이 없거나 하나님 나라에 배치되는 교회들의 시대가 화려한 교회들의 시대였을 가능성이 높다. 르와시가 말한 하나님 나라 대신 교회 밖에 없는 시대가 바로 그 시대일 수 있다. 사실 르와시가 이 말을 했던 시대는 지금과 같이 어려운 형편으로 가기 이전의 시대였던 것이다. 지금과 비교해 볼 때, 아직은 교회의 영향력이 사회적으로 그 명맥이나마 유지하고 있던 때였다. 하나님 나라를 나타내는 교회는 어떤 교회인지 생각해 보자. 세상에서 인간이 그 죄성으로 말미암아 당연시하는 모든 '상식'적인 판단에 대해 하나님 나라의 질서인 '대조사회(Kontra Gesellschft)'의 가치를 설교하고, 경험하고, 전도하고, 선교하는 교회가 하나님 나라를 나타내는 교회이다.

2. 하나님 나라 목회의 원조는 예수 그리스도

1) 세례요한이 기다렸지만 잘 알지 못했던 하나님 나라

세례요한은 무리 가운데에서 제자들을 모으셔서 그들에게 하나님 나라를 가르치시고, 경험하게 하시고, 전하게 하시고, 나타내 보이게 하셨다. 예수 이전에 하나님 나라에 대해 집중적으로 언급한 사람은 세례요한이었다. 그는 자신이 스스로에 대해 밝힌 그대로 하나님 나라가 우리 가운데 임했다는 예수의 복음을 "예비하는 자"였다. 그래서 그는 하나님 나라가 가까이 왔다고 그 도래의 긴박성을 알린 것이다. 그러나 요한은 그 도래를 알리는 자였을 뿐, 그 도래한 나라의 성격을 명확히 알지 못했고, 다만 하나님 나라가 도래한 것을 믿는 것과 믿지 않는 것이 심판과 같은 명확한 분기점이고 결정적인 사안이라는 것을 감지하고 있을 뿐이었다. 그래서 요한은 제자를 보내서 예수를 확인하였고, 예수가 하나님 나라를 가지고 오신 분이라는 대답을 듣게 되었던 것이다. 그러나 예수께서 가지고 들어오신 하나님 나라가 세상적인 심판과 왕권의 행사가 아니었기에 세례요한은 시험에 들 수도 있었던 것이다(마 11:6). 헤롯의 감옥에 목에 붙잡혀 있는 그에게 하나님 나라의 세속적 왕권이 너무도 절실히 필요했기 때문이었다.

2) 하나님 나라에 대한 신, 구약 성경의 차이점

구약성경에도 하나님의 왕권이 등장하지 않았던 것은 아니다. 다만 '하나님의 나라'라는 표현이 직접적으로 언급되지 않았을 뿐이다. 신약의 하나님 나라도 구약에 등장하는 하나님의 통치와 같은 개념을 말하기 때문이다. 그러나 엄밀히 따져서 구약에 나타나는 하나님의 왕권과 신약의 하나님 나라에는 각각의 독특한 개념과 느낌이 들어있다는 것을 간과할 수는 없다. 하나님의 통치라는 하나님 나라 이해에 있어서의 공통분모에도 불구하고 구약에 나타난 하나님의 왕권은 현세적이지만 세속권력의 형태로, 즉 강자 위주의 질서를 당연시하고 있는데 반해서, 신약에 나타난 하나님의 왕권은 섬기는 종의 '약한 것'이 '강한 것'을 능가하는, 기성의 사고가 전혀 알지 못하고 받아들이기 어려운 '대조사회'의 질서를 전제하고 있다는 것이다. 그것은 헬라인에게는 미련해 보이고 유대인에게는 거치는 사상이었다.

결국 하나님 나라가 하나님의 통치를 말한다는 점에서는 신, 구약의 개념이 동일하지만, 그리고 하나님의 통치가 현재적인 면과 미래적인 면을 모두 가지고 있다는 점에서도 신, 구약이 동일하지만, 분명한 차이점은 첫째, 구약과는 다르게 신약에서는 하나님의 나라가 이미 시작이 되었다는 것이고, 두 번째는 구약에서 나타나는 하나님의 통치 현상은 세속적 왕권의 행세와 별반 다르지 않지만, 신약에서는 "세상의 권세들은 그렇겠지만 너희 가운데는 그렇지 아니하니 너희 가운데 크고자 하는 자는 섬기는 자가 되어야 할 것"이라는 말로 세속적 왕권과 다른, 아니 정 반대인 '대조사회'의 질서가 하나님 나라 왕권의 성격이라는 것이다. 이를 가리켜 하나님 나라의 왕권을 위임받으신 예수는 자신의 왕위를 디아코노스(Diakonos)라고 이름 붙였던 것이니, 그의 왕권은 약한 자를 들어 강한 자를 부끄럽게 만드시는, '소자'들 가운데 계시고, 약한 지체를 더욱 귀한 것으로 입혀주는 공동체가 모델이 되는 하나님 나라를 말하고 있는 것이다. 이것은 예수의 복음인 하나님 나라를 이해하는 자만이 받아들일 수 있는 이 세상에 감추어진 신비한 비밀이다.

3) 이상한 나라에서 오신 예수님?

예수께서 전하신 하나님 나라 복음은 새로운 세상이 시작되었다는 것이다. 이 말을 듣고 믿고 실천해야 할 사람들은 특히 그의 제자들이었다. 예수께서는 하나님 나라 선교의 지속성 확보를 염두에 두시고 열두 명 공동체에 대한 목회를 시작하셨던 것이다. 그러나 열두 제자들과 선생 예수의 관계는 오해와 설명으로 점철되었다. 그 이유는 제자들이 하나님의 나라를 세상의 나라에 대한 상식을 가지고 이해하려 들었기 때문이었다. 비록 어린아이와 같이 복음을 순수하게 받아들였던 사람들이었지만, 자신들의 상식과 일치하지 않을 뿐 아니라 어울리지도 않는 하나님 나라의 이야기들은 그들을 혼란 속에 빠뜨렸다.

때때로 자신들의 기대에 맞는 하나님의 아들이 보여주는 능력은 그들을 그럼에도 불구하고 붙잡아 두었지만 하나님 나라는 세상나라와 달라서 현세적이지만 현세에 통용되지 않는 '이상한' 세계관에 의해 지배되었으니, 하나님의 아들이 세상권세자의 손에 죽임을 당해야 할 것과, 사람이 많이 모여서 군중심리가 발휘되는 곳을 피해야 할 것, 공동체를 이룬 그 집단의 관심이 힘의 결집과 강자를 중심으로 집결하는 것이 아니라 힘의 분산과 약자를 중심으로 형성되어야 하는 것, 장정 오천 명을 붙잡아 두는 것이 아니라 어린아이가 오는 것을 막지 말아야 한다는 것, 영생을 얻는 길이 주의 이름을 전면에 내세우고 행세했던 모든 것과 상관없이, 병든 자, 옥에 갇힌 자, 집이 없는 자, 걸칠 의복이 없는 자, 먹을 것 마실 것이 없는 자에게 친절하게 베풀고 함께 시간을 나눈 자에게 있다는 것이 제자들에게는 적용하기 어려운 매우 이상한 주문이요 가르침이었던 것이다.

4) 집사 같은 사도 때문에 나타난 사도 같은 집사

이 하나님 나라 목회가 어려운 점은 공동체 구성원의 서열에 관한 문제에 있었다. 누구도 자신을 남보다 더 높게 여겨서는 안 되는 것이었고, 선생은 예수 한 분이면 족했다. 이 점을 분명히 하고 이 강령을 받아들이기 위해서 그들은 자신을 다스리는 개인 훈련이 필요했던 것이 아니라 성만찬의 지속적인 반복을 통해서 그들이 서로 연합하여 하나를 이루는 그리스도의 몸이라는 체험과 주님이 살과 피를 내어주셨듯이 서로 사랑해야 한다는 모범을 간직하게 되었다. 제자들은 자국민들과 재외동포들의 생활고를 해결해주는 일에 너무 골몰하여서 주변 사람들로부터 하나님 나라에 대해서 말로 알려주고, 또 자신들의 힘으로가 아니라 성령의 힘으로 이 일들을 계속할 수 있도록 본래 하던 일을 전담하라는 주문과 요구를 받아야 했다. 그러나 하나님 나라에 대해 전하는 것과 기도하는 것이 이들 사도들만의 업무는 아니었던 것이, 디아코니아에 위임된 일곱 사람들은 본연의 업무 외에도 설교하고 기도하였으니, 예루살렘교회의 사도들은 집사 같은 사도들이었고, 집사들은 사도 같은 집사들로서 영적인 것과 육적인 것이 신앙에서 구분되는 각각의 일이 아니라 종말을 시작한 현세의 모습으로 합쳐진 하나님의 나라를 보여주고 있었던 것이다.

3. 하나님 나라 목회의 선교는 '세상사 참여'와 '교회 일치'의 두 영역에서 실천된다.

1) 교회 안에 가둔 하나님 나라

개신교의 '하나님의 선교' 신학에 자극을 받은 것으로 보이는 가톨릭의 선교학은 이천년 기독교의 선교역사를 선교의 변수x와 불변수y를 가지고 패러다임별로 구분하는 『예언자적 대화의 선교』를 발간하며 '하나님 나라'에 대한 중요한 언급을 하였다. 이 책의 공동저자 베반스와 슈레더는 이천 년 교회의 선교가 "예수의 복음"보다는 "예수에 관한 복음"에 열중했다는 것이다. 예수의 복음은 하나님 나라에 대한 것이다. 하나님 나라가 이 세상에 왔다는 것이다. 그래서 이 복음을 들은 사람은 하나님 나라를 여기서부터 사는 것이다. 하나님 나라에 대해서는 예수께서 누누이 가르치시고 보여주셨지만 제자인 교회들은 예수의 복음보다는 예수에 관한 복음을 말하기 좋아하고 정작 예수께서 전하신 하나님 나라에 대해 달리 해석하고 다른 관심을 가지고 교회의 세력을 확대하는 일에 전심하였다.

그들은 교회가 강성해지면 하나님 나라가 확장된 것이라고 생각했으며, 세상과 교회를 엄격하게 구분하는 바람에 하나님의 나라가 교회 울타리 안으로 축소되는 결과를 맞이하기도 했다. 그런데 큰 문제는 축소된 하나님의 나라인 교회에 정작 하나님 나라는 존재하지 않는다는 것이었다. 그래서 마찬가지로 가톨릭 신부인 르와시는 예수께서 전하신 것은 하나님의 나라인데 이 세상에 남은 것을 교회 밖에 없다는 비아냥거림같이 들리는 고발을 하게 된 것이다.

2) "위대한 세기" 대신에 "의미 있는 세기"를

교권의 대명사인 로마-가톨릭교회의 자성어린 외침들을 우리는 어떻게 받아들이는가? 이렇듯 로마교회에 도전을 주고 선교의 큰 그림을 환기시킨 자각은 교회사가 라투렛(K. S. Latourette)이 "위대한 세기"라고 명명한 19세기를 지난, 20세기의 선교운동이었으니 그것의 이름은 에큐메니컬운동이다. 경건주의가 각성운동을 낳고 각성운동이 세계복음화운동으로 전개되어 개신교의 전례 없는 확장을 이룬 점을 가리켜 라투렛은 "위대한 세기"라는 이름을 붙였지만, 교회의 세계장악도 잠깐일 뿐 교회를 중심으로 이루어진 서구사회들이 식민각축전을 통해 세계를 공포와 파괴 속으로 몰아넣고 일이차 세계대전이 종전되는 가운데 특별히 지난 수세기 동안의 식민지배의 결과로 피식민지로부터 비난과 원성을 들으며, 선교의 진정성이 의심을 받고 기독교에 대한 비난과 배척이 일제히 고개를 쳐들 때에 교회는 진지하게 반성하지 않을 수가 없었던 것이다.

교회가 반성한 것은 선교는 교회를 앞세운 기독교세계의 확장이 아니라 하나님 나라의 확장이라는 것이고, 하나님의 나라는 개선장군의 정복이 아니라 가루 서 말에 놓인 누룩과 같아서 지배가 아니라 섬김을 통한 것이며, 강자가 약자를 식민하는 방식이 아니라 약자가 성령의 능력으로 강자를 선교하게 되는, 확실한 하나님 나라의 세계관이자 가치관인 '대조사회'의 질서를 살아나가는 데 있다는 것이다. 그래서 우리는 하나님 나라를 교회의 존재 이유와 목회의 핵심으로 삼은 하나님의 선교(Missio Dei) 개념이 공포되고 전개된 전체 기독교회의 하나님 나라에로의 전향을 이룬 에큐메니컬운동이 일어난 20세기를 '의미 있는 세기'라고 부르기를 제안한바 있다.

3-1. 세상사 참여

3) 세상을 사랑하사 독생자를 주셨다.

하나님 나라를 지향하는 하나님의 선교는 두 영역에서 수행된다. 그 하나는 하나님이 세상에 육신으로 오신(요 3:16) 사건을 근거로 하는 세상에 대한 긍정이다. 그리고 다른 하나는 저희 믿는 자들로 하나가 되어 하나님의 구원역사를 이해하게 만들기 원하신 예수의 대제사장적 선교기도(요 17:21)를 근거로 하는 교회의 일치 영역이다. 우선, 세상에 대한 긍정은 교회중심에 대한 도전인 동시에 세상사 가운데 섭리하시고 개입하시는 하나님의 활동을 의욕적으로 바라보고 기대하는 것이다. 교회는 "이 세상의 많은 단체들 중에서 자신의 회원들을 위해서 존재하는 것이 아닌 유일한 단체"로서 교회의 일상은 교회 자신의 사안에만 너무 집중할 것이 아니라, 하나님이 세상을 사랑해서(교회를 사랑해서가 아니라) 독생자를 주셨다는 말씀에 주목해서 세상을 사랑하신 그 하나님의 관심에 부응하여 세상을 사랑하는 관심에 집중해야 할 것이다.

4) 교회가 되는 전제조건은 선교

세상이 교회를 위해서 존재하는 것이 아니라 교회가 세상을 위해 존재하는 것이며, 교회가 하는 일들 중의 하나로서 선교에 대해서 이야기 할 것이 아니라 선교를 하기 위해서 교회가 존재한다는 것을 인식하자는 것이다. 그래서 교회는 선교를 할 것이냐 말 것이냐를 선택할 자격이 없고 다만 교회일 것이냐 말 것이냐, 즉 선교를 하지 않으면 교회일 수 없다는 요점을 받아들여야 한다는 것이다. 칼 바르트(K. Barth)는 그의 저서『교회교의학』에서 "교회는 세상을 아주 잘 알아야 한다"고 말한다. 위 책 72장에 해당하는 '성령과 교회공동체의 파송' 부분에서 교회는 자신을 둘러싸고 있는 세상에서 일어나는 사안들을 늘 잘 알고 숙고해야 할 것을 말한다(KD Vol. 29, S. 784). 교회는 세계사 속에 자리 잡고 있고, 이 세계와의 지속적인 관계성 안에서 존재하는 것이기 때문에 세상에 대한 꾸준한 관심과 참여가 아니고서는 부름 받고, 세움 받고, 파송 받은 교회가 달리 존재할 길이 없다는 것이다. 그래서 교회가 세상사에 둘러싸인 하나님의 백성이라는 것을 자각하고, 세상사에서 나타나는 하나님의 역사를 읽어내고 교회가 자신에게 위임된 예언자적 증언을 감당해야 할 것이다.

5) 세상의 사안, 경제

마르크스(K. Marx)가 노동에 대한 예찬을 통해 인간의 존엄성을 고양시키려고 했던 진지한 시도들을 높이 평가하던 성서학도 이정훈은 공산주의와 기독교의 상통하는 점을 고린도전서 13장을 읽는 가운데 발견하고 몹시 기뻐하였는데, 그것은 바로 "사랑은 불의를 기뻐하지 않는다"(16절)는 사도바울의 확언 때문이었다. 사랑은 정의와 배치되거나 정의를 양보하는 것이 아니라는 것이다. 사랑은 돌보는 일만이 아니라 정의를 세우는 일이다. 하나님의 통치가 이루어지는 하나님의 나라는 정의를 세우는 일과 연약한 인생을 돌보는 두 가지가 모두 일어나는 곳이다. 정치적인 것과 윤리적인 것을 모두 포함한다. 교회는 윤리적 가치를 세우는 일 외에도 정치적인 행동을 한다. 이 세상의 사안은 동시에 교회 선교의 의제가 된다. 그래서 에큐메니컬 선교는 "세상으로 하여금 선교의 아젠다를 말하게 하라"고 외쳤던 것이다.

삶의 현장은 곧 선교의 현장이다. 현금의 한국사회 이슈 중 하나는 무엇보다 경제문제다. 먹고사는 문제가 한 사회의 비상한 관심사가 아닌 때가 있었을까마는, 일자리가 없다는 문제는 산업혁명 이후에 새롭게 제기된 산업국가들의 초미의 관심사이자 산업국가로 접어든 한국사회의 심각한 문제가 되었다는 것이다. 교회의 재정형편은 그 교회가 속해있는 사회의 재정 상태를 반영한다는 말이 틀리지는 않는다. 그러나 한편으로 너무 직접적이지 않게 교회는 사회의 재정 상태로부터 자유롭게 교회의 재정을 확보하거나 확보하지 못하는 경우가 많다. 즉 사회적으로 어려운데 교회의 재정운영이 활발할 수도 있고, 사회적으로 여유가 있는데 교회의 재정 상태는 빈약할 수 있는 것이다. 사실 교회의 재정은 사회가 재정난에 허덕일 때에 빈곤한 사람들을 위해 활발한 활동을 벌임으로써 더욱더 왕성한 재정활동을 나타낼 수 있는 것이다.

다만 우리는 현재의 국가경제가 국민총생산과 일인당국민소득, 그리고 무역흑자가 모두 상승하는 추세임에도 불구하고 국가사회의 경제를 위축과 위기 일변도로 해석하고 있다는 것이 문제이고, 이러한 사회적 분위기에 편승해서, 교회도 긴축재정이라는 명목 하에 목회자의 생활비를 줄이고 선교비 지출을 삭감하고, 교육비와 구제비 항목을 축소하고 있는 것이 문제다. 사회적 문제는 전체소득의 공정분배를 통한 개인소득의 증대를 꾀함으로써 해결이 가능할 것인데, 교회적 문제는 어찌 해결할 것인가?

교회는 경제문제에 있어서 교회의 일꾼들에게 그리고 선교사역에 근시안적인 신자유주의 경제논리를 적용할 생각을 버리고, 사회적으로 숙성되어가고 있는 합리적 경영논리를 인건비에 적용하는 한편, 개 교회 고유의 처지와 당면한 과제, 그리고 현재 가지고 있는 꿈과 비전을 이루어가기 위해서 민주적 가족경제와 같은 재정운영을 계획하고 실천해야 할 것이다. 하나님 나라의 선교를 이루기 위해서는 이러한 재정운영을 교회가 실천하고 이러한 생각들을 교회가 내부에서와 외부로 토론하고 공유하는 것이 필요하다.

일찍이 마르크스가 그의 『자본론』을 통해 자동화공정으로 인한 대량생산으로 노동의 시간을 줄이고 여가시간을 창출하고, 생계유지를 위한 노동이 아니라 자아실현을 위한 노동으로 전환시키려는 포부를 만방에 알렸거니와, 이제 그의 꿈이 이루어질 수 있는 환경은 조성된 듯 보인다. 그러나 볼프(M. Volf)는 『노동의 미래 미래의 노동』에서 자동화 공정은 대량생산을 통해 노동으로부터의 자유 시간을 창출했으나, 사회는 드디어 줄어든 노동시간을 노동의 질적 향상과 노동자의 가치존중 기회로 가져가지 못하고, 실업자의 증가라는 사회문제로만 인식하고 있다고 결과론적으로 말한다. 경제생활은 하나님 나라의 백성들에게도 똑같이 중요하다. 내가 개인적으로 믿게 되었지만 믿는다는 것은 나만을 개인적으로 부르시는 것이 아니라 나를 우리들 가운데에서 동료 인간들과의 관계 속에서 부르시고 믿게 하시는 하나님을 믿는 것이다. 그래서 우리는 생활의 가장 중요한 한 요소인 경제에 대하여 동시대인과 후세대들까지도 연계되는 공동의 책임을 신앙의 내용으로 살아내야 한다. "떡으로만 살 것이 아니요 하나님의 입에서 나오는 말씀으로 살 것"이라는 말은 떡이 중요하지 않다는 말씀이 아니라, 떡도 중요하지만.. 이라는 말씀으로 떡을 먹어야 하는 경제행위에 대한 과소평가를 예수께서는 결코 뜻하지 않으셨다는 것을 알고 떡을 대하는, 즉 경제를 대하는 하나님의 백성의 태도를 하나님의 말씀 가운데에서 깨달아야 할 것이다.

6) 세상을 위한 성도의 교제

물론 사람들의 친교(성도의 교제)는 내부적으로도 조명될 필요가 있다. 하나님 나라를 믿고 받아들인 사람은 하나님 나라의 선교는 홀로서기를 할 수 있는 사람들의 공동생활을 통해 이루어진다. 본회퍼(D. Bonhoeffer)는 『신도의 공동생활』에서 많은 사람들이 고독이 무서워서 사귐을 찾는다고 한다. 그들은 홀로 있을 수 없어서 사람들 사이에 끼이기를 갈망한다는 것이다. 그런데 그리스도인들 가운데도 스스로 어찌할 도리가 없는 언짢은 일을 홀로 겪고는 남과의 사귐에서 도움을 받아 볼까 하고 기대를 거는 사람들이 있지만, 그들은 거의 다 실망하게 되고 자신의 잘못을 사귐의 잘못인 양 비난을 퍼붓게 된다고 한다. 그리고 그러한 사귐은 더 심한 외로움을 다시 안겨 줄 따름이라고 단정한다. 본회퍼는 "홀로 있을 수 없는 사람은 사귐 앞에서 마음의 고삐를 잡으라"고 말한다.

먼저 우리는 홀로 그 분 앞에 서야 한다고, 나를 골라내신 분이 바로 하나님이시기 때문이라고, 누구나 죽음과의 싸움을 홀로 싸우는 것이라고 그는 말한다. 그렇다! 홀로 있을 수 있는 사람이 사귐 안에서 살 수 있다. "사귐 속에서만 우리는 어떻게 바로 홀로일 수 있느냐 하는 것을 배우고 홀로 있음으로써만 우리는 어떻게 사귐 안에서 서 있을 수 있느냐 하는 것을 배운다." 홀로 서려는 사람은 명상의 시간을 홀로 가질 수 있어야 한다. 명상의 시간은 혼자서 성서를 읽고 혼자 기도하고 혼자 남을 위한 기도를 드리기 위해 있는 것이다. 명상의 시간이 우리를 고독의 공허와 심연으로 떨어뜨리지는 않을 것이다. 그 시간은 오히려 우리로 하여금 말씀과 함께 홀로 있게 할 것이다. 그렇게 함으로써 우리가 설 튼튼한 터를 장만해 주고 우리가 걸어가야 갈 발걸음을 밝히 이끌어 줄 것이라고 본회퍼는 말한다.

명상의 시간에는 짧은 성구를 골라서 여기에다 마음을 모으고, 여러 날을 바꾸지 않고 같은 구절에 집중하는 것이 유익하다. 우리는 말씀을 읽을 때, 남에게 말해주려고 말씀을 읽을 필요는 없다. 한 마디 한 마디가 우리에게 개인적으로 부딪혀 오기까지 우리는 그 말씀 앞에 서 있는 것이다. 우리가 명상을 할 때마다 무슨 새로운 것을 생각해 낼 필요 또한 없다. 그것은 오히려 우리를 곁길로 벗어나게 하고 우리의 허영심을 만족시켜 주는 데 지나지 않는 경우가 많다고 본회퍼는 말한다. 마리아가 목자들의 말을 '마음에 새겨 둔 것처럼' 그리고 천사의 말을 흘려듣지 않은 것처럼, 하나님의 말씀도 우리가 명상하는 중에 우리 속에 들어와서 우리와 함께 머물고 우리를 움직이고 우리 속에서 역사하고 활동하게 되고, 그러면서 말씀의 역사는 우리도 모르는 사이에 우리에게서 일어날 것이라고 그는 말한다.

그리고 기도란 말씀을 받아들일 태세를 갖추는 것에 지나지 않는다고 말 할 수 있을 것이다. '주의 기도'가 우리 기도의 내용을 모범적으로 알려 준다. 다음으로 우리가 공동 예배 때에 다 할 수 없는, 남을 위한 기도를 하는 시간을 마련해야 한다. 그리스도인의 사귐은 지체들이 서로 서로를 위해 기도하는 삶을 말한다. 본회퍼는 "남을 위한 기도는 깨끗이 씻는 목욕탕과 같아서 사귀는 개인이나 단체는 날마다 이에 잠기지 않으면 안 된다"고 말한다. 현재의 곤궁함과 죄는 나의 어깨를 무겁게 누르다 못해, 그것은 내 것같이 된다. 남을 위해 기도하는 것은 내가 그리스도 앞에 설 수 있고, 그 분의 자비를 받을 수 있는 권한을 나의 형제에게도 용인하는 것이다. 그런데 이 중보기도는 무슨 일반적인 애매한 것이 아니라, 극히 구체적인 것이어야 한다. 구체적인 것을 간구하여 나의 대도가 분명하면 할수록, 그만큼 약속도 확실해진다. 중보기도를 위해서 우리가 바치는 시간이야말로 날마다 하나님을 생각하고 그리스도인의 모임을 생각하면서 솟아나는 즐거움을 느끼게 하는 시간이다. 이러한 명상의 시간을 이른 아침에 갖는 것이 가장 적당할 것이며, 이 시간은 아무리 어려운 일이 있어도 조금도 방해를 받지 않는 고요한 시간으로 가질 수 있어야 한다. 특히 목회자에게 있어서 이것은 벗어 버릴 수 없는 의무로서, 그의 모든 책임의 수행 여부는 그가 이 의무를 하느냐 못하느냐에 달려 있다고 보아도 무방하다.

희망은 기독교적인 의미에서 볼 때 미래로 펼쳐지는 사랑이다. 미래에 무엇인가 기대하는 모든 것을 희망이라고 말할 수는 없다. 인류의 번영을 위한 기독교에 대해 말하는 볼프는 "희망이란 당연하게 이루어지지 않는 선한 것에 대한 기대"라고 정의한다. 기독교로부터 자유로운 새로운 휴머니즘은 하나님을 사랑하라는 종교적 명령은 거부하지만 이웃을 사랑하라는 도덕적 책임은 유지했다고 그는 말한다. 그러나 높은 존재에 대한 관심이 진작 사라지고 나서, 이어서 보편적인 인간 연대에 대한 개념도 이내 사라졌다. 이제 남은 것은 자신을 향한 관심과, 만족을 경험하고자 하는 욕망밖에 없다. 사랑의 껍데기인 욕망은 남았지만 자아에만 배타적으로 집중함으로 사랑 그 자체는 사라졌다.

이렇게 사랑하는 대상이 축소되는 역사에 따라 인간이 바라보는 희망도 축소되었다고 볼프는 말한다. 그리고 극히 개인적이고 이기적인 작은 희망들은 채워지자마자 다시 새로운 욕망에 의해 지속적으로 불만족한 상태로 내몰린다. 우리는 무엇을 갖고 있든지 더 바라고 원한다. 아무리 정상에 도달한다 해도 불만족의 구름이 우리의 승리를 가려 버린다. 그렇기 때문에 우리는 무한한 대상에서 기쁨을 느낄 때라야 비로소 편안함을 느낄 수 있다.

7) 인류번영과 기독교

기독교를 포함해서 모든 신앙의 중심에는 인간의 번영에 대한 관심이 있다. 그런데 우리가 주의할 것은, 인간의 번영이 만족을 경험하는 데 있다고 설명한다면, 신앙은 사람들의 삶의 방향을 제시하는 힘을 잃어버리고 만족을 경험하게 해주는 도구로 전락한다는 것이다. 이 점은 바로 볼프가 말하는 '신앙의 기능장애'이다. 우리의 관심은 잘 사는 데에만 있지 않다. 이웃이 잘되고 그들이 행복한 삶을 살 수 있도록 노력하게 될 것이고 그들의 번영이 우리의 번영과 깊이 연결되어 있음을 인정해야 한다. 볼프는 묻는다. 언제 우리는 잘 살고, 우리의 삶이 잘되어 간다고 말할 수 있을까? 그것은 우리가 전적으로 하나님을 사랑하고 이웃을 내 몸같이 사랑할 때다(볼프, 『광장에 선 기독교』). 그리스도인들은 잘 사는 것이 무엇인지를 복음을 통해서 알고 실천하는 하나님 나라의 백성인 것이다.

3-2. 교회의 일치

8) 높아지려는 유혹

"그들 가운데 누가 가장 크냐 하는 생각이 번져 나갔다"(눅 9:46)는 말은 성도의 공동체를 무너뜨리는 위험이 목전에서 진행되고 있음을 알려준다. 이에 대비하는 길은 첫 순간부터 이 원수에게서 눈을 떼지 않고 그것을 송두리째 뽑아 버리는 것이다. 자기만이 옳다고 주장하는 것은 자연인의 싸움이다. 본회퍼는 우리의 악한 생각을 가장 잘 정복하는 길은 흔히 그 생각을 전혀 말로 표현하지 않는 것이라고 한다. 자기를 옳다고 주장하는 마음은 은혜에서 솟아나는 마음으로만 극복될 수 있다는 것이다. 그 대신 남을 심판하는 모든 생각은 말로 표현되지 않도록 막으면 저절로 억눌려 질식되어 버린다. 그러므로 사귀는 모든 그리스도인의 생의 성패를 가늠하는 규칙은 서로 형제에 대해서 할 말을 가슴에 지닌 채 말하지 않는 것이다.

그렇다고 해서 다른 사람을 바로 이끌어 주기 위하여 남몰래 권면을 해 주는 일까지 막으라는 것은 아니다. 당사자가 없는 상태에서 그가 한 말이나 행동에 대해서 말하는 것은 매우 위험한 일이다. 그것은 마치 그 사람에게 호의를 가지고 돕는다는 구실을 가지고서도 좋지 않은 일일 경우가 많다. 형제를 미워하는 마음은 그에게 손해를 입히려고 할 때마다 바로 이런 가면을 쓰고 숨어 들어오기 때문이다. 사람이란 강할 수도 있고 약할 수도 있고, 슬기로울 수도 있고 어리석을 수도 있고, 재간이 있을 수도 둔할 수도 있고, 경건할 수도 덜 경건할 수도 있으나, 이런 것은 사귐에는 없을 수 없는 개인들의 천태만상에 지나지 않는 것이다. 그런 것들이 수군거리고 판단하고 정죄하고 따라서 자기만 옳다고 주장할 까닭은 못 된다. 그런 것은 오히려 즐거워하고 서로 섬겨야 할 이유가 된다. 이리하여 사귐에 속한 지체들은 모두 자기의 설 자리를 얻게 된다. 하지만 그 자리는 가장 효과 있게 자기를 주장할 수 있는 자리가 아니라, 남을 가장 잘 섬길 수 있는 자리여야 한다. 그러므로 그리스도인의 사귐에서 중요한 것은 모두가 하나하나 한 줄에서 빠질 수 없는 고리가 된다는 것이다. 가장 작은 고리라도 튼튼히 묶여 있으면, 그때야말로 그 줄은 끊어지지 않는 것이다. 어떤 사귐이든 그 가운데 할 일이 없는 지체가 생기면, 그 지체 때문에 그 사귐은 무너지게 된다.

"그대들 가운데 크게 되려는 사람은 섬기는 사람이 되어야 한다."(막 10:43). 예수는 사귐에 있는 모든 권위는 형제를 섬기는 데 있다고 둘을 연결시켰다. 개인숭배는 어떠한 경우에든 그리스도인의 사귐에서 용납될 수 없다. 신약성서는 감독에 대해 소박한 사람, 신앙과 생활이 건전하고 참된 사람으로서 성도의 사귐을 바르게 섬기는 사람이어야 할 것이라고 말한다(딤전 3:1이하). 성도의 모임에는 뛰어난 인물이 필요한 것이 아니라, 예수와 형제들을 참으로 섬기는 사람이 필요하다. 그런데 필요하면서도 없는 것은 뛰어난 인물이 아니라 섬기는 사람이다. 성도의 모임은 예수의 말씀에 오로지 봉사하는 사람에게만 신뢰를 건다. 영적인 신뢰의 문제는 권위의 문제와 아주 긴밀하게 관련되어 있는데, 그것은 예수 그리스도를 섬기는 신실성 여하에 달려 있다. 자기 자신의 권위를 세우려고 애쓰는 것이 아니라, 말씀의 권위 아래에 굴복해서 형제들 중의 하나가 된 사람만이 그런 권위를 인정받는 것이다.

9) 교회 일치의 모색

그리스도의 한 몸인 교회들은 하나의 일치를 이루어내야 한다. 그것은 당연한 교회의 외형으로 나타나야 하며, 이미 시작된 하나님 나라의 도래의 현장그림이다. 하나님이 세상에 직접 오심으로써 사람과의 사이에 막힌 담을 허무시고, 성도들 사이에서도 그것이 이루어지도록 "예수를 사이에 두고"(본회퍼, 『신도의 공동생활』) 일치를 이루어야 한다. 그런데 성도의 모임이 파벌(이천년 기독교회의 분열 결과로 인한 주류, 비주류 교회들과 개신교의 교파교회를 총칭하는 뜻으로)을 구성하고 있는 것은 예수께서 시작하신 하나님 나라를 알아볼 수 없게 만들뿐만 아니라 예수께서 전하신 하나님 나라 복음의 진정성을 세상으로 하여금 의심하게 만들기 때문이다. 임마누엘로 이 땅에 이미 도래한 하나님의 나라를 파편적으로 맛보는 가운데, 마라나타로 장차 임할 다시 오실 주님의 하나님 나라를 온전하게 맞이하려는 그리스도인의 공동체인 교회는 이 땅 위에서 진행되는 시간의 변화와 장소의 변화 속에서 각각의 전통을 만들어 냈다.

이천년의 그리스도교 역사는 하나님의 선교를 진행하는 일에 있어서 그 시대를 살아간 그리스도인들이 만들어낸 각 시대의 특색과 각 장소의 특색을 가지고 풍성한 선교를 체험했다(골 1:27). 로마가톨릭교회의 사도신경을 신앙의 근본으로서 고백하고, 동방정교회가 수호해온 예수 그리스도의 온전한 신, 인성 그리고 하나님의 삼위일체 되심을 믿음의 뿌리로 삼은 개신교회는 결코 개신교회의 역사를 루터의 신앙운동 이후부터 계산하는 지난 오백년만을 개신교회의 유산이라고 주장하거나 로마-가톨릭교회나 동방정교회를 동일한 신앙이 아니라고 주장할 자유가 없다. 동일한 성씨와 돌림자를 사용하고 있는 아들이 자신의 아버지와 할아버지를 나와 동일한 사람이 아니기 때문에 나의 가문이 아니라고 말할 수 없는 것과 같은 이치다. 로마-가톨릭교회가 마리아를 신앙의 대상으로 삼지 않는다는 사실과 동방정교회가 십자가 자체를 숭배하지 않는다는 사실을 개신교는 알아야 한다.

한편 교황의 무오류 주장이나 동방정교회의 성화에 대한 존중이 개신교의 교파주의의 특성만큼이나 다른 교회들에게 불편한 심기를 만들어주는 여러 가지들 중의 하나에 불과하다는 사실을 각 전통교회들은 인정해야 한다. 근본 신앙에 대한 일치를 각 전통교회들은 교회일치를 위한 우선적인 중요 전제로 삼아야 하며, 제도적 교회가 만들어내는 전통에 따르는 부차적인 문제들에 대해서는 상호존중의 자세로 서로를 알아가며, 다른 교회들로부터 무리하게 보이는 자신들의 전통문제를 개방적인 자세로 숙고해 나갈 필요가 있을 것이다. 1982년에는 이러한 대화를 통한 오십년의 노력 끝에 주류 전통교회인 로마-가톨릭교회, 동방정교회, 그리고 개신교회가 세례-성찬-직제(BEM)문서와 이에 따른 리마예배예식서를 만들어서 교회간의 상호이해를 꾀하고 교류를 증진하고 있다.

교회일치에 대한 발전이 일치운동가들의 기대에 미치지 못하는 관계로 이들은 교회의 일치를 교리의 문제보다는 봉사의 영역에서 실효를 거두기 위하여, 에큐메니컬운동의 초기 주자들 중의 하나이자 바이마르 공화국 시대 독일 개신교의 대표였던 카플러(H. Kapler)는 "교리는 분열시키지만 봉사는 일치시킨다"는 표어를 유행시키기도 했다. 그러나 이 시대의 기독교 호교론자 미로슬라브 볼프는 직접적인 교회론의 비교를 통해서 개신교 신학의 입장에서 로마-가톨릭 신학과 동방정교회 신학에 불편하지만 진정성 있는 교리에 관한 대화를 통해 교회일치에 직접 승부를 걸어보는 용감한 행보를 계속하고 있다(*After Our Likeness: The Church as the Image of the Trinity*, 1998).

이천년 교회의 역사는 하나가 되어 선교를 완성하라고 당부하신 예수 그리스도의 기도(요 17:21)에 부합하지 못하여 선교를 불가능하게 만드는 스캔들의 역사가 되었다. 교회는 세상 사람들이 보고 믿을 수 있는 하나 됨으로 보여주는 하나님 나라 표지를 제공하지 못하고 있는 것이다. 천국의 열쇠(마 16:19)를 위임 받은 교회가 하나님 나라를 보여주지 못하고 있으니 누가 이 세상에 하나님 나라의 오리엔테이션을 제공할 것인가? 하물며 어느 세월에 교회가 하나님 나라의 이상을 가지고 인간 공동체의 하나 됨을 주도하게 되겠는가?(이범성, 『에큐메니컬 선교신학 II』). 우리가 하나님 나라를 예수께서 알려주시고 보여주신 그대로 동일하게 선교하지 않으면 우리는 하나님을 믿되, 하나님 나라를 거부한 유대인이 되고 하나님 나라를 사양한 제자들이 되고 하나님 나라를 버린 로마-가톨릭교회가 되고 하나님 나라를 버린 개신교인이 된다는 사실을 알아야 할 것이다.

10) 공교회들의 일치

이천년 교회의 역사는 하나가 되어 선교를 완성하라고 당부하신 예수 그리스도의 기도(요 17:21)에 부합하지 못하여 선교를 불가능하게 만드는 스캔들의 역사가 되었다. 천국의 열쇠(마 16:19)를 위임 받은 교회가 하나님 나라를 보여주지 못하고 있으니 누가 이 세상에 하나님 나라의 오리엔테이션을 제공할 것인가? 하나님 나라의 특징은 그 구성원들의 일치에 있다. 삼위 하나님이 일체하시는 것처럼, 하나님의 사람들이 일치하는 것이고, 그것을 보고 세상도 일치를 꿈꾸게 되는 것이다.

정교회가 수호해 온 제7차 에큐메니컬 공의회까지의 신조들 중에 381

년에 열린 콘스탄티노플 신조의 끝 부분은 "하나의, 거룩하고, 보편적이며, 사도적인 교회를 믿는다"이다. 여기서 하나의 교회에 대한 신앙은 세 인격으로 존재하시지만 교제 안에서 늘 하나이신 하나님에 대한 신앙에서 비롯된다. 세례 받은 모든 사람들이 그리스도를 머리로 하는 한 몸의 지체이기 때문에 그들은 늘 교제 가운데 하나 됨을 경험한다. 이들은 성찬에 함께 함으로써 마치 밀이 가루가 되고 반죽이 되어 잘 구워져서 서로 이전의 모습으로는 나누어지지 않는 하나의 빵이 되는 것처럼 거룩한 새 몸을 이룬다. 어느 그리스도인도, 어느 교회도 홀로 고립된 채 지낼 수 있는 권리가 없다. 그들이 그리스도인이고 그리스도의 교회라면 말이다. 교회가 세상에 선한 영향력을 끼칠 수 있는 가장 큰 방법은 나아갈 방향을 알기 원하지만 잘 알지 못하는 세상에 하나의 성찬을 보여주는 것이다. 갈라진 인격들이, 갈라진 교회들이 하나의 빵에 참여하는 것 말이다.

로마-가톨릭교회도 "분열은 그리스도의 뜻에 명백히 어긋나며, 세상에는 걸림돌이 되고, 모든 사람에게 복음을 선포하여야 할 지극히 거룩한 대의를 손상시키고 있다"는 분명한 문제의식을 가지고 있다. "주님께서 베드로가 앞장서는 한 사도단에게 신약의 모든 보화를 맡기셨다"는 표현에 따라 베드로 외에 다른 사도 및 교부들에 의해 세워진 동방의 교회들이 권한을 인정받은 것이며, 한편 개신교회는 가톨릭교회로부터 "갈라진 형제들"로서 불완전하지만 개신교의 세례를 통해서도 그들이 그리스도인인 것을 인정받으며, 가톨릭교인들로부터 주님 안에 있는 한 형제로 인정받는다. 그러나 성경과 교회의 전통이 추구하는 일치는 가톨릭교회를 통해서만 완전에 이를 수 있기 때문에, 이 완전을 위해 모든 그리스도의 교회들은 노력해야 한다는 것이 "일치 운동의 가톨릭 원칙"이다. 그럼에도 그들은 개신교에 대한 부정적인 언행을 삼가고, 상호 적절한 지식을 갖춘 전문가들의 설명을 경청할 수 있는 대화를 조성하며, 공동선을 위한 협력을 추구하고, 한 마음으로 기도하며, 쇄신과 개혁활동을 줄기차게 추진하고자 한다. 동방교회에는 인정한 영성체(성찬)를 개신교의 교파교회들에게는 아주 드물게, 긴급한 필요에만 주교의 판단 하에 허용되고 있는 실정이지만 말이다.

11) 일치를 위한 교회

루터는 교회를 "신앙을 지닌 성도들의 회중"이라고 보았다. 칼빈도 '교회는 성도가 서로 교통하는 것'이라고 니케아 콘스탄티노플신조를 해석하고 있다. 즉 개신교의 교회론은 성도의 교제가 중심에 있다는 것이다. 그런데 루터의 아우구스부르크신조와 동일하게 말씀과 성례를 교회의 두 표지라고 칭하는 칼빈은 "이런 표지를 가지고 있는 교회는 아무리 결함이 있어서 버리면 안 된다"고 말한다. 그러니까 이 두 가지 표지에 관한 문제가 아니라면, 여하간의 분열에 대한 정당성도 인정받을 수 없을 만큼 교회의 일치는 중요하다는 뜻이다. 칼빈에게 있어서 "교회 내의 불상사는 교회를 떠나는 이유가 되지 않는다." 그가 『기독교강요』 제4권 제2장에서 거짓교회와 참된 교회를 비교하면서, 로마교회는 말씀의 선포대신에 거짓된 조직이 교회를 지배했고, 주의 성만찬의 자리는 미신으로 더럽혀졌다고 비판하지만 말이다.

우리는 이 글에서 세계교회협의회를 중심으로 에큐메니컬운동에 동의하고 참여하고 있는 제도교회들, 즉 동방정교회, 로마-가톨릭교회, 그리고 개신교 교파교회들이 함의한 교회론을 에큐메니컬 교회론이라고 정의한다. 일치를 교회의 본질로 보는 에큐메니컬 교회론은 교회일치의 모양을 구체적으로 생각하게 되었고, 그 모양을 '다양성 속에서의 일치', '가시적 일치', '협의체적 일치', 그리고 '친교적 일치'라고 표현하였다. 이는 일치를 위한 방법론이기도 하다. 로마-가톨릭교회의 큉(H. Kueng)은 교회를 하나님의 백성, 그리스도의 몸 그리고 성령의 전이라고 간추린다. 한편 동방정교회의 지지울라스(J. D. Zizioulas)는 그의 교회론 『친교로서의 교회』에서 교회는 하나님과 인간, 인간과 인간, 그리고 인간과 자연 사이에 있는 교제 공동체라도 강조한다. 개신교의 바르트는 교회란 기록된 말씀을 통해서 주의 말씀을 듣는 공동체라고 말한다. 한편 몰트만(J. Moltmann)은 『성령의 능력 안에 있는 교회』에서 교회는 하나님의 아들과의 친교 속에 있는 형제들의 공동체라고 표현한다. 그런데 이보다 더 강렬한 표현이자 에큐메니컬 교회들의 교회론을 만족시켜주는 교회론을 우리는 본회퍼의 표현에서 찾는다. 교회는 "이 세상 속에서 공동체로서 현존하고 있는 그리스도"라는 것이다.

하나님의 선교를 위해 봉사자로서 오신 그리스도는 그의 몸인 교회를 일치시키시고 교회로 하여금 세상을 화해하게 만드시는 성령님을 통해 오늘도 이 세상 가운데 교회의 머리로 일하고 계신다. 교회는 이 세상에서 선교를 위해 존재하는데, 선교는 일치된 교회를 세상에 보여주어야 하고, 이 교회의 일치는 교회가 봉사적 교회가 될 때에야만 가능하다. 여기서 봉사는 어떤 행위에 앞서 인식에 관한 문제이다. 봉사에 대한 교회의 존재론적 인식만이 교회를 봉사적 교회가 되게 할 수 있다. 교회란 그 자신을 위해서 존재하는 것이 아니라 하나님에 의하여 이 세상의 변혁을 위한 하나님의 두 손 안에 있는 하나의 도구로 의도되었다. 디아코니아란 교회의 존재 그 자체에 속하는 것이다. 성도의 교제로서의 교회는 삼위일체 하나님의 교제를 그 원형으로 삼는다. 하나님의 상호 디아코니아적 관계가 성도의 교제, 즉 교회를 지배해야 한다. 그것이 교회가 전해야 하고 보여야 할 하나님의 통치, 즉 하나님의 나라이다. 이 봉사만이 일치를 통한 선교를 가능하게 한다. 봉사적 친교로 하나가 된 교회만이 하나님 나라 경험하기, 하나님 나라 보이기, 하나님 나라 알리기인 선교를 할 수 있다.

12) 일치하는 교회의 선교적 구조화

지역교회는 상회, 즉 장로교의 경우 시찰회, 노회, 그리고 총회의 선교적 과제들에 긴밀하게 반응해야 하며, 상회의 치리권을 진중하게 받아들이는 것이 개교회주의를 탈피하는 중요한 방법 중의 하나일 것이다. 그리고 교파를 초월한 연합회의 공동사업을 지역사회 혹은 국가사회의 이슈들을 가지고 진행하는 열심을 통해 유기체적 교회가 이 세상에 존재하는 것을 나타내야 한다. 지역교회가 인적, 물적 자원이 풍부한 경우에 이 자원의 사용을 개교회가 주도하기보다는 상회의 사업으로 추진하게 만들고 자원을 제공함으로써 교회사업의 개교회성이 갖는 근시안적이거나 인물중심적인 부정적 요소들을 사전에 제거하고 교회의 사업을 통해 효율성을 높이는 동시에 공교회성을 부각시킬 수 있다.

사례1. 세상 사안을 선교의 의제로 삼은 교회, 의주로교회

교회력에 세상의 의제를 적용하는 것이 또한 중요하다. 민족통일의 문제, 노동과 빈부격차의 문제, 실업과 고용의 문제, 장애인과 노인 등 취약계층의 문제, 환경과 자원의 문제, 국제 갈등과 긴장의 문제, 양성평등의 문제, 동성애의 문제, 교육현장의 경쟁문제, 글로벌시대의 이주민 문제, 난민문제 등 언론에 보도되는 그때그때마다의 사회적 이슈들에 대해 교회는 설교와 예배 그리고 성경공부 그리고 디아코니아적 구역모임 등을 통해 신앙적인 길잡이와 건전한 사고의 교환, 그리고 인적, 물적지원과 기도회 등을 통해 깊이 관여하여 하나님 나라의 이상을 세상 속에서 실천하기 위해 애써야 한다. 한 해의 교회력에 사회의 이슈를 적용하여 세상 속에 있는 교회라는 것을 알려주는 교회력을 운영하는 교회들은 하나님이 세상을 사랑하사 아들을 내어주신 세상과 함께하는 그리스도의 몸이

라는 것을 알려주는 교회다. 그들은 선교의 의제를 세상으로 하여금 말하게 하고 있다. 사회적 의제를 선교적 의제로 받아들인 교회는 사회적 약자들, 소위 이 사회의 주변인들이 문을 두드리는 교회가 되어서 교회가 인적, 물적, 영적 자원을 제공함으로써 세상 속의 교회로서 정체성을 확인하고, 구체적인 기도를 드릴 수 있게 되며, 말씀봉사(설교)와 식탁봉사(섬김)를 분리시키지 않고 조화롭게 하는, 소위 집사 같은 사도와 사도 같은 집사들이 역동성을 발휘했던 초대교회의 영향력을 경험하게 만든다.

사례2. 해외 디아코니아 선교, 연지교회 내 "러브 나그네"

하나님의 선교는 하나님이 활동하시도록 교회는 기대하고 기다리며 기도하는 것이다. 교회가 선교의 처음과 끝을 주도하려는 의도는 종종 선교를 불안하게 만들고 불가능한 것처럼 보이게 만든다. 선교가 금지된 지역에서 직접적인 전도를 포기한 것처럼 보이지만 가능한 최대의 효과를 기대하며 열심을 다하는 선교는 디아코니아 선교이다. 일반적으로 전문인선교라고 불리는 각종 의료선교, 교육선교, 문화선교 등은 인도주의적이고 인류애적인 차원에서 복음의 범위와 의미를 알려주며, 복음의 씨를 뿌리기 위한 토양을 기경하는 일에 비유할 수 있을 것이다. 옥토에 뿌려진 씨앗은 삼십 배, 육십 배, 백 배의 결실을 거둔다고 말씀하지 아니하셨는가! 디아스포라선교는 새로운 전도형태가 아님에도 불구하고 21세기의 글로벌 현상은 과거에 복음과의 접촉이 어려웠던 배타적 타종교인들을 복음을 접할 수 있는 새로운 상황으로 인도한다. 지난 십년간 혹은 그들의 전임자들을 통해 이십년간 애써온 치과의료선교와 한글을 가르치고 한류문화를 전달해 오던 세종학당 한국어교수사역, 그리고 신학교 코디네이트를 통한 간접적 선교사역이 선교현장에서 만났던 다양한 배경의 현지인들이 한국에 유학생과 노동인력으로 유입되면서 과거의 신뢰와 관계를 바탕으로 기독교공동체를 경험하게 되는 값진 열매들을 경험하게 된 사례들을 보게 되는 것이다.

　사례3. 농촌의 현실과 선교적 과제. "작은예수공동체"

　본래 농촌사회였던 한국은 산업화과정에서 농촌을 희생시켰다. 이 과정을 통해 경제적 발전을 꾀할 수 있었던 반면 인구의 도시 편중과 이에 따른 도시문제들이 발생하였고, 환경문제와 식량문제 그리고 지역 간의 격차문제가 심각하게 부상하게 되었다. 농촌사회의 인구감소, 고령화, 경제적 낙후성의 문제는 그대로 농촌교회의 문제였다. 농촌교회는 어찌 보면 그동안 지역교회가 당연하게 생각해오던 목회지가 아니라 이미 진행된 급격한 변화에 대처해야 하는 선교지가 된 것이다. 도시교회와는 달리 농촌교회는 절대인구의 감소에 따른 수적부흥의 어려움, 이에 따른 경제 자립의 불가능성, 불완전한 가정의 자녀양육 및 교육문제, 고령화로 인해 노인으로 넘쳐나는 노인의 일상생활에 대한 돌봄의 문제를 안고 있다. 이러한 많은 문제들에도 불구하고 농촌은 도시민들을 포함한 모든 인구의 먹거리를 생산해내는 가장 중요한 사회적 과제를 수행해야 하는데, 농촌의 교회는 지역사회가 농산물을 생산하는 일에 있어서 경제성만이 아니라 안전성을 생각할 수 있도록 선도하는 지역사회의 창조질서를 말할 수 있어야 한다. 이러한 농촌사회의 환경은 농촌교회로 하여금 목회자의 경제적 자립, 사회사업, 생명농업, 목회자 간의 연대와 친교, 도농 동반성장과 균형발전을 위한 장기계획을 실천하는 사례들을 소개하고 공유해야 한다. (*작은예수공동체)

　사례4. 사회적 약자들과 연대하는 교회. 동부제일교회 내 "더 사랑부"

　선교가 이루어지는 경로는 성경의 말씀에 따르면 약한 자를 통해서 강한 자가 선교되는 방향이 옳다. 건강한 선교는 초대교회로부터 좋이 주인을 전도하고 신하가 왕을 전도하며 사회적 주변인이 중심인물을 전도하는 방법을 취했다. 후대의 결과로 판단해 볼 때, 세속적 권력을 통한 선교는 하나님 나라 대신에 기독교왕국을 이 땅 위에 조성했을 뿐이다. 선교는 약한 자를 사용하시는 초월자의 역사이지, 강한 자가 자연인의 능력을 발휘하는 일이 아니다. 그리스도의 몸인 교회는 약한 지체를 중심에 두고 약한 지체와 강한 지체가 특별한 소통을 실시함으로써 교회는 자연적이지 않은 초자연적인 신령한 몸이라는 것을 보여준다. 교회는 약한 지체를 더욱 아름답게 입혀주는 신체의 구조와 같은 유기체적 존재이기 때문이다. 심판 날에 그리스도는 심판을 위한 기준 설정에 있어서 자신을 소자들과 동일시하셨고, 공생애 기간을 소자들과 함께 보내셨으며, 자신도 이 세상에 헤롯의 집에서 나지 아니하셨고, 분만해서 뉘일 곳이 변변치 않았던 허술한 숙소의 외양간에서 적신을 강보에 싸여 인간에게 의탁하신 분이다. 실로 미래가 있는 교회를 지향한다면, 교회는 하나님 나라를 바라보고 하나님 나라의 윤리를 교회에서 실천해야 한다. 교회는 인구의 15%를 차지하는 장애인을 교회의 중심에 위치시키고 소자의 편의와 권익을 위한 교회가 되어야 한다. 이는 인생들 가운데 장애인을 두신 하나님의 섭리라고 믿는 것이 마땅하다. 장애인을 위한 인프라를 구축하는 상식이 사회보다 앞서야할 것이며, 설교는 세상적 성공사례가 아니라 하나님 나라의 실천현장을 소개해야 하며, 교육이 이를 뒤따라야 할 것이다. 친교는 성도간의 친교라는 성격이 분명해야 할 것이며 이 교제는 약자를 중심으로 구성되어야 한다. 예배는 장애인들이 참여하고 함께 꾸밀 수 있는 예배가 되어야 하고, 장애인부서가 활발해야 할 것이며, 종래에는 모든 부서가 장애인을 포용할 수 있는 환경을 기대하면서 전체 교회에 지속적인 도전을 제공해야 할 것이다.

* 그 외 사례들

이 외에도 교회에서 직분이 남용되지 않고 성도들 각자의 공동체 내재적 관계가 분명해질 수 있도록 노력하는 교회가 있고, 교회의 재정 절반을 사회적 과제에 사용하는 교회가 있으며, 교회의 일치를 위해 다른 교회들의 전통에 대한 오해를 불식하기 위하여 알아가고 교류하는 일에 공동의 작업결과인 BEM문서와 리마예식서를 사용하는 교회가 있고, 평화로운 공존과 정의로운 사회구현을 위하여 타종교와의 대화를 친선 가운데 실천하는 교회도 있다. 하나님 나라 목회란 목회의 비전을 교단이나 개교회 중심이 아니라 하나님 나라의 확장으로 설정하고 세상의 일에 적극적으로 개입하며, 교회간의 일치를 선교적 사명으로 인식하는 한편 성도의 교제를 세상적인 판단기준이 아니라 하나님 나라의 가치관, 즉 크고자하는 자는 먼저 섬기는 자가 되어야 하는 '대조질서'를 구현하는 목회일 것이다. 그럼에도 불구하고 하나님 나라 목회를 구현하는 일에 있어서 늘 시험을 당하는 가운데 있는 교회는 다만 "내가 주의 택하신 자가 형통함을 보고 주의 나라의 기쁨을 나누어 가지게 하사 주의 유산을 자랑하게 하소서(시106:5)"라고 기도해야 할 것이다.

하나님 나라 목회의 선교 매뉴얼- }
농촌선교, 해외선교, 장애인선교 }

손주완, 문혜정, 이범성 목사

지침서에서 이론과 적용에 대해 서술한 내용을 실제 사례를 소개함으로써 응용 가능한 내용으로 만들어 실험할 수 있는 동기를 부여하는 데에 이 글의 목적이 있다.

I. 첫 번째 사례: 지역사회와 함께하는 농촌선교, "작은 예수공동체"

손주완(목사, 작은예수공동체)[1]

1. 선교(Misson)와 패러다임 변화

선교란 매우 포괄적인 의미를 내포하고 있는 말이다. 넓은 의미를 해석해 본다면 하나님의 창조행위, 인간의 역사에 대한 개입, 인간의 역사 속에 나타난 정의와 사랑의 행위, 창조세계의 회복과 생명존중의 활동, 성령을 통해 나타난 구원역사 등을 말할 수 있다. 오늘날의 화두(話頭)는 "패러다임의 변화"이다. 과거의 근본주의 신학의 패러다임은 다원화된 세계의 패러다임에 도전을 받고 있으며, 교회는 예배당 안에만 갇혀서도 안 된다는 도전에 직면해 있다. 교회와 선교의 실존이란 전환(轉換), 통합(統合), 공생(共生)에 대한 인식의 확산을 의미한다. 이제 이러한 에큐메니칼 패러다임은 모든 선교의 현장에서 중요한 가치가 되었다. 농촌선교의 경우 기존의 '전도'중심의 선교방식을 탈피하고 지역사회, 비기독교인, 자연세계, 노동, 문화, 전통 등의 의미를 기독교복음과 접목시켜야 한다. 즉 정리해 보면 다음과 같다.

1) 교회와 선교에 대한 관점의 전환이다. 즉 포괄적 개념의 구원의 측면, 복음과 사회의 관계성, 교회중심의 선교에서 하나님의 선교(Missio Dei)의 개념으로 전환 등 변화된 세계에 대한 한국교회의 선교 방법론의 전환이 무엇보다 중요하다.[2]

2) 이러한 전환기에 목회자는 목회자로서 자기정체성 정립과 목회의 방향에 대한 자기성찰의 과정이 반드시 필요하다. 또한 외형적인 성장을 성공이데올로기로 만드는 성장주의에서 벗어나 교인수의 증감과 헌금의 증감에 예민하기보다는 교회의 본질과 사명을 어떻게 감당할 것인가에 집중해야 한다. 성공하는 목회와 교회는 교인을 많이 끌어 모은 교회가 아니라 교회가 무엇을 하고 있느냐에 따라 평가되어야 한다.

2. 변화된 패러다임으로서의 선교의 방향

첫째로, "하나님의 선교(Missio Dei)"로의 전환이다. 하나님의 선교라는 말은 IMC의 윌링겐 회의에서 등장한 에큐메니칼 운동의 결과물이다. 하나님의 선교는 좁은 의미의 선교[개인의 회심(回心), 교회에 대한 의무]를 넘어서 삼위일체 하나님의 파송에 참여하는 것으로서의 개념이다. 선교의 주체는 교회가 아니라 하나님이다. 선교의 목적은 교회의 확장이 아니라 그리스도의 주권을 세우는 하나님 나라의 건설이며, 선교의 내용은 이 세상과 단절된 저 세상에로의 초대가 아니라, 희망과 책임이 절실한 이 세상에로의 초대이다.

둘째로, "사회와 세상에 대한 관심"으로의 전환이다. 사회 경제적 관점에서 보면 우리가 사는 세상은 소외되고, 고통받고, 가난한 사람들이 함께 살아가고 있는 곳이다. 오늘의 갈릴리이다. 갈릴리는 고난 받았던 민중들과 함께 살았던 예수의 삶의 자리(Sitz im Leben)이다. 그 예수께서 오늘의 한국교회를 찾아오셨을 때 교회가 문을 닫는 어리석음을 범해서는 안 될 것이다.

셋째로, "생명과 평화를 사명으로 인식하는 교회와 선교로의 전환"이다. 생명선교는 물질주의화 되고 생명이 파괴되는 오늘날의 현실 속에서 하나님의 생명을 이 땅에 실현하고 생명공동체를 만들어 나가는 선교적 과제이다. 특히 농촌의 '유기적(有機的) 생명망'은 위기의 한국교회에 희망을 줄 것이다. 교회 내에 평화를 이루고, 분열과 갈등을 치유하고, 남과 북이 하나 되고, 전쟁을 반대하고, 타인을 배려하듯 다른 종교를 배려하는 한국교회가 되어야 할 것이다. 이것이 공동체적 교회의 모습이다. 지역의 교회들이 서로 연합하고 하나 되어 지역사회를 변화시키고, 우리가 사는 동네를 아름답고 행복한 동네로 만들어 가는 것이다.

3. 오늘의 농촌현장과 사회문제

1) 인구고령화와 농촌인구의 감소, 소외감의 문제[3]

농촌인구의 고령화와 농촌인구의 감소로 인한 농어촌의 어려움 문제이다. 2017년 한국전체의 고령화지수는 13%를 조금 넘은데 비해(2018년 14% 예상) 농어촌 지역은 이미 38%를 넘었다(한국농촌경제연구원). 실제의 고령인구는 60%를 훨씬 넘었다.

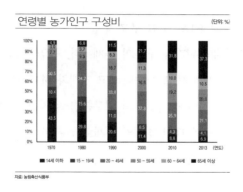

2) 아동의 감소와 열악한 교육환경, 가정환경의 문제

열악한 교육환경 및 가정환경의 문제이다. 농어촌에 그나마 남아있는 아이들의 경우 학교의 폐교로 인해 교육여건이 더 불편해지고, 조손가정의 증가로 아이들이 가정적인 어려움을 많이 겪고 있다는 것이다. 예를 들어 이제는 농어촌 학교에서 운동회를 할 때 '아빠엄마와 달리기'를 하지 않는다.

3) 결혼이주민의 증가와 정착의 문제, 농업분야의 외국인 노동자 문제[4]

결혼이주민의 증가와 그 자녀들의 출생의 문제가 농어촌이 안고 있는 사회문제 중 하나이다. 그들이 어떻게 한국의 농촌에 정착하고 살 것인 가의 과제는 사회적으로 중요한 과제이다. 최근 들어 결혼이주민의 증가 는 그 증가세가 둔화되고 있다. 또한 국내의 농업노동자가 고령화됨에 따라 외국인들이 농업 노동의 현장에 투입되고 있다. 외국인 노동자들의 인권과 노동문제 그리고 임금과 주거환경의 문제 등은 매우 중요한 주제 이다. 특히 해외 선교와의 연결점을 모색해 볼 수도 있다.

4) 경제적 빈곤과 FTA, 농업 구조의 문제

FTA 등 농촌경제의 위기와 구조의 문제이다. 농업에 대한 정책방향을 경쟁력을 이유로 규모화하고 소수화하고 기계화 하다 보니 몇몇의 성공 사례를 만들기는 했지만 농가인구의 대부분을 차지하고 있는 소농(小農) 이나, 가족(家族)농[5] 등에 대한 정책의 부재로 농촌사회 전반에 대한 경제 적 어려움이 가중되고 있는 것은 사실이다.

5) 자연재해와 농축산 관련 질병의 증가 문제

기후변화와 농사 방식의 문제로 인해 자연재해와 가축의 질병, 농작물 의 피해의 문제가 점점 커지고 있는 실정이다. 특히 공장식 축산으로 인해 AI, 구제역 등의 질병이 발생하고 있다.

4. 하나의 사례/ 작은 농촌교회들의 연합으로서의 장신영 농조합

장신영농조합은 충청북도 충주지역과 강원도 원주지역에 있는 작은 농촌교회 목회자들의 모임이다. 원래 영농조합은 농사를 짓거나, 농업과 관련된 일을 하거나, 농업으로 일정한 수입을 얻는 농민이나 관련된 사람들이 만들 수 있는 법인체이다. 처음 2004년 2월 목회자 모임을 조직하여 현재 15년째 활동하고 있다.

첫째, 농촌교회들의 연합활동이다. 농촌교회의 연합활동을 통해 교인들과 목회자들이 새로운 활력을 얻고 일치와 연합 그리고 농촌교회라는 동질(同質)로서의 하나 됨을 경험할 수 있게 된다. 매년 가을 추수감사한마당잔치를 진행한다. 추수감사한마당잔치는 전교인이 참여하여 국악예배, 길놀이, 공동식사, 장기자랑, 외부초청공연, 전통놀이체험 등 다채로운 행사로 진행하였다. 두 번의 행사를 통해 드려진 헌금은 해외농촌선교나 지역구제헌금, 국내농촌선교 등에 사용되었다. 또한 매주 20-30명이 모여 예배를 드리던 교인들이 250여명의 이웃교회, 동네 주민들과 함께 어우러질 때의 느낌은 매우 효과적이다.

둘째, 목회자가 직접 농사에 참여하는 활동이다. 현재 회원들은 각자의 형편에 따라 텃밭농사로부터 농장형태에 이르기까지 농업에 참여하고 있다. 물론 농사의 내용은 친환경농업이며 자연농업[6]이다. 자연농업이란 자연의 원리에 맞게 농사를 짓는 매우 생태적인 농사방법이다. 물론 긴 시간이 필요한 일이다. 그러므로 조금씩 실천하고 있다. 농사작목은 벼농사, 밭농사, 과수농사, 자연양계 등이다. 벼농사는 우렁이농법을 사용하고 있고, 밭농사는 방초망과 미생물제 등을 이용하여 농사하고 있다. 유기농의 기본원칙인 다품종 소량생산 방식이다. 이러한 생산품은 대규모의 생산이 아닌 제철에 따라 소규모로 생산하고 자체 소비 또는는 도시교회와의 직거래를 통해 소비하고 있다. 한 농가(목회자)의 농사로 인한 일년 연수입이 불과 1,000만원 정도이지만 농촌교회의 목회자 가정에게 있어서 이 수입은 매우 요긴하다. 목회도 하고 농사도 지으며 농촌교회의 부담을 줄이고 목회자의 경제적 생활에 도움을 주는 일이다. 농사는 육체적인 노동이며 동시에 영적인 기도(祈禱)이다.

셋째, 도시교회와 농촌교회의 상생(相生)의 활동이다. 농촌이 없으면 도시는 생명을 유지할 수 없다. 그것이 경제, 식량, 환경, 미래 등 밀접한 관계성을 맺고 있다. 그러므로 농촌교회의 연합인 장신영농조합은 도시교회를 농촌목회의 파트너로 생각한다. 직거래를 통해 서로에게 유익을 주며, 각종 체험7과 활동을 통해 도시교인들에게 기쁨을 준다. 결코 시혜(施惠)의식이나 우월의식을 가져서는 안 된다.

넷째, 목회자들과 가정을 회복하고 살리는 활동이다. 농촌목회가 오래되면 될 수록 현실 속에서 느끼는 상실감은 더 크다. 경제문제, 자녀교육문제, 목회자 자신의 매너리즘 문제, 동기목회자들과의 비교문제, 사회적 성취의 문제, 부부문제 등 이다. 그런 면에서 목회자들의 연합활동은 매우 중요하다. 정기적인 모임을 갖고, 공부를 하며 또 부부모임, 가족여행8 등의 프로그램을 통해 농촌에서 이웃 목회자들과 함께 어울리며 사는 것이 얼마나 즐거운 일인가를 느낄 수 있다. 이것은 농촌 목회의 장기적 원동력이 되며 힘이 된다.

5. 향후 농촌 선교의 구체적인 방향

이러한 때에 농촌교회와 농촌목회자는 어떻게 교회를 자립시키고 선교적 사명을 감당할 것인가에 대해 고민해야 한다고 생각한다. 농어촌교회의 향후 자립방안에 대해 다음과 같이 몇 가지를 제안해 본다. 9

1) 전도형 자립교회: 농어촌 지역 중 일정수준 이상 인구가 증가하거나 형성된 지역인 경우 적극적인 복음전파와 전도활동을 통해 교회를 성장시키는 방법이다. 예를 들어 면소재지의 경우 가능한 방안이다. 이 분야는 일반적인 목회 방법론을 적용하면 될 것 같다.

2) 귀농, 귀촌형 자립교회: 지역의 특성상 주민들 중 귀농, 귀촌하는 도시민들이 생겨나는 경우 도시에서 신앙생활을 하다가 온 주민들을 파악할 수 있다. 이 경우 그러한 대상자들에게 맞는 목회의 내용과 프로그램을 개발하고 그들의 정서에 맞는 예배와 교회분위기를 형성하는 것이다. 물론 기존의 교인들과의 유대감을 훼손하지 않는 것이 중요하다.

3) 복지형 자립교회: 노인, 어린이, 다문화가정 등 농어촌의 복지분야에 적극 참여하여 교회의 역할을 확대하는 목회이다. 이미 이 분야는 많이 활성화되었다.

4) 생명농업형 자립교회: 생명농업의 실천을 통한 목회자의 자립과 교회구성원의 경제적 소득증대를 기대하는 방법이다. 목회자가 직접 농사에 참여하여 자비량목회(바울의 텐트메이커/Tent Maker 선교방법)를 실천하고 교회를 섬기는 경우이다.

5) 지역밀착형 자립교회: 교회가 속한 마을이나 지역사회에 적극적으로 참여하여 교회의 다양한 역할을 모색하는 것이다. 예를 들어 마을이장 활동, 마을기업 만들기 활동, 협동조합 만들기 활동 등이다.

농촌목회자들이 "이것 저것 다 해봤는데…" "우리 교회는 이러 저런 이유로 희망이 없다!"는 인식을 갖는 한 자립과 선교적 열매는 기대할 수 없다.

6. 농촌지역사회와 마을 만들기

1) 농촌지역사회의 "마을만들기"에 대한 기본 개념[10]

이제 한국교회의 방향은 목회자중심의 목회나 운동이 아니라 목회자와 평신도가 함께 하는 목회와 운동으로서의 방향으로 전환되어야함을 언급하며, 개교회 구성원들이 시민 사회에 참여하고 지역 공동체 운동에 적극적으로 대처해 나가는 '지역공동체 세우기(community building)'에 참여할 것을 강조하고 있다. 즉 '마을 만들기'는 개인주의 사회의 극대화로 인한 인간성 파괴의 현실을 극복하고 공동체 운동을 통해 '배려와 관심'으로 더불어 사는 공동체를 만들어 나가자는 그 취지가 있다고 말한다. 따라서 마을 만들기는 '사람 만들기'를 포함하고 있고 참여자들이 시민의식을 가져야 하며 시민의식은 기독교 정신과 소통 가능하다고 본다.

이제 농촌과 지역 공동체 운동의 관계를 살펴보면, 농촌의 고유한 가치를 인정해야 한다고 본다. 그것은 농촌을 경제적 관점으로만 볼 수 없는 식량안보와 에너지문제, 환경문제 등의 해결책으로서의 가치를 강조하면서, 특히 농촌 어메니티(amenity)[11]의 가치를 말하고 있다. 또한 도시와 농촌의 '통합 Network'를 통해 상생의 길을 찾아야 한다고 강조한다.

마지막으로 농촌교회와 지역공동체 운동의 가능성을 제안하면서, 농촌교회는 다음과 같은 역할을 수행할 수 있다고 보고 있다. ① 소외된 농촌에서의 사회복지 기능 ② 농촌수련회나 체험활동을 통한 문화, 관광의 기능 ③ 농산물의 교류를 통한 생명과 사람의 교류의 기능이다. 이러한 농촌교회의 역할론을 지역사회와 결합하여 '커뮤니티 비즈니스'를 교회가 활용하는 방법을 찾자고 말하고 있다(Community Business). 그러므로 농촌교회와 농촌 목회자는 일반, 도시 목회자의 목회 방법을 넘어서 적극적인 사명감을 가지고 농촌운동과 지역사회 만들기에 헌신해야 한다고 말한다.

2) 농촌지역 "마을 만들기" 실제 사례에 대한 평가[12]

우리 마을은 현재 약 90세대가 살고 있는 전형적인 농촌마을이다. 미륵산이 있고 고추, 담배, 논농사, 옥수수 등 일반적인 농사를 주로 하고 있으며, 등산객들이 주말이면 찾아오는 마을이다. 나는 2002년 새마을 지도자로 선출되고 마을의 여러분들과 함께 마을만들기 사업을 시작하였다. 당시 새로 선출된 이장, 노인회, 부녀회, 청장년회, 귀촌인 등 주민들의 뜻을 모아 새농촌 사업, 정보화마을 사업, 전통테마마을 사업, 주차장 확보 사업 등 을 함께 진행하였다. 약 10억원의 자금이 우리 마을에 투자되었고 영농조합법인을 만들어 재산권을 공공화하고 사업을 진행하였다. 하지만 사업진행 과정 중 새농촌사업에서 '사업계획변경'을 하지 않은 상태에서 상(賞)사업비로 받은 예산을 사용하다가 마을 주민 일부가 불만을 제기하면서 갈등이 시작되었고, 결국 사업이 중단되는 사태에 이르게 되었다. 오랜 시간이 지났지만, 나는 우리 마을의 '마을 만들기 사업'이 잠정적으로 실패했다고 결론을 내렸다. 실패의 교훈을 삼아 원인을 정리해 보면 다음과 같다. ① 통합적인 리더십의 부족 ② 귀촌인과 일부 원주민 사이에서의 의사소통의 어려움 ③ 마을에 내재된 오랜 감정의 골 ④ 초기 비참여자들의 소외의식과 사업비 투자 이후의 이해관계 등으로 정리할 수 있다. 그러므로 마을 만들기 사업이 매우 어려운 사업임을 알고 있다. 전국의 농촌마을 관광 사업[13]중 제대로 운영되는 마을은 10%에도 미치지 못하고 있는 실정이다.

이러한 마을 만들기 사업의 문제점은 다음과 같다고 생각한다. 첫째, 관(官)주도의 사업이 갖고 있는 한계가 있다. 외국의 사례를 무조건 들여와 부처마다 경쟁적으로 사업을 진행하다보니 시행착오를 많이 겪게 되는 것이다. 둘째, 사업내용이 획일화되고 대동소이(大同小異)하다. 마을마다 진행하는 프로그램이 거의 비슷하다보니 실제적으로 경쟁력을 갖추지 못하고 문을 닫는 경우가 많다. 셋째, 지속적인 관리가 이루어지지 못하고 있다. 마을 사업의 성공열쇠는 도시와의 지속적인 연계성인데 일회적인 행사나 사업으로는 지속할 수 없다. 넷째, 예산을 투여할 때 법과 행정의 테두리에서 지원하다보니 그 예산을 잘못 사용하여 오히려 마을에 부담을 주는 경우가 많다.

이러한 문제점들을 극복하기 위해서는 다음과 같은 대안을 찾아볼 수 있다. 첫째, 주민 스스로 주체적이고 자발적인 참여를 이끌어 내야 한다. 하지만 민주적인 의사결정 구조를 경험해보지 못한 농촌 주민들에게는 민주적인 교육과 인격적인 성숙이 필요하다. 둘째, 인적 자원이 부족한 농촌에서 귀농, 귀촌인 등 도시생활을 경험하고 다양한 재능을 가지고 있는 이주민들의 능력을 활용하는 것이 필요하다. 이러한 연계는 도시와의 교류 연결점을 만드는데 매우 유익하다. 하지만 폐쇄적이고 배타적인 정서를 어떻게 극복할 것인가의 과제가 있다. 셋째, 마을의 자원과 장단점을 정확하고 객관적으로 파악하여 특화된 마을을 만들어야 한다. 다른 마을과 차별화된 개성있는 마을을 만들어 상품화해야 한다. 하지만 마을 주민들 스스로 그러한 전문적인 과정을 만들어 가는 것이 쉽지 않다. 컨설팅 업체의 도움을 받을 수도 있으나 비용이 많이 들어간다. 넷째, 경제적인 이익창출이 이루어지도록 전문적인 경영을 해야 한다. 물론 이익을 극대화하기 위해 사업을 운영하는 것이 최대의 목적은 아니지만 수익이 발생하지 않는 마을 사업은 오래가기 힘들다.

〈참고자료〉"협업 모델(Collaborative Model)로써의 양계(Poultry Farming)"

1. 양계(Poultry Farming)의 기본이해(Basic Understanding)
① 닭의 종류(Kind of chicken): Hy-Line Brown(layer chicken)
② 계사의 구조(structure of chicken house)-scientific principles

③ 사료의 구성과 발효(composition of feed and fermentation)

④ 닭의 질병(Disease): 조류인플루엔자(AI/avian influenza), 뉴캣슬병(ND/newcastle)

⑤ 환경과 민원(Environment & civil complaint): 소리(sound), 냄새(smell), 폐수(waste water)

2. 생산(production & work)과 유통(distribution network)

① 공동작업(team work)과 분업(divide work)의 방식

② 판매(sale)-회원제(the membership system), 직거래 판매(a direct transaction) 방식

③ 생산자와 판매자의 역할분담(share a role)-1명 고용(employment)

④ 경제적 이익(make an economic profit)-월 매출과 수익

⑤ 가격의 차이(a difference in price)와 차별화

3. 마을 선교와 어떻게 연결되는가?

① 농촌목회와 자립(self-support mission)

② 지역사회 생명농업의 확산(local community & environmentally friendly agriculture)

③ 지역사회에 다양한 참여(join the community)

II. 두 번째 사례: 키르기즈스탄 디아코니아 사역의 확장, "러브 나그네"

문혜정(연지교회 선교목사)

1. 선교사로 파송

우리 부부는 직업이 확연히 다르다. 남편은 치과의사이고, 나는 목사이다. 남편은 전문인이고 나는 목회자이다. 그러다보니, 선교사로 파송 받을 당시 3개의 단체에서 파송을 받는 일이 생겼다. 치과의료인이기에 '치과의료선교회'에서 파송을 받았고, 목회자이기에 '대한예수교장로회 총회선교부'에서 파송을 받았으며, 전문인사역이 중심이지만 총체적 선교를 하는 국제단체인 '인터서브 선교회'에서 파송을 받았다.

2. 키르기즈스탄 소개

흔히 우리가 들어온 '-스탄'이라는 이름을 가진 나라 가운데 하나인 키르기즈스탄은 '40의 민족' 또는 '40인의 딸'이라는 의미를 가지고 있다. 동서로는 중국과 우즈베키스탄과 접해 있고, 남북으로는 타지키스탄과 카작스탄과 접해있는 중앙아시아의 한 나라이다. 면적은 남북한을 합한 면적보다는 조금 적다. 인구는 약 600만 명이고, 산이 국토의 97%를 차지하는 산악국가이다. 여러 민족이 섞여 살고 있는데, 키르기즈인과 우즈벡인, 러시아인, 위구르인 그리고 나머지는 대부분 소수민족이다. 이 가운데 고려인도 약 2만 명가량이 살고 있다. 1917년 러시아혁명 이후 소비에트정권에 지배 아래 지내다 1991년 8월 31일 독립을 선언하였다. 지배적인 종교는 이슬람이지만 이슬람국가는 아니다. 오랜 기간 무신론의 공산 통치 체제하에 있어서인지 무슬림 신앙의 기본도 알지 못하는 형식적인 신앙형태를 따르는 이들이 많다. 구소련이 붕괴되면서 선교사들이 대거 중앙아시아로 파송되며 기독교가 들어오게 되었다. 그럼에도 개신교 인구는 아직 1%도 안 된다. 과격 이슬람 세력을 견제하기 위하여 새롭게 등장한 종교법이 오히려 기독교에도 악영향을 미치며 계속 선교의 문은 좁아지고 있는 현실이다.

3. 선교지에서의 사역

2007년 3월에 키르기즈스탄(이하 키르기즈)에 입국하여 1년간은 수도인 비쉬켁에서 언어(러시아어)를 배웠다. 우리 가정이 키르기즈에 가게 된 결정적인 이유는 이미 수도에서 진행되고 있는 치과의료인 재교육 프로그램(TOT)을 두 번째 도시인 '오쉬'(OSH)에서도 진행하기로 결정하여 그곳에서 사역자를 찾고 있었기 때문이다. 우리 부부의 선교사역을 구분해보면 다음과 같다.

1) 현지 치과의료인 재교육(TOT)

치과의사라는 전문직을 가진 남편은 현지에 있는 치과의사 면허를 취득한 의사들을 수련의로 뽑아 3년간 훈련시키고 그들로 하여금 다른 현지인들을 교육할 수 있도록 돕는 프로그램인 TOT(Training of Trainers)를 통해 이들에게 기본적인 치과지식과 임상을 가르치는 일이 주된 사역이었다. 우리가 도착했을 당시의 이 나라 치과수준은 형편없었다. 치과대학을 졸업한 치과의사라 하더라도 마취를 할 줄 모른다거나, 발치를 못하는 경우도 허다했다. 가장 중점적으로 이들을 훈련한 부분은 이들이 수련 후에 자기 치과를 오픈하여 모든 분야에서 자신감을 갖고 진료할 수 있도록 돕는 것이었다. 이 훈련은 치과의사들에게만이 아니라, 치과위생사와 치과기공사들도 훈련한다. 물론 훈련을 위해서는 외부에서(대부분이 한국) 헌신된 사역자가 단기나 장기로 와서 섬겨주어야 한다. 이들은 약 3년간의 수련기간을 보내면서 자신들이 얻은 새로운 지식을 현지 치과의료인들에게 강의를 통해 전수한다. 오쉬치과에서 이 과정을 모두 마친 의사들은 총 8명이다. 치과위생사로 마지막까지 남아있던 사람은 3명이고, 수련을 마친 치과기공사는 1명이다.

2) 무료 진료(난민, 사회적 약자)

처음 오쉬치과에서 무료진료를 시작하게 된 계기는 2010년 6월 10일 오쉬에서 일어난 민족분규로 인해 생긴 난민들을 도와주려고 시작했었다. 오쉬는 지역의 특성상 우즈베키스탄(이하 우즈벡) 국경지역이다보니, 예전 구소련 시절에 경계 없이 우즈벡과 키르기즈를 넘나들며 지내던 사람들이 많고, 특히 오쉬에는 키르기즈인들보다 우즈벡인들이 더 많이 살게 되었다. 민족의 특성 상 우즈벡인들은 비즈니스에 탁월하여 오쉬 대부분의 상권을 잡고 있고, 키르기즈인들은 유목민들로 영혼이 자유로운 자들이라 그런지, 삶에 대한 긴장감이 많이 떨어진다. 그러다보니 이 두 민족 간에 보이지 않는 세력다툼이 일어나고 서로가 서로를 미워하는 마음이 절로 생겨나게 된 것이다. 급기야 2010년에는 그것이 시발점이 되어 정치적인 음모로 누군가 불을 지른 것이다. 큰 전쟁이 일어났다. 수많은 우즈벡인들이 키르기즈를 떠나 우즈벡 국경으로 갔지만, 당시 독재국가인 우즈벡에선 이들을 받아주지 않았다. 이유인즉, 민주주의 나라인 키르기즈에서 살다 온 사람은 정신세계가 다르다고 생각했기 때문이다. 그렇게 해서 많은 수의 난민이 생겨난 것이다.

당시 오쉬치과에서 수련을 받는 의사와 위생사들은 모두가 키르기즈인들이었다. 그런데 난민들의 대부분은 우즈벡인들이었다. 당시 일손이 딸려 나 역시도 난민캠프에 가서 환자들을 실어 나르는 일을 도와주었었는데, 환자들을 치과로 데려다 놓으면, 환자들도 긴장하고 의사들도 싫은 표정이 눈에 훤하게 보였다. 급기야 남편이 수련의사들을 불러놓고, "지금 이 사람들은 도움이 필요하다. 우리는 이 사람들을 도와주어야 한다."라고 이들을 설득하였고, 우즈벡 난민들에게는 어떻게든 편안한 마음을 가질 수 있도록 최선을 다하였다. 그렇게 무료진료는 시작되었었다. 그리고 우연한 기회에 오쉬에 고아기숙학교가 있다는 소식을 듣게 되었고, 요일을 정하여 그 학교 학생들 가운데 졸업을 앞둔 고학년들부터 전교생을 요일을 정해 순서대로 치과로 데려와 무료진료를 해 주기 시작했다. 오늘까지도 우리 수련의사들이 각자 오픈한 자신의 치과에서 순번을 정하여 돌아가며 계속 무료진료를 하고 있다.

3) 구강보건 사업(TBI: Tooth Brushing Instruction)

고아 기숙학교 학생들을 치료해주다 보니, 학생들의 치아상태가 심각한 수준을 넘어서는 것을 알게 되어 고학년들부터 진행하던 무료진료와 병행하며 저학년 아이들에게는 '잇솔질 교육(TBI)'을 해야겠다고 결정하여 학교를 방문하였다. 이 사업은 무엇보다 선생님들의 적극적인 지도가 필요하기에 먼저 교사교육을 실시하였다. 학생들에게 칫솔과 치약, 양치컵과 양동이까지 제공해주었다. 기숙사의 수도시설이 열악하여 양치를 할 장소가 마땅치 않기 때문에 교실에서 하루 한 번 양치하고, 양동이에 양치물을 버리고 당번을 정해 아이들이 직접 그것을 치우도록 하는 시스템이었다. 이 일을 2012년에 시작하였으니, 벌써 7년이 넘도록 해오고 있다. 1년 2년이 지날 때까지는 눈에 띄는 변화는 없었다. 그런데, 3년 4년이 지나가면서 어느 날 학교의 교장선생님이 우리를 부르셨다. 교장선생님께서 너무도 고맙다는 인사를 하려고 불렀다고 하셨다. 이전에는 밤마다 학생들 중에 치통으로 인한 응급환자가 자주 생겨서 힘들었는데, 이제는 그런 일이 전혀 일어나지 않고 있다면서 감사장을 주셨다. 우리가 떠난 이후에도 오쉬치과에서 수련 받은 의사들과 위생사가 이 일을 계속 해주고 있어서 얼마나 감사한지 모른다.

4) 금요 여성모임(가정교회)

첫 텀을 보내는 4년간은 언어를 배우는 것과 전혀 다른 문화와 환경 속에서 살아남기 위해 적극적인 사역을 하기가 어려웠다. 다짜고짜 교회를 개척한다는 것은 있을 수도 없는 일이었다. 그저 내가 할 수 있었던 것은 치과 직원들을 위해 맛있는 밥을 만들어 초대하거나, 혹은 전 직원의 점심을 준비해 치과로 가져가서 함께 먹으며 지내는 것이 나에게는 즐겁고 신나는 일이었다. 유목민들은 음식문화라고 할 것이 없다. 그저 키우던 양을 잡아 삶아 먹고, 국물을 먹는 것이 전부였기 때문에 음식문화가 발달할 리가 없다. 이들에게 한국음식은 신세계를 경험하는 것이다. 특히, 김밥을 보고는 검은색 종이에 밥이랑 여러 가지 야채가 들어가는 이 신기한 음식이 도대체 무엇인가…하며 김밥을 완전히 해체하여 먹는 모습을 보고 있으면 웃음이 절로 난다. 우리집에 밥 먹으러 오는 날이면 며칠 전부터 거의 금식이다. 참 좋은 키르기즈의 풍습 중 하나는 어디를 가든, 무엇을 먹든, 먹고 남기는 음식이 없다. 모두가 비닐봉투를 달라고 하여 남은 것을 다 싸 가지고 간다. 식탁이 깨끗하다. 그것을 안 후로는 일부러 음식을 더 만들게 된다. 가족을 생각하는 이들의 따뜻한 마음이다.

이러한 비정기적인 식사모임은 안식년을 마치고 돌아온 2012년부터는 정기적인 모임으로 바뀌었다. 모임의 이름은 '금요 여성모임'이다. 특이하게도 2012년부터는 치과에 있는 모든 직원이 여성이었다. 수련의들도 여성, 위생사들도 여성, 행정직원도 여성… 그렇게 여성모임이 시작되었다. 이 모임의 시작은 안식년 기간 중에 참석했던 '가정교회 세미나'에서 힌트를 얻었다. 믿지 않는 사람들을 VIP로 섬기는 것이 가정교회의 핵심이라고 할 수 있는데, 우리 치과 직원들은 온통 무슬림들이니 모두가 VIP인 셈이다. 내가 할 수 있는 최선을 다해 금요일마다 상다리가 부러져라 음식을 차려주었다. 식사 후에는 둘러앉아 한 주간을 지내며 감사했던 이야기들을 나누었다. 평생을 감사한 것이 무엇인지 생각하지 않고 살아온 그들에게 이 시간은 낯선 시간이었다. 그러나 시간이 지나면서 아주 자연스럽게 감사한 것들을 이야기하며 분위기는 매번 따뜻해졌다. 가무를 좋아하는 민족이라 이들에게 한국노래도 가르쳐주었다. 예수님(무슬림들에게는 불편한 이름)이라는 단어가 들어가지 않는 찬양곡들을 하나씩 가르쳐주었다. 가르쳐 준 적도 없는데, '당신은 사랑받기 위해 태어난 사람'을 부를 때는 서로에게 축복하면서 손을 뻗어 부르기도 하더라… 하이라이트는 오쉬치과 10주년 기념행사 때, 10명의 치과직원들이 모두 같은 옷을 맞춰 입고 그 많은 사람들 앞에서 한국어로 노래할 때 얼마나 많은 사람들의 눈에 눈물이 고였는지 모른다. 우리 직원들은 이 모임을 통해 삶이 달라졌다. 감사하는 삶을 살게 되었다. 자신을 오픈하게 되었다. 다른 사람을 배려하게 되었다. 어려운 문제들을 함께 나누던 어느 순간, 우리 모두는 뒤엉켜 서로를 위해 기도하게 되었다. 그리고 우리는 우리가 기도한 문제들이 정확하게 응답되는 것을 보며 놀라게 되었다. 물론 아직도 그들은 예수님을 영접하지는 않았다. 오늘날은 개인전도를 통해서가 아닌 많은 무슬림들이 꿈이나 환상 중에 예수님을 직접 만나는 경우가 있다는 통계처럼, 주님의 때가 오기를 믿음으로 기다리며 기도하고 있다.

5) 오쉬 신학교 사역(외국인 코디네이터)

키르기즈의 수도인 비쉬켁에는 1996년에 모든 교단이 연합하여 세운 '연합신학교'가 있다. 이 학교는 현재 중앙아시아에서 유일하게 합법적으로 등록된 신학교이다. 이 때문에 주변 국가의 학생들도 비쉬켁으로 와서 수업을 듣기도 한다. 오쉬 신학교는 비쉬켁의 연합신학교의 분교 형태로 3년간의 수업과정을 마치면 연합신학교의 이름으로 수료증과 졸업장을 받게 된다. 거리가 멀어서 오쉬에 있는 학생이 비쉬켁에 있는 연합신학교에서 수업을 듣기 위해서는 이사를 하거나 아니면 비용을 많이 들여 비행기로 다녀야 하는데, 어느 학생도 그럴만한 경제적, 시간적 여유는 없다. 감사하게도 오쉬 신학교에서 공부를 하여도 졸업장을 주기로 결정해 준 덕에 오쉬에 있는 교회 지도자들의 참여가 점점 늘어가고 있다.

나는 2013년부터 외국인 코디네이터로 오쉬 신학교에서 섬기게 되었다. 주로 강사를 섭외하는 일과 펀드레이징이 주된 임무였다. 한국에서 여러 훌륭한 교수님들, 목사님들께서 기꺼이 오셔서 질 높은 강의로 도움을 많이 주셨다. 유명무실했던 현지인 위원회에 속한 목회자들도 점점 시간이 지나면서 신학교에 마음을 두어 헌신하게 되었고, 4년 정도 지나고 나니 제법 자리를 잡아가게 되었다. 100% 외부 지원에 의존했던 학교였는데, 오쉬에 있는 각 교회들이 스스로 일정 금액을 헌금하게 되면서 관심도 생겨나고, 학생들의 숫자도 늘어나게 되었다. 나는 매 수업마다 학생들을 위해 다양한 종류의 빵을 구워가서 학생들을 격려해 주었는데, 귀국할 즈음에 졸업생 중 한명이 시를 써서 읽어주었다. 내 이름이 현지어로 '촐폰'인데, 샛별이라는 뜻이다. 시의 내용 중에, 하나님께서 아브라함에게 하늘의 별들을 보여주셨을 때의 그 별... 자신들에게는 지금의 내가 그 별이 되었다는 고백이었다. 이들도 이 땅의 수많은 무슬림들에게 진리를 밝히 보여주는 별과 같은 존재가 되기를…

6) 한국어 교수 사역(오쉬 세종학당)

한류 열풍으로 인해 여러 나라의 선교사들은 한국인이라는 것만으로도 새로운 사역의 장이 열리게 되었다. 키르기즈 역시 예외는 아니다. 현지인들은 한국인들만 만나면, 드라마와 K-POP 등 질문이 끝이 없다. 처음에 치과 직원들이 한국어를 가르쳐 달라고 부탁하여 한국어를 가르치다보니, 한국말을 하는 것과 한국어를 가르치는 것에는 큰 차이가 있다는 것을 알게 되어, 한국에 잠시 들어와 '한국어 교사 양성과정'을 마치고 다시 들어가서 한국어를 가르치던 중, 대한민국 문화체육관광부가 전 세계에 한국어와 한국문화를 알리기 위해 곳곳에 세우는 '세종학당'이 2013년 9월부터 오쉬에서도 열리게 되었고, 오쉬 세종학당에서 한국어 교수 요원으로 일할 수 있게 되었다. 흔히 무료로 교육을 하면, 처음에는 뜨겁다가도 점점 열기가 식게 되는데 학생들의 한국어에 대한 열기는 식기는커녕 점점 뜨거워져갔다. 세종학당에서 일정 기간 수업을 들으면 한국어 수준을 평가하는 'TOPIK(한국어능력시험)'을 치를 수 있다. 결과에 따라 학생들은 한국의 대학에 지원을 하여 합격을 하면, 우리나라 외교통상부에서 장학금과 생활비를 지원해 주며 이 학생들을 초청하는 프로그램(KGSP: Korean Government Scholarship Program)으로 유학을 가는 기회를 얻게 된다.

현재까지 이 프로그램을 통해 한국에 유학 온 학생들은 18명이고, 교환학생으로 공부하고 있거나 다녀간 학생들은 30명이다. 이제 그들이 한국으로 오고 있다. 지금은 대부분의 학생들이 지방에 있는 대학교로 많이 가고 있지만, 그 가운데 서울에 있는 대학교에 다니는 학생들도 있다. 지난 10년간을 키르기즈에서 살다가 2017년에 귀국하였을 때, '더 이상 이들과 어떻게 관계를 맺으며 지낼 수 있을까' 고민할 틈도 없이 이제 이들이 내게로 다가오고 있었다.

4. 한국에서의 사역, 러브 나그네

2018년 2월부터 현재 내가 섬기는 연지교회에서 '러브 나그네'라는 이름으로 주일 오후 2시에 키르기즈를 중심으로 한 중앙아시아에서 온 유학생들의 모임을 시작한 지가 벌써 1년이 넘었다. '러브'는 영어의 동사형이 처음에 나오면 명령형이 되기에 "사랑하라!"는 명령이고, '나그네'는 순수 한국어를 사용하여 사랑할 대상이 누군지를 알려준다. "너희는 나그네를 사랑하라 전에 너희도 애굽 땅에서 나그네 되었음이니라" 신명기 10장 19절 말씀을 따라 매 주일 유학생들과 모임에 관심을 가진 한국인들이 더불어 모임을 갖고 있다. 모임의 참석인원은 15명 정도이다. 서울에 있는 학교에 다니는 학생들이 오는데, 오쉬에서 한국어를 가르칠 때 직접 나에게서 한국어를 배운 학생들도 적지 않다. 이 학생들을 한국에서 다시 만나게 될 줄은 꿈에도 몰랐었다. 하나님께서 귀국 후의 삶을 이렇게 인도하실 것이라고는 상상도 하지 못했었다.

러브 나그네를 시작하며 나그네를 어떻게 사랑해야 하는지에 대한 대답을 성경에서 발견했다. 신명기 10장 18절 말씀이다. "고아와 과부를 위하여 정의를 행하시며 나그네를 사랑하여 그에게 떡과 옷을 주시나니." 나그네를 사랑하되 부모가 자식을 사랑하여 먹을 것(떡)과 입을 것(옷)을 주듯 그들을 사랑하라고 하신다. 이 모임에 참석하는 대부분의 학생들은 무슬림들이다. 우리에겐 VIP들이다. 모임은 가정교회의 모습을 가지되, 최대한 믿지 않는 학생들을 배려하고, 잘 먹여주고, 감사한 이야기를 나누며 게임도 하면서 약 2시간 정도 함께 시간을 보낸다. 그들은 우리가 그리스도인임을 안다.

최근에 지난 1년간 우리 모임에 참석했다가 전주로 내려간 학생이 내게 카톡을 보내왔다. 허리 디스크로 병원에 입원했을 때, 찾아오겠다고 하길래 나중에 내가 다 나으면 전주에 가서 밥을 사 주겠다고 보낸 카톡의 답장이었다. "선생님은 늘 우리에게 도움을 주시는데, 또 맛있는 거 사주신다고 그러세요… 그러지 마시고 빨리 퇴원하세요. 저는 선생님을 한국에 계신 엄마라고 알고 있어요." 위르겐 몰트만은 그의 책『하나님의 나라와 봉사의 신학』(1999)에서 "우리가 하나님 나라를 발견하게 되는 곳은 그들 공동체 가운데로 들어가, 그들을 하나님 나라의 구성원으로 인정하고, 우리 또한 그들로부터 형제로 받아들여질 때, 우리는 거기서 예수와 함께 하는 하나님 나라를 발견하게 된다."고 하였다. 러브 나그네를 통하여 우리의 진정한 섬김(디아코니아)이 그들을 형제로 받아들일 뿐 아니라, 우리 역시 그들로부터 형제로 받아들여짐으로 하나님 나라가 우리 가운데 나타나길 기대한다.

III. 세 번째 사례: 교회 안의 작은 교회, "더 사랑부"(장애인부)

이범성 목사

1. 교회 안의 작은 교회, 장애인부

교회 안에 여러 부서들이 있다. 그리고 각종 위원회도 있고 자치회(동아리)도 있다. 교회가 크든 작든 간에 교회 안에는 작은 교회들이 있는 것이다. 일찍이 "교회 안의 작은 교회"(Ecclesiola in Ecclesia)라는 용어는 경건주의자들이 '기독교 사회' 안에 있는 모든 구성원들 중에서 특별히 자신의 신앙고백이 있고 신앙실천에 헌신한 사람들의 모임을 구별해내어서 붙여준이름이다. 그러나 더 이상 기독교 사회라고 말할 수 없게 되었거나, 본래기독교 이외의 다른 종교가 지배하던 사회, 혹은 여러 종교가 혼재해 왔던, 그러면서도 종교가 더 이상 시민의 삶에 호령할 수 없게 된 세속사회에서 "교회 안의 작은 교회"는 이제 다른 의미로 이해되게 되었다. 이미 현대 세속사회에서 교회는 자신의 신앙고백과 신앙실천에 헌신한 사람들의모임을 말한다. '교회'는 곧 '교회 안의 작은 교회'와 동일어가 된 것이다.그러나 우리는 경건주의에서 사용한 이 용어를 다시 유의미하게 사용할수 있는 상황에 놓이게 되었다. 그리스도를 머리로 하는 몸으로서의 교회는 그 몸을 지탱하기 위하여 자신의 지체라고도 할 수 있고 작은 몸이라고도 표현할 수 있는 각종 동아리를 갖게 된 것이다. 즉 '교회 안의 작은교회'란 교회 안의 부서, 위원회, 동아리라고 말할 수 있고, 이 작은 교회들은 큰 교회의 각 부분이 되어 그리스도의 몸의 기능을 감당해야 한다.

작은 동아리들이 살아야 교회 전체가 산다. 이 작은 동아리들 중에 어느한 특정 교회의 교육부서 중 하나인 '장애인부'와 또한 교우들이 스스로 꾸려가는 자치회인 '장애인선교회'의 사례를 여기에 소개하려고 한다.

2. 한국교회의 장애인

얼마 전까지만 해도 전체인구의 1할을 장애인구로 보던 세계보건기구(WHO)가 2019년 현재에 와서는 세계장애인의 인구를 1.5할 즉 15%로 산정하고 있다. 이는 장애인이 많아진 탓이 아니고 장애인으로 분류하는 범위가 넓어진 때문이다. 아무튼 이렇게 높은 비율로 장애인구가 책정된다면 비장애인에 대해서는 소수자이지만 소수자 가운데 절대적 다수를 이루는 이들 장애인의 삶의 문제는 이 사회가 관심을 집중해야 할 가장 중요한 문제 중 하나가 아닐 수 없다. 먼저 우리는 교회가 장애를 가진 교인을 얼마나 가지고 있는지 살펴보려고 한다. 왜냐하면 영생을 얻으려면 소자에게 관심을 집중해야 한다고 예수께서 말씀하셨기 때문이다. 마지막 심판 날에 소자에게 무관심했던 것 때문에 저주를 받고 영원한 불에 들어갈 일이 생길 것이기 때문이다(마 25:31-46). 안타까운 것은 한국 장애인의 기독교 비율은 5%에 불과하다. 한국 전체 인구의 30%가 기독교인임에도 불구하고 말이다. "장애인이 없는 교회는 장애교회다."(Bach). 장애인이 없는 교회는, 장애인을 중심으로 약한 지체와 강한 지체가 모이고 어우러져서 이루게 되는 하나님 나라의 친교를 경험할 수 있는 주요 요소가 결여된 교회이기 때문이다. 그들은 예수께서 요한의 제자들에게 보여주신 "오실 그 분"의 나라에 꼭 있어야 할 '장애가 극복되는 현장'을 경험할 기회가 없는 것이다.

3. 장애인부의 생성

신체 및 복합장애인이 많이 사는 수도권의 한 외곽지역에 위치한 일천
명 가까운 출석교인이 있는 교회에서 대여섯 명의 장애인 교우들이 장애인
교우들의 친교와 장애인을 위한 복음전도를 목적으로 교회 내에 장애인
선교회를 조직한 것이 1995년의 일이다. 이 장애인선교회를 가능하게 만
들었던 인물은 당시에 약국을 경영하던 보행장애를 가진 약사와 함께 의
기투합한 몇 명의 장애인 교우들이었다. 그런데 장애인선교회를 대표하
던 약사교우가 그 후 몇 해를 지나지 않아 다른 지역으로 이사를 가고,
그의 뒤를 이어 선교회 발기인들 중의 하나로서 차기 회장이 된 인물이 본
선교회의 구성원을 중심으로 외부에 장애인단체를 설립하게 되었다. 본
래 영세 수공업과 작은 소매상을 업으로 하던 그는 생업을 중단하고 이
제 설립한 장애인단체를 본인과 더불어 관계자들의 생계까지도 책임질 수
있는 사업체로 만들기 위해 안간힘을 썼다. 그러는 동안에 교회의 장애
인선교회는 이 장애인단체를 운영하기 위한 하나의 자금줄처럼 여겨지게
되었고 또한 외부를 향해서는 바람막이가 되었으며 교회의 인력을 수시
로 동원할 수 있는 매개체가 되었다. 이 단체는 수시로 장애인후원 사업
을 벌이고 장애인선교회를 통해 교회에 후원금을 요청했다. 그러는 사이
에 교회의 장애인선교회는 교회에서 하나의 구성원이라기보다는 물질적
인 도움이나 바라는 귀찮은 존재로 인식되기 시작했다. 교우들에게는 장
애인선교회원을 피하거나 꺼리는 기색이 역력했고, 장애인선교회가 모이
는 장소인 교회 안뜰 주차장 구석에 있는 컨테이너박스는 먼발치에서 사
추하는 눈길 한번으로 지나치는 외딴섬과 같았다. 한마디로 바깥에 있
는 작은 장애인단체의 지부가 교회 안에 연결 끈처럼 들어와 있는 느낌
뿐, 교회의 한 구성원으로 인정받지 못했던 것이다.

4. 목회적 지원과 발전

그동안 전임 부교역자들이 돌아가며 지도목사로서 월례회 예배를 인도하는 정도로 참석하던 장애인선교회에 파트담당교역자 수준으로 조금 더 친밀하게 함께해 줄 지도목사가 나타난 것이 2004년의 일이다. 그는 '장애인선교회'의 활동을, 내부는 신앙공동체훈련으로, 외부는 장애인단체의 활동으로 규정하고, '장애인선교회'의 임원들의 외부활동인 '장애인단체'를 도와주는 한편, 내부적 신앙훈련을 통해 이들을 '교회의 일원으로 자리매김하는 일'에 집중하였다. 외부 활동은 장애인단체가 시작한 "사랑의 쌀 나누기"운동과 "무료 빨래방"을 지원하는 일이었고, 내부 활동은 주일 성경공부, 장애인주일 헌신예배, 동계 및 하계 신앙수련회, 그리고 춘계 및 추계 문화행사 등이었다. 내부 활동은 이러한 신앙훈련 외에도 장애인선교회 회원들이 월 회비를 내서 국내와 해외에 선교비를 보내는 것과, 선교 현지와의 지속적인 교류를 통해 선교에 동참하는 신앙인의 삶을 구현하는 것 등이 있었다. 선교비의 일부는 장애인선교를 위해서 지출되었지만, 더 많은 부분이 장애와 무관한 여러 선교현장에 관련되었다. 농촌지역 목회자 지원, 해외 선교사 후원, 그리고 기타 선교프로젝트에 참여하는 일을 하였다.

성경공부는 '목적이 이끄는 삶', 'TBC 성경공부', '김동건의 신학이야기', '말틴 루터의 종교개혁 3대 논문', '본회퍼의 신도의 공동생활' 등 지속적이고 반복적인 교육이 실시되었고, '기도', '관상기도', '생태계 신학', '장애인신학', '통일신학', '하나님의 선교', '회의하는 법' 등을 수련회에서 집중적으로 공부하였다. 평일에는 한 주간의 중간인 수요일에 장애인교우들이 많이 살고 있는 동네의 종합사회복지관에 모여서 이들이 학령기에 배우지 못했던 '사회와 역사'를 오전 반나절 공부하고 오후에는 모여 있는 장애인교우들의 집을 차례로 방문하여 그 가정에서 성경공부를 하고 생활의 이야기를 나누는 시간을 지속했다. 그러던 가운데 2018년에 시에서 세우고 해당 교회가 운영하는 장애인복지관이 개관하면서 사회공부는 '비폭력대화' 공부로 발전했고, 정서적 안정과 삶의 질 향상을 위한 합창교실을 열어서 음악공부를 하고, 운동과 재활교육에 참여하게 되었다. 장애인선교가 사업중심이 아니라 사람중심으로, 또한 사업을 만드는 일이 아니라 사람을 만드는 일에 집중했던 것이다.

5. 장애인부 이미지 쇄신

교회에서 부담을 주는 짐 같은 존재가 아니라 동일하게 한 몫을 감당하며, 불편한 존재가 아니라 활력을 주는 존재로 여겨지게 된 것은 그동안의 신앙 인성교육이 성도들을 위한 봉사로 나타나면서부터였다. 연 2회 정도 열었던 바자회에서 양질의 음료를 싼 가격으로 제공하면서 교우들 간에 편안한 대화의 공간을 만들었고, 호박죽과 식혜를 정성껏 만들어서 판매하였다. 또한 의류를 판매하여 얻은 수익금까지 전 금액을 선교 용도로 지출하였다. 여러 해를 거듭해 오면서 장애인선교회가 판매하는 음료와 음식, 그리고 의류는 호평을 받았으며, 장애인교우들의 남을 도울 수 있는 능력, 행동의 진정성 같은 것이 교우들 사이에서 인지되었고, 장애인과 비장애인 사이에 신뢰와 사귐이 깊어져 갈 수 있었다. 가벼운 절기 음식을 만들어서 환절기에 목회자를 대접하는 일이라든지, 교회가 신축 이전하는 과정에서 임시처소에서 교회가 점심식사를 제공하지 못하는 상황에 간헐적으로지만 샌드위치 빵을 300인분 정도 만들어서 주일 봉사자들과 기타 원하는 분들에게 제공하는 일을 통해서 교우들이 장애인이 준비한 맛있고 위생적인 음식을 사랑과 함께 받아보는 경험을 반복하게 되었다. 어느덧 교회 안에서 주는 사람과 받는 사람이 따로 있는 것처럼 생각하던 고정관념은 사라지게 되었고, 장애인은 언제나 '받는 사람'이고 비장애인은 '주는 사람'이라는 생각도 사라지게 되었다. 장애인과 비장애인은 장애 유무를 떠나서 서로 주고 서로 받을 수 있는 믿음의 형제자매요 그리스도의 몸을 이루는 각기 독특한 책임과 의무를 갖는 지체라는 인식이 가능해졌다.

6. 장애인교육부 병설

장애인선교회가 교육부분과 신앙훈련을 강화해가면서 찾아든 생각은 교육부가 선교회로부터 분리되어야 더욱 효과적으로 활동할 수 있겠다는 것이었다. 교육에 대한 시간적, 재정적 투자가 커지면서 선교회 내에 교육부를 신설했으나 성격상 선교회는 자치회이고, 교육부는 교회학교 교육과 직접적인 관련이 있고 교회 전체의 교육관련 프로그램들과 조율되고 통제를 받아야할 필요가 있는 것이기 때문에, 이후로는 장애인선교회의 교육부가 아니라 교회 교육위원회 산하에 위치한 성인교육부의 하나로서 자리매김을 하도록 해야겠다는 생각이었다. 교육부를 선교회로부터 분리하려는 시도는 활동의 내용과 성격 때문에도 그랬지만, 다른 하나의 이유로 재정의 출처를 공개하고 확인시키려는 의도가 있었다.

2010년 현재 장애인선교회는 농촌교회와 해외선교지에 각각 일십만 원의 선교비를 매월 지출하고 있었다. 이는 다른 여타 선교회들의 선교비 지출에 비해 두 배 혹은 네 배가 되는 액수였기 때문에 장애인의 헌금으로 만들어 지기에는 너무 많은 액수처럼 여겨졌다. 그래서 이 점을 낯설게 느낀 어느 교회학교 관련자가 장애인선교회가 교회 교육위원회에 청구하는 교육비에 대해서 질문을 제기하였다. 첫째 질문은 교회에서 돈을 타서 선교비를 보내고 있는 것 아니냐는 의심이었고, 둘째 질문은 그것이 아니라고 해도 모은 회비를 선교비로 지출할 것이 아니라 교육비로 사용하게 되면 교회가 교육비 지출을 안 해도 되지 않겠냐는 것이었다. 이 질문은 장애인선교회의 활동을 위축시킬 수도 있는 난감한 주장이었다. 선교비는 회원들이 선교를 위해 자발적으로 내는 회비였다. 그런데 선교비를 보내지 말고 그 돈을 자신들에게 필요한 교육비로 쓰라는 주문이었다. 이 주장은 교회의 중요한 활동영역인 교육을 교회전체의 감독과 지원이 없이 개별적인 활동으로 축소시키는 것이고, 이에 따라 발생할 선교비 중단 문제 내지는, 선교비를 헌금하는 헌신도가 위축 감소되는 것도 아랑곳하지 않겠다는 태도에서 비롯된 것이다. 그래서 선교회는 오랜 토의와 심사숙고 끝에 자치회인 '장애인선교회'와는 별도로 교육부서로서 '더 사랑부'를 발족시키게 된 것이다. '더 사랑부'라는 교육부서는 장애인을 중심으로 모였지만 장애인과 비장애인 중 누구든지 더 사랑이 필요한 사람과 더 사랑을 주고픈 사람들이 모이는 곳이고, 그 사랑은 인간적인 주관적이고 일시적인 사랑이 아니고, 지속적이고 타자 중심적인 예수님의 '그 사랑'(the Love)을 실천하는 곳이라고 그 이름의 의미를 설명하게 되었다.

7. 신앙과 생활의 훈련

"장애인의 신앙성장과 재활의욕 고취"를 목적으로 삼은 장애인선교회는 정기적으로 계획되어 있는 여름수련회를 해외에서 실시함으로써 그 목표를 향해 지속적으로 전진할 계획을 세웠다. 이동의 어려움 때문에 시설이 잘 되어 있는 가까운 장소에서 진행해 오던 수련회를 계획적으로 먼 곳으로 정하고 시설도 어느 정도 장애인이 개척해서 사용할 수 있는 곳을 물색하였다. 원주에 있는 노인요양시설을 겸한 교회인 '신앙 공동체'에서 여러 해를 수련회로 모이면서 자연에 적응하고 시설도 개선하여 사용하는 맞춤형 수련장소로 공간을 꾸미는 습관을 들였다. 관상기도와 경건 훈련을 주제로 삼았던 수련회에서는 떼제수도사들의 예배와 비슷한 공간연출을 하기도 하고, 그 공동체 영내에 있는 개울에서 불편한 몸을 앉히고 세족식을 비롯한 성도의 공동생활 훈련도 실시하였다.

해외수련회를 위한 처음 원정은 국내이지만 배를 타고 나가는 것으로 시작했다. 그곳은 비금도였다. 목포까지 기차를 타고 거기에서 다시 배로 갈아탔다. 기차도 배도 처음 타보는 장애인도 있었다. 한나절 걸리는 이동 길에 상호 도움을 만들어나가는 성도의 교제를 경험하며 장거리 이동의 가능성을 타진하고 확인하는 첫 원정길이었다. 그 다음 수련회는 제주도였다. 강정마을 해군기지화로 평화운동이 고조되던 때에 우리는 제주사삼기념관과 강정마을을 방문하고 집회하였다. 붉은 발 말똥게의 서식지가 사라져야 하고 군비강화가 고조되는, 본래 평화로웠던 마을의 파괴 과정을 괴로운 마음으로 기도하며 동행하였다. 평화통일을 위한 공부에 모두 뜻과 정성을 모았던 수련회였다. 이 수련회 때에 처음 비행기를 타본 장애인도 다수였다. 2013년에는 장애인선교회 대표 일곱 명이 부산에서 열린 세계교회협의회(WCC) 장애인 사전총회(Pre Assembly)에 참가했다. 세계 각처에서 찾아온 장애인대표들과 '생명'을 화두로 하나님 나라의 선교에 대해 의견을 교환하는 동안 우리 장애인교우들의 시야는 개인에서 동네로, 동네에서 국가적으로, 국가에서 세계로, 자연으로, 환경으로 넓혀지고 있었다.

드디어 그다음으로는 진짜 해외, 외국여행이었다. 우리는 4박5일 연변과 백두산 등반을 계획하고 민족의 기상을 드높이는 북방여행에 올랐다. 용정중학교와 윤동주생가, 용두레 우물가에 모여서 시국 좌담회를 하는 백발의 일단을 존경심을 가지고 바라보았고, '일송정 푸른 솔'을 파헤치려는 일본제국주의자들의 만행을 역사적 증언으로 경험하고, 결코 가볍게 오를 수 없는 백두산의 정상까지 다다라서, 아무 때나 볼 수 없다는 맑은 하늘 아래의 천지를 바라보던 우리의 감격은 이루 형언할 수 없었고, 우리의 "보기에 심히 좋은 모습"은 그곳 치안을 맡은 공안들의 마음을 감동해서 그들이 우리의 휠체어를 들어주고 빈차를 따로 뽑아서 우리에게 제공해주는 등 아름다운 인간적 만남으로 이루어진 뜻 깊은 여행이었다. 여행 참가자들의 재활의욕이 하늘까지 다다랐음은 당연한 일이었다. 우리는 중국연변수련회를 위해서 6개월간 중국의 역사와 조선족의 역사, 중국장애인의 형편을 공부했고, 중국 조선족 장애인교회, 조선족 자조단체들을 만났으며 함께 대화하고 미래의 선교를 함께 논의하였다.

그리고 두 해 후에는 일본 동경에서 또 한 번의 수련회를 개최하였다. 동경에 있는 한인교회를 본부로 삼고 일본기독교교회협의회와 소수자센터를 방문하고 대화했으며 재일대한기독교회 총회를 방문해서 재일동포들의 교회형편과 신앙생활 그리고 선교의 가능성에 대해서 진지하게 토의하는 시간을 가졌다. 여비를 절약하기 위하여 대중교통을 이용한 여행으로 어느 날은 하루 이만 보를 휠체어와 함께 걸은 날도 있었다. 목적지에 당도하기 위해 전철을 수차례나 갈아타는 수고를 하면서도 우리는 일본의 장애인 정책을 체험하고 불편한 점과 편리한 점을 배우는 기회를 가졌다. 우리 장애인들은 어느새 극동의 역사적 나라들을 섭렵하고 있었던 것이다.

내년 여름수련회의 목적지는 러시아 블라디보스톡이다. 그곳에서 고려인들을 만나고 러시아의 장애인들을 만나게 되면, 이렇게 지난 세 여행을 통해서 맺어진 관계를 가지고 한인 장애 그리스도인 디아스포라 네트워크를 결성해서 하나님 나라 선교를 펼쳐볼 작정이다. 우리는 어느새 "우리의 발을 넓게 세우시는 하나님"(시 31:8)을 경험하고 있다.

8. 느슨한 공동생활

'더사랑부'의 경건생활은 가정에서 개인의 매일성경묵상으로 인도된다. 주일마다 지면으로 공지된 한주일치 성서일과의 말씀이 휴대폰 앱을 이용해서 단체소식으로 전달되는데 누구든지 먼저 성경구절을 올리고 이에 대해 반응할 수 있다. 수요일에는 장애인복지관에서 오전에 합창교실, 오후에 '평화의 대화'에 참여한다. 이날은 '더 사랑부'의 장애인교우들이 일상의 이야기를 나누는 날이다. 주일에는 오전에 낮 예배에 참석하고, 오후에는 '더 사랑부'에서 성경공부를 한다. 함께 모여 식사를 하고 간식을 먹고 차를 마신 후에는, 함께 복음송을 반시간 가량 부르고, 이어서 한시간 가량 성경공부를 하는데, 그때그때마다 발간된 베스트셀러 신학교재 같은 것을 함께 읽고 토론하고 인도자의 지도를 받는다. 그리고 나서 형편에 따라 반시간 가량 생활영어 기초 공부를 한다.

9. 장애인선교회와 교육부의 구성

우리 '더 사랑부'와 '장애인선교회'는 사회학적으로 볼 때 '포용(Inklusion) 사회'를 지향한다. 장애인과 비장애인이 서로를 있는 모습 그대로 온전한 상대자로 받아들이고 그 안에서 장애인끼리도 서로를 높이 평가하고, 이러한 자리는 비장애인과 비장애인이 서로를 존중하는 새로운 정서를 위한 근거를 제시한다. 장애인부에서 장애인과 비장애인이 동등한 구성원이 된다. 교육부에 해당하는 장애인부는 지도목사와 셀리더 10명 그리고 이들을 포함한 회원25명으로 구성이 된다. 회원은 성서일과에 따른 매일 묵상, 수요만남, 매주성경공부와 성도의 교제, 동, 하계수련회를 통해 하나님 나라를 이 땅 위에서 살아내려는 신앙적 토대로 삼고, 셀리더들은 이에 더하여 매월 진행하는 셀리더훈련을 위해 주중에 정해진 독서를 하고 모여서 토론하고 배우며, 연 2회의 장애인신학 내지는 디아코니아학 그리고 선교학을 공부한다.

한편 장애인선교회는 회장을 비롯한 임원들이 있고 회원 구성원은 장애인부와 동일하다. 임원들은 별도의 훈련시간이 있고, 회원들의 회비를 가지고 마련되는 예산으로 매월 월례회에서 당월 활동비와 선교비를 보고한다. 현재 선교비는 주로 문서선교와 지역장애인선교, 그리고 새로 시작한 다문화선교에 지출이 되고, 활동비는 신년하례를 시작으로 봄, 여름맞이 문화행사, 장애인주일 헌신예배, 선교나눔마당, 성탄축하와 송년행사, 회원심방, 회원생일축하 등에 사용된다. 회원들은 매일말씀묵상을 온라인단체채팅을 통해서 공유하고, 수요일에 만나는 패턴을 기초로 항상 교통하고 소통하려고 노력하고 있다.

10. 권하고 싶은 장애인부 운영

'더 사랑부'는 고린도전서에서 "우리가 몸의 덜 귀히 여기는 그것들을 더욱 귀한 것들로 입혀주며, 아름답지 못한 지체는 더욱 아름다운 것을 얻느니라"(12:23)는 사도바울의 교회 구성에 대한 이해를 바탕으로, "하나님이 몸을 고르게 하여 부족한 지체에게 귀중함을 더하시는"(12:24b) 기본 방침을 따라서, "몸 가운데에서 분쟁이 없고 오직 여러 지체가 서로 같이 돌보게 하신"(12:25) 귀중한 약자의 역할을 전체교회를 위해 '교회'(Ecclesia)에서 살려내는 '작은 교회'(Ecclesiola)다. 교회 안에는 작은 교회들이 활성화 되어 있어야 한다. 그리고 이 작은 교회들의 움직임은 소자를 중심으로 움직여야 한다. 세상은 큰 자들을 중심으로 움직이기 때문에 늘 불완전한 일상을 만들어내고 있다. 그런 세상에서 교회는 온전한 세상, 즉 하나님 나라의 상징으로 나타나야 한다. 세상이 모르는 복음의 비밀은 하나님 나라의 비밀이다. 하나님 나라의 비밀은 디아코니아다. "섬김을 받으려 함이 아니라 섬기려" 오신 그리스도가 세상에 주어진 비밀인 것이다. 이 비밀은 종교인에게 거치는 것이고 지식인에게는 미련한 것이다. 새 부대를 마련하지 않고는 수용할 수 없는, 이 세상에 없었고 사람들이 모르던 가치관이다. 누구든지 크고자 하는 자는 섬기는 자가 되어야 한다.

기독교 신앙의 경험은 개인차원, 교회차원, 세상차원이 있다. 예수께서 "다 이루시고" 가시기 전에 제자들에게 준비시켜놓고 가신 일이 있다. 그 것은 교회차원이다. 성도들 간에는 세상과 다른 세계관이 통용되도록 제 자들을 훈련시키신 것이다. 예수의 살아생전에 예수께서는 경험을 못하 셨지만 그들이 "가르쳐 지키게 하라"고 제자들에게 사명을 주시며 성령을 보내주셨다. 교회는 성령 충만함으로써 하나님 나라를 이 세상에서 보여 줄 수 있다. 간헐적이지만 지속적으로 증언하고 증거할 수 있다. 이 일을 위해 우리들 가운데 소자가 있고 장애인이 있다. 장애를 우리 가운데 두 셨다. 인구의 15%인 장애인을 중심으로 교회가 스스로 생명을 얻고 풍성 히 얻어서 세상을 위한 구원체가 될 수 있다. 장애인을 중심으로 모든 교 회들이 하나님의 나라를 선교할 수 있는 것이다.

미주

1) 중앙고등학교, 장로회신학대학교(Th.B, M.Div), 상지대학교 행정대학원(M.S.W), 연세대학교 연합신학대학원(Th.M)졸업, 1991년 작은예수공동체 설립, 국군원주 병원교회, 작실교회에서 목회, 장신영농조합법인 전 대표

2) 이범성 교수(실천신학대학원대학교)는 "교회가 중심이 아니라 선교가 중심이라는 것이 바로 교회론에 있어서의 〈코페르니쿠스적인 전환〉이며, 하나님의 선교는 교회 밖 세상에서의 일상적 삶을 중요시하는 것이다"라고 말한다.

3) 한국 전체 농가인구 가운데 65세 이상의 고령 농가인구의 비중이 42.5%(2017년)에 달하는 것으로 나타났다. 농가인구의 변화추이는 1990년 666만 명에서 2017년 242만 명으로 감소했다. (출처/한국일보)

4) 최근 농가의 농업노동력이 외국인 근로자로 빠르게 대체되고 있다. 하루 8시간 노동을 기준으로 1인당 8만원의 일당이 형성되고 있다. 내국인 농업 노동력의 고령화와 임금상승은 외국인 노동력의 증가를 불러왔다.

5) 최근 순수 전업농이 아닌 귀농, 귀촌자들의 농업의 형태를 '조각농사'이라는 개념으로 정리하는 경향이 있다. '조각농사'은 다른 경제적인 수입을 병행하면서 자연친화적인 생활과 친환경 농업을 실천하는 사람들을 말한다. 이러한 발상의 변화는 농업을 경제성과 효율성으로만 보지 않고 농업의 가치를 보다 폭 넓게 해석하는 것이다. 다음은 한겨레 신문 6월 4일자에 홍순명 전 풀무농업고등기술학교장의 인터뷰기사에 나온 내용이다. "반농 반엑스(X)라는 말이 있다. 일본의 시오미 나오키라는 이가 쓰기 시작했다. '농사를 조금 짓고, 나머지 반은 엑스, 화가도 좋고 교사도 좋다. 생태적 삶을 실천하고 나머지는 좋아하는 일을 하여 적극적으로 사회에 기여하자'는 뜻이라 한다. 겸업이 진화한 것이리라. 우리 동네에서는 전부터 '편농여적'(片農餘適), '조각농사'라 불렀다."

6) 자연농법에는 다양한 방법들이 있다.

7) 도시교회의 중고등부, 아동부, 청년부 등을 수련회, 봉사활동으로 참여케 하여 농촌봉사활동, 농사체험, 천연염색, 풍물, 전통놀이, 두부만들기, 떡만들기, 들풀공예 등의 프로그램을 진행하였다.

8) 지금까지 몇차례의 가족여행을 진행했다. 전 가족이 참여하는 프로그램은 아이들에게 많은 도움을 주었다. 목회자 자녀로서의 동질감을 통해 좋은 경험을 하게되고 유대관계를 형성하게 되었다. 제주여행, 서울역사기행, 남도순례, 바다여행,

부산여행 등의 프로그램이 있었다.

9) 이 내용은 필자가 농촌목회를 위한 자립방안들에 대해 발제했던 내용을 요약한 것이다.

10) 이 글은 2013년 예장농민목회자협의회 총회에서 발제한 정재영 교수(실천신학대학원대학교)의 글을 요약하였다.

11) 어메니티(amenity)란 '쾌적함'을 뜻하는 말로 1990년대 중반부터 서유럽국가들을 중심으로 '농촌어메니티운동'이 유행하였다. 즉 농촌이 가지고 있는 장점(자연환경, 전원풍경)을 활용하여 지역의 공동체문화나 문화역사 유적, 특산품 등을 통해 사람들에게 만족감과 쾌적함을 주는 것을 말한다.

12) 이 글은 본 필자가 논찬한 것으로 실제 마을만들기 사업(강원도 원주)의 경험을 정리한 것이다.

13) 정보화마을, 녹색농촌, 전통테마마을, 새농촌, 산촌마을개발 등 정부의 여러 부처에서 진행하는 사업들이 많다. 그중에 일부 성공적인 마을 만들기 사업을 진행하는 사례를 더 연구해 볼 필요가 있다.

하나님 나라 운동으로서의
마을공동체

정재영 교수

I. 하나님 나라 운동으로서 마을공동체의 의미

최근 한국 교계에서 마을에 대한 관심이 높아지고 있다. 본질 성격상 모든 교회는 지역교회이고 전래 초기에 이 땅의 교회들은 지역을 중심으로 세워졌다. 그래서 교회 이름은 지역 이름에 숫자를 붙여서 신의주 1교회, 2교회, 3교회 식으로 만들어졌다. 교회의 존재 이유가 바로 지역이었던 것이다. 그러나 오늘날의 교회는 지역을 넘어 온 나라, 그리고 전 세계를 품게 되었기 때문에 오히려 지역에 대한 관심은 줄어들게 되었다. 더 넓은 세상을 품게 되면서 정작 교회가 터하고 있는 지역을 소홀히 여기게 되는 모순을 낳게 된 것이다. 그리하여 이제 지역교회라는 말은 명목상의 의미일 뿐 실제적인 의미는 거의 사라지게 되었다.

또한 지역은 그동안 교회에서 주로 전도의 대상으로 여겨져 왔다. 이러한 관점에서 마을은 교세를 확장하기 위한 대상 이상의 의미를 갖지 못한다. 그러나 최근에 지역 자체에 대해 관심을 갖게 되었고, 지역 사회에서 하나님 나라의 가치를 구현하고자 하는 시도가 이루어지고 있다. 죄악에 빠진 세상에서 사람들을 교회라는 구원의 방주로 도피시키려고 하기보다 이 세상 자체를 변화시키려고 하는 노력이 이루어지고 있는 것이다. 하나님께서 우리에게 허락한 이 사회는 비록 죄악이 넘쳐난다고 해도 포기하고 방치되어야 할 곳이 아니라, 똑같이 하나님의 영광이 구현되어야 할 공간이기 때문이다.

그럼에도 이제까지 한국 교회가 우리 사회에서 적실성 있는 사역을 전개하지 못한 이유 중의 하나는 선교에 대한 오해에서 비롯된다. 선교는 기본적으로 외국에서 하는 것으로 이해하고 있으며 국내에서 선교는 복음전도로 환원되어 이해되어 왔다. 그러나 선교는 좁은 의미의 복음전도만이 아니라 이웃사랑까지 포함하는 폭넓은 개념이며, 이 땅이 하나님의 창조 원리에 따라 작동하고 이 땅의 모든 사람들이 하나님의 형상을 회복도록 하나님 나라를 세우고 확장하는 것까지 포함하는 것으로 이해해야 한다. 예수께서 제자들을 파송하시며 그들에게 세례를 주는 일뿐 아니라, 예수의 '모든' 가르침을 가르쳐 지키게 하는 사명도 주셨기 때문이다.

그러므로 복음은 사사로운 신앙이 아니라 공적인 수준에서 발현되어야 한다. 기독교 신앙은 사사로운 개인 영역에서만 가치를 갖는 것이 아니라 세상의 모든 공적인 영역에서 그 힘을 발휘하는 것이기 때문이다. 기독교인의 삶은 교회 안에서만 이루어지는 것이 아니라 각각의 삶의 영역에서 어떻게 기독교 정신을 구현하고, 기독교 가치를 실천함으로써 우리 사회를 하나님의 통치가 이루어지는 공간으로 만들 것인가가 중요한 것이다. 이것이 하나님 나라 운동에서 매우 중요한 부분이다. '운동'은 의도를 가지고 사람들의 관심을 모으고 자원을 동원해서 어떤 목표를 이루고자 하는 것인데 하나님 나라의 확장도 이러한 운동의 측면에서 이해될 수 있기 때문에 하나님 나라 운동이라고 표현할 수 있다.

선교에 대한 이러한 시각을 신학적으로 뒷받침하는 이론적 자원으로 비교적 최근에 논의되기 시작한 '선교적 교회론'을 들 수 있다. 선교적 교회는 이제까지 선교와 관련된 오해와 문제들을 극복하기 위해 비교적 최근에 등장한 개념이다. '선교적 교회'는 'missional church'를 번역한 것인데, 여기서 '선교'라는 말은 선교의 본래 의미를 이해하는 데 도움이 되기도 하고 오히려 방해가 되기도 한다. 대개 한국 교회에서 '선교'라고 하면 대개 해외선교와 결부시키기 때문에 '선교적 교회'라고 하면 '해외 선교에 몰두하는 교회' 정도로 이해하게 될 것이기 때문이다.

그러나 선교적 교회는 선교를 하나의 프로그램으로 보지 않고 교회의 본질로 이해한다. 선교하지 않는 교회는 내부적으로 어떤 활동을 하더라도 교회로 기능하지 못하는 것이다. 교회는 자체로 이미 세상에 보내진 하나님의 백성 공동체이고, 따라서 교회의 모든 사역과 그리스도인의 삶 자체가 선교를 지향한다. 따라서 선교의 사명은 모든 교회와 기독교인에게 해당되는 것이다. 많은 교회가 직업선교사에게 선교 사역을 위임한 채 일정한 재정을 후원하고 기도하는 것으로 선교의 책임을 다하고 있다고 생각한다. 그래서 이제까지 교회들은 선교헌금을 낼 사람들을 더 많이 모으기 위해 많은 재정을 투입하여 교회당에 좋은 시설과 프로그램을 갖추는 데 힘써 왔다. 그러나 선교적 교회의 관점에서는 모든 교회들이 그 교회가 속한 지역사회에서 선교해야 하며, 모든 기독교인은 자기가 속한 사회에서 선교적 삶을 살아야 한다는 것을 강조한다. 그러므로 선교적 교회론에서는 교회가 훈련된 교인들을 지역사회에 파송하여 각각의 영역에서 선교적 사명을 감당하도록 하는 것을 중요시한다.

이러한 선교적 교회 개념은 이미 에큐메니칼 신학에서 논의되어 온 '하나님의 선교'(missio dei) 개념에 포함되어 있었다. 그러나 '하나님의 선교' 개념에 교회가 약화된다고 비판해온 복음주의 교회들이 선교적 교회 개념을 받아들이면서 기존의 해외 중심의 선교를 극복하고 있다. 반면에 에큐메니칼 진영에서는 선교적 교회가 여전히 교회 중심의 관점을 벗어나지 못하고 있다고 비판하기도 한다. 그러나 어느 입장에 있든 전통적인 교회들이 갖는 모이는 교회로서의 한계를 극복하고 모든 교회가 교회가 터하고 있는 지역사회에서 선교적 사명을 감당하고 사회에 대한 공적인 책임을 다하는 교회를 추구한다는 점에서는 공통적이다.

이러한 관점에서 교인은 단순히 개교회에 속한 '교인'으로는 충분하지 않고 사회를 변혁시킬 수 있는 기독 시민이 되어야 한다. 그래서 교회 안에서 기독교 시민 교육을 실시해야 하고 이렇게 훈련된 기독교 시민을 교회 안에서뿐만 아니라 다양한 사회 영역에서 공적인 참여를 통해 지역사회를 바꾸고 정치와 경제를 바꾸고 우리 사회의 규범과 가치를 바꿀 수 있어야 한다. 이것이 우리가 지역공동체에 관심을 가져야 하는 이유이다. 우리는 먼저 교회가 속한 지역사회에 관심을 가져야 한다. 지역교회는 지역사회에서 선교적 사명을 감당해야 하기 때문이다. 이러한 점에서 파송받은 교회로서의 사명을 다하기 위해서는 우리가 속한 사회, 특히 지역사회에 관심을 갖고 사역을 펼치는 것이 필수적이다. 이제 교회는 다시 지역사회 안으로 들어가야 한다. 거기에서 하나님의 통치가 이루어질 수 있도록 하나님 나라 운동을 펼쳐야 한다.

II. 교회와 지역공동체 운동

하나님 나라 운동을 교회가 터하고 있는 지역사회에서 구체화하기 위한 방안으로 '지역공동체 세우기(community building)'를 제시한다. 지역사회라는 용어는 영어로는 'community'라고 하는데, 이 단어는 사회학 개념으로는 공동체라고도 불린다. 이 community는 '공동'을 뜻하는 'common' 또는 'communal'과 통합을 의미하는 'unity'의 합성어에 어원을 두고 있다. 이러한 지역사회를 간단하게 정의 내린다면 '지리상의 근접성(지역성)과 사회 차원의 단일성(공동의식) 및 문화 차원의 동질성(공동규범)을 가지는 공동의 사회 집단'이라고 할 수 있다. 좀 더 구체적으로 말하면, 지역사회는 동질성을 가진 일정한 인구가 자연, 생태, 지리상으로 한정되고 근접한 지역에 살고 있으며, 역사 유산을 공유하여 단일한 의식을 가지고 있고, 협동생활을 할 수 있는 여건을 갖춘 사회이다.

지역 공동체 세우기는 이러한 지역사회를 공동체화 하고자 하는 것이다. 최근에는 공동체라는 개념을 공간에 한정된 것으로 잘 인식하지 않는다. 이렇게 장소의 의미는 내포되어 있지 않은 커뮤니티와 구별하여, '지역공동체'는 일정한 지역을 공유하는 인간집단이라는 면에서 굳이 영어로 표현하자면 'local community'의 개념에 가깝다고 할 수 있다.[1]

그러나 우리가 세우고자 하는 지역공동체는 과거에 자연발생으로 형성된 촌락공동체와 같은 자연적 공동체일 수는 없다. 급격한 근대화와 산업화 과정에서 촌락공동체를 뒷받침하는 물리적 정신적 근간이 완전히 와해되었기 때문이다. 그러므로 추구해야 할 지역공동체는 의도적으로 새로운 맥락에서 공동의 목적과 이념, 가치를 추구하는 공동체여야 한다.[2] 따라서 지역공동체는 일정한 지리적 영역 안에 거주하는 지역의 구성원들이 목적과 가치를 공유할 수 있는 여건을 만들고, 그러한 목적을 달성할 수 있는 사회적 역량을 구축해 나가는 일련의 조직화된 활동을 전제로 한다. 산업화의 결과로 전통의 공동체들이 와해되고 정신적 규준이 무너진 현재 상황에서, 삶의 기반을 공유하는 지역사회에서 공동 의식에 터한 공동체를 세우는 것은 매우 의미 있는 작업이다.

1. 교회와 마을 만들기

사회학의 관점으로 볼 때, 교회 역시 교회가 터하고 있는 지역사회에서 지방자치단체, 시민단체, 기업, 주민 등과 더불어 지역사회의 주요한 구성원이다. 교회는 그 지역사회의 정치, 경제, 사회 문제와 직접적인 관련을 가진 개인들로 이루어진 것이며, 이 사람들을 위하여 세워진 기관이다. 그러므로 교회는 그 지역사회의 문제와 직접적으로 연결되어 있다. 교회 실존의 근거가 바로 지역사회이다. 따라서 교회와 지역사회를 분리해서 생각한다는 것은 불가능하다. 따라서 교회는 지역사회 안에서 일어나는 사회문제를 진지하게 다루고 그것을 해결하려는 노력을 해야 할 의무를 가지고 있다.

많은 경우 지역사회의 쇠퇴가 지역교회의 쇠락으로 이어지며, 지역사회의 발전은 어김없이 지역교회의 성장으로 이어진다. 이러한 맥락에서 1990년대 수도권 신도시 개발 붐을 타고 구도시 지역교회들이 신도시지역으로 대거 이주하는 현상이 일어났다. 이것은 교회와 지역사회가 결코 분리될 수 없는 깊은 태생적 연관성을 갖고 있음을 의미한다. 그러므로 교회는 지역사회의 욕구와 당면 문제를 진지한 태도로 대하며, 그 해결을 위해 지역사회의 여러 구성원들과 다양한 형태로 연대할 수 있어야 한다.

바로 이런 점에서, 우리는 최근 시민사회에서 활발하게 논의되고 있는 '마을 만들기'에 주목한다. 이전에는 주로 지역사회개발운동으로 지역사회 주민들의 자주적인 참여와 주도적 노력으로 지역사회의 경제적, 정치적, 사회적 조건의 향상을 추구해왔다. '참여'를 통해 진정한 민주주의를 실현하기 위한 방편으로 공동체주의 운동 활성화가 필요해지면서, 지역사회 구성원들의 '참여'와 다양한 기관과의 '연대'를 강조하는 것이다. 그러나 최근에는 한 걸음 더 나아가, 단순히 경제 발전이나 개발을 지향하는 것이 아니라 지역공동체 형성에 관심을 모으고 있다. 개인주의 사회가 경쟁을 앞세운 약육강식과 적자생존이 원리가 지배한다면, 공동체 운동은 배려와 관심으로 더불어 사는 공동체를 추구한다. 마을 만들기는 바로 이러한 취지에서 지역사회를 재구조화하기 위한 시도로 볼 수 있다.

마을 만들기 운동은 일종의 주민자치운동으로, 여기서 '마을'이란 시민 전체가 공유하는 것으로 여겨지고 공동으로 이용하며 활용할 수 있는 장을 총칭한다. 대부분의 도시 계획이나 도시 재개발 사업이 국가가 주도하는 사업이라면, 마을 만들기는 관(官) 주도의 지역 개발 운동에 오히려 저항하며 주민들의 주체적인 참여를 강조하는 것이 가장 큰 대조점이라고 할 수 있다. 이러한 뜻에서 관변식, 학술적 한자어를 피하여 '마을'이라는 단어를 사용하는 것이다.[3]

그리고 '마을 만들기'란 그 공동의 장을 시민이 공동으로 만들어내는 작업을 말한다. 이러한 마을 만들기는 '눈에 보이는 마을 만들기'와 '눈에 보이지 않는 마을 만들기'의 두 가지 측면이 있다. '눈에 보이는 마을'이란 말 그대로 물질로 구성되어 눈으로 관찰할 수 있는 마을을 뜻하는 것이며, '눈에 보이지 않는 마을'이란 눈에 보이지 않는 사람들의 활동으로 형성되는 마을을 뜻하는 것이다. 따라서 '마을 만들기'는 '사람 만들기'를 포함하는데, 곧 시민의식을 가지고 참여하는 사람이 되도록 의식을 개혁하는 것을 가리킨다. 이러한 마을 만들기 운동에 교회가 참여하는 것은 매우 의미가 크다. 시민의식은 기독교 정신과도 통하는 것이며, 특히 눈에 보이지 않는 사람들의 의식을 형성하는 데서 기독교의 가치를 지향할 수 있도록 협력할 수 있기 때문이다.

최근에는 CHE 선교회와 같이 지역사회 세우기를 선교 방법으로 삼는 관점도 등장하고 있다.[4] CHE는 'Community Health Evangelism'의 줄임말로, 총체적 지역사회 선교의 관점으로 특히 위생 환경이 열악한 제3세계 국가들에서 우물을 파주는 일 등을 통해 선교 지역의 필요를 채워주는 방식으로 일하고 있다. 제3세계 빈곤 국가에서는 이러한 지역사회 개발이 중요한 선교 전략이 될 수 있다. 그러나 이미 일정 수준의 경제 성장을 이룬 한국 사회에서는 지역 개발보다는 마을 공동체 만들기에 보다 초점을 맞출 필요가 있다. 다만 도시에 비해 생활수준이 낮은 촌락 지역에서는 개발 전략이 함께 모색될 필요가 있겠다.

최근 우리 교계에서 마을에 대한 관심이 많아진 것은 일면 환영할 일이다. 사회에서 공신력을 잃어버린 교회가 무엇보다도 자신이 속한 지역사회에서 참된 종교로서의 모습을 보임으로써 신뢰를 회복할 필요가 있기 때문이다. 그러나 이에 대한 우려가 있는 것도 사실이다. 특히 지역 활동가들은 마을에 대한 교회의 관심에 의심의 눈초리를 보내고 있다. 교회에게 마을은 그동안 전도의 대상으로 여겨져 왔는데, 이러한 관점에서 마을이 교세를 확장하기 위한 대상 이상의 의미를 갖지 못했기 때문이다. 결국 마을에 대한 교회의 관심은 전도의 수단이자 방편이라고 여겨졌던 것이다.

설령 교회가 마을 공동체에 대한 진정한 관심을 가지고 참여한다고 하더라도, 기존에 오랫동안 마을을 위해 애써온 활동가들 입장에서는 그리 탐탁지 않아 보일 수 있다. 교회는 개별 활동가들에 비하면 많은 인적 자원과 물적 자원을 가지고 있는데, 이러한 자원을 동원하여 교회가 오히려 기존의 질서를 깨뜨리고 혼란과 갈등을 야기할 수 있기 때문이다. 그래서 마을 활동가들은 교회가 마을 생태계를 교란시킬까 우려하고 있다는 이야기까지도 들리고 있다.

그동안 교회의 지역 활동은 도덕적 우월감 위에서 시혜를 베푸는 식으로 이루어진 측면이 컸다. 인격적인 관계를 형성하기보다는 시혜자와 수혜자라는 비대칭적 관계에서 지역 주민들을 수혜자로 대상화해 온 것이다. 그리고 그마저도 지속성이 없이 일회성으로 끝나는 전시성 활동이 많았고, 특히 그것이 대형 교회들 중심으로 과시적으로 이루어진 측면이 있다. 사회봉사는 단순한 시혜 행위도 아니고 복음전도의 수단이 아니라 진정한 이웃사랑의 실천이고, 인격과 인격의 만남을 통해 서로의 변화를 추구하는 것이어야 한다. 그러나 한국 교회는 이 부분에서 진정성을 담아 내지 못했다. 이러한 점 때문에 시민 사회에서는 교회의 지역사회 참여를 긍정적으로 보지 않기도 한다.

따라서 무엇보다 중요한 것이 진정성이다. 지역 주민들 중에는 교회에서 하는 것은 아무리 좋은 일이라고 해도 결국 전도하기 위한 것이라고 생각하고 꺼리는 사람들이 많다. 기독교인으로서 전도에 대한 열정을 가지고 있는 것은 당연한 일이나, 주민들을 단순히 전도 대상으로만 여겨서는 안 된다. 사람 자체에 관심을 가지고 그들을 위해 지역사회의 문제를 해결하며, 그들의 삶의 조건을 개선시키기 위한 노력을 함께하는 것이 필요하다. 진심으로 이러한 활동을 장기간 지속하게 될 때 결국 그 진심이 전달되고, 그렇게 교회에 대한 신뢰가 회복되면 자연스럽게 전도의 문도 열리게 될 것이다. 따라서 지역공동체 운동을 당장의 교회 부흥의 수단으로 삼기보다는, 이웃 사랑의 실천으로 여기고 이 운동에 참여하는 것 자체에 의미를 두는 것이 타당하다.

2. 지역공동체 운동 모델

지역공동체를 세우기 위해서는 이를 주도해 나갈 주민주도형의 협력 체계, 곧 거버넌스(governance)를 구축할 필요가 있다. 거버넌스란 이전에 국가가 정치 행정을 중심으로 통치행위를 하던 것에 반하여 현대사회의 협치 체제를 강조하는 용어이다. 곧 기업, 학계, 시민 사회 등이 정부나 지자체와 함께 국가와 지역을 운영하는 것을 말하는 것이다. 특히, 지역의 발전을 위해 여러 단위의 지역 결사체들이 모인 것을 '지역 거버넌스local governance'라고 한다.

이러한 점에서 지역 거버넌스는 지역의 내생적 발전에 필요한 주요 자원을 동원하는 자발적 자원 동원 체계이다. 이러한 자원 동원 체계로서 결사체 거버넌스의 원활한 작동은 참여 주체들 사이에 존재하는 사회자본의 크기에 달려 있다. 사회자본은 조직 구성원들 상호간의 이익을 증진시키기 위한 조정과 합의를 이끌어 내는 기본 동력인 신뢰, 규범, 가치 등을 의미한다. 이 사회자본이 공동체 회복을 위한 원동력이 되는 것이다.[5] 따라서 이 사회자본을 형성하기 위한 구체적인 전략을 개발하는 것이 요구된다.

지역 공동체를 세우기 위해서는 생활공동체의 문제를 스스로 결정하고 타결하는 참여민주주의 훈련과 주민자치능력이 뒷받침되지 않으면 안 된다. 이것들을 배양하기 위한 가장 바람직한 방법은 지역 실정에 맞는 적절한 마을 만들기 사업을 발굴하고 공동으로 추진하는 것이다. 이러한 공동 작업을 가능하게 해 주는 힘이 바로 신뢰와 협동, 자치와 참여라는 사회자본이다.[6] 여기서 교회가 하나의 사회자본으로서의 역할을 하는 것이 중요하다. 교회는 현대사회에서 고립된 개인들이 운동 경기를 보려고 모여 있듯이 공동의 가치관과 관심사를 가지고 모여 있는 곳이다. 이러한 교회의 구성원들이 공공의 문제를 토론하는 사회관계를 발전시킨다면, 시민 사회를 지탱할 수 있는 하나의 사회자본으로 형성될 수 있는 가능성을 가지고 있다는 것이다. 이러한 관점에서 교회가 참여하는 지역공동체 모델을 도식화하면 아래 그림과 같이 표현할 수 있다.

<그림1> 교회가 참여하는 지역공동체모델

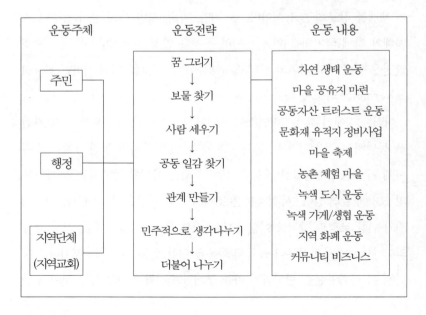

먼저 운동의 제1주체는 시민, 곧 지역 주민이다. 그러나 행정기관과 지역 단체와의 협력은 필요하다. 행정 기관의 역할은 공동체 역량 구축을 위한 조력자이자 지원자로서의 역할이다. 행정기관은 지역 내 공동체의 실체와 그 역할을 파악하고, 지역의 각 공동체 역량을 상호연결해 주는 '네트워크 연결자'가 되어야 한다. 공동체의 역량은 내부 역량들을 상호 연계하고 결집했을 때의 결과로 나타나기 때문이다.[7]

지역공동체 운동은 주민, 행정기구, 지역 단체가 함께 하는 파트너십이 중요하다. 여기서 지역 단체의 역할은 공동체 운동 주체들의 파트너십 속에서 이 운동의 지속성을 견인하는 성실한 중개자이자 매개자이다. 이런 역할을 수행하기 위해서 지역 단체 활동가들은 관련 분야를 폭넓게 학습하고 종전의 감시하고 비판하며 쟁점을 제기하는 행동양식보다는, 참여하고 창조적이며 대중적인 행동양식으로 적극성을 보일 필요가 있다. 이 지역 단체에는 지역교회가 포함된다. 지역교회 역시 지역 단체의 하나로서 교회가 가진 다양한 인적, 물적 자원을 동원하여 지역공동체 운동을 견인하는 역할을 감당할 수 있다.

3. 교회의 지역공동체 형성 전략

지역공동체 형성을 위한 교회의 노력이 이제까지 전혀 없었던 것은 아니다. 한국 교회는 다양한 방법으로 지역사회에 관심을 가져왔고 또한 사역을 실천해 왔다. 이러한 활동들은 대개 사회사업, 사회봉사, 사회복지라는 개념으로 대별될 수 있다. 이러한 활동들이 매우 의미 있고 우리 삶의 조건을 개선하는 데 일정한 기여를 해 왔다는 것은 사실이다. 그러나 앞서 지적했듯이 이러한 활동들이 많은 경우에 복음 전도의 수단으로 여겨져 온 것 또한 사실이다. 복음 전도의 접촉점을 마련하고자 하는 목적에서 이러한 방법을 활용한 것이다. 또한 도덕적 우월감 위에서 시혜를 베푸는 식으로 이루어지기도 하였다. 인격적인 관계를 형성하기보다는 시혜자와 수혜자라는 비대칭적 관계에서 수혜자를 대상화해온 것이다.

그러나 공동체라는 관점에서는 특정인이 우월한 위치를 점해서는 안 되고, 주종의 관계를 이루지도 않는다. 모든 공동체 구성원들이 동등한 자격으로 함께 참여하는 것이다. 교회 역시도 다양한 지역사회 구성원 중 하나라는 생각으로 다른 구성원들을 존중하며 인격적인 관계를 형성하는 것이 무엇보다도 중요하다. 이러한 인식론적 입장에서만이 다원화된 현대 사회에서 복음을 설득력 있게 제시할 수 있을 것이다.

이러한 지역공동체 사역을 하는 데에서 가장 기본이 되는 것은 지역사회 곧 마을의 필요와 교회의 역량, 그리고 이에 대한 목회적 또는 신학적 판단이다. 먼저 마을에서 필요로 하는 것이 무엇인지 파악하고 우리 교회가 할 수 있는 것이 무엇인지 이 두 가지가 일치하는지를 판단해야 한다. 우리가 할 수 있는 것이라도 마을에서 필요로 하는 것이 아니라면 의미가 없다. 그리고 마을에서 아무리 원하는 것이라도 교회가 할 수 없는 일도 있을 수 있다. 그리고 이 두 가지가 잘 맞는다고 하더라도 이것이 목회적으로, 신학적으로 문제가 없을 뿐만 아니라 의미가 있는 일인지 판단해야 한다. 단순히 사람들의 욕구를 채워주는 것을 넘어서 보다 넓은 차원에서 우리 사회의 공공선을 이루는 일인지, 교회의 관점에서는 하나님 나라의 확장과 관련된 일인지에 대한 판단이 필요하다.

그동안 많은 교회들이 이러저러한 마을 사역을 해왔지만, 엄밀히 말하면 지역사회에서 필요한 사역을 하기보다는 교회의 입장에서 수월한 사역을 하는 경향이 많았다. 겨울이 시작되기 전에 많은 교회에서 하는 봉사활동 중의 하나가 김장 담그기이다. 형편상 김장을 담글 수 없는 이웃들에게 김장을 담아 주는 봉사 활동이 꽤 오래전부터 진행되어 왔다. 그런데 언젠가 독거노인에게 반찬 봉사를 하는 이의 이야기를 들어보니 어르신께서 집에 김치는 있느냐며 없으면 김치 좀 가져가서 먹으라고 하더라는 것이다. 냉장고를 보니 혼자서는 다 먹을 수 없을 만큼의 김장 김치가 쌓여 있었다고 한다. 이것은 김장이나 반찬 봉사가 특정인에게 몰려서 너무 많은 양을 받기 때문이기도 하지만, 또 한 가지는 사실 잘 먹지 않은 김치를 담가주기 때문이기도 하다.

대부분의 김장 봉사는 수십 명이 모여서 똑같은 종류의 김치를 수백 포기 또는 천 포기 이상 담가서 제공한다. 그런데 사람에 따라서 어떤 사람은 젓갈이 들어간 김치를 안 먹기도 하고 빨간 김치보다는 백김치를 좋아하기도 하는 등 입맛이 서로 다르다. 그러나 봉사하는 쪽에서는 이러한 세세한 필요를 파악하지 않고 한 가지 김치를 담가서 주는 것이다. 어쩌면 이들의 마음속에는 "없는 형편에 주는 대로 받아 먹고 감사하게 생각해야지." 하는 생각이 있었을지 모른다. 따라서 앞으로의 마을 사역은 이러한 시혜성 봉사를 넘어서야 한다. 정말 필요한 것을 주기보다는 그저 주는 것만으로 스스로 만족하는 봉사자를 위한 봉사를 그만 두어야 한다. 다음에서는 교회가 이러한 지역공동체 운동을 전개하기 위한 구체적인 전략을 살펴보도록 하겠다.

1) 교회의 내적 역량의 강화

이러한 지역공동체 활동에 교회가 참여하기 위해서는 사전 작업이 필요한데, 그것은 교회의 내적 역량을 강화하는 것이다. 교회 안에 지역공동체 활동을 위한 충분한 여건이 마련되지 않은 상태에서 무리하게 뛰어들게 되면 교회로부터 충분한 지지나 후원을 받을 수 없기 때문에 운동을 지속하기 어렵게 된다. 따라서 지역공동체 활동에 참여하기 이전에 교회의 운동 역량을 키워야 한다.

(1) 교회 내 공감대 형성

첫째로는 교회 구성원들 사이에 이를 위한 공감대를 형성하는 것이 중요하다. 이를 위해 지역공동체 활동의 필요성에 대한 설교나 강의를 통해 교인들에게 동기를 부여함으로써 지역 운동에 대한 이해를 높여야 한다. 이를 위해 교회가 지역공동체 활동에 참여해야 하는 당위성을 정리할 필요가 있다. 이를 통하여 공통의 관심사를 확인할 수 있는데, 이를 위한 질문들은 다음과 같은 것들이다.

- 교회가 지역사회로 나아가고자 하는 궁극적인 목적은 무엇인가?
- 교회는 지역사회에 대해 무슨 기여를 할 수 있는가?
- 교회는 지역사회에 대해 어떠한 방법으로 기여하겠는가?

(2) 인적 자원 동원

다음으로는 교회 안의 인적 자원을 동원하는 것인데, 교회 안에 활성화되어 있는 다양한 소모임들을 TF팀으로 활용하는 것이 좋은 방법이다. 교회 전체가 지역사회 활동을 하기는 쉽지 않다. 대신 교회 내의 각종 소모임들이 지역사회 활동에 참여하게 되면 보다 더 자발성이 있고 적극적인 참여가 가능하게 되어 훨씬 더 많은 효과를 낼 수 있다. 그러므로 교회 구성원들의 지역사회 활동에 대한 인식과 참여 의향을 조사하여 지역사회 활동을 전담할 수 있는 소모임을 구성하고, 이 소모임 TF팀을 중심으로 지역사회를 조사하고 직접 실천 주제를 작성하도록 하는 것이 좋다.

여기서 전략적으로 결정해야 될 사항은 지역문제의 효율적인 예방 및 해결 '방법'과 관련하여 의사결정을 하는 과정이다. 이것은 어느 한 가지만을 선택해야 하는 것이 아니라, 지역사회 특성, 교회의 역량에 따라 다양할 수 있다. 전략팀 구성은 다섯 내지 여섯 명 정도로 하되, 주민의 참여를 위해 기획 단계에서부터 외부구성원도 포함하는 것이 중요하다. 팀원은 일대일 접촉을 통해 참여 의사를 확인하여 구성하고, 목회자, 실무자, 주민대표, 시설 및 단체 대표 등을 포함하여 가능한 다채롭게 구성하는 것이 운동의 전개를 위해 도움이 될 것이다.

(3) 물적 자원 동원

물적 자원으로는 먼저 재정을 생각해 볼 수 있는데, 교회 예산의 일정 부분을 지역공동체 활동 예산으로 할애할 필요가 있다. 이를 위해서 교회 구성원들의 합의를 거쳐 교회 재정의 일정 부분(대략 10퍼센트 정도)을 지역사회 활동비로 정하고 소모임을 지원대상자와 연결시켜 이들의 필요를 도울 수 있는 책임봉사제를 실시하는 것도 중요한 원칙이 될 것이다.

또한 교회 공간을 지역공동체 운동을 위해 활용할 필요가 있다. 기획이나 중간 점검을 위해서는 회의 공간이 필요하며, 운동 내용에 따라서는 교회 공간의 일부를 활용해야 할 경우가 있다. 이를 위해 교회 공간을 활용할 수 있도록 하고, 가능하다면 교회를 건축할 단계에서부터 교회 공간을 예배나 교회 집회뿐 아니라 지역 활동을 위한 공간으로 활용할 수 있도록 고려할 필요가 있다. 그러나 모든 지역공동체 활동을 교회 공간에서 할 필요는 없으며 이것이 오히려 주민들을 불편하게 할 수도 있으므로 지역의 다양한 공간을 활용하는 것이 좋다.

(4) 교회 역량 점검

사전 작업의 마지막 단계는 지역공동체 활동에 실제로 참여하기 위해 교회의 역량을 점검하는 것이다. 이를 위한 점검 질문은 다음과 같은 것들이다.

- 과거에 교회가 지역사회에 기여한 경험이 있는가?

- 교회가 지역사회의 다른 사회자원과 함께 연대한 경험이 있는가?
- 목회자에게 지역공동체 활동의 의지가 있는가?
- 교회 내에 지역공동체 활동을 수행할 수 있는 전담 부서가 있는가?
- 교회 내에 지역공동체 활동을 수행할 수 있는 실무 전문가가 있는가?
- 교회 내에 지역공동체 활동을 수행할 경우 기꺼이 참여할 수 있는 교인들이 있는가?
- 교회는 지역공동체 활동을 수행하는 데 필요한 재정을 조달할 수 있는가?
- 교회의 공간을 지역공동체 활동을 위해 활용할 수 있는가?

2) 지역공동체 운동 내용 설정

지역공동체 활동에 참여할 준비가 되었다면 구체적으로 교회가 참여할 지역공동체 활동의 내용을 설정해야 한다. 일반적으로 전개되고 있는 다양한 마을 만들기 활동은 앞의 그림에 제시한 것과 같이, 자연 생태 운동, 마을 축제, 농촌 체험 마을, 녹색 도시 운동, 녹색 가게/생협 운동, 지역화폐 운동, 커뮤니티 비즈니스, 마을 공유지 마련, 공동자산 트러스트 운동, 문화재 유적지 정비사업 등 다양하다. 이러한 내용 중에서 지역의 필요와 실제 접근 가능한지를 따져서 지역공동체 활동의 내용을 설정한다.

그러나 이러한 지역공동체 활동에 직접 참여할 만한 여건을 마련하지 못했다면, 기존에 있는 지역 활동에 참여하여 경험을 쌓는 것도 좋은 방법이다. 그중에 하나는 지역마다 구성되어 있는 주민자치센터 또는 주민자치위원회 활동에 교회가 참여함으로써 지역공동체 운동을 할하는 것이다. 주민자치센터는 주민 복리의 증진을 도모하고 주민 자치 기능을 강화하여 지역공동체 형성에 기여하기 위하여 주민이 이용하는 기관이며, 주민자치위원회는 주민자치센터의 운영에 관한 사항을 심의하거나 결정하는 일을 하는 곳이다. 그러므로 이러한 활동에 목회자나 교인이 참여하는 것도 좋은 방법이 된다. 주민자치센터 활동과 관련하여 마포구에서 출판한 주민자치센터 프로그램 가이드 북인 『살고싶은 우리동네 만드는 32가지 방법』(서울: 마포구청, 2008)이 참고할 만하다.

또 한 가지 방법은, 교동협의회에 적극 참여하는 것이다. 지역에 따라서 지역 행정 기관인 주민센터(옛 동사무소)와 지역교회들이 협력하여 지역활동을 하는 교동협의회가 활성화되어 있다. 지역공동체 운동을 하기 위한 발판으로 기존에 구성된 교동협의회에 적극 참여하거나 새로 교동협의회를 구성한다면, 차후에 지역공동체 운동을 하는 데 좋은 경험이 될 것이다.

3) 주민 연계

지역공동체 세우기는 교회가 아니라 주민이 주체가 되고 주민이 주도해야 하므로 지역주민과의 연계는 반드시 필요한 작업이다. 이를 위해 주민들을 접촉해야 하는데, 먼저 지역사회 내의 모든 거주민을 '주민'이라 볼 수는 없다는 점을 고려해야 한다. 실제로 지역 문제에 관심을 가지고 있으며, 공공의 토론에 참여하며, 실제로 시간을 내서 운동에 참여할 수 있는 사람들을 접촉해야 한다. 특히 지역공동체 활동을 위해 설정한 쟁점의 당사자가 되는 사람이나 직간접적인 이해관계에 있는 사람들을 일대일로 만나서 의사를 타진하여 지역공동체 활동에 참여시킬 필요가 있다.

그리고 주민 대표를 구성하여 이들을 대상으로 필요한 교육과 훈련을 실시하고, 수차례 회합 후에 보다 적극적으로 지역공동체 활동에 참여할 임원진을 구성한다. 그리고 이들을 중심으로 하여 주민주체의 역량을 증대시키고 지도력 훈련도 병행한다.

4) 관공서 연계

다음으로 관공서와의 연계를 시도한다. 행정기관의 역할은 공동체 역량 구축을 위한 조력자이자 지원자로서의 역할이다. 행정기관은 지역 내 공동체의 실체와 그 역할을 파악하고, 지역의 각 공동체 역량을 상호간에 연결해 주는 '네트워크 연결자'가 되어야 한다. 공동체의 역량은 내부 역량들을 상호 연계하고 결집한 결과로 나타나기 때문이다.

그러나 행정기관에 지나치게 의존하거나 행정기관이 공동체 활동을 주도하는 경우 부작용이 일어날 수 있음을 주의해야 한다. 행정기관의 속성상 성과를 중시하는 경향이 있기 때문에, 필요에 따라서 연계하고 협력하되 활동의 주체는 반드시 주민이 되어야 한다는 점을 염두에 두어야 한다.

Ⅲ. 지역공동체 세우기의 실천

지역공동체 세우기에 참여하는 방법은 다양하다. 어떤 정해진 절차와 방법을 따르기만 하면 원하는 목적을 달성할 수 있는 것은 아니다. 그런 점에서 무엇보다도 중요한 것은 지역공동체에 참여하는 목적이 분명해야 한다는 점이고, 그 자세 또한 매우 신중하고 겸손해야 한다는 점이다. 일본의 지역활동가는 어떤 지역에 대해서 알고자 할 때 마을 주민들을 불편하게 하지 않고 무례하게 보이지 않게 하기 위해 마을 어귀에 차를 세워놓고 걸어 들어가서 처음에는 주민들에게 말도 걸지 않고 그냥 마을을 한 바퀴 천천히 둘러보고 나오기만 한다고 한다. 그리고 다음번에 방문할 때 말을 한 번 걸고, 그리고 그 다음번에 방문해서야 자기가 마을에 온 목적을 이야기하고 도움을 요청한다고 한다. 지역사회에 참여하고자 할 때 참고해야 할 대목이다. 교회는 그동안 지역사회에 깊이 관심 갖지도 않고 참여하려고 하는 노력도 많이 하지 않았는데 갑자기 마을에 대한 관심이 생겼다고 해서 교회 중심으로 일을 벌인다든지 교회가 마을 일을 주도하려고 한다면 오히려 갈등을 일으킬 수 있기 때문이다.

또 한 가지 고려해야 할 것은 마을 주민들조차도 실제로는 마을 일에 큰 관심이 없는 경우가 많고 문제 해결을 위해 노력하기를 꺼려하는 사람들도 많다는 것이다. 그래서 마을 활동가들은 마을에 살고 있다고 해서 모두 주민이 아니라 마을 일에 관심을 갖고 참여하는 사람이 진짜 주민이라고 말한다. 그리고 이런 사람이 정말 보물 같은 존재라고 말한다. 따라서 지역공동체 활동을 참여하고자 할 때에는 기본 원리를 잘 이해하고 접근할 필요가 있다. 그러나 이러한 원리는 언제 어디서나 적용하기만 하면 곧바로 통용되는 원리라기보다는 각 지역사회의 특성과 구성원(주민)들의 성격에 따라서 적절하게 수정하거나 변환하여 적용할 수 있는 기본 원리라고 생각해야 한다. 이러한 점에서 지역 공동체에 참여하기 위해서는 지역사회와 주민들에 대한 이해가 선행되어야 한다.

지역공동체 활동을 효과적으로 하기 위해서는 먼저 지역을 깊이 이해할 필요가 있다. 이를 위해 지역 전반에 대한 실태 조사나 지역 욕구조사를 하는 것이 도움이 된다. 또한 지역 욕구조사를 통해 지역의 쟁점들을 발견할 수 있다. 여기서 좋은 쟁점이란 주민들의 실질적 이득과 관련이 있고, 주민들에게 절실하게 와 닿으며, 공감대가 넓은 쟁점이다. 또한 이해하기 쉽고, 표적이 명백하며, 자금 확보가 비교적 용이한 쟁점을 설정하는 것이 좋다. 쟁점을 설정하기 위해 필요한 내용을 아래에 간략히 제시했다.

1. 지역 조사

1) 고려해야 할 사항

① 지역사회의 기본 특성은 무엇인가?

② 지역 주민들의 생활수준이나 계층적 특성은 무엇인가?

③ 지역 주민들의 생활양식이나 문화적 특성은 무엇인가?

④ 지역 주민들의 태도나 규범 및 가치관의 특성은 무엇인가?

⑤ 지역 주민들의 공통의 관심사나 지역의 현안은 무엇인가?

⑥ 지역 주민들은 지역의 문제나 현안을 해결하기 위한 활동에 참여할 의사가 있는가?

⑦ 주민들의 교회에 대한 인식, 기대, 바람 등은 무엇인가?

2) 조사 내용

① 자연환경 조사: 지역사회의 지리적 위치와 지형, 지역적 특성을 조사.

② 인구 거주지 사회구조 조사: 지역사회의 성별, 연령별, 출신지별, 계층별 인구 구성 조사, 인구이동과 인구 밀도에 관한 사항 조사. 거주민들의 거주 이유 조사. 지역사회의 구조적 특성과 인접 지역과의 관계 등을 조사.

③ 향토 문화와 전통에 대한 조사: 지역사회 주민들의 독특한 전통과 관습, 문화를 이해하기 위한 조사. 향토 행사, 지역 특유의 의 식 주 등의 생활양식, 종교와 미신, 전설 등의 실태를 조사.

④ 산업과 경제생활 조사: 지역 산업 구조의 특성과 경제생활 수준과 방식을 조사.

⑤ 주민들의 생활 및 의식 조사: 이웃관계, 가치관과 도덕규범, 전형적인 태도와 행동양식을 조사.

⑥ 사회단체, 공공시설과 행정 기구 조사: 지역사회에 어떠한 행정기구, 공공시설 기타 사회단체, 복지 시설이 있으며 이들이 어느 정도의 기능을 수행하고 있는지를 조사.

3) 조사 단계

① 지역사회 범주 정하기: 현실적으로 관심을 집중할 수 있는 지역사회의 범주를 정하고 지역사회의 환경이 되는 더 큰 단위의 사회 간의 역학관계를 파악함.

② 지역사회 지도 그리기: 지역사회의 구조와 역학관계를 구체적으로 파악하기 위해 지역사회 지도를 통해 가시적으로 표현함. 사회 계층과 인구 분포(장애인, 소년가장, 독거노인, 외국인근로자 등), 지역의 형태적 구분(상업 지역, 주거지역 등), 공공시설(공원, 학교, 관공서 등)을 표시.

③ 지역사회의 특성 파악하기: 지역의 역사, 지리적 특성, 도시화 정도, 인구 분포의 특성, 전통 문화와 역사 유적지 등을 파악함. 특별한 역사 경험이나 지역 공동의 기억도 중요한 요소임.

④ 지역사회 주민 이해하기: 지역 주민들의 연령, 성별 구성비, 교육 수준, 직업 분포, 삶의 주기, 거주 기간, 사회관계 등을 파악함.

⑤ 표면 밑으로 들어가기: 지역 주민의 문화 활동, 사회 활동, 여가 활동, 주민들의 소속감, 애향심 등의 삶의 경험을 파악함.

⑥ 지역사회를 총체적으로 정의하기: 위의 과정을 거쳐 지역사회를 총체적으로 이해하고 정의함.

2. 지역 욕구조사

1) 욕구조사의 고려사항

① 기본사항으로 성별, 연령, 혼인상태, 가족, 교육, 직업, 종교, 주택상태 등.

② 개인 및 가족의 생활상의 문제는 무엇인가? 그리고 그 문제를 해결하기 위해서 어떤 노력을 하고 있는가?

③ 지역사회의 심각한 문제는 무엇인가? 주민들은 그 문제를 해결하기 위해서 어떤 노력을 한 경험이 있는가?

④ 지역공동체 운동에 대한 지역사회 주민의 인지도, 인식(긍정적/부정적), 기대 등은 어떠한가?

⑤ 지역공동체 운동을 위해 중요한 이슈나 공동의 일감은 무엇인가?

⑥ 지역주민들은 지역공동체 활동에 참여할 의지가 있는가?

2) 욕구조사의 종류

① 수혜자 중심의 욕구조사: 욕구조사 결과를 통해 프로그램이나 사업의 혜택을 받을 사람들을 대상으로 조사. 아동, 청소년, 노인, 장애인, 여성 등의 문제 수준과 정도를 파악하기 위한 조사.

② 서비스 중심의 욕구조사: 의료서비스, 재활서비스, 고용서비스 등과 같이 서비스를 제공하는 기관이 서비스의 품질이나 개선 사항에 대한 정보를 파악하기 위해 실시하는 조사.

③ 지역사회 중심의 욕구조사: 수혜자 중심의 욕구조사와 서비스 중심의 욕구조사를 결합시킨 방법으로 지역사회에 거주하는 모든 주민을 대상으로 욕구를 파악. 지역사회 주민은 개별적 수혜자이면서도 특정 서비

스를 받는 사람이기 때문에 두 가지를 포함하는 것. 기초적이고 일반적인 조사로 먼저 실시하고 다음에 수혜자 집단별로 서비스 기능별로 세부적인 욕구 조사가 이루어져야 함.

3) 욕구조사의 자료수집 방법

① 일반조사(general survey): 지역사회 전체를 대표할 수 있는 표본을 추출하여 질문지 또는 면접을 통해 욕구 조사를 하는 방법.

② 표적 집단 조사(target population survey): 문제에 직접 관심 있는 표적 집단을 대상으로 설문조사를 실시해 욕구를 파악하는 방법. 표적 집단은 일반 주민들 중에서 서비스의 자격 요건 곧 소득, 연령, 건강, 성별 등의 변수나 서비스의 이용수준 또는 지리적 변수 등으로 층화해 나눈 집단. 경우에 따라서는 일반조사와 표적집단조사 방법을 한 설문지에 구성해 동시에 파악하는 경우가 많음.

③ 주요 정보 제공자 조사: 서비스 제공자, 관련 전문가 등 지역사회 전반의 문제를 알고 있는 사람들을 대상으로 욕구를 조사하는 방법. 복지관 자문위원회, 주민 참여 운영위원회를 활용.

④ 사회지표조사: 기존에 사회에서 인정하는 측정지표를 통해 경향이나 그 추이를 통해 욕구를 파악하는 방법. 소득수준, 빈곤인구율, 실업율, 인구 센서스 등.

⑤ 2차 자료 분석: 지역 주민과 관련된 자료를 검토하는 것으로 면접기록표, 업무일지, 서비스 대기자 명단, 상담 기록지 등을 활용하는 방법.

⑥ 지역사회공개토론회: 지역사회 주민이 참여해 공개적인 논의를 하는 방법.

지역 조사를 실시한 결과는 보고서를 작성하여 보관하고 필요에 따라서는 자원목록집을 작성하여 공유하도록 하는 것이 좋다. 자원목록에는 자원명, 주소, 연락처, 홈페이지, 활용도, 활용만족도, 이용자명 등을 기입한다. 지역 조사에 대한 보다 자세한 내용은 「커뮤니티 프로파일링: 지역주민과 함께 하는 지역조사 가이드」(고양: 공동체, 2016)를 참고하기 바란다.

3. 구체적 전략

구체적으로 지역공동체를 세우기 위해서 가장 먼저 고려해야 할 것은 '가치 창조'이다. 사람들이 가치 있게 여기는 것은 시대에 따라 변하기 마련이다. 산업화 시기에 우리 사회는 성장과 개발을 가장 중요한 가치로 여겨 우리 사회가 생존 경쟁의 각축장이 되어왔다. 그러나 탈산업화 시기에는 환경 보존과 지속가능한 성장이 중시되고, 경쟁과 배제보다는 배려와 포섭이 중요한 가치로 여겨진다. 이러한 탈산업화 시기의 가치는 기독교의 가치와도 일맥상통하는 것이므로, 이러한 가치를 창조하여 활성화할 수 있는 공동체를 세우는 데 노력할 필요가 있다.

이러한 관점에서 볼 때 지역공동체 세우기 전략은 지역 주민들이 나름대로의 특색을 유지하면서 공동의 의식을 형성하고 주체적인 참여가 이루어질 수 있는 방향으로 이루어져야 한다. 일반적인 과정과 전략들은 '꿈 그리기, 보물찾기, 사람 세우기, 공통의 의제와 일감 발굴하기, 관계 만들기, 민주적으로 협의하기, 더불어 나누기' 등으로 나누어진다.[8] 이에 대하여 자세하게 살펴보도록 하겠다.

① 꿈 그리기

지역공동체 세우기는 먼저 '꿈을 그리는 것'에서 시작한다. 일본에서 일평생 마을 만들기에 헌신한 한 전문가는 마을 만들기에서 가장 중요한 요소로 '꿈을 그리는 것'을 꼽았다. 꿈은 공동체의 회복, 아름다운 동네, 편리한 시설, 생태적 삶 등을 소재로 그려진다. 이러한 꿈을 그리고 전파하는 단계가 마을 만들기의 시작이자 매우 중요한 요소인데, 기독교 정신과 원리를 바탕으로 하여 이러한 꿈을 그리는 것이 무엇보다도 중요한 부분이다. 그러나 이러한 꿈은 기독교인들만이 사용하는 언어가 아니라 보편적으로 사용되는 언어로 표현되어야 한다.

다음으로 '보물찾기'는 특정 지역이 가지고 있는 '보물'(흔히 쓰는 표현으로 자원)을 찾는 것인데, 이러한 보물을 찾는 경우 매우 큰 추진력과 탄력을 받게 된다. 보물을 소재로 하여 마을의 성장가능성을 발견하고 운동의 지향을 설정하기도 한다. 마을이 전통적으로 구심점으로 삼아 온 역사나 자랑거리가 마을의 보물이 될 수 있는데, 기후나 자연 경관과 같은 풍토적 가치와 역사 사건이나 문화유산과 같은 역사적 가치, 그리고 사람들의 생활이나 행사, 축제와 같은 행위적 가치로 구분된다.[9] 특히 비도시 지역의 경우 지역 특산물이, 도시 지역의 경우 잊힌 역사나 문화 유적 등이 좋은 보물이 될 수 있다.

이와 관련하여 최근에는 '에코뮤지엄(ecomuseum)'이라는 개념이 활용되고 있다. 에코뮤지엄이란 프랑스에서 1960년대 후반에 생긴 개념으로, 불어의 에코뮈제(comus e)를 영어로 번역한 것이다. 에코뮤지엄이라는 개념은 스웨덴의 스칸센(Skansen) 야외박물관으로 시작된 생활사 복원운동의 전시기법에서 처음 생겼고, 생활 전체를 포괄적으로 표현하는 '집의 박물관'이라는 아이디어에서 기인했다.[10] 우리말로 번역하면 '생태박물관'이라고 할 수 있지만, 에코뮤지엄은 단순히 생태학에 관한 박물관이 아니라 박물관 그 자체가 지역에서 환경생활의 친화적 존재라는 것을 의미한다. 그런 점에서 '환경보전형 마을 만들기' 활동을 가리키는 개념으로 이해하는 것이 적절하다.[11]

이렇게 보면 마을에는 공동체 운동의 자원이 되는 다양한 보물이 있음을 알 수 있다. 일본의 유후인(由布院) 마을은 한국 언론에도 많이 소개된 사례이다. 녹음이 우거진 분지형태의 온천지대에 위치하여 습온성 식물의 보고였던 이 지역에 골프장 건설 붐이 불게 되었을 때, 주민들은 '유후인의 자연을 보호하는 모임'을 결성하여 자연 보호를 주장하며 폭넓은 반대 운동을 전개하였다. 특히 대규모 외부 자본을 끌어들이지 않고 료칸(여관) 경영자들을 중심으로 하는 주민들의 힘으로 친환경적인 생활형 관광지를 만들어, 마을 자체를 실제 주민들이 살고 있는 박물관이자 관광지로 만든 것은 환경보전형 마을 만들기의 매우 좋은 사례가 되고 있다.

② 사람 세우기

'사람 세우기'는 현장 일꾼의 역할을 하는 지도자를 세우는 것과 주체적인 참여가 이루어지도록 참여자를 교육하는 것을 포함한다. 성실하고 진실한 일꾼도 중요하지만, 모든 공동체들의 주체적인 참여가 없이는 공동체 세우기가 불가능하다. 주민 대표가 주도하는 운동이 아니라 모든 주민들의 참여를 바탕으로 하는 진정한 의미의 주민 운동이 되기 위해서는 참여자들 모두가 주인 의식을 갖도록 동기를 부여하는 것이 중요하다.

③ 공통의 의제와 일감 발굴하기

또한 구성원의 합의와 관심의 최대 공약수로서 공통의 의제와 일감을 발굴하는 것이 필요하다. 공통의 의제와 일감은 가능하면 많은 수의 구성원이 지지하는 것이 설정되어야 바람직하다. 이렇게 함으로써 폭넓은 지지와 참여를 유도할 수 있기 때문이다. 여기서 중요한 것은 의제와 일감을 설정할 때는 이익이 아니라 공공의 가치를 중심으로 설정해야 한다는 것이다. 지나치게 이익을 중시할 경우 주민 운동이 자칫 지역 이기주의로 흐를 수 있기 때문이다. 긍정적인 사례로는 동네 하천 살리기, 생태 농업과 같은 자연 생태 운동이나, 마을 공유지나 공동 자산 마련하기, 트러스트 운동과 같은 공동체 회복 운동을 참고할 만하다.

④ 관계 만들기

'관계 만들기'는 이웃 사이의 관계, 사회 구성원 간의 관계를 만듦으로써 공동체 회복을 강하게 지향하는 것이다. 중요한 것은 과거의 전통적인 공동체로 단순하게 회귀하는 것이 아니라, 새로운 민주적인 공동체를 지향해야 한다는 것이다. 특히 기독교인과 비기독교인들이 함께 꿈을 나누며 스스럼없이 어울릴 수 있도록 인격적인 관계를 만드는 것이 중요하다. 교회에서 바자회 같은 활동을 할 때에도 교인들끼리 하기보다는 지역 주민들과 함께하는 것이 좋은 방법이다. 그리고 주민들을 단순히 손님으로 부르기보다는 준비 단계에서부터 함께 기획하여 진행할 수 있도록 하여 활동의 공동 참여자가 되도록 하는 것이 공동체를 지향하는 바람직한 태도이다.

⑤ 민주적으로 협의하기

다음으로 '민주적으로 협의'하는 것은 주민자치센터나 반상회 같은 정부 주도의 행정기구가 아니라, 풀뿌리, 즉 주민들이 자발적으로 참여하여 협의하는 것을 의미한다. 이를 위해 의사결정 기구로서의 민주적인 협의체를 구성하는 것도 좋은 방법이다.

⑥ 더불어 나누기

마지막으로 '더불어 나누기'는 마을 만들기의 지속가능성을 위해 중요한 요소이다. 지금까지 다양하게 시도되었던 정부 중심의 지원정책이 신뢰를 상실한 가장 큰 이유는 공평한 나눔이 이루어지지 않았기 때문이다. 공동체 운동의 성과가 가시적이든 비가시적이든, 물질적인 것이든 정신적인 것이든 참여자들 사이에 공평한 나눔이 이루어져야 하고, 필요한 재정 역시 투명하게 운용되어야 한다.

여기서 유의할 점은 쟁점 해소를 위한 지역 활동을 다채롭게 실시하되, 성과에 치중하기보다 과정을 중시하여 공동체성 발현을 도모해야 한다는 것이다. 지역공동체 활동을 하나의 사업이나 프로그램으로 이해한다면 단시일 내에 성과가 드러나지 않는 것에 실망하기 쉽다. 그러나 앞에서도 말한 바와 같이 '마을 만들기'는 곧 '사람 만들기'라는 생각으로 주민들의 의식을 고쳐서 공동체성을 지향하도록 한다면, 지역공동체 활동을 보다 지속적으로 전개해 나갈 수 있을 것이다.

한 지역공동체 활동 전문가는 "지역공동체 활동은 하나의 종합예술이다."라는 표현을 하였다. 그것은 지역공동체 활동은 참여하는 한 사람, 한 사람이 분명한 목적의식을 가지고 주체적으로 운동을 전개해야만 작은 결실이라도 이룰 수 있기 때문이다. 특정한 절차에 따라 운동을 전개하면 정해진 성과가 드러나는 것이 아니고, 때에 따라서는 많은 시행착오를 거치게 되는 경우도 많다. 그러므로 이와 같이 다양한 방법을 통해 교회가 지역공동체 운동에 참여하는 것이 필요하다. 그렇게 교회는 지역사회의 책임 있는 구성원으로서의 역할을 다하게 될 것이다.

IV. 지역공동체 운동의 정착과 확산

여러 번 강조했듯이, 교회의 지역공동체 운동은 개교회 부흥을 위한 전략이나 복음 전도 차원을 넘어서야 한다. 물론 선교적 차원에서 영혼 구원이라는 측면을 무시할 수는 없으나, 이를 이원론적으로 이해하고 사회봉사나 사회 참여 활동을 오로지 복음화에 부속되는 것으로 이해하는 것은 교회의 활동을 위축시킬 우려가 있다. 또한 지역공동체 운동은 단기간에 성과를 낼 수 있는 일이 아니다. 특히 교회들은 이 일에 참여하는 경험이 많지 않기 때문에 많은 시행착오를 거칠 수도 있다. 그러나 지역공동체 운동은 기존의 사회봉사, 사회 복지의 차원을 넘어 교회가 실제로 지역사회에 뿌리를 내리고 지역을 공동체로 만들기 위해 참여하는 활동이므로, 향후 십여 년간 가장 관심을 가지고 총력을 기울여야 할 과제이다.

여기서 중요한 것이 지속가능성이다. 교회를 개척해서 2, 3년 유지하기 어려운 것만큼이나 지역공동체 운동을 지속하는 것도 쉽지 않다. 이러한 운동을 전도의 유용한 방법으로 여기고 시작했다가 기대만큼의 성과가 나타나지 않아서 그만 두는 경우도 많이 있다. 그러나 진정성을 갖고 이러한 활동을 장기간 지속하게 될 때 결국 그 진심이 전달되고 교회에 대한 신뢰가 회복되면 자연스럽게 전도의 문도 열리게 될 것이다. 따라서 지역공동체 운동을 당장의 교회 부흥의 수단으로 삼기보다는 이웃 사랑의 실천으로 여기고 이 운동에 참여하는 것 자체에 의미를 두는 것이 타당하다. 또한 이슈 자체를 공익성이 있는 주제를 가지고 해야 지속가능성이 있다. 단기간의 이익보다는 장기간의 노력이 필요한 이슈를 선정해야 지속적인 참여가 가능한 것이다.

또한 참여하는 교회가 개별 활동을 하기보다는 가능한 대로 많은 교회가 협력할 수 있는 방안을 마련할 필요가 있다. 특정 교회가 지역공동체 활동에 홀로 참여하기보다는 지역에서 이 일에 관심을 가지고 참여할 만한 다른 교회를 물색하여 협력 사업을 벌이는 것이 보다 효과 있는 방법이다. 교회가 지니고 있는 물질과 제도 자원이 지역사회를 위해 효과 있게 활용될 뿐만 아니라, 다른 교회들과 함께 연합 활동을 하는 벌이는 모델을 개발할 필요가 있다.

마지막으로, 이 운동에 관심이 있는 목회자와 평신도 지도자들이 지속적으로 도움을 받을 수 있는 연합 기구를 설립할 필요가 있다. 이 운동에 동기를 부여하고 독려함과 동시에, 필요한 정보와 자료를 제공하고 필요에 따라 자문 역할을 담당할 수 있는 기관이 필요한 것이다. 또한 자원을 공유할 수 있는 시민 단체와도 협력하여 지역사회 협의체를 구성하여, 필요에 따라 유기적으로 의사소통을 하고 지원할 수 있는 중간 지원 조직을 마련하는 것도 고려해 볼 만한 일이다. 교회가 하는 대부분의 사회봉사 활동은 체계적이지 않고 지속적이지 않아서, 대개 같은 활동을 비정기적으로 반복할 뿐 더 발전된 단계로 나아가지 못하는 경향이 있다. 이러한 기구를 통해서 지속적인 논의를 함으로써 보다 건설적인 지역공동체 활동을 전개해 나갈 수 있을 뿐만 아니라, 이러한 활동에 관심을 갖는 이들에게 다양한 지원을 해 줄 수 있다는 점에서 장기적으로 검토할 필요가 있는 사안이다.

이제 한국 교회는 지역에서부터 다시 출발해야 한다. 지역에 대한 관심을 갖고 지역에 대한 공적인 역할을 수행해야 한다. 그것은 지역 주민들에게 호감을 사기 위해서가 아니라, "하나님을 사랑하고 이웃을 사랑하라"는 하나님의 뜻을 실천하기 위함이다. 이를 위해 좁은 의미의 복음 전도를 넘어서 그리고 시혜적인 차원의 사회봉사 활동 보다 지속적이고 체계적인 지역공동체 세우기가 하나님 나라 운동 차원에서 전개되어야 있다. 그리고 풀뿌리로부터 모든 교인들이 기독 시민임을 자각하고 지역사회 구성원으로서의 정체성을 가지고 적극적으로 참여해야 한다. 그리고 뜻을 같이 하는 다른 교회나 시민 단체들과 협력해야 한다. 그렇게 될 때, 지역 사회가 기독교의 가치를 지향하게 될 뿐만 아니라 교회의 공신력도 회복하게 될 것이다.

하나님 나라 운동으로서 마을공동체 운동의 실제

정재영 교수

I. 작은도서관 운동

1. 작은도서관의 의미

교회가 참여하는 지역공동체 운동의 사례로 작은도서관이 중요한 의미를 갖는다. 실제로 최근에 도시 지역에 작은도서관을 운영하는 교회들이 늘고 있다. 교회가 지역사회의 필요를 채워주기 위해서, 또는 지역 선교의 차원에서 주민들과의 접촉점을 마련하기 위한 하나의 방편으로 도서관을 세우고 운영하는 것이다. 어떤 이유로든 교회가 지역사회에 관심을 갖고 사역하는 것은 좋은 일이나, 도서관에 대한 기초 지식조차 없이 도서관 사업이 일종의 트렌드가 되어 붐이 일어나니까 남들을 따라하듯이 해서는 소기의 목적을 달성하기 어렵다. 또한 지나치게 교인 확보 차원에서 이루어져서 부작용을 낳거나 실제로 운영이 되지 않고 방치되어 있는 경우도 많다.

여기서 작은도서관의 성격을 이해하는 것이 중요한데, 작은도서관은 단순히 '규모가 작은' 도서관이라는 의미보다는, 최근 부상하는 도서관에 대한 새로운 관점에 따라 그 정체성을 '지역공동체를 형성하는 구심체'에서 찾고 있다. 곧 다양한 이용자를 대상으로 한 서비스 제공을 통해 지역사회의 공동체 형성의 구심점 역할 수행을 하는 공간으로 이해해야 하는 것이다. 그래서 띄어쓰기를 하지 않고 붙여서 '작은도서관'이라고 쓴다. 문고에서 출발한 작은도서관은 최근에는 과거와는 다르게 성격이 많이 변하고 있다. 기본적으로 소장 정보를 바탕으로 한 정보 서비스를 제공하는 것에는 차이가 없지만, 이제 이용자들은 더 이상 단순한 독서활동 증진을 위한 장으로 작은도서관을 이용하지 않는다.

최근에 작은도서관들은 자발적인 주민의 참여와 다양한 문화 프로그램을 실시하여, 도서관을 넘어선 문화공간으로서 역할을 하고 있다. 소장 자료의 단순한 대출　반납만을 주 서비스로 하지 않고, 독서 및 문화 프로그램을 통해 지역 주민들과 연계하여 문화공동체로서의 역할을 수행하고 있다. 이러한 점에서 작은도서관은 "접근이 용이한 생활친화적인 소규모 문화공간으로서 주로 독서 및 문화프로그램을 통해 자연스럽게 지역공동체가 형성되는 곳"으로 이해된다. 여기서 접근성이란 주로 10분 이내의 단거리에 있음을 의미한다. 그러나 이것은 단순히 물리적 거리를 넘어, 도서관이 근거리에 없는 지역이나 저소득층 밀집지역 등 문화 복지의 혜택이 절실한 곳에서 접근이 가능한 곳이라는 의미가 있다. "도서관은 빈민의 대학이다", "소외된 사람들의 지적 생명선이다"라는 말은 이러한 작은도서관 운동의 정신을 잘 드러내고 있다.

요약하면 작은도서관의 성격은 다음과 같이 정리할 수 있다. 첫째, 규모는 작을 수 있으나 생활공간과 더 가까이에 있는 '우리 동네 도서관'이다. 마을주민들이 책을 매개로 꿈꾸고, 관계하고, 공동체를 구성해나가는 마을공동체의 거점이다. 둘째, 시험 공부하는 공간, 신분상승을 위한 공간이 아니라 노인, 어린이, 주부, 장애 등도 쉽게 찾을 수 있는 문턱이 낮은 도서관이다. 셋째, '작게 낮게 느리게'를 말하는 대안교육의 실험장이며 문화를 누리고 창작하는 공간이다. 넷째, 공동체를 이루는 만큼 그 안의 사람이 중요한 곳이다. 크고 작은 공동체 활동들을 통해 평범한 엄마가 선생님이 되고, 이웃들이 함께 문화기획자가 되며 마을의 책 축제를 완성해 가는 등 사람 만들기의 전형을 확인하는 곳이다. 다섯째, 지역사회를 알고 지역사회 프로그램을 하는 곳이다. 작은도서관에서의 역동성을 도서관 담 넘어 지역사회로 확대 재생산해내는 곳이다.

2. 교회 작은도서관의 필요성

최근 교회들마다 작은도서관에 대한 관심이 고조되고 있다. 그러나 작은도서관 운영 실태를 보면, 비교적 근래에 건립된 수많은 작은도서관들 중 실제로 운영되고 있는 곳은 채 절반도 되지 않는다. 대부분 간판만 달아 놓고 실제로는 운영하지 않고 있는 것이다. 왜 이렇게 도서관에 대한 관심이 많아졌고, 그럼에도 왜 제대로 운영되지 않고 있는 것일까? 그것은 작은도서관에 대한 이해가 부족하고 운영 목적이 불분명하기 때문이다. 정작 도서관 자체에는 관심이 없고, 도서관 운영 지원금을 받는 것이나 도서관을 통해 주민들과 접촉점을 마련하여 이들을 교회로 유입하는 데만 관심이 있기 때문이다. 그러나 위에서 말한 안양의 목회자는, 교회 성장을 위해서라면 도서관 운영은 매우 비효율적인 방법이라고 단언한다. 현실적으로 도서관을 통해서 전도를 하기는 매우 어렵기 때문이다.

그렇다면 왜 교회에서 도서관에 관심을 가져야 하는 것일까? 그것은 교회 역시 지역에 속한 공공 단체로서 지역 문제에 관심을 갖고 지역공동체 운동에 참여하기 위해서다. 이것이 복음전도의 수단을 넘어 성경에서 말하는 이웃사랑의 실천으로서 의미가 있기 때문이다. 이러한 점에서 교회가 관심을 갖는 도서관은 단순히 교회 안에 있는 문고나 신앙 서적을 비치한 서가가 아니다. 그보다는 앞에서 살펴본 작은도서관 운동의 관점에서 지역공동체 운동으로 전개될 필요가 있다. 곧 책을 통해 마을 만들기에 동참하는 것이다.

앞에서 말한 바와 같이, 작은도서관은 혼자서 자신의 필요를 채우기 위해 책을 읽는 곳이 아니고, 그렇다고 내 아이의 지식 습득만을 위해 이용하는 공간도 아니다. 책을 매개로 이웃과 만나고 소통하며 건강한 문화교육을 위해 토론하고 대안을 찾아가는 공간이다. 이를 통해 공동체를 형성하게 되는데, 이 역시 자신들만의 닫힌 공동체가 아니라 더 많은 이웃과 지역사회를 향해 나아가는 공동체이다. 거기에서 형편이 어려운 이웃들과도 관계를 맺고, 외국인 노동자나 다문화 가정을 만나서 이웃이 되기도 한다. 동네의 가까운 도서관 안에서 만난 사람들이 지역사회로, 그리고 더 넓은 세상으로 공동체를 확대해 나가는 것이다.

이러한 작은도서관의 역할은 교회의 하나님 나라 사역과 일맥상통하는 것이다. 좁은 의미의 복음 전도를 넘어서 지역사회가 하나님의 창조 원리를 회복할 수 있도록 교회와 지역사회 구성원들이 함께 동역할 수 있는 장이 바로 작은도서관인 것이다. 작은도서관을 통해 매우 다양한 지역공동체 활동을 하는 사례들이 많이 있으므로 이것을 참고해서 교회와 지역사회의 현실에 맞는 프로그램을 개발할 필요가 있다.

3. 교회 작은도서관의 준비

교회에서 작은도서관을 운영하기에 앞서 먼저 점검할 것이 있다. 많은 교회들이 실제로 작은도서관을 운영할 수 있는 최소한의 준비도 없이 시작했다가 어려움을 겪고 있는데 이를 예방하기 위해서 우리 교회가 작은 도서관을 운영할 수 있도록 역량을 키우는 것이 첫 단계이다. 이를 위해서 아래의 체크리스트에 스스로 답을 해보자.

작은도서관 역량 강화를 위한 체크리스트

1. 기존의 작은도서관들에 대해 어떤 인상을 갖고 계신가요?
2. 작은도서관을 운영하는 목적이 무엇인가요?
3. 작은도서관에서 어떤 활동을 하려고 하나요?
4. 작은도서관이 우리 동네에 어떤 도움이 될 수 있을까요?
5. 교회는 지역사회에 대한 관심이 얼마나 있나요?
6. 교회가 이전에 지역사회에 대해 기여한 경험이 있나요?
7. 교회가 지역사회의 다른 사회자원과 함께 연대한 경험이 있나요?
8. 교회가 있는 지역사회에 어떤 보물(자원)이 있나요?
9. 교회 안에 지역 활동에 기꺼이 참여할 수 있는 인적 자원(교인)이 있나요?
10. 교회 안에 지역 활동에 기꺼이 참여할 수 있는 물적 자원(재정, 공간)들이 있나요?

1번과 2번 질문은 작은도서관의 의미와 역할에 대해서 잘 이해하고 있는지 묻는 질문이다. 제대로 답을 할 수 없다면 앞에 있는 작은도서관의 의미에 대해서 살펴보기 바란다.

3번과 4번은 구체적인 운영 계획에 대한 질문이다. 작은도서관의 운영이 본래 계획한 대로만 이루어지는 것은 아니지만 구체적인 계획을 세우고 상황에 따라 조정해 나가는 것이 중요하다.

5번, 6번, 7번은 교회의 역량을 파악하기 위한 질문이다. 담임 목회자와 교인들이 지역사회에 대해 깊은 관심을 갖는 것은 가장 기본적인 사항이다. 또한 이전에 지역사회 활동에 참여한 경험이 있다면 그 경험을 바탕으로 해서 보다 발전적인 계획을 세울 필요가 있다.

8번은 작은도서관을 교회 자원만 활용하기보다 지역사회와 연대하기 위해서 동역할 수 있는 사람이나 시설을 파악하기 위한 질문이다. 교인과 교회 밖 주민들이 함께 구성하는 다양한 동아리 활동을 통해 지역공동체 활동들을 할 수 있고 도서관 운영에 필요한 자원봉사 조직을 구성할 수 있다. 그리고 주민센터나 사회복지관과 연대하여 더욱 다양한 활동을 기획할 수 있다.

　9번과 10번은 교회 안에 실제적인 자원들이 있는지 파악하기 위한 질문이다. 첫째로는 사람이 필요한데 작은교회라면 전담 사서를 둘 여력이 없으므로 담임목회자가 책임뿐만 아니라 실무를 맡아야 하지만 동역할 수 있는 사람이 최소한 1명 이상 있어야 한다. 도서관 기본 업무와 지역공동체 운동 관련 업무가 모두 원활하게 진행되기 위해서는 최소 2명의 인력이 필요하고 조직의 공적 운영 원리와 파트너십을 통해 독단성을 극복하기 위해서도 2인 이상의 조직 구조를 가져야 한다. 그리고 최소한의 재정이나 공간도 마련되어야 하는데 한다. 장서를 구입할 수 있는 재정과 원활한 활동을 위해 예배당과 분리된 공간을 마련할 필요가 있다. 작은교회의 경우 별도의 공간을 마련할 수 없다면 예배당을 공유할 수 있으나 도서관으로 이용할 때 될 수 있는 대로 종교색이 드러나지 않도록 장치를 구비하는 것이 좋다.

　또한 작은도서관을 운영하려면 목회자와 교인들이 작은도서관에 대한 충분한 이해를 갖는 것이 중요하다. 작은도서관에 관심을 갖고 준비하는 사람이 교인이라면 담임목회자가 이에 대해서 충분히 이해하고 교회로부터 지원을 받을 수 있도록 충분히 의사소통이 되어야 한다. 그리고 작은도서관에 관심을 갖고 준비하는 사람이 담임목회자라면 교인들이 이 일을 잘 이해하고 동참할 수 있도록 설교나 강연 등을 통해 충분히 동기부여를 하여야 한다. 온 교회가 한 마음으로 협력하는 것이 중요하기 때문이다. 강연 내용은 부모교육, 책놀이, 북아트, 자원봉사 등과 관련된 것으로 이러한 활동이 하나님 나라 사역과 어떻게 연관되는지 설명해주는 것이 중요하다.

4. 교회 작은도서관 운영의 실제

먼저 교회의 작은도서관 역시 단순히 도서 대출 업무나 열람실 운영의 수준을 넘어 이용자들이 서로 대화하고 소통할 수 있는 기회를 제공할 수 있어야 한다. 아이들을 위해 독서 지도를 해주거나 읽은 책 내용에 대해서 독서토론을 한다든지, 좋은 시나 문학 작품을 낭독하는 시간을 갖는 것이 쉽게 시도할 만한 방법이 될 것이다. 작은도서관들이 공통으로 진행하는 일상적인 문화 프로그램들은 다음과 같다.

① 이야기방

작은도서관들은 대부분 어린이도서관으로 운영되는데 어린이도서관의 모든 프로그램 중 기본은 이야기방이다. 책 읽기를 위한 기본 능력인 읽고 쓰고 듣고 이해하는 능력을 높이기 위한 과정에서 출발한 이야기방은 각 도서관에 따라 이야기숲, 이야기한솥밥, 책읽어주기, 이야기교실, 동화 읽어주는 엄마 등 다양하게 부른다. 대부분의 도서관들이 단순이 책을 읽어주기를 넘어 그날 읽어준 책과 연관한 놀이 활동, 체험 활동을 병행한다. 대부분 주1회 이상 진행한다.

여기에 노인들의 참여를 유도하는 것도 좋은 방법이다. 일반적으로 노인은 서비스 제공자보다는 서비스를 받거나 도움을 받는 사람으로 인식되고 있다. 그러나 실제로 복지서비스의 대상인 요보호 노인은 전체 노인 중 소수에 지나지 않는다. 대부분의 노인들은 생각보다 건강하고 활발하게 활동할 수 있으며, 평생을 통해 축적한 많은 지식과 기술을 가지고 있어서 서비스를 제공할 수 있는 조건을 갖추고 있다. 실제로 많은 노인들이 사회

활동을 원하고 있으나 기회가 주어지지 않아 참여하지 못하고 있는 실정이다. 이러한 노인들에게 사회 활동의 기회를 제공한다면, 은퇴로 상실되었던 사회 지위와 역할을 보충해 주고, 자존감을 향상시켜 주며, 노년기에도 자아성장과 실현을 할 수 있는 기회를 얻을 수 있다. 핵가족화되어 할아버지, 할머니로부터 떨어져 있는 아이들에게 할아버지, 할머니가 읽어주는 이야기책은 노인과 어린이 모두에게 의미 있는 일이 될 것이다.

② 빛그림, 그림자극, 영상그림책

그림책을 다른 질감의 큰 그림으로 보는 것이다. 구연자가 책의 내용을 재미있게 표현하기도 하고, 빛을 통해서 그림자가 만드는 단순함, 애니메이션처럼 움직이는 그림책 등으로 가장 인기가 높은 프로그램이다. 많은 도서관들이 빛그림이나 영상 그림책을 만드는 엄마 모임을 가지고 있다.

③ 연극

연극은 주로 엄마들의 동아리나 어린이들의 활동 발표회로 진행한다.

정기 공연을 하는 동아리 엄마들은 스스로 문화예술 생산자가 되고 문화를 나누어주는 역할을 담당한다는 의미가 있다. 이를 위해서 도서관 한쪽에 작은 무대를 설치하고, 열람실도 고정식 칸막이나 책장보다는 개방식, 이동식 책장을 설치하는 것이 좋다.

④ 작가와의 대화와 원화전
출판사나 작가와의 교류를 통해 작가와의 만남이나 원화전을 진행한다. 도서출판 길벗, 우리교육, 창작과비평사, 사계절 등의 출판사는 평소 작은도서관들과 문화 활동을 함께 하기로 유명하다.

⑤ 전래놀이, 노래
어린이도서관들이 진행하는 전래놀이 중 가장 기본이 되는 것은 '24절기 알기'이다. 우리 조상들의 생활근간이 된 24절기를 이해하고 그 속에서 생긴 놀이와 노래를 찾아 따라하다 보면 저절로 신나는 시간이 된다.

⑥ 문학교실

어린이도서관의 문학교실은 사교육 시장의 논술교실과는 다르다. 획일적인 글쓰기나 논리 만들기를 넘어 창작을 창작으로 받아들이고, 책을 생활과 놀이로 만나며, 책 속의 지식들을 문화 누림으로 체험하는 일이다. 책놀이 활동으로 책 주인공을 그리거나 표지를 새로 만들고, 도석신문, 책 만들기, 시화 꾸며보기, 보고서 만들기, 마음 지도 그리기, 동극이나 영상으로 재창작하기, 책 읽고 토론하기도 할 수 있다.

⑦ 시낭송회, 독서캠프

연 1회 시낭송회나 낭독의 밤을 갖는다. 작가가 책을 읽어주기도 하고 가수가 시로 만든 노래를 들려주며, 도서관 가족들이 참여하여 함께 완성하는 '문학의 밤'을 만든다. 또한 작은도서관에 텐트를 치고 밤새도록 책을 읽은 부엉이 캠프와 같은 독서캠프를 연 1회 또는 2회 운영할 수 있다.

⑧ 작은음악회

도서관 공간을 활용하여 작은음악회를 연다. 주변에 적은 비용으로 초청할 수 있는 음악단체나 연주단도 있고 도서관 가족들이 참여하는 합창회를 할 수 있다.

⑨ 인문학 강좌

필요에 따라 인문학 강좌를 개설하거나 문화 체험 교실을 운영하는 것도 공동체성을 살리는 데 좋은 방법이다. 전문 강사를 초청할 수도 있지만, 동네에 있는 전문직 종사자나 은퇴자를 섭외하면 비용도 저렴하고 친근함을 가지고 함께 동역할 수 있다.

⑩ 문화 교실

주5일 수업제 이후에 마땅한 프로그램이 없어서 어려움을 겪는 경우가 많은데, 교회 작은도서관마다 한두 가지씩 지역 문화 관련 프로그램을 개발하여 서로 연계하거나 교차 운영하는 것이 좋은 방법이다. 아이들에게 지역에 대한 이해를 깊게 하고 이웃에 대한 관심을 넓힐 수 있는 훌륭한 기회를 제공할 수 있다.

이 밖에 작은도서관 운영에 대해서 윤재호, 『도서관이 만드는 행복한 세상』(고양: 나루코, 2010)이나 김소희 외, 『작은도서관이 아름답다』(서울: 청어람 미디어, 2013)와 같은 책들을 참고하기 바란다.

Ⅱ. 대안 경제 활동

　교회가 관심 갖고 참여할 수 있는 지역공동체 운동 중에 하나는 대안 경제 활동이다. 대안의 경제 활동은 공정 무역, 사회적 기업, 윤리적 소비와 같은 '공동체 자본주의' 활동을 뜻하는데, 이것은 오늘날 자본주의의 문제를 극복할 뿐만 아니라 세계적인 빈곤 문제를 구조적으로 해결할 수 있는 하나의 중요한 방법으로 이해되고 있다. 여기서 지역공동체 운동의 사례로서 굳이 경제 활동을 논하는 것은 공동체 자본주의가 지역공동체 운동의 전략적인 요충지가 되기 때문이다. 공동체 자본주의 정신은 마을 기업이 사회 약자를 배려하고 그들을 우리 사회의 일원으로 포섭하는 데 기여하도록 하는 지침이 될 것이다. 그러나 또 한편으로, 우리 사회에서 자본주의와 기업의 개념이 지나치게 오염이 되었기 때문이기도 하다.

　공동체 자본주의는 자본주의 체제에 대한 성경적, 시대적 대안으로, 경제 정의를 지향하고 있다. 이러한 공동체 자본주의는 곧 청교도 정신과도 일맥상통하는 것이다. 근대자본주의가 프로테스탄티즘에 의해 태동되었고, 처음 태동될 때부터 이미 공동체 정신을 그 핵심요소의 하나로 가지고 있었기 때문이다.[12] 따라서 공동체 자본주의에 터한 협동조합 운동에 교회가 참여하는 것은 매우 의미 있는 작업이다. 본래 청교도 윤리에서 유래한 근대 자본주의 정신을 되찾고, 왜곡된 자본주의 때문에 피폐화된 현대인들에게 공동체를 제공해 줄 수 있다는 것은 기독교가 의미 있게 할 수 있는 일이다. 대안 경제 활동의 내용은 아래와 같다.

1. 공정 무역

　1년에 전세계에서 소비되는 커피는 4천억 잔이다. 그러나 그 이윤 중에

99퍼센트는 대기업, 중간거래상 등 커피의 생산과 관련이 없는 자들에게 돌아가고, 정작 커피 생산에 노력한 농가는 불과 1퍼센트의 이윤만 챙길 뿐이다. 아프리카 내전의 피 묻은(블러드) 다이아몬드 거래는 제값도 받지 못한 채, 소년병들을 내전으로 내모는 참혹함을 내재하고 있다. 아프리카에서 생산되는 대부분의 다이아몬드가 그런 상태이다. 파키스탄의 어린이들은 하루에 300원만 받으며, 하루 12시간 이상 아디다스나 나이키 축구공을 만들기에 여념이 없다. 어린이들은 이렇게 축구공을 찰 나이에 15만 원짜리 축구공을 만들기 위해 혹사당하고 있는 것이다.

최근에는 이러한 약육강식의 자본주의에 반대하는 새로운 움직임들이 일어나고 있다. 농민을 착취하는 커피 무역에 대해서는 불매 운동도 불사하고, 공정무역 순위가 높은 기업의 제품을 선호하는 모습, 파키스탄 아동노동의 산물인 축구공을 축구경기에서 사용하는 것을 금지하고, 블러드 다이아몬드의 근절에 대해 국제적인 선언을 하기 시작했다. 이와 같이 아름다운 인간적인 자본주의를 위한 움직임이 바로 '윤리적 소비'인 것이다. 그리고 이러한 윤리적 소비의 밑바탕이 되는 개념이 공정 무역이다.

공정 무역은 일반 무역과 달리, 우리가 공정 무역 제품을 살 때 전 세계의 가난한 사람들이 혜택을 입을 수 있다. 공정 무역을 통해 가난한 나라의 생산자들은 정당한 대가를 받는다. 이들이 생산한 제품에는 공정하고 안정된 가격이 매겨지고 노동자들은 정당한 임금을 받는다. 그리고 초과 이익이 발생하면 대개의 경우 자신들의 사업이나 공동체에 다시 투자한다. 이와 같이 공정 무역 제품을 사는 일은 더 나은, 그리고 더 관대한 세상을 이루기 위한 아주 현실적인 실천 방식이다. 대다수 공정 무역 제품에는 공정 무역 상표가 붙는다. 국제 공정 무역 상표 기구(FLO, Fairtrade Labeling Organizations)라고 부르는 공정 무역 기구는 국제적으로 인정된 공정 무역 기준을 맞춘 상품에 이 상표를 붙일 수 있도록 허가한다. FLO는 유럽, 일본, 북아메리카, 멕시코, 오스트레일리아, 뉴질랜드 등 21개 나라에 있는 국가별 공정 무역 단체의 산하 기구이다.

케임브리지 대학의 경제학자인 장하준 교수는 1960년에서 1980년 사이에 개발도상국의 경제는 약 3퍼센트 성장했지만, 1980년에서 2000년 사이에는 그 절반인 1.5퍼센트밖에 성장하지 못했다고 지적하면서, 최근 20년 동안 아프리카 경제는 성장률이 반으로 줄었고, 라틴 아메리카는 0.3퍼센트로 사실상 경제 성장이 멈추었다고 말한다. 가장 가난한 나라의 국민과 공동체들이 무역 자유화 아래서 삶의 기반을 잃어버렸다는 명백한 증거들이 개발도상국의 사례에서 발견되고 있다. 대부분의 개발도상국에서는 노동자들이 서유럽에서 쓰이는 옷과 장난감 같은 제품을 만드는 데 하루에 1달러도 안 되는 돈을 받고 일한다. 대개 이런 제품들은 유명 상표를 달고 비싼 값에 달린다. 그러나 제품을 만든 사람들의 임금은 밑바닥이며 노동 환경은 대부분 지독하게 열악하다. 자유 무역 아래서 가난한 사람들은 가난을 벗어나지 못한다. 주류 무역 체계에서 가난한 사람은 가진 것을 잃을 뿐이다.

가난한 사람들에게는 눈에 보이는 실제 이익이 계속해서 발생해야 한다. 공정 무역 체계는 이 같은 이익을 제공할 수 있다. 공정 무역이 훌륭한 까닭은 가난한 사람들을 위해 움직이기 때문이다. 공정 무역은 주류 무역 체계를 대체할 수 있는 실용적인 방안이다. 공정 무역의 잠재 시장은 거대하다. 공정 무역은 세계 무역 체계의 불공정한 거래를 바꿀 수 있고, 가난한 사람들과 공동체들이 가난에서 벗어날 수 있도록 도움을 줄 수 있다. 이것은 단순히 가난한 사람들에게 필요한 물품을 제공하는 것이 아니라 그들이 스스로 일을 해서 가난을 극복할 수 있게 해 주기 때문에 중요한 것이다. 다시 말해서, 물고기를 주는 것이 아니라 물고기를 낚는 법을 알려주는 것이다.

하지만 이 같은 일이 가능하려면 공정 무역이 계속해서 성장해야 한다. 우리가 공정 무역 제품을 더 많이 살수록 더 많은 사람이 더 공정한 체계에서 제품을 팔 수 있다. 마일즈 리트비노프(Miles Litvinoff)와 존 메딜레이(John Madeley)가 쓴 『인간의 얼굴을 한 시장경제, 공정무역』은 공정 무역으로 변화된 사례 50가지를 제시한다. 50가지 사례에서 우리는 공정 무역이 개발도상국에 사는 어린이와 여성, 남성에게 어떻게 혜택을 주는지, 그리고 선진국에 사는 사람들은 공정 무역이 더 큰 효과를 발휘하도록 하기 위해 무엇을 할 수 있는지 직접 볼 수 있다.

이러한 공정무역은 이미 영국은 물론 미국과 캐나다 및 심지어는 일본까지도 적극적으로 참여하고 있다. 소비행위를 어떻게 하느냐에 따라 제3세계 가난한 사람들을 경제적으로 도울 수 있다는 인식에서 출발하는 공정무역은, 실제로 그들에게 보다 좋은 무역조건을 제공하고 그들의 권리를 보장해줌으로써 지속가능한 발전에 기여하고 있다. 특히 공정무역 운동이 아동의 인권 보호, 환경 보호, 양성평등 등 기독교의 가치들과 일치하는 측면이 커 서구에서도 교회들이 중심이 되어 운동을 전개하고 있는 상황이다. 영국에는 무려 4,000개의 '공정무역 교회'가 있다고 한다. '공정무역 교회'로 지위를 부여받기 위해서는 주요한 구성 대표, 위원 구성, 교회에서 결의, 제품사용, 교회에서 판매, 예배 등에서 적극 홍보 등 다섯 가지 조건을 만족시켜야 한다. 최근 한국 교회에서도 공정무역 교회를 추진하는 사례가 늘고 있으므로 관심을 가지고 실천할 필요가 있다.

2. 윤리적 소비

앞에서 말한 바와 같이, 이러한 공정무역 제품을 구입하는 것을 '윤리적 소비'라고 한다. 일반적으로 상품을 선택하는 기준은 가격과 품질이다. 품질이 같은 두 상품이 있다고 할 때는 싼 상품을 구입하는 게 상식이다. 이런 소비를 두고 흔히 합리적인 소비라고 한다. 그런데 지금은 또 다른 소비행태가 있다. 가격과 품질은 뒷전이고 상품이 나오기까지의 과정을 먼저 살펴보는 것이다. 환경을 해치지는 않았는지, 어린 노동력을 착취하는 비윤리적인 행위는 없었는지, 저개발국의 생산자들과 직거래를 한 공정무역 제품인지를 따진다. 이런 소비를 일컬어 윤리적 소비라고 한다.

윤리적 소비는 한마디로 이웃과 동물, 지속 가능성을 생각해서 소비를 하는 것이다. 농약을 쓰지 않고, 유전자 조작이 없는 친환경농산물을 구입하고, 커피 한 봉지를 살 때도 다국적 기업 제품은 아예 손도 대지 않는다. 가격이 아무리 싸도 수입농산물은 거들떠보지 않는다. 배나 비행기로 수입하면서 그만큼 연료를 소비했기 때문이다. 부도덕한 기업에 대한 불매운동과 시위는 소비자의 권리로 간주되고 있는 터여서 윤리적 소비는 기업들에 각성제가 되고 있기도 하다. 윤리적 소비는 상품을 가려 구매하는 일만이 아니다. 비닐봉지는 물론이고 종이 가방 한 개라도 덜 쓰는 것이 윤리적 소비의 첫걸음이다.

이러한 윤리적 소비 운동은 외국에 나가지 않고서도 세계 시민사회에 기여할 수 있는 전지구적 차원의 운동이라고 할 수 있는데, 윤리적 소비를 실천할 수 있는 방법에는 다음과 같은 것들이 있다.

- 환경오염이 되는 유류 자동차 이용을 지양하고 대중교통 수단을 이용하고 차를 구입할 때에는 전기차나 하이브리드 카를 선택한다.
- 대기업 주도의 거대 쇼핑몰보다는 다소 비싸지만 소매점을 이용하며 시장 독점을 개선하려고 노력한다.
- 저개발국의 노동을 착취하는 기업 제품을 사용하지 않고, 적당한 임금을 지불하는 기업의 제품을 사용하고 정보를 공유한다.
- 지하자원을 강제적으로 차지하려고 전쟁 등의 반인간적인 행위를 일삼는 국가의 제품을 불매하고, 해당 지역 지하자원을 시장에서 거래되지 못하도록 노력한다.

현재 국내에서 공정무역 제품을 판매하는 곳은 다음과 같다.

- 피스커피 쇼핑몰 www.peacecoffee.co.kr: 한국 YMCA에서 수입한 동티모르 커피 판매

- 페어트레이드 코리아 http://fairtradegru.com: 친환경의류, 도자기, 식기, 초콜렛, 커피, 양념 등 판매

- 공정무역가게 울림 https://ullimft.com: 공정무역으로 수입한 초콜렛, 축구공, 커피 판매

- 환경연합 에코 생협 www.ecocoop.or.kr: 친환경 농산물 및 축산물, 수산물, 생활용품 등 판매

- 기아대책 비마이프렌드 http://ggstore.co.kr: 아시아, 아프리카의 제3세계 공정무역 생산품 판매.

- 이밖에 공정무역 관련 정보에 대해서는 한국공정무역협의회 홈페이지(http://www.kfto.org)를 참고하기 바란다.

3. 사회적 기업

공정 무역, 윤리적 소비와 함께 우리가 관심을 가져야 할 것이 사회적 기업이다. 사회적 기업은 두 마리의 토끼를 좇는다. 그것은 '영리적 이윤 창출'과 '사회적 사명의 수행'이다. 그래서 사회적 기업은 재정적 수익이라는 경제 가치와 함께 사회적 목적 달성이라는 사회 가치를 창출하는 것이다. 이 둘의 관계는 명확하다. 영리적인 수익 활동은 그 자체가 목적이 되는 것이 아니라, 사회적 목적을 위한 자원 창출의 수단일 뿐이다. 따라서 일반 기업은 영리 추구가 목적이지만, 사회적 기업은 사회에 대한 공헌을 사업으로 하는 기업이라고 할 수 있다. 이러한 사회적 기업은 이타적 동기를 추진 동력으로 한다. 곧 사회적 취약계층에게 일자리나 사회적 서비스를 제공하는 목적을 추구하여 영업활동을 수행하는 것이다.

이러한 사회적 기업은 일회성의 자선이나 구호를 통해서는 가난한 사

람들이 빈곤에서 벗어날 수 없기 때문에 가난한 사람들에게 일자리를 주고, 그들이 구입할 수 있는 저렴한 물건을 생산함으로써 구조적으로 가난을 탈출하도록 돕는다. 사회적 기업은 일반 노동시장에서 배제되거나 환영받지 못하는 저소득 사회계층을 고용해 기업 활동을 통해 수익을 창출하는 것이다. 따라서 일반 기업의 자선 활동이 일회성인데 반해, 사회적 기업은 이들에게 일자리를 제공할 뿐만 아니라 적절한 이익을 내고 이러한 이익을 같은 유형의 사업에 재투자함으로써 '지속가능한' 사회적 공헌이 가능하도록 하고 있다. 사회적 기업의 정체성은 "우리는 빵을 팔기 위해 고용하는 것이 아니라 고용하기 위해 빵을 판다"는 미국의 한 사회적 기업가의 말에서 엿볼 수 있다.

사회적 기업의 원조는 노벨평화상을 받은 방글라데시의 빈민운동가 무하마드 유누스(Muhammad Yunus)가 40여 년 전에 세운 〈그라민뱅크〉(Grameen bank)가 꼽힌다. 또한 1986년 아프리카 르완다에 자원봉사를 간 재클린 노보그라츠는 배를 곯는 미혼모들을 위해 무엇을 할 수 있을지 고민하다가 마을에서 생산되는 땅콩으로 버터를 만들어 팔면 땅콩의 부가가치도 늘리고, 미혼모들을 고용하여 이들에게 일정한 임금을 지급할 수 있을 것이라고 생각하여 땅콩버터 공장을 차렸다. 이 공장은 현재 110억원 상당의 자본금을 가지고 있으며, 아프리카와 남아시아에서 살충 모기장을 팔거나 집을 짓고 생수를 만드는 사업 등으로 사업영역을 넓히고 있다.

세계 도처에서 사회적 기업들은 증가하고 있다. 수송망의 미비로 의약품이 공급되지 않아 목숨을 잃는 사람들을 구하기 위해 설립한 아프리카 오지에 의약품을 수송하는 회사, 수익성이 낮아 아무도 손대지 않던 풍토병 치료약을 개발하여 공급하는 회사 등 세계적으로 많은 기업들이 활동하고 있다. 우리나라에서도 사회적 기업은 속속 출현하고 있다. 노동부는 사회적기업육성법에 따라 아름다운 가게, 위캔, 컴윈, 다산환경, 동천모자 등 36곳을 사회적 기업으로 인증하였고, 현재는 한국사회적기업진흥원을 중심으로 사회적 기업 육성을 위한 정책을 시행하고 있다. 『한국의 사회적 기업』에서는 시장경쟁을 헤치고 살아남은 한국의 사회적 기업 12개사를 소개하고 있다.

이러한 사회적 기업이 성공하고 지속적으로 그 역할을 하기 위해서는 먼저 사회적 기업가의 정신이 중요하다. 현재 우리 사회에서는 정부 주도로 사회적 기업을 육성하고 있기 때문에 충분한 토양이 마련되지 않은 상태에서 많은 시행착오를 겪고 있는 상황이다. 사회적 기업을 하고자 하는 사람들의 확고한 동기와 정신이 무엇보다도 중요하다. 여기에 시민들의 적극적인 관심 또한 매우 중요하다. 그리고 다양한 조직, 다양한 형태의 사회적 기업이 두루 인정받고 이들이 서로 격려하고 연대하여 힘을 모아 일할 수 있어야 한다. 이렇게 사회적 기업이 우리 사회에 뿌리내리고 성장할 수 있도록 관련 제도와 지원책이 마련되고 그 가치가 사회에 폭넓게 전파되고, 참여와 연대가 활발해질 수 있도록 많은 사람들의 관심이 필요한 시기이다.

사회적 기업은 특히 청년들의 특성과 잘 부합한다. 우리나라의 청년층은 중고교 학업과정에서 사회봉사를 통한 사회적 가치에 대한 학습의 기회가 많은 편이고, 최근 윤리적 시장에 대한 청년층의 관심 증가는 사회적 기업 창업의지를 더욱 확고히 하고 있는 것으로 판단된다. 둘째, 청년 사회적 기업의 지원 정책의 확산이다. 고용노동부는 청년층의 사회적 기업 모델 확산을 위해 소셜 벤처 창업대회를 전국적으로 개최하고 있고 지역적으로도 청년들의 역동적, 창의적인 아이디어를 모으기 위해 사회적 기업 아이템 공모대회 등을 개최하고 있다. 또한 한국사회적기업진흥원은 청년 등 사회적 기업가 육성사업을 통해 청년들의 사회적 기업 창업을 위한 각종 사업 등을 펼치고 있어 창업 비용을 지원하는 등 적극적인 지원을 하고 있다. 셋째, 선한 가치의 확산에 있다. 현재 우리 사회는 매우 각박하고 양극화되고 있다. 현 시점에서 사회적 기업의 선한가치를 청년들에게 미리 경험하게 함으로써 함께 나누는 사회라는 나누는 문화와 소비문화를 인식시킴으로써 사회연대성을 심어줄 수 있다는 점이다. 청년 취업 문제가 심각한 오늘날 현실에서 청년을 중심으로 한 사회적 기업을 육성하는 일에 교회가 관심을 갖고 참여할 필요가 있다.

4. 커뮤니티 비즈니스

사회적 기업과 유사하지만, 이보다 지역성을 강조하는 형태의 기업을 커뮤니티 비즈니스라고 한다. 따라서 지역 공동체 세우기라는 관점에서는 사회적 기업보다 커뮤니티 비즈니스가 보다 유용하다고 할 수 있다. 커뮤니티 비즈니스는 마을 만들기의 일종으로 자신이 살고 있는 지역을 건강하게 만드는 주민 주체의 지역사업이라고 할 수 있다. 우리나라에도 희망제작소와 같은 시민 단체들을 통해서 소개가 되어 '마을 기업'이나 '마을 회사'라는 말로 표현되기도 하였다. 커뮤니티 비즈니스란 용어는 1970년과 1980년대에 영국 스코틀랜드 지방에서 처음 만들어졌으나 일본에서 1994년부터 더 적극적으로 이 용어가 사용되었다. 일본에서 정의되는 커뮤니티 비즈니스란 지역 커뮤니티를 기점으로 주민이 친밀한 유대관계 속에서 주체적으로 사업을 운영하는 것을 말한다. 또한 지역 커뮤니티에서 잠자고 있던 노동력, 원자재, 노하우, 기술 등의 자원을 활용하여 자발적으로 지역문제의 해결에 착수하고, 바로 비즈니스를 성립시키며 커뮤니티를 활성화하는 것을 목적으로 한다.

고령화 저출산을 우리보다 앞서 경험한 일본은 버블경제가 붕괴된 이후, 오사카를 중심으로 황폐화된 지역이 증가하는 등의 일본형 도시 공동화 문제가 발생하였다. 이러한 지역을 활성화시키기 위한 방안을 찾기 위하여 도시 내부 문제 연구에 몰두하여 고안된 것이 커뮤니티 비즈니스이다. 커뮤니티 비즈니스는 자신이 살고 있는 지역을 건강하게 만드는 주민 주체의 지역사업이라고 할 수 있다. 지금까지 정부나 기업이 제공하는 상품이나 서비스와 달리, 주민 스스로 지역의 어려움을 해결하고 삶의 질을 높이기 위한 활동을 비즈니스로 전개하려는 것이다.

커뮤니티 비즈니스가 일반 기업과 크게 다른 점은 '지역을 위해서' 또는 '사람을 위해서' 일의 의미를 추구한다는 것이다. 또한 사회적 기업의 정의와 일치되는 부분도 많지만 커뮤니티 비즈니스와 사회적 기업은 정의 외에 주체, 목표, 자원 등 많은 부분에서 차이가 있다. 사회적 기업이 저소득 계층의 빈곤 극복을 목적으로 한다면, 커뮤니티 비즈니스는 지역 사람들을 통해 지역 문제를 해결하는 것이 목적이라고 할 수 있다. 이러한 커뮤니티 비즈니스의 효과는, 참여자의 일하는 보람과 자아실현을 통한 인간성의 회복, 다양한 지역사회 문제의 해결, 지역 문화 계승과 창조, 경제 기반의 확립 등이라고 할 수 있다.

도시 지역에서 커뮤니티 비즈니스는 도시 재생과 관련된다. 도시 재생이란 도시지역이 지니고 있는 문제를 해결하고 여건 변화에 취약한 지역경제와 사회 환경 등의 조건을 장기적인 관점에서 개선하는 것을 목적으로 실시하는 종합적이고 통합적인 계획 또는 활동이라고 할 수 있다. 일본에서는 도시 지역에 현존하는 환경자산을 최대한 활용하고 지역사회의 사회적인 연결고리를 강화하여 각종 기업활동과 시민활동을 활용하면서 지속 가능하고 풍요로운 생활을 실현하는 것을 도시재생으로 이해하고 있다.

커뮤니티 비즈니스는 이러한 도시재생을 위한 강력한 수단임과 동시에 공동체 회복이라는 동일한 목표를 지향하고 있다는 점에서 그 연결고리를 찾을 수 있다. 커뮤니티 비즈니스는 도시 재생 차원에서 일종의 경제공동체를 위한 지역주민운동이라고 할 수 있다. 경제공동체란 시장에서 이루어지는 경제방식을 공동체적 경제방식으로 대체해 도시의 삶을 보다 풍요롭게 꾸려가는 운동을 말한다. 따라서 지역사회에 기반을 둔 커뮤니티 비즈니스는 도시 재생을 위한 유효한 수단임을 확인할 수 있다.

커뮤니티 비즈니스는 지역의 고용역량을 강화하고 기회를 제공하며 지역사회의 다양한 수요를 충족시킨다. 노인, 어린이 청소년 등 사회적 돌봄이 필요한 지역주민을 돌보는데 사회적으로 유용한 생산, 건강 프로그램, 도시락, 놀이 공간 제공 등이 그 사례이다. 특히 신용협동조합이나 공동화폐 운동 등은 지역의 복지수준을 강화하거나 유지하는데 큰 기여를 한다. 이러한 활동들은 공적 영역이나 민간 시장 부문에서 채울 수 없는 지역사회의 필요를 채울 수 있다는 장점을 갖는다.

최근 경제 상황이 악화되면서 자영업에 종사하는 사람들이 크게 늘고 있는데, 십여 년 전부터 등장하기 시작한 소호SOHO들과 연계하여 커뮤니티 비즈니스화 하는 것도 좋은 방법이다. 소호란 집에서 가까운 소규모 사무실이나 집에서 일하는 사람들을 가리키는 말인데, 일본에서는 소호를 커뮤니티 비즈니스와 연결시켜 지역활성화에 성공한 사례가 늘고 있다. 일본과 마찬가지로 고령화 사회에 진입한 우리 사회에도 여전히 생산 활동이 가능한 고령 인구가 많다. 또한 니트NEET, Not in Education, Employment or Training족이라고 불리는 일하지 않는 청년들을 포함한 청년 실업자들이 많은 상황에서 커뮤니티 비즈니스 방식의 차원도 고려할 만하다.

커뮤니티 비즈니스는 농촌 지역에서도 대단히 유효한 수단이 될 수 있는데, 농촌 어메니티를 적극적으로 활용하여 농촌 지역 활성화와 공동체 회복을 위한 커뮤니티 비즈니스가 가능하게 된다. 그 중 하나는 커뮤니티 비즈니스로서의 농촌체험관광이다. 농촌체험관광마을은 마을 단위 중심으로 농촌체험관광 경영의 주체가 되어 농촌마을의 독특한 자연환경과 농촌문화 유무형의 지역특화품을 개발하여 도시민의 심리적 귀향욕구와 농촌체험 여가활동을 충족시켜 도시와 농촌이 함께하여 활기 있는 농촌문화와 농가소득 증대를 꾀하는 마을이다.

최근에는 오토캠핑을 즐기는 인구가 굉장한 속도로 늘고 있다. 오토캠핑을 즐기는 사람들 대다수가 어린 자녀를 둔 가족 단위로 캠핑 동호회 활동으로 만난 가족들과 같이 움직인다. 가족 단위이다 보니 아이들을 위한 체험 프로그램에도 적극적이다. 하지만 우리나라에는 오토캠핑 인구를 수용할만한 캠프장이 아직 많이 부족한 실정이다. 그런데 오토캠핑이 요구하는 기본 시설인 물, 화장실, 전기가 다 갖춰진 곳이 바로 농촌이다. 따로 자본이 많이 들어가는 시설 투자가 크게 필요하지 않다. 그래서 마을 단위의 농촌 관광 체험 프로그램과 오토캠핑 인구를 연계하여 적극적으로 수용할 필요가 있다.

특히 친환경 농산물을 생산하는 마을이나 과수 농가들이 모여 있는 마을은 그 자체가 자원이자 훌륭한 교육 프로그램이 될 수 있다. 농민들에게는 지속적인 농산물 직거래 판매 통로가 될 가능성도 크다. 사람들이 농촌에서 오토캠핑을 즐기며 지역에서 나는 농산물의 소비자로 조직될 수도 있기 때문이다. 농촌체험관광마을로 성공하려면 관광 사업에 대한 주민들의 긍정적 인식과 태도의 형성, 능동적 참여 등이 필요하다. 특히 주민들이 참여하는 커뮤니티 기반 관광은 지속가능한 관광 발달에 절대적으로 필요한 부분이다. 이것이 바로 커뮤니티 비즈니스와 상통하는 부분이며 영국과 일본 등 이미 커뮤니티 비즈니스를 실시하는 국가에서 체험관광 사업을 커뮤니티 비즈니스의 분야로 분류하여 운영하고 있는 이유이다.

커뮤니티 비즈니스는 지역의 인적자원을 효과적으로 활용한다는 점에서 특히 초고령사회를 목전에 둔 농촌에서 노인고용의 새로운 대응책이 될 수 있다. 이미 일찍부터 고령화가 사회적 문제로 자리 잡은 일본에서는 노인 인적자원을 이용한 커뮤니티 비즈니스가 활발히 이루어져 왔는데, 주식회사 이로도리いろどり는 노인참여형 커뮤니티비즈니스의 가장 대표적인 사례다. 850여 가구가 모여 사는 일본의 산골 마을 가미카쓰에서 우리 돈 30억 원에 달하는 연 매출을 달성하는 기업이 탄생했는데, 더욱 놀라운 것은 이것이 평균 연령 78세 이상의 노인들이 일구어 낸 사업이

라는 것이었다. 일본 매스컴을 떠들썩하게 장식한 주식회사 이로도리는 한 농협 직원의 아이디어에서 비롯되었다. 노인들이 부담 없이 참여할 수 있는 비즈니스가 없을까 고민하던 농협 직원이 횟집마다 생선회에 곁들이는 장식용 나뭇잎에 관심을 기울이는 것을 목격하고, 이것을 사업화하는 데 성공한 것이다.

커뮤니티 비즈니스의 가장 큰 장점은 하나의 아이디어가 지역사회 전체를 바꾼다는 것에 있다. 나뭇잎을 줍는 단순한 일을 시작했을 뿐인데 마을 전체가 바뀌었다. 노인들은 일을 해서 수익을 얻기 시작했고, 깨끗한 나뭇잎을 얻기 위해 마을이 친환경 마을로 탈바꿈했으며, 노인들을 대상으로 한 컴퓨터 개발까지 이루어졌다. 게다가 일이 많아지면서 젊은이들이 마을로 돌아오는 현상까지 발생하고 있으니 그 파급력은 대단하다고 할 수 있다. 우리나라에서도 70세 이상의 어르신들이 농장에 참여해 일과 건강을 챙기고 있는 소양 인덕 두레농장 등의 커뮤니티 비즈니스 사례들이 점차 늘고 있다. 이와 같이 노인들이 참여할 수 있는 다양한 사회 활동을 계발할 필요가 있다.

이러한 내용을 토대로 하여 교회가 커뮤니티 비즈니스에 참여할 수 있는 모델을 구성해 보면, 참여 단위의 측면에서 개교회가 직접 참여하는 경우와 교단 또는 교회 연합 기관이 직접 참여하는 경우 그리고 교단이나 교회 연합 기관이 중간지원조직을 설립하여 지원하는 경우를 고려할 수 있을 것이다.

이에 따라 모델을 세 가지로 구성할 수 있는데, 첫째 모델은 교회가 직접 주민들과 연계하여 운영위원회를 구성하여 소규모 커뮤니티 비즈니스를 운영하는 것이다. 보기를 들면, 재활용 가게나 공방 또는 사회적 돌봄이 필요한 주민들을 돌보는 프로그램을 운영하는 사업 등을 교회가 직접 운영하는 것이다. 이미 여러 지자체에서 커뮤니티 비즈니스를 세워서 마을기업으로 지정되면 운영 자금을 지원해주고 있기 때문에 주민들과 연

계하여 커뮤니티 비즈니스를 직접 운영할 수 있다. 이를 그림으로 도식화
하면 아래 〈그림1〉과 같다.

〈그림1〉 교회 운영형 커뮤니티 비즈니스

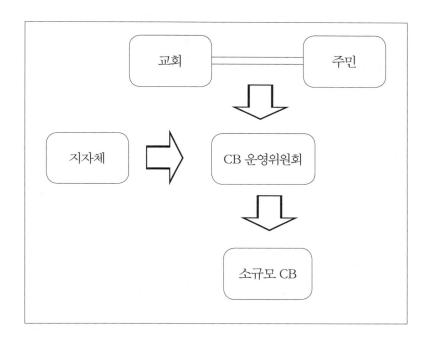

이에 해당하는 대표적인 사례로는 '임실 치즈마을'을 들 수 있다. 지금
은 대규모 기업으로 성장했지만, 처음에는 벨기에 출신으로 임실성당에
부임한 지정환 신부(본명은 디디에 세스테벤스, Didier t'Serstevens)의 손으로 1967
년 처음 시작되었다. 지정환 신부는 당시 가난의 굴레를 벗어나지 못하
는 주민들을 돕기 위해 본국에서 산양 두 마리를 들여와서 국내 최초의
치즈를 생산하였고, 임실제일교회 심상봉 목사는 '예가원'이라는 마을공
동체를 만들어 환경농업을 실천하며 함께 주민의 삶을 일으켜 나간 것이
오늘의 임실 치즈마을에 이르게 된 것이다.

두 번째 모델은 여러 개의 지역교회나 교계 단체가 주민들과 연계하여, 행정기관과 파트너십을 맺고 보다 규모가 큰 커뮤니티 비즈니스를 운영하는 것이다. 개교회가 운영하기 어려운 다양한 생활협동조합이나 신용협동조합 또는 지역 공동화폐 운동을 통해 지역을 활성화하는 커뮤니티 비즈니스를 교회 연합 단체나 교단 차원에서 운영할 수 있을 것이다. 협동조합에 대해서는 다음 장에서 살펴보겠지만 공동체성의 계발을 위해서 커뮤니티 비즈니스는 개인 사업이나 주식회사 방식보다는 협동조합 방식으로 운영하는 것이 적합할 것이다. 이를 그림으로 도식화한 것이 아래 〈그림2〉이다.

〈그림2〉 교단/교회연합기관 운영형 커뮤니티 비즈니스

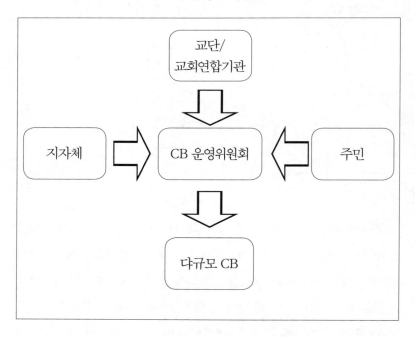

이런 유형의 사례로는 감리교의 농도생활협동조합과 예장 통합 교단의 예장생활협동조합을 들 수 있다. 그리고 성남 주민교회의 주민 생협 등 개교회에서 운영하는 생활협동조합들도 있다. 일반적으로는 한 교회가 운

영하기에는 어려움이 따르므로 교회연합 기관이 운영하는 것이 보다 수월할 것이다. 또한 대도시를 중심으로 교동협의회나 교구협의회와 같은 교회와 지자체의 협력기구가 운영되고 있는 곳도 적지 않다. 교동협의회는 동 단위의 지역 내 교회들이 동사무소(현 주민센터)를 중심으로 교파를 초월해 지역사회의 발전과 화합을 위해 결성한 협력기구이고, 교구협의회는 마찬가지로 지역교회들과 구청이 결성한 협력 기구이다. 이러한 조직을 잘 활용한다면 보다 수월하게 지자체의 협력을 유도할 수 있을 것이다.

세 번째 모델은 교회 연합 또는 교단 차원에서 중간 지원 조직을 세워서 커뮤니티 비즈니스를 지원하는 것이다. 앞에서 말한 바와 같이 우리 사회에서는 아직 커뮤니티 비즈니스가 생소하고 성공 사례가 많지 않기 때문에, 막상 시도하려고 해도 쉽지 않은 상황이다. 따라서 교회 연합 기관이나 교단 차원에서 전문가를 유치하여 중간 지원 조직을 세우는 것이 좋은 방법이다. 이것을 도식화한 것이 <그림3>이다.

<그림3> 중간지원조직 운영형 커뮤니티 비즈니스

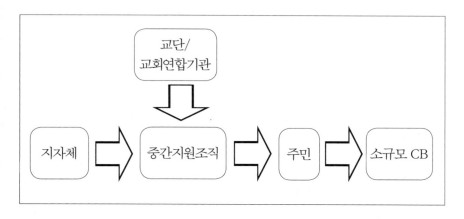

중간지원조직은 고용개발 훈련, 창업 상담, 지역의 수요와 인적자원의 연결, 자금의 중개, 일자리 중개, 지자체와 기업 사이의 조정 등과 같이 지

역 커뮤니티를 기반으로 한 대면의 관계 속에서 NGO로서의 역할을 담당한다. 또한 다양한 커뮤니티 비즈니스 사례를 확보하고 여건에 따라 시도할 수 있는 유형들을 지침서 형태로 취합하여 커뮤니티 비즈니스를 운영하고자 하는 주민들을 지원하고 커뮤니티 비즈니스의 확산을 위해 시민들을 대상으로 교육을 실시하고 인재를 육성하는 일을 담당한다. 따라서 행정에 의한 지원뿐만 아니라 중간지원조직이 존재하면 몇 배 효과적인 전개를 할 수 있다. 아직 교계에서 세운 중간지원조직은 없으나, 앞으로의 수요를 감안할 때 시급이 요청되는 상황이다. 커뮤니티 비즈니스에 대한 보다 구체적인 내용은 『마을 기업: 지역공동체 회복 정책수단』(파주: 한국학술정보, 2017)을 참고하기 바란다.

5. 협동조합

유엔이 2012년을 '세계 협동조합의 해'로 정하여 협동조합을 범세계 수준에서 확장시키고 자 한 이후에 우리 사회에서도 협동조합에 대한 관심이 증폭되고 있다. 협동조합은 무한경쟁, 승자독식으로 상징되는 신자유주의 체제를 극복할 대안으로 떠오르고 있으며, 일자리 창출의 해법으로도 기대를 모으고 있기 때문이다. 2008년 이후 국제 금융위기와 유럽 재정위기 속에서도 유럽연합EU의 25만 개 협동조합은 540만 개 일자리를 만듦으로써 충분히 스스로의 생명력을 입증하였다. 스페인 축구클럽 FC 바르셀로나가 대표적인 협동조합이고, 전 세계 상위 300대 협동조합은 1조 6000억 달러의 매출을 올리고 있는데, 이것은 유럽 4대 경제대국 중 하나인 스페인의 국내총생산GDP을 앞지른 것이다. 현재 전 세계적으로 협동조합원 수는 8억 명 이상이고, 시장자본주의 사회인 미국에도 4만7천 개의 협동조합이 1억 명의 조합원에게 서비스를 제공하는 것으로 알려져 있다.

우리나라에서도 2012년 말에 협동조합기본법이 수립되고 발효된 후 협동조합 설립 신청이 폭발적으로 증가하였고, 현재 500개에 가까운 사회적 협동조합을 포함하여 9,600여 개의 협동조합이 설립되었다. 협동조합은 공동체 자본주의의 핵심으로 평가받는데, 그 이유는 협동조합이 주목받는 이유는 조합원이 근로자이며 동시에 소유주이기 때문이다. 협동조합은 돈을 버는 게 주목적이 아니고, 경쟁보다는 협동, 돈보다는 사람을 중심으로 삼고 있어 공동체 정신에 적합하다. 협동조합 기본법이 발효되기 전에는 사회적 기업이나 커뮤니티 비즈니스가 개인 기업이나 주식회사 형태로 운영되어 엇박자가 나는 경우가 많았으나, 이제는 사회적 기업이나 마을 기업을 협동조합 형태로 조직하여 몸에 맞는 옷을 입게 되었다는 평가를 받고 있다.

　그리고 이러한 발상은 기독교 정신과도 관련된 것이다. 19세기 협동조합의 발전에 기독교 사상이 영향을 미쳤으며, 협동조합의 대표할 만한 사례로 여겨지는 스페인 몬두라곤 협동조합은 가톨릭 신부인 돈 호세 마리아에 의해 시작되었다. 또한 외국에는 수많은 기독교 협동조합의 사례가 있다. 우리나라의 경우에도 1920년대에 이미 협동조합에 대한 논의들이 활발하게 전개되었고 그 중심에는 YMCA를 비롯한 기독교 단체 및 기독교 지도자들이 있어 우리 사회에서 협동조합의 발달사는 기독교 사회운동과 맥을 같이 한다고 말할 정도이다.

　지금은 기독교인들에게조차 낯설게 된 실정이나 오늘날의 사회 현실에서 협동조합이 다시 주목받고 있다. 협동조합은 경제적으로 약소한 처지에 있는 농민이나 중 소 상공업자, 일반 소비대중들이 상부상조의 정신으로 경제 이익을 추구하기 위하여, 물자 등의 구매 생산 판매 소비 등의 일부 또는 전부를 협동으로 영위하는 조직단체를 의미한다. 협동조합이 가지고 있는 특징은 조직이 자발성에 기초하고 있고, 운영이 민주적이며, 사업 활동이 자조적이고, 경영이 자율적이라는 점에서 정부기업과 구별된다.

또한 경제활동의 목적이 조합의 이윤 추구에 있지 않고 조합원에게 봉사하는 데 있다는 점에서 주식회사와도 구별된다. 주식회사는 주주들이 움직이며 1주 1표다. 반면 협동조합은 출자자들이 있다. 1인1표다. 다시 말해서 주식회사에서는 주식을 많이 가지고 있으면 대주주가 되고 의사 결정권이 높아지지만 협동조합은 모두가 동등하다는 것이다. 주식회사는 물건을 비싸게 팔아서 남긴 이윤을 주주들이 나눠 갖는 반면에 협동조합은 물건을 싸게 팔아서 이용자들이 혜택을 누린다. 이런 점에서 협동조합은 에너지와 식량 문제, 저출산 고령화 문제, 그리고 세계 경제 불평등의 문제에 대해서도 대안이 될 수 있을 것으로 주목받고 있다.

협동조합은 지역 활성화와 더불어 사는 마을 만들기에 기여할 수 있다는 점에서 더욱 중요하다. 협동조합은 일정한 지리적 영역 안에 거주하는 지역의 구성원들이 목적과 가치를 공유할 수 있는 여건을 만들고, 그러한 목적을 달성할 수 있는 사회적 역량을 구축해 나가는 일련의 조직화된 활동을 전제로 하는 지역공동체 운동과도 맞닿아 있다. ICA 협동조합 7대 원칙 중에는 지역사회 기여에 대한 원칙이 있으며, 실제로 많은 협동조합이 지역공동체 운동에 관여하고 있다.

바로 여기에 협동조합 운동의 선교적 가능성이 있다. 앞에서 살펴보았듯이, 현대 선교는 좁은 의미의 복음 전도만이 아니라 고통 받는 인간들이 본래의 하나님의 형상을 회복하게 하는 차원을 포함하는 전인적인 선교를 지향한다. 특히 최근에는 비즈니스를 선교에 활용하는 이른바 BAM(Business As Mission) 사역이 주목을 받고 있는 바, 협동조합을 통한 선교의 가능성은 매우 넓다고 하겠다. 비즈니스 선교는 좁게는 비즈니스를 통하여 선교 활동을 지원하는 것을 의미하고, 넓게는 비즈니스 자체를 선교로 이해하고 비즈니스와 선교가 통합된 형태로 운영되는 것이다. 여기에다가 선교적 교회에 대한 관심이 높아진 요즘에는 직업선교사가 해

외에서 수행하는 것만이 아니라 지역교회들이 교회가 터한 지역사회에서 선교적 사명을 감당하는 것을 중시하게 되면서, 협동조합을 통한 지역공동체 운동 역시 매우 중요한 선교적 차원의 운동으로 대두되고 있다.

최근 우리 사회에서 사회적 경제나 공동체 자본주의에 대한 관심이 고조되면서 협동조합에 대한 논의가 활발하게 전개되고 있다. 특히 중앙정부를 비롯해서 지방자치단체에서도 협동조합의 긍정적인 측면에 주목하여 협동조합 설립을 독려하고 있다. 그러나 이것이 지나치게 거시적인 차원이나 이론적인 논의에서 그칠 것이 아니라 실제 삶의 현장에서 실천될 수 있는 다양한 방안들이 모색되어야 한다. 또한 행정 지원 이전에 더욱 중요한 것은 사람들의 인식 변화와 공감대 형성을 통한 역량 강화이다. 주민들이 실제로 그러한 일에 참여하거나 감당할 만한 준비가 되어 있지 않은 상황에서 행정 차원에서 위에서부터top down 전개되면 본래의 취지가 왜곡되기 쉽다.

사회적 기업이나 마을 기업 등에서 실제 일을 담당해야 할 주민들의 역량이 부족함으로 말미암아 많은 부작용이 일어나고 있는 것이 우리 사회의 현실이다. 지금 상황에서는 협동조합들도 초기에 많은 시행착오를 겪을 것으로 예상된다. 협동조합이 주목을 받으면서 마치 협동조합이 만병통치약이라도 되는 양 일단 설립부터 하고 보자는 식으로 우후죽순처럼 협동조합이 생기고 있다. 심지어는 의료협동조합을 빙자한 사무장 병원이라든지, 불법, 편법 영업을 하는 협동조합 등 심각한 부작용도 적지 않게 나타나고 있다. 따라서 이런 일에 목회자와 교회가 관심을 가지고 참여하여 중심을 잡아줄 수 있다면 전체 협동조합 운동에 매우 큰 도움이 될 것이다.

그러나 막연한 장밋빛 전망과 기대는 금물이다. 협동조합을 하려면 자금이 있어야 하는데, 자금은 내부에서 마련하는 것이 바람직하지만 필요에 따라서는 외부에서 자금을 조달할 수 있어야 한다. 그리고 일방적으로 밀어붙이지 않고 느리더라도 함께 가는 민주적 의사결정 절차 때문에 상대적으로 더딘 과정을 거쳐야 한다. 제도도 이제 막 마련되는 만큼, 그러므로 먼저 조합원들에게 충분한 동기를 부여하고 그들의 역량을 키우는 것이 필요하다. 특히 교회가 협동조합을 할 때에는 비즈니스 선교에 대한 충분한 이해와 공감대가 형성되어야 하고, 협동조합 정신에 대한 철저한 교육이 전제가 되어야 한다. 그리고 몬드라곤 협동조합의 사례에서 보듯이 초기의 정신과 취지를 잘 유지하도록 노력하는 것도 반드시 염두에 두어야 할 부분이다.

또한 협동조합은 봉사나 구제와 같이 시혜적인 차원에서 할 일은 아니다. 협동조합은 조합원 스스로의 권리와 이익을 위한 '당사자 운동'이기 때문이다. 따라서 협동조합의 기본 전제는 자발성이다. 협동조합은 자발성을 기반으로 한 협동이 그 정체성이다. 그러나 대부분 교회가 참여하는 협동조합은 목회자가 주도하여 교인들에게 동기부여를 하는 방식이므로, 이 역시 일종의 위로부터의 방식이라는 한계를 갖는다. 이러한 방식은 조합원들의 자발성 부족 때문에 지속가능성을 담보하기 어렵다.

이를 보완하기 위한 방법이 바로 조합원들에 대한 교육이다. 정기적인 교육을 통해서 협동조합의 가치와 정신을 잊지 않도록 하는 것이 중요하다. 한 협동조합 전문가는 "협동을 할 것인가, 협동조합을 할 것인가 곰곰이 생각해봐야 한다."라고 말한다. 협동조합을 설립하여 인가를 받는 것이 중요한 것이 아니라 협동의 정신을 살리는 것이 더 중요하다는 것이다. 이러한 협동의 정신을 통해 다양한 대안 경제 운동을 벌인다면, 현재 자본주의 사회의 문제와 위기를 극복하고 지역사회를 활성화하고 공동체화하는 데 기여할 수 있을 것이다.

참여 방법은 각 교단 총회, 그리고 총회의 하위 조직인 노회나 지방회, 마지막으로 개교회 차원으로 구분하여 생각해 볼 수 있다. 아직 개교회 차원에서 협동조합을 운영하는 것은 여러 가지 위험 부담이 있다. 교회가 협동조합이라고 하는 일종의 경제활동에 참여하는 것은 정치활동에 참여하는 것만큼이나 민감한 문제이다. 따라서 교단이나 노회 차원에서 먼저 실험적으로 시행을 한 후에 그 경험을 바탕으로 개교회가 참여할 수 있도록 지원하는 것이 바람직하다. 노회나 지방회는 지역 기반의 교회 조직이고 정기적인 모임을 갖기 때문에, 예장 통합 교단의 충남노회와 같이 협동조합을 설립하여 운영할 수 있는 좋은 여건을 갖추고 있다. 또한 교계에 협동조합이나 공동체 자본주의 활동에 도움을 줄 만한 중간지원 조직이 거의 전무하므로, 이러한 기관을 초교파적으로 설립하여 개교회들을 지원하는 것도 좋은 방법이다.

협동조합에서 수익성은 매우 중요한 요소다. 그런데 협동조합은 이익을 최우선시 하지 않고 사람을 중시하기 때문에 직원들에게 적정 수준의 임금을 지불하고 적정한 근무 환경을 제공하려고 하게 된다. 이것은 곧 수익성의 약화를 가져오기 쉽기 때문에, 이 둘 사이의 적절한 균형을 이루는 것이 관건이다. 외국에서는 이미 협동조합의 가치와 정체성, 그리고 경쟁력 사이의 딜레마에 빠져 실패하는 사례들이 많이 있다. 또한 조합원들이 대부분 사업 운영에 대한 전문가가 아니라 사회운동가나 활동가로서의 성격이 강하기 때문에 사업에 대한 전문성이 부족한 경우가 많다. 특히 교회가 주도하는 경우에 조합원인 교인들의 신앙을 지나치게 강조하게 되면, 오히려 협동조합에 대한 이해나 인식이 소홀히 여겨질 우려가 있어 주의해야 한다. 이밖에 협동조합 설립과 운영에 대한 구체적인 내용은 『협동조합 교과서』(서울: 싱크스마트, 2015)와 『협동조합 설립과 운영실무』(고양: 지식공감, 2013)를 참고하기 바란다.

협동조합은 앞에서 말한 바와 같이 당사자 운동이기 때문에, 교회 지도자가 주도하기보다 교인들 스스로 협동조합의 의미와 정신을 이해하고 참여할 수 있도록 지속적으로 교육하는 일이 매우 중요하다. 따라서 조합원 구성 단계에서부터 지속적인 교육이 이루어져야 한다. 단순히 선한 일에 동참하자는 방식으로는 안 된다. 협동조합이 정확하게 무엇이고 이를 통해서 어떤 활동을 하게 될 것이며, 그것을 통해서 얻는 유익이 무엇인지에 대해 정확하게 인식할 수 있어야 한다. 그래야 조합원들이 구체적으로 사고할 수 있고, 의사결정 과정에도 보다 적극적으로 참여할 수 있게 될 것이다. 농촌 지역에는 기존의 농업 협동조합이나 영농조합 등의 활동이 있기 때문에 협동조합 자체가 아주 낯설지는 않지만, 그렇지 않은 도시 지역에서는 이러한 교육이 제대로 이루어져야 의미 있는 활동을 기대할 수 있다.

이를 위해서 교회에서는 협동조합뿐만 아니라 교회의 사회적 책임, 교회와 사회봉사, 그리고 지역공동체 운동에 대한 다양한 교육과 활동을 함께 전개할 필요가 있다. 이것은 협동조합을 할 수 있는 여건을 조성하고 교회의 역량을 강화하기 위해 반드시 필요한 요소이다. 이번 사례에서는 오랫동안 지역에서 공동체 운동을 주도하고 함께 참여한 교회가 지역으로부터 신뢰를 얻고 호응과 지지를 받고 있었다. 이것이 협동조합을 설립하고 운영하는 데 긍정적으로 작용했다. 이와 같이 협동조합의 목적이 단순히 이윤 추구가 아니라 협동을 통해 다양한 사회 문제 해결에 참여하고 공동체 운동을 일으키는 것이라는 점에서 교회가 협동조합에 참여하는 것은 매우 의미 있는 일이다. 특히 지역공동체가 활성화되어 있는 외국과 달리 공동체에 대한 관심이 여전히 부족한 한국 사회의 현실에서 교회들의 협동조합 운동에 기대할 수 있는 것들이 더 많이 있다.

미주

1) 곽현근, "현대 지역공동체의 의의와 형성전략," 이종수 엮음, 『한국사회와 공동체』
   (서울: 다산, 2008), 128쪽.

2) 신명호 외, "도시 공동체운동의 현황과 전망," 『도시연구』, 6호(2000년 12월), 53쪽.

3) 이명규, "일본에서의 마을만들기 운동과 대표사례," 이종수 엮음, 『한국사회와 공
   동체』(서울: 다산, 2008), 268-273쪽.

4) 스탠 롤랜드, 『21세기 세계선교의 새로운 패러다임』(정용길 옮김)(서울: 이레,
   2003), 1장.

5) Rosemary Leonard·Jenny Onyx, *Social Capital and Community Building:
   Spinning Straw into Gold*(Janus Publishing Company, 2005).

6) 김영정, "지역사회 공동체의 재발견: 공동체 복원 및 활성화 정책의 방향과 과제,"
   『한국사회학회 심포지움 논문집』(2006. 5), 14쪽.

7) 김구, "지역공동체 역량구축을 위한 정부의 역할," 이종수 엮음, 『한국사회와 공동
   체』(서울: 다산, 2008), 74-75쪽.

8) 이 내용은 이종수, "공동체와 마을 만들기," 이종수 엮음, 『한국사회와 공동체』(서
   울: 다산, 2008)의 23-30쪽의 내용을 재구성한 것이다.

9) 다무라 아키라, 『마을만들기의 발상』(강혜정 옮김)(서울: 소화, 2005), 70-74쪽.

10) 오하라 가즈오키, 『마을은 보물로 가득 차 있다: 에코뮤지엄 기행』(김현정 옮
    김)(서울: 아르케, 2008), 19쪽.

11) 앞의 책, 21-22쪽.

12) 이에 대하여는, 고건, "공동체 자본주의와 근대 자본주의 정신" KDI, 『사회적 기
    업 활성화 방안에 관한 심포지움 자료집』(2008년 11월 14일)을 볼 것.

하나님의 나라 목회를 위한 실천신학과 眞善美牧會[1]

−R. Bohren의 신학적 미학으로서의 실천신학과 포항제일교회의 목회를 중심으로−

김종렬 교수

시작하는 말 : 하나님의 나라 목회 박람회에 즈음하여

실천신학대학원대학교가 이번에 처음으로 '하나님 나라 목회 박람회'를 개최하게 되었다(2019년 5월 20-21일). 필자는 '실천신학'교과목을 가르치는 교사로서 "하나님의 나라 목회를 위한 실천신학과 진선미목회"에 대한 논의를 하려고 한다. 이 논고를 '시작하는 말'에서 우선 하나님의 나라와 목회란 무엇인가, 그 개념과 의미를 밝히고, 그 다음 본론에서 실천신학이란 무엇인가, 보렌(R. Bohren)의 '신학적 미학으로서의 실천신학'을 중심으로 "교회를 아름답게 하고 세상을 새롭게 하는 실천신학"에 대한 논의를 한다. 그리고 이 같은 실천신학을 바탕으로 "아름다운 교회와 새로운 세상을 추구한 필자의 포항제일교회의 목회," 즉 '眞善美牧會'를 소개하고, 마지막 '끝맺는 말'에서 "하나님의 나라 목회를 위한 실천신학과 진선미목회"는 결국 '하나님의 아름다움과 영광'(사 35:2)을 위한 것임을 천명하려고 한다.

Ⅰ. '하나님의 나라'(神國)와 '목회'(牧會)란 무엇인가? 그 개념과 의미

1.1. 하나님의 나라'(basileia tou theou)란 무엇인가? -하나님 나라 운동으로서의 악령추방-

예수께서 그의 공생애 사역을 시작하시면서 선포하신 첫 설교는 "하나님의 나라가 가까이 왔으니 회개하고 복음을 믿으라"(막 1:15; 마 4:17)는 것이다. 그의 첫 설교의 주제가 '하나님의 나라'(Reich Gottes)인데, 이를 성서학자들은 '하나님의 통치 혹은 지배'(Gottesherrschaft)라고 하기 보다는 '하나님이 임금으로 다스림'(Königsherrschaft Gottes)이라고 하는 것이 더 낫다고 한다. 그것은 예수께서 "하나님의 나라가 가까이 왔다"(막 1:15; 마 4:17)고 선포하신 것이 "하나님이 임금으로 다스리는 일이 지금 막 닥쳤다"는 의미이기 때문이라는 것이다. 하나님이 임금으로 다스림에 대해서 예수님이 선포하신 말씀의 특징은, 그 다스림이 아주 가까워졌다는 데 있다는 것이고, 그렇지만 이보다 훨씬 더 중요하고 결정적인 특징은 예수께서 '하나님이 임금으로 다스리는 것'은 더 이상 장래의 일로만 여겨 기다리지 않고, '이미 벌써'(jetzt schon)- 예수님 자신의 말과 행위 가운데, 그의 존재와 인격 가운데- 시작되고 있다고 보신 사실(눅 11:10; 마 11:1-6; 13:44-46)이라는 것이다.[2]

이 같이 '하나님이 임금으로 다스림'으로서의 하나님의 나라가 '이미 벌써', '지금 여기에'-예수님 자신의 말과 행위 가운데, 그의 존재와 인격 가운데- 시작됨으로써 '놀라운 일', 즉 기적(Wunder)으로서 여러 가지 사건

(Geschehen)들이 일어났다. 그 놀라운 기적 사건들이란 바로 "맹인이 보며 못 걷는 사람이 걸으며 나병환자가 깨끗함을 받으며 못 듣는 자가 들으며 죽은 자가 살아나며 가난한 자에게 복음이 전파되는 것이다"(마 11:5). 이 일들은 모두 하나님의 나라가 이미 도래했다는 징조(Zeichen)이다.

이 같은 하나님 나라의 징조를 공관복음서에서 많이 찾아볼 수 있다. 특히 마가복음에서인데, 마가는 하나님 나라의 징조로서 예수께서 행하신 많은 기적을, 즉 18개의 기적사건들을 보도하고 있다. 그 중에, 우리가 주목할 것은, 그 첫 번째의 기적으로서 더러운 귀신을 축출한 '악령추방'이다(마 1:21-28).

이토록 예수님의 첫 설교의 주제가 '하나님의 나라'이고, 그 설교가 "회개하라"고 하는 '회개'를 촉구하는 것이고(마 1:15), 그리고 하나님 나라의 징표로서 '더러운 귀신/악령이 추방된 사건'(마 1:21-28), 이 셋은 서로 밀접한 관계가 있으며, 하나님의 나라운동의 본질이다. 그것은 '하나님의 나라'란 '하나님이 임금으로 다스림'으로서 하나님의 주권/왕권이 지배하는 나라이고, 회개(metanonia)란 더러운 귀신/악령의 지배에서 벗어나 하나님께로 돌아가서 그의 지배를 받는 '방향전환'으로서의 '주권교체'(Herrschaftwechsel)[3]이기 때문이다. 그러므로 하나님의 나라운동은 하나님께서 주권행사와 주인노릇을 하시도록 악령을 쫓아내는 '악령추방'(Exorzimus)[4]운동이라 하겠다.

이토록 하나님의 나라는 예수의 등장과 그의 선포와 그의 행위를 통해 '이미 벌써,' '지금 여기에' 바로 이 땅에 도래하였다. 하지만 하나님의 나라가 아직은 완성되지 않았다(noch nicht), 그것은 아직도 어두움의 세력과 아령들이 인간과 우리 사회 구석구석에 남아서 무서운 힘을 행사하고 있기 때문이다. 그러므로 우리는 하나님의 나라를 간절히 '기다리며'(warten) 그 나라가 이 땅에 속히 임하도록 '서두르며'(eilen) 악령추방을 주도하시는 주님과 함께 악령과 싸우며 살아야 한다. 이 같이 '이미 그러나 아직 아닌'(Schon aber Noch-nicht) 이때, 즉 아직도 '하나님이 임금으로 다스림'이 완전히 실현되지 않은 이때를 위해 예수님은 그의 제자들에게 여러 가지 비유를 통해 다시 오실 주님을, 즉 장래에 다가올 '하나님의 나라'를 어떻게 기다리고 준비할 것인가를 말씀하셨다.[5]

마태복음의 "슬기로운 처녀들과 어리석은 처녀들의 비유"(마 25:1-13)는, 하나님의 나라는 예수가 이 세상에 오심으로 이미 시작되었지만(마 9:14-15) 예수가 종말에 영광에 싸여 다시 오실 때에 하나님의 나라가 완성된다는 것을 말한다. 또한 이 비유는 비록 인자의 오시는 시점이 지연이 되더라도(마 24:48참조) 그리고 '그 날과 그때'가 언제인지를 알지 못하기 때문에 인자의 도래를 위하여 준비 태세를 갖추고 있어야 한다는 것을 말한다.[6]

마태복음의 "주인이 종들에게 맡긴 돈, 달란트 비유"(마 25: 14-30)는, 열 처녀 비유가 종말을 앞두고 깨어 준비하고 있으라는 경고를 내용으로 하는 것과 달리, 종말이 올 때까지 남아 있는 시간을 슬기롭게 잘 이용할 것을 요구한다. 그것은 또한 하나님의 나라가 선포되고 이미 시작되었지만, 아직은 하나님의 나라가 완전히 실현되지 않았기 때문에 종말이 올 때까지 하나님께서 나누어 주신 재능(달란트)을 가지고 청지기의 사명을 잘 감당해야 한다는 것을 말한다(롬 12:6-8; 고전 7:7; 12:4-11 참조).[7]

누가복음의 "귀인이 종들에게 맡긴 돈, 므나 비유"(눅 19:11-27)는, 그 당시 봉건군주들이 로마의 승인과 임명을 받기 위해 로마로 가야했던 것처럼, 그와 같이 예수가 죽음을 통해서 하나님의 오른편에 올리어지시고, 하나님으로부터 그의 왕위를 받고, 그리고 그 곳으로부터 다시 오실 때에야 비로소 그의 다스림이 완전해 진다는 것을 말한다. 이 비유는 마태의 달란트비유와 상당히 일치한다. 달란트비유에서 종들이 주인으로부터 달란트를 받은 것과 같이, 누가의 므나 비유에서도 종들이 귀인/주인으로부터 열 므나를 받는다. 이렇게 주인으로부터 므나/돈을 받은(Gabe)

종들은 시장에 가서 주인이 다시 돌아올 때까지 장사를 하여 이문(利文)을 남겨 주인에게 되돌려 주어야 할 의무/책임(Aufgabe)를 지고 있다.[8] 이것이 바로 "예수께서 그의 열두제자를 부르셔서 더러운 귀신을 쫓아내며 모든 병과 모든 약한 것을 고치는 권능을 주시어(Gabe) 제자들을 세상으로 파송하심으로써 그 사명(Aufgabe)를 감당하게 하신 것과 같다(마 10:1-8).[9]

우리가 세(공관) 복음에서 함께 볼 수 있는 '겨자씨 비유'(마 13:31-32; 막 4:30-32; 눅13:18-19)는 '하나님의 나라'에 대한 결정적인 비유이다. 이 비유는 하나님 나라의 생명이 예수의 사역에서 발아(發芽)한다는 것이고, 보잘 것없는 시초가 놀라운 마지막 결과가 대조되는데, 이러한 극단적 대조에는 '기적'이 강조된다. 특히 이 비유는 도래하는 하나님의 나라는 그 나라에 관한 소식이 선포되고 받아들여지는 곳이면 어디든지 그 공간과 형태를 점점 더 확장해 간다는 것인데, 이것은 누가의 입장으로서 그의 두 번째 책인 사도행전에서 찾아볼 수 있다(행 1:6-8; 19:8; 20:25; 28:23, 31). 이 비유는 결국 하나님의 나라는 계속 성장해 간다는 것을 말한다.[10]

이렇게 당시 예수님의 제자들과 오늘날 하나님의 자녀가 되는 은총을 입고 예수님의 제자로 부르심을 받은(Gabe) 우리 그리스도인들이 왕으로 다시 오실 때까지 그가 분부하신 사명(Aufgabe)을 감당해야 한다(마 28:16-20). 그것은 아직도 어두움의 세력, 즉 악령들이 인간과 우리 사회의 구석 구석에서 그 힘을 행사하면서 하나님의 통치를 방해하고 있기 때문이다. 이것이 또한 하나님의 나라가 아직도 완전히 임하지 않았기 때문에, 우리가 하나님의 나라를 간절히 기다리며 그 나라가 속히 임하도록 서두르며 날마다 주님의 기도를 드리는 까닭이다.

지금까지 우리는 이미 이 땅에 임한 하나님의 나라, 즉 '실현된 종말론'과 아직도 완전히 임하지 않은, 장차 다가올 하나님의 나라, 즉 '미래의 종말론'에 대한 논의를 공관복음에서 예수님이 선포하신 말씀과 행위/사건을 통해 나타난 하나님의 나라의 징조를 살펴보았다.

이제 우리는 공관복음서 외에 다른 책들, 특히 바울이 그의 서신에서 하나님의 나라에 대하여 어떻게 말하고 있는가를 살펴보려고 한다. 바울은 "하나님의 나라는 먹는 것과 마시는 것이 아니요 오직 성령 안에 있는 의와 평강과 희락이라"(롬 14:17)고 한다. 이 구절을 루터 성경은 "하나님의 나라는 의와 평강(평화) 그리고 희락이 인간의 공동체적 삶의 표시가 되는 곳에 동터온다"고 해석한다.[11]

이 같은 해석은 '하나님이 임금으로 다스림', 즉 '하나님 나라'의 표지(標識)가 정의와 평화 그리고 기쁨이고, 그 같은 표지가 저 먼 하늘이 아닌, 바로 인간이 발붙이고 사는 이 땅, 인간의 공동체적인 삶이라는 것이다. 그렇다면, 여기서 우리는 '하나님이 임금으로 다스림'이 아직도 완전히 실현되지 않은 이 땅에서 하나님의 나라를 간절히 '기다리며'(warten) 그 나라가 속히 이 땅에 임하도록 날마다 주님의 기도를 드리면서 '서두르며'(eilen) 사는 하나님의 나라 백성공동체로서 교회[12]가 구체적으로 추구해야 할 것이 무엇인가가 확실해 졌다. 그것은 아직도 실현되지 않은 정의와 분쟁과 전쟁으로 파괴된 평화 그리고 우리가 함께 누릴 수 있는 기쁨을 추구해야 한다는 것이다. 이를 위해 교회는 악령과 더불어 싸워 '승리하신 예수 그리스도'와 함께 아직도 이 땅에서 불의(不義)를 행하고 평화를 깨고 기쁨을 빼앗는, 즉 하나님의 나라를 방해하는 악령과 투쟁해야 할 사명(Aufgabe, Mission)을 부여받고 있다. 블룸하르트父子(Joh. Chr. Blumhardt와 Chr. Fr. Blumhardt)는 '예수는 승리자'(Jesus ist Sieger)라는 목회좌우명으로 삼아 평생토록 악령과 투쟁하며 사역한 하나님 나라의 증인이다.[13] 그러므로 하나님의 나라 운동은 예수께서 그렇게 하셨듯이, '악령추방'으로부터 시작된다고 하겠다.

1.2. 목회(牧會)란 무엇인가? -악령추방으로서의 목회-

　목회(牧會)의 사전적인 의미는 '무리를 친다'는 뜻이다. '무리를 친다'는 이 목회(牧會)는 목자(牧者)가 양(羊) 무리를 치는 목양(牧羊)에서 비롯된 것이다. 목자가 양 무리를 치는 목양(牧羊 Sheep farming, Sheep raising)이란, 목자가 양 무리를 푸른 초장으로 잔잔한 물가로 인도하여 그들로 하여금 풀을 뜯어 먹게 하고 물을 마시게 할 뿐만 아니라 길 잃은 양을 찾으며, 맹수로부터 그들을 보호하는 일이다.

　이 같은 목회의 사전적인 의미가 기독교에서 사용되었을 때, 가톨릭교에서는 사목(司牧)이라 하고, 개신교에서는 목회(牧會)라고 한다. 사목은 사제(司祭)가 강론과 성례를 집례하고 신자를 돌보고 지도하여 구원의 길로 인도하는 일이고, 목회도 역시 목사(牧師)가 성도들에게 하나님의 말씀을 전하고 성례전을 베풀고, 상처 난 성도들을 싸매 주고 위로하며 돌보는 일이다.

　이 같은 가톨릭교회의 사목이나 개신교회의 목회는 모두 성서에 나타난 모범사례를 따른 것이다. 그것은 하나님께서 친히 목자가 되셔서 자기 백성을 보호하고 인도함으로써 구원의 길로 인도하신 일이다. 그래서 시편의 기자는 "여호와는 나의 목자시니 내게 부족함이 없고 … 나를 푸른 풀밭에 누이시며 쉴만한 물가로 인도하시고, 내가 비록 사망의 음침한 골짜기로 다닐지라도 나와 함께 하시며 지팡이와 막대기로 나를 안위하시고, 한평생 은총과 복에 겨워 살도록 하시는 여호와 하나님"을 노래하였다(시 23편).

　에스겔은 나쁜 목자들이 양들을 먹이지 않고 오히려 살진 양을 잡아먹고, 그들을 포악으로 다스리고, 그것들이 흩어져서 모든 짐승들의 밥이 되게 하는 그들을 심판하시고, 하나님께서 친히 이스라엘의 목자가 되셔서 그들에게 좋은 것으로 먹이고 보호하심으로써 그들이 다시는 나쁜 목자들의 노략거리가 되지 않게 하셨다(겔 34장). 또한 우리는 예수께서 선한 목자가 되셔서 그들에게 생명을 주시기 위해서 십자가에서 목숨을 내놓으신, "양을 위하여 목숨을 버리시는", 참으로 선한 목자 예수님을 알고 있다(요 10장).

지난 2천여 년의 긴 세월동안 기독교회는 전통적으로 그 같은 하나님의 목회와 예수 그리스도의 참된 목회모범을 따라서 주님의 몸 된 교회를 새롭게 하고 아름답게 세우는 일과 교회에 위임된 하나님의 백성/성도들을 말씀으로 양육하고 영혼을 돌보는 '목회'(牧會, Seelsorge, Pastorate, Pastorship, Ministry)를 실천해 왔다.

그런데 이토록 전통적으로 긴 세월동안 교회가 실천해 온 모든 행위를 '목회'라고 했는데, 서구신학계에서는 오래전부터 이 목회에 대한 학문적인 논의를 해왔다. 그것은 교회가 실천하고 있는 모든 행위들을 '목회'라는 범주에 담을 수 있는가? 라는 문제제기였다. 따라서 서구 신학에서는 쉴라이어마허(F. D. E. Schleiermacher, 1788-1834)로부터 오늘에 이르기까지 2세기를 지나오면서 교회의 모든 실천 행위를 '실천신학'이라는 범주 안에서 학문적인 논의를 하고 있다.[14] 이 같은 서구의 긴 역사에 비하면, 한국실천신학의 역사는 너무 짧다. 서구의 실천신학에서 말하는 '목회'(Seelsorge)는 '영혼 돌봄'이라는 의미이며, 이는 우리가 일반적으로 알고 있는 '목회상담'(Pastoral Care, Pastoral Counselling)으로서 실천신학에 속한 한 분야이다. 하지만 지금 한국교회에서 '목회'라고 하는 것은, 서구의 실천신학에서 말하는 '영혼 돌봄'(Seelsorge)이 아닌, 교회가 실천하는 모든 행위를 포괄하는 넓은 의미의 '교역'(敎役, Ministry)이다. 이렇게 목회가 영혼 돌봄이든 교회의 모든 실천행위를 포괄하는 것이든 목회가 감당해야 할 일이 있다. 그것은 인간과 우리 사회 구석구석에서 무서운 힘을 발휘하고 있는 어둠의 세력/악령을 추방해야 한다는 것이다. 그래서 투르나이젠은 그의 『목회학원론』의 마지막 제15장에서 '악령추방으로서의 목회'(Seelsorge als Exorzismus)를 다룬다.[15] 여기서 투르나이젠은 목회가 죄의 속박과 악령에 사로잡혀 있고, 미신과 절망에 빠져있는 인간 속으로 들어감은 물론 정치와 경제의 영역 속으로 파고 들어가서 만방에 이제 올 '하나님 나라'의 메시지를 선포하고 그 안에서 인간을 강화 시켜주는 역할을 해야 한다는 것이다.[16] 하아비 콕스(H. Cox)는 교회가 하나님의 아방가르(前衛隊)이며, 이 교회의 선포적(케리그마) 기능은 권력쟁취를 방송하는 것이고,[17] 아방가르로서의 교회는 '문화적으로 귀신을 내쫓는 교회'가 되어야 한다는 것이다.[18]

II. 교회를 아름답게 세상을 새롭게 하는 실천신학 : '하나님이 아름답게 되시도록'

─보렌(R. Bohren)의 신학적 미학으로서의 실천신학을 중심으로─

2.1. 한국실천신학의 현주소 아직도 실천신학의 각론에 비해 총론에 대한 연구부재(不在)-

현대신학의 원조(元祖)라고 하는 쉴라이어마허(F. Schleiermacher, 1786-1834)는 1811년에 『신학연구입문』(*Kurze Darstellung des theologischen Studiums*)이라는 책을 출판하였다.[19] 이 책은 신학을 최초로 조직화한 현대신학의 출발이라 할 수 있다. 그것은 쉴라이어마허가 신학을 크게 세 가지, 즉 철학적 신학(변증학, 변론학)과 역사신학(교의학, 주석학, 교회사) 그리고 실천신학(기독교생활론, 설교학, 예배학, 교리교육학, 목회학, 교회봉사학, 선교학, 에큐메닉스 등)으로 분류하였기 때문이다. 그는 이 세 가지 신학의 분야들은 서로 독립적이지만, 그것들 사이에는 하나의 유기적 혹은 연속적인 관계가 있으며, 그 관계를 나무로 비유한다. 철학적 신학은 뿌리(Wurzel)이고 역사적 신학은 줄기 혹은 몸통(Körper)이고 실천신학은 잎과 열매로서 머리에 쓴 수관 혹은 왕관(Krone)으로 비유한 것이다.[20] 오늘날 우리가 신학을 성서신학과 조직신학 그리고 역사신학과 실천신학 등 네 가지로 분류한 것이 바로 쉴라이어마허가 신학을 조직화한 것을 따른 것이다. 그래서 쉴라이어마허를 현대신학의 원조라고 할 뿐만 아니라 실천신학의 아버지라고 한다.

이렇게 서구에서는 쉴라이어마허로부터 시작된 실천신학에 대한 학문적인 논의를 2세기를 거쳐 논의해 왔다. 크라우저(G. Krause)는 이같이 실천신학의 긴 역사를, 즉 19세기 초(1810년)부터 20세기 중반(1970년)까지의 역사를, 다섯 시기로 구분하여 실천신학자들의 대표적인 논문 47편을 모아 『실천신학』(PRAKTISCHE THEOLOGIE)이란 단행본으로 엮어 출판하였다.[21] 이 책은 서구의 2세기에 걸쳐 논의된 실천신학의 역사를 한눈으로 볼 수 있게 하는 귀한 책이다. 우리 실천신대원의 실천신학연구소가 이 책의 번역을 시작하였다.

이 같은 서구의 긴 역사에 비하면 한국실천신학은, 그 역사가 너무 짧다. 그것은 아마도 한국교회가 서구신학의 영향보다는 북미교회의 영향을 받았기 때문일 것이다. 북미에서는 1960년대에 시워드 힐트너(S. Hiltner)가 『목회신학원론』[22]이란 책을 쓰면서 서구의 실천신학을 '목회신학'이라 하였으며, 그 후 1980년대에 돈 부라우닝(Don. S. Browning)이 목회신학자들의 글들을 모아 『실천신학』[23]이란 책을 엮어 펴냄으로써 비로소 실천신학이 학문적으로 자리매김하게 된 것이다.

이토록 서구에서 '실천신학'이라고 하는 것과 미국에서 '목회신학'이라고 하는 것은, 다름 아닌, 바로 교회에서 실천하고 있는 모든 분야를 다루는 학문을 일컫는 것인데, 한국교회에서는 이 모든 교회의 실천행위들을 통틀어 '목회'(牧會, Pastorate, Pastorship, Seelsorge) 또는 '교역'(敎役, Ministry)이라고 하였다. 하지만 한국신학계에서도 1970년대부터 '목회'와 '교역'이라고 하는 교회의 모든 실천행위의 분야들을 학문적으로 '실천신학'이라고 논의하기 시작하였는데, 한국신학연구소(소장 안병무)가 「神學思想」

이란 기관지에서 심포지움 혹은 특집으로 한국교회의 실천신학을 다루었으며, 그 중심에는 박근원 교수가 있었다. 그는 1970년대 중반부터 「神學思想」을 통하여 실천신학에 관한 논문들을 발표하기 시작하였으며,[24] 독일어권과 영어권의 실천신학을 소개하였다. 특히 그는 보렌(R. Bohren)의 『*Predigtlehre*』(설교론)[25]과 투르나이젠(E. Thurneysen)의 *Die Lehre von der Seelsorge*(목회학원론)[26]을 번역 출판하였다. 그는 은퇴하기까지 실천신학에 관한 50여권의 책을 저술하였고 수백편의 논문을 썼다. 지난 2014년에는 그의 팔순(八旬)을 기념하여 제자들이 스승이 구술한 것을 받아 적어 스승의 '신학순례기'인 『오이쿠메네 신학실천』[27]을 출판하였다. 그는 실로 한국실천신학계의 대부이다. 그런데 안타깝고 유감스러운 것은, 그동안 한국실천신학의 각론들이 전문화와 세분화가 되는 등 놀라운 발전을 하였으나 박근원 교수가 추구한 실천신학총론에 대한 심도 있는 연구가 계속되지 않았다는 사실이다.

2.2. 교회를 아름답게 세상을 새롭게 하는 신학적 미학으로서의 실천신학의 궁극적 목적
-세분화와 전문화 된 한국 실천신학의 각론을 아우르고 융합하는 실천신학총론-

오늘날 이 같은 한국실천신학의 상황이 우리 후학들로 하여금 그동안 전문화되고 세분화되는 등 놀라운 발전을 거듭해 온 실천신학의 각론/각 분야를 아우르고 융합하는 '실천신학총론'에 대한 관심과 심도 있는 연구를 해야 할 당위성과 필요성을 갖게 한다. 여기에 우리 실천신학대학원대학교와 실천신학연구소가 감당해야할 책임과 그 사명이 크다고 하겠다. 그것은 그동안 본 대학원에서 실천신학대학원대학교의 정체성을 말하는 '실천신학'이란 교과목이 개설되지 않았으며, 따라서 실천신학의 각 분야들을 아우르는 실천신학총론에 대한 강의와 심도 있는 연구가 되지 않았기 때문이다. 하지만 2017학년도 제1학기부터 '실천신학'의 교과목이 개설됨으로써 실천신학의 각론 전체를 아우르고 관통하는 '실천신학총론/입문'(Einf hrung in das praktischen Thelolgie)에 대한 강의와 심도 있는 연구를 할 수 있는 계기가 마련된 것이다.[28] 따라서 이 같은 실천신학총론에 대한 논의와 연구는 '실천신학' 교과목에서 뿐만 아니라, 앞으로 '실천신학연구소'(소장 김종렬)[29]에서 더욱 심도 있는 연구를 하게 될 것이다.

이 같은 한국 실천신학의 현실 속에서 필자는 실천신학총론을 먼저 루돌프 보렌(Rudolf Bohren, 1920-2010)의 실천신학을 중심해서 논의 하려고 한다. 보렌은 그의 실천신학입문/총론으로서 『하나님이 아름답게 되시기를』(Daβ Gott schön werde)이라는 책을 썼으며, 이 책의 부제를 '신학적 미학으로서의 실천신학'(Praktische Theologie als theologische sthetik)이라고 하였다. 그리고 그는 이 책의 마지막 문장을, "오 독자 여러분, 이 책을 마무리 짓는 바, 그 표어 : '교회가 아름답게 되고 세상이 새롭게 되어야 한다'는 말을 명심하라"(Gedenk O Leser, der du das Buch schließt, der Losung: Die Kirche soll schön werde, die Erde neu)고 썼다.[30]

여기서 우리가 주목할 것은, 보렌이 그의 책을 마무리 하면서 독자들에게 명심하라고 당부한 마지막 문장: "교회가 아름답게 되고 세상이 새롭게 되어야한다"는 표어이다. 이 표어는 신학적 미학으로서의 실천신학이 추구해야 할 과제가 무엇인가를 천명한 것이라 하겠으며, 그것은 곧 이 땅의 교회가 주님의 몸 된 교회를 하나님이 보시기에 '심히 좋은'(창 1:31) 아름다운 교회로 세우는 일과 하나님께서 창조하신 이 세상을 하나님이 보시기에 참으로 좋은 '새로운 세상'이 되도록 해야 한다는 것을 말한다. 따라서 필자는 '실천신학'을 "교회를 아름답게 세상을 새롭게 하는 신학적 미학으로서의 실천신학"이라고 정의하고, 이를 '실천신학의 각론/각 분야' 전체를 아우르고 융합하는 '실천신학총론'으로 삼는다. 이것은, 물론 "실천신학이란 무엇인가", 그 정의가 여럿이 있겠지만, 필자가 보렌의 입장에 선다는 것을 말한다.

보렌의 실천신학에서 또한 우리가 주목할 것은, 그의 실천신학이 성령론으로부터 설계되었다는 사실이다. 그는 그의 『하나님이 아름답게 되시도록』(Daβ Gott schön werde)이라는 책의 제1장에서 '서론을 위한 두 가지 명제'를 제시한다. 첫째 명제는 "실천신학은 성령론으로부터 그리고 성령론을 향하여 사고되어야 한다. 실천신학은 '하나님이 실제적으로 되는 것'(Praktisch-Werden Gottes)을 성찰한다"는 것이고, 두 번째 명제는 첫째 명제를 설명한다: "하나님이 실제적으로 되는 것이란 '아름답게 되는 것'(ein Schön-Werden)이다. 그것은 하나님 자신이 아름답기 때문이다. 하나님은 그의 현존 안에서 우리에게 아름다움이 되시며, 따라서 우리는 우리의 현존 안에서 하나님에게 아름다움이 되는 것이다"라는 명제이다.[31] 이렇게 보렌의 실천신학총론/입문은 성령론으로 설계된 '신학적 미학'(Theologische sthetik)이며, 교회갱신을 추구하는 '개혁신학'(Reformierte Theologie)이고, 교회일치와 연합을 추구하는 '에큐메니칼신학'(Äkumenische Theologie)이다. 그리고 실천신학은 인간의 범죄로 말미암아 파괴되고 아직도 여전히 실낙원의 상태에 있는 이 세상/땅을 '새로운 땅'(Neuland)이 되도록 기경(起耕)하는 '농학'(農學, Agronomie)이라는 것이다.[32] 이 같은 보렌의 실천신학은 "하나의 교회를 믿는다"라는 니케아신조와 "개혁교회는 항상 개혁되어야 한다"는 종교개혁신학과 개혁교회의 전통에 서 있는 '복음적이며 에큐메니칼 신학'(Evangalische und kumenisch Theologie)이다.

이토록 교회를 아름답게 세상을 새롭게 하는 실천신학이 교회갱신과 일치 그리고 사회변혁을 추구하는 궁극적인 목적이 있다. 그것은 인간의 죄악으로 말미암아 추하게 되고 실추된 '하나님의 아름다움과 영광'(Die Schönheit und die Herrlichkeit unseres Gottes, 사 35:2)을 회복하는 것이다. 추하게 된 하나님의 아름다움과 실추된 하나님의 영광을 회복한다는 것은 바로

'하나님이 아름답게 되시도록'(Daß Gott schön werde) 하는 것을 말한다. 이는 결국 '하나님의 나라'(Reich Gottes)를 간절히 '기다리며'(warten) 그 나라가 이 땅에 속히 임하도록 '서두르며'(eilen) 사는 '종말론적 하나님의 나라 백성 공동체'로서의 교회가 '하나님을 실제적으로 되게 하는 것'(das Praktisch-Werden Gottes)인데, 그것은 바로 하나님을 '아름답게 되게 하는'(ein Schön Werden)[33] 일이다. 이는 바로 우리가 10계명의 제1·2·3계명을 지키는 일이며(출 20:3-7; 신 5:7-11), 이는 또한 우리가 날마다 기도하는 주님의 기도 : "아버지의 이름을 거룩하게 하시며, 아버지의 나라가 오게 하시며, 아버지의 뜻이 하늘에서와 같이 땅에서도 이루어지게 하소서"(마 6:9-10)라고 간구하는 것과 그 맥을 같이 한다(Jan Milic Lochman).[34] 사실 그렇다. 하나님이 아름답게 되시고 영광을 받으시는 일 곧 '하나님을 실제적으로 아름답게 되게' 하는 일은, 우리가 하나님 외에는 다른 신을 섬기지 않고, 또한 우상을 만들거나 거기에 절하지 않고 섬기지 않는, 결국 '두 주인'(zwei Herrn) 곧 '하나님과 재물'(Gott und Mammon)을 겸하여 섬기지 않으며(마 6:24), 하나님 여호와의 이름을 더럽히거나 욕되게 하지 않음으로써 하나님의 이름이 거룩하게 되시고, 하나님의 나라가 오게 하시며, 하나님의 뜻이 이 땅에 이루어지도록 날마다 기도하는 일에서 비롯되는 것이라 하겠다. 그러므로 우리가 먼저 구할 것은 '하나님의 나라와 그의 의'(Reich Gottes und seiner Gerechtigkeit, 마 6:33)이다.

2.3. 실천신학각론으로서의 각 분야, 그 중심에 있는 '설교학'

교회를 아름답게 세상을 아름답게 하는 실천신학, 결국 하나님의 아름다움과 영광을 위한 실천신학에서 보렌은 교회가 구체적으로 실천해야 할 실천신학의 분야/각론을 제시한다: 기독교생활론(Die Aszetik oder die Lehre von christlichen Leben, 경건 및 영성신학)과 설교학(Die Homiletik oder die Lehre von der Verkündigung, 말씀선포), 예배학(Die Liturgik oder die Lehre vom Gottesdient, 예전학)과 목회학(Die Poimenik oder die Lehre von der Seelsorge, 목회적 돌봄과 상담), 교리교육학(Die Katechetik oder die Lehre vom kirchlichen Unterricht, 기독교교육학)과 사역학(Die Diakonik oder die Lehre von der Diakonie, 교회봉사학), 그리고 교회행정학(Die Kybernetik oder die Lehre vom Amt und Verfassung der Kirch, 교회헌법과 치리)등 7가지이다. [35] 보렌은 이 같은 각론의 각 분야를 아우르는 실천신학은 선교학(Die Missionswissenschaft)과 에큐메닉스(Die Ökumenik)와 마찬가지로 교회의 실제적인 회집(會集, Sammlung)과 파송(派送, Sendung)을 다루는 학문이라고 한다. [36] 이 같은 실천신학의 각론에 대한 논의는 현제 본 대학원의 각 전문분야의 교과목에서 담당 교수들이 강의하고 있다. 따라서 본 논고에서는 실천신학의 각론에 대한 것을 생략한다. 하지만 실천신학연구소(전 목회교육연구원)는 그동안 새고을기독서원 신학세미나라는 강좌를 개설하여 "교회를 아름답게 세상을 새롭게 하는 실천신학"이란 주제로 제15회부터 제26회까지(2013년-2015년) '실천신학총론'을 다루었다. [37] 그리고 제27회 새고을기독서원 신학세미나(2016년)에서 제34회(2019년 1월 10일)까지 실천신학 각론을 집중적으로 다루고 있으며, 앞으로 몇 차례 더 세미나를 갖고, 그동안 강의된 자료들을 모아 '새고을기독서원 신학마당③권'으로 『실천신학각론』이란 한권의 단행본으로 엮어 출판할 예정이다. [38]

보렌이 분류한 실천신학의 각론/각 분야에서 우리가 주목할 것은 실천신학의 중심(Herz)이 '설교학'이라는 사실이다. 1960년대 이후 실천신학을 주도해온 이론 체계가 행동과학적인 '경험론'이었다. 그러나 보렌은 이 같은 이론체계와는 근본적으로 다른 신학적인 이론체계를 고집하면서 경험론과 맞서 싸웠는데, 그것이 바로 '성령론'이다. 그는 이 같은 성령론을 바탕으로 『설교론』(Predigtlehre)을 썼는데, 앞서 언급한 바와 같이[39] 박근원은 이 설교론을 『설교학원론』과 『설교학실천론』 두 권으로 나누어 번역 출판하였다.

2.4. 실천신학의 방법론 -영적 아버지인 교부(敎父)들을 만난 하이델베르크대학-

독일남부지방 한인교회의 사역을 마무리한 필자는 장신대에서 신학수업을 시작(1963)한지 20년 만에 독일에서 다시 신학공부를 할 수 있는 행운을 갖게 되었다. 그것이 하이델베르크대학 신학부 박사과정에서 보렌 교수(Doktorvater)의 문하생(Doktorand)이 되어 1983년 여름학기부터 실천신학을 공부하게 된 일이다. 그때 필자의 나이 사십 중반을 넘은 노학생(?)이었다. 나이 사십 중반을 넘은 만학도가 새롭게 시작한 신학공부인지라 감격과 설렘, 그리고 새로운 도전에 응전하는 정신으로 가득 차 있었지만 하이델베르크에서의 연구생활이 결코 녹록하지 않았다. 언어장벽과 전혀 준비가 되지 않은 유럽신학의 높은 장벽을 넘기에는 역부족이었다. 거기에다 다섯 식구의 호구지책 역시 간단치 않았다.

필자가 박사과정에서 학위논문을 쓸 자격을 얻었지만, 학위논문을 쓰기에는 전혀 준비가 되지 않은 필자에게 교수님은 아버지 블룸하르트 (Joh. Chr. Blumhardt, 1805-1880)의 생애와 사역을 연구하고, 특히 그의 '편지목회'(Briefseelsorge)에 관한 논문을 쓸 것을 제안하였다. 나중에 안 일이지만, 보렌의 실천신학연구방법론 중에 하나가 바로 모범적이고 사표가 될 만한 '교부들'(Väter der Kirche)의 전기를 읽고 연구하는 일이다.[40] 이 점에 있어서 보렌은 특별히 쮠델(F. Zündel)이 쓴 독일 서남부지방 슈바벤의 교부(敎父) 아버지 블룸하르트의 전기[41]를 읽고 연구할 것을 추천하고 있다.

블룸하르트의 '편지목회'에 관한 논문을 쓴다는 것은, 그가 사역을 하면서 교인을 비롯한 여러 사람들에게 쓴 수많은 편지들, 그 편지들 속에 나타난 신학사상을 찾아내는 일이다. 그 수많은 편지들은 19세기에 필기체로 쓴 2,000여 통이 슈투트가르트(Stuttgart)의 뷔르템베르크 (Württemberg) 주립 도서관 '블룸하르트 아키브(Blumhardt-Archiv)에 소장되어 있다. 필자가 그 편지들을 해독하기 위해 여러 번 시도해 보았으나, 독일학생들도 해독하기 버거운 그 일을, 필자가 감당하기에는 거의 불가능한 일이었다. 결국 필자는 블룸하르트의 '편지목회'에 대한 논문 쓰는 것을 유보하고, 블룸하르트의 목회와 신학을 중심으로 실천신학 전반을 처음부터 다시 공부하기로 하였다.

그리하여 필자는 보렌 교수의 모든 강의(Vorlesungen)를 비롯하여 초급세미나(Proseminar)와 본세미나(Hauptseminar) 그리고 박사과정 학생들을 위한 고급세미나(Doktorandseminar/Oberseminar) 등 모든 수업에 집중하는, 정열(Passion, Leidenschaft)을 다하여 수업에 임했다. 이 같은 수업 외에도 보렌 교수의 특별 배려로 그의 조교인 데부스(G. Debus)와 일본 동경신학대학 실천신학교수 야마구치(Yamaguchi)와 함께, 일주일에 두 차례 만나 두 시간 동안 공부하는 '아침연구모임'을 가졌다. 이 아침연구모임은 설교를 읽고 분석하며 교부들의 전기를 읽는 일인데, 특히 보렌이 쓴 그의 스승인 투르나이젠의 전기 『예언과 목회』(*Prophetie und Seelsorge*)[42]를 읽었다. 여기서 필자는 실천신학자들의 신학세계를 들여다 볼 수 있는 은혜의 때였다.

하지만 이 같은 신학수업은 모두가 필자에게는 실로 고통(Passion, Leidenschaft)스러운 일이었다. 그것은 필자가 독일 말을 제대로 알아듣지 못하고 또한 말을 하지 못하는 농아(聾啞)였기 때문이다. 무엇보다 박사과정학생들과 함께 한 세미나는 더욱 힘겨웠다. 이 세미나는 아침 9시부터 오후 5시까지 온종일 교수님댁에서 10여명의 학생들이 둘러앉아서 토론하는 형식의 수업이었다. 독일어가 제대로 되지 않을 뿐만 아니라 전혀 준비가 되지 않은 독일신학을 함께 논의한다는 것은 필자에게는 참아 견디기 힘든 일종의 '고문'이었다.

이 같은 고통스러운 날들이 지나면서 차츰 그 고통은 진정되는 듯 했지만, 또 다른 차원의 고통이 있었다. 그것은 필자 자신의 신학과 목회에 대한 위기의식이었다. 그동안 보렌 교수로부터 받은 신학수업과 그의 조교와 함께한 아침연구모임은 그동안 필자가 선포한 설교와 실천한 목회, 그리고 신학 전반에 대한 위기의식을 갖게 하였다. 특별히 신학에 대한 위기의식이 컸다. 그 위기(καίσις)는 바로 그동안 필자의 신학에 대한 무서운 심판(καίσις)이었다. 그 심판은 필자가 장신대에서 배운 보수적인 근본주의 신학과 연세대 연신원에서 배운 진보적인 급진주의 신학, 즉 극우와 극좌라는 신학의 양극화에 대한 것이었다. 이 같은 신학의 양극화가 얼마나 교회의 분열을 야기하고 교회일치를 가로막는 이데올로기로서 교조화 된 것인가를 인식하게 되었다.

이 같은 인식은, 늘 그랬듯이, 필자가 직면한 신학적 위기와 함께 신학을 새롭게 시작하는 '결정적인 때'(카이로스)로서 인식의 전환을 가져오는 '기회'가 되었다. 그것이 바로 바른 신학의 광석이 묻혀 있는 '신학의 광맥'이라는 새로운 신학세계를 발견하는 기회로 전환하게 된 것이다. 이러한 전환은 극우나 극좌가 아닌, 중간(中間)이라기보다는 중용(中庸)의 입장에 서서 신학의 극우와 극좌를 보면서 새로운 신학세계로서 바른 신학세계를 볼 수 있는 기회가 된 것이라 하겠다.

필자가 발견한 새로운 신학세계, 그것은 바른 신학의 광석이 묻혀 있는 '신학의 광맥'으로서 보렌으로부터 시작하여 거슬러 올라간다. 이는 보렌의 스승인 바르트와 투르나이젠의 신학세계, 즉 변증법적 신학과 신정통주의신학, 위기신학과 말씀의 신학이라고 일컬어지는 새로운 신학운동이다. 그리고 바로 이 같은 새로운 신학운동을 일으키도록 바르트와 투르나이젠에게 결절적인 영향을 끼친 블룸하르트父子의 신학세계와 더 거슬러 올라가서 만나게 되는 종교개혁자들의 신학 세계이다. 필자는 이 같은 신학세계를 마치 광석이 묻혀 있는 광산의 광맥과 같은 '신학의 광맥'이라고 부르며, 이 신학의 광맥을 '블룸하르트 학파'(Blumhardts Schule)라고 부른다. 보렌은 바로 이 학파의 중심에 서서 종교개혁신학 전통과 신정통주의 신학을 이어가는 개혁신학의 복음적이고 에큐메니칼적인 실천신학자이다.[43]

이토록 필자는 하이델베르크대학에서 보렌 교수의 신학수업을 받으면서 교회사에서 모범적인 사표가 될 만한 많은 교부들을 만났다. 필자가 하이델베르크를 떠난 지 20년 후, 2006년에 충북 단양에 '새고을기독서원'을 세워 바른 신학과 실천신학운동을 펼치는 '새고을기독서원 신학세미나'를 열었다.[44] 2006년부터 2012년까지는 "설교를 위한 신학, 신학 있는 설교"라는 주제로 세미나를 열었으며, 그 때의 강의들을 모아 '새고을기독서원 신학마당①'권으로서 『설교를 위한신학 신학 있는 설교』라는 한권의 단행본으로 엮어 출판하였다.[45] 2013년부터 2015년까지 보렌 교수님의 가르침, 즉 실천신학의 방법론을 따라서 "교회를 아름답게 세상을 새롭게 하는 실천신학"이란 주제로 신학석학들을 모시고 교부들의 신학과 실천을 다루었다.[46] 이렇게 지난 3개년 동안 논의된 강의들을 모아 '새고을시독서원 신학마당②'권으로 '교회를 아름답게 세상을 새롭게 하는' 『실천신학총론』이라는 단행본으로 엮어 출판하게 될 것이며, 이 책은 유경재 목사 실천신학대학원대학교 명예실천신학박사학위 기념논문집으로 목사님께 헌정될 것이다.

Ⅲ. 아름다운 교회와 새로운 세상을 추구한 포항제일교회 '진선미목회'(眞善美牧會)

─하나님이 보시기에 '심히 좋은', 참(眞)으로 선(善)하고 아름다운(美)
포항제일교회의 목회를 중심으로─

3.1. 하나님이 보시기에 '심히 좋은' 아름다운 포항제일교회의 '진선미목회'(眞善美牧會)

포항제일교회는 1905년 5월 12일 창립된 영남 동해지역의 어머니 교회이다.[47] 필자가 이 같은 역사와 전통을 자랑하는 포항제일교회 제13대 담임목사로 부임한 때는 1987년 11월 22일 추수감사주일/교회력마지막 주일이었다.[48] 필자가 7년간 사역한 포항제일교회의 목회를 "아름다운 교회와 새로운 세상을 추구"한 '진선미목회'(眞善美牧會)라고 하였다. 그것은 앞서 언급한 바 있는, 보렌의 실천신학, 즉 '하나님이 아름답게 되시도록' 추구한 '신학적 미학으로서의 실천신학'을 바탕으로 한 목회였기 때문이다.

보렌은 창세기 1장 31절의 하나님이 보시기에 '심히 좋다'라는 말씀을 그의 신학적 미학으로서 실천신학의 성서적 근거로 삼았다. 그것은 베스터만(Claus Westermann)이 '심히 좋다'라는 히브리어 'tob'를 (1) angenehm(쾌적하고 편안한) (2) brauchbar(쓸모 있고 유익한) (3) freundlich(자비롭고 친절한) (4) recht(올바르고 참된) (5) schön(곱고 아름다운) (6) sittlich gut(도덕적으로 선한) (7) zweckmäβig(목적에 맞고 유용한) 등으로 해석한 것을, 보렌이 그의 신학적 미학개념으로 삼은 것이다.[49]

필자는 이 같은 '심히 좋다'라는 아름다움의 개념에서 한국의 전통적인 아름다움의 극치를 말하는 진·선·미(眞善美)의 개념을 보게 되었다. 그것은 '진(眞, Wahrheit)'이란 거짓이 없으며 순수하고 참된 것(echt, wahr, wirklich gut, richtig)이고, '선(善, Gut)'은 마음에 들만큼 좋고 도덕적이고 미덕이 있는 선한 것(gut, sittlich, ethisch, moralisch, tugendhaft)이며, '미(美, Schönheit)'는 고상하고 우아하며 아름다운 것(elegant, fein, hochherzig, schön, geschmackvoll, hübsch, prächtig)이기 때문이다. 그래서 '眞善美牧會'는 말 그대로 참(眞)으로 선(善)하고 아름다운(美) 목회이다.

필자는 이렇게 성서에서 말하는 신학적 미학 개념과 한국적인 미학 개념을 접목시켜 포항제일교회의 목회를 아름다움의 극치를 말하는 '진선미목회'(眞善美牧會)라고 한 것이다. 이 같은 '진선미목회'란 바로 교회를 아름답게 세상을 새롭게 하고, 결국은 '하나님이 아름답게 되시도록' 하는 목회를 말한다. 그렇다면 하나님의 아름다움을 위하여 하나님을 간절히 기다리며 그 나라가 이 땅에 속히 임하도록 서두르며 사는 종말론적 하나님 나라 백성공동체로서 교회가 구체적으로 실천해야할 진선미목회란 무엇인가?

필자는 다음 단락에서, 앞서 언급한바 있는, 보렌 교수가 제시한 실천신학의 각론과 교회의 본질적인 사명인 케리그마(kerygma)와 디다케(didache) 리투르기(liturgie)와 디아코니아(diakonia), 그리고 코이노니아(koinonia)를 중심으로 하나님이 보시기에 '심히 좋은', 진(眞)실로 선(善)하고 아름다운(美) 교회와 새로운 세상을 추구한 포항제일교회의 '진선미목회'(眞善美牧會)를 실천신학적인 관점에서 분석하여 신학화 하려고 한다.

3.2.1. 교회력과 성서정과에 따른 『1988예배와 강단』 창간과 함께 시작한 신학 있는 말씀 중심의 '케리그마적 목회'

보렌이 분류한 실천신학의 7가지 각론 중에 '설교학'이 그 중심에 있다는 것을 이미 언급한 바 있다. 그는 그의 '설교론'에서 현대설교가 위기에 직면했다고 한다. 그 위기는 하나님께서 말씀하시고자 하는 '그 말씀'(Das Wort)이 선포되지 않은, '하나님께서 침묵을 지키는 것'(das Schweigen Gottes)이라고 하며, 이것을 '언어상실'(Sprachlosigkeit)이라고 한다. 보렌은 이 같은 언어상실로서의 '현대설교의 위기'에 대해서 그의 설교론에서 길게 쓰고 있다.[50]

하지만, 보렌이 지적한 현대설교의 위기에 대한 몇 가지만을 언급한다면, 설교가 행해지면서도 '설교의 사건'이 일어나지 않으며, 청중을 감동시키지 못하는 설교의 따분함과 설교가 인간을 변화시키거나 세상을 변화시키지 못하기 때문에 설교가 필요 없다는 설교의 무용론을 제기하며, 더욱 심각한 것은 설교자들이 설교를 위해 값비싼 투자를 하지 않

는 설교자들의 나태함 등이라는 것이다. 그래서 보렌은 그의 설교론 제1
장 '정열로서의 설교'(Predigt als Leidenschaft)에서 설교자들에게 '정열을 다하
여'(leidenschaftlich) 설교할 것을 주문한다.[51] 여기서 말하는 '정열'은 고통과
수난(Passion)을 뜻한다. 어머니가 옥동자를 낳기 위해 해산의 고통을 겪
는, 바로 그 고통이다.

　보렌이 지적한 그 같은 것이 서구 교회가 직면한 설교의 위기라면, 오
늘날 한국교회의 강단/설교는 어떠한가? 필자가 보렌의 실천신학수업
을 받는 동안 "설교를 듣고 읽고 분석함으로써 배운다"라는 보렌의 "하이
델베르크 설교분석 방법론"(Die Heidelberger Methode der Predigtanalyse)[52]에 따
라서 그의 조교 데부스(G. Debus)와 함께 '아침 연구모임'에서 독일어로 번
역된 한국교회의 모 목사님의 설교를 분석한 바 있었다. 그런데 충격적인
것은, 그의 설교에서 '복음'이 빠진 율법적이고 도덕적인 설교라는 분석결
과였다. 그 설교자는 한국교회의 대표적인 명설교가로 알려진 분이었다.
그런데 그분의 설교가 그토록 복음이 빠진 율법적이고 도덕적인 설교라
고 한다면, 필자는 한국교회의 강단/설교가 위기에 직면했다고 인식하게
된 것이다.

　따라서 한국교회 강단/설교의 위기를 한마디로 말하면, 그것은 바로
'본문을 떠난 설교와 신학부재의 설교'라고 하겠다. 본문을 떠난 설교란
본문을 통해 하나님께서 말씀하시려고 하는 '그 말씀'이 선포되지 않는
것을 말한다. 달리 말하면, 이는 설교의 주어/주체가 하나님이 되셔서 하
나님께서 말씀하셔야 하는데, 설교자가 주어/주체가 되어 설교자 자신의
말을 늘어놓는 것을 말한다. 오늘날 우리의 강단에서 설교자들이 자기
자랑과 간증, 코미디언처럼 웃기는 말과 행동 등 잡담을 늘어놓으며 수
다를 떠는 모습을 쉽게 볼 수 있다. 하나님의 말씀이 선포되어야 할 우리
네 강단이 이렇게 인간들의 잡담과 수다로 오염되어 있으니, 어찌 한국교
회강단이 '위기'라 하지 않겠는가? 그러므로 설교자는 본문에 충실한 설

교하기 위하여 정열을 다하여 '거룩한 독서'(Lectio Divina)를, 즉 본문을 통해 하나님께서 침묵을 깨고 말씀하시도록 '명상'(meditatio)과 '기도'(oratio) 그리고 '영적 시련'(tentatio, Anfechtung)을 겪어야 한다. [53]

한국교회 강단/설교의 위기를 야기 시킨 '신학부재의 설교'라는 것은, 성부와 성자와 성령, 삼위일체 하나님에 대한 바른 신학적인 이해, 즉 신론과 그리스도론과 성령론에 대한 바른 이해를 하고, 또한 교회론과 종말론과 인간론과 죄론과 그리고 구원론 등에 대한 올바른 이해를 바탕으로 설교를 할 수 있어야 하는데, 이 같은 신학적인 소양이 결핍된 설교를 말한다. 그러므로 설교자들은 끊임없이 신학적인 소양을 함양하기 위하여 '정열을 다하여' 치열하게 공부해야 한다. [54]

이 같은 '본문을 떠난 설교와 신학부재의 설교'가 한국교회 강단/설교의 위기를 초래했다면, 이 위기를 어떻게 극복할 수 있으며, 그 대안은 무엇인가? 여기서 필자는 이 같은 위기극복을 위한 대안을, '교회력과 성서정과'에 따른 설교에서 찾게 되었다. 그리하여 1987년에『1988예배와 강단』을 창간한 이래 지금까지 30여 년 동안 계속 출판하고 있다. [55]

교회력이란 성부와 성자와 성령, 삼위일체 하나님께서 이 역사 속에 개입하셔서 하신 구속의 활동으로서 '하나님의 구속사'(Heilsgeschichte Gottes)이다. 하나님의 구속사는 성탄사건, 십자가(고난)사건, 부활사건, 승천사건, 성령강림사건 그리고 장차 올 재림사건을 통해서 이 세상을 구속하시는 하나님의 역사이다. 교회력은 바로 이 사건들을 중심으로 만들어진 절기로서 대림절과 성탄절, 주현절과 사순절, 부활절과 성령강림절 등으로 구성되었다. 그리고 성서정과는 이 같은 하나님의 구속사를 중심으로 만들어진 교회력에 따라서 신구약 성경전체를 통전적으로 읽고 설교할 수 있게 정한 하나님의 말씀이다. 그러므로 이 같은 교회력과 성서정과에 따라서 설교하는 것은 곧 하나님의 구속사를 따라서 설교하는 것이기 때문에 그 설교는 '신학 있는 설교'가 되며, 또한 그 같은 설교는 '본문에 충

실한 설교'가 되는 것이다.[56]

이토록 본문에 충실한 설교와 신학 있는 설교를 들은 성도들, 즉 하나님 나라 백성공동체로서 교회가 아름답게 세워지고, 따라서 이 교회가 우리 사회를 변혁시키는, 빛과 소금의 역할을 잘 감당할 수 있게 되는 것이다. 이렇게 본문에 충실한 설교와 신학 있는 설교를 할 수 있도록 창간된 『1988예배와 강단』과 함께 시작된 포항제일교회의 진선미목회는 신학 있는 말씀중심의 '케리그마적 목회'로서 아름다운 교회와 새로운 세상을 추구한 목회였다.

3.1.2. 하나님의 말씀을 바르게 가르치고 성도들을 그리스도의 제자로 훈련하고 교육하는 '디다케적 목회'

하나님의 나라를 간절히 '기다리고' 그 나라가 이 땅에 속히 임하도록 '서두르며' 사는 종말론적 하나님 나라 백성공동체로서 교회의 본질적인 사명은 바로 하나님의 말씀을 바르게 가르치며 성도들을 양육하고, 그리스도의 제자로 훈련시키는 '교육적 사명'(디다케)이다. "사람을 교육한다"는 것은 "훈련시킨다"는 말과 같다. 그러므로 성도들을 교육한다는 것은 하나님의 말씀을 가르치고 양육하며 성도들을 그리스도의 제자로 훈련시키는 것이다. 그리하여 성도들로 하여금 예수 그리스도의 뒤를 따라가는 제자의 삶을 살게 하고, 예수 그리스도의 좋은 군사로서 하나님의 나라를 위해 투쟁하는 삶을 살게 한다.

칼빈(J. Calvin)은 교회란 교인들을 훈련시키는 '훈련장'이며, 훈련이란 그리스도의 교훈을 거역하는 사람으로 하여금 왜곡되지 않도록 하며, 삶의 의욕을 잃은 사람을 격려하고 타락한 사람을 하나님의 자비로 건져주며, 따뜻한 그리스도의 정신으로 다시 일깨워주는 아버지의 '회초리/매'의 역할을 한다고 하였다.[57] 이 같은 칼빈의 영향을 받아 개혁교회 전통에 서서 복음적인 목회를 강조한 투르나이젠은 그의 책『목회학원론』제2장 '교회훈련으로서 목회'(Seelsorge als Kirchenzucht)에서 교회의 훈련의 중요성을 다음과 같이 강조하고 있다.

"목회란 하나님은 개개인을 결단코 포기하시지 않는 분이라는 믿음 안에서 각 개개인을 설교와 성례전 즉 하나님의 말씀으로 이끌어 주고 교회의 한 지체가 되게 하며, 교회 안의 삶을 보존시켜 주는 수단이다. 그러므로 목회는 교회를 형성하고 생존케 하며, 개개인을 영적인 타락과 부패에서 건져내서 삶을 보존시켜 주는 성화(聖化)와 훈련의 행위이다"[58]

우리가 이 같은 칼빈과 투르나이젠의 말을 들으면, 우리의 목회에서 교인들을 훈련시키는 일이 얼마나 중요한 것인가를 새삼스럽게 인식하게 되고, 오늘날 우리의 목회현장에서 훈련의 부재를 탄식하게 한다.

사실 그동안 우리의 목회현실은 '교회성장'이란 우상으로 인하여 온 교회가 교회를 키우고 살찌게 하는 일에 정신을 잃어버린 채, 한 영혼에 대한 깊은 애정을 가지고 그들을 돌보며, 그리스도의 제자로 훈련시키는 일을 등한히 해 왔다. 또한 우리는 신학적으로 "오직 믿음으로만 구원을 받는다"라는 '칭의'를 '값싼 은혜'로 받아들인 나머지, 그 은혜에 응답하는 '성화'의 삶을 사는데 힘쓰지 못했다. 그래서 본회퍼(D. Bonhoeffer)는 '거룩하게 되는 것'(聖化)은 '칭의'를 '값비싼 은혜'로 받아들이고 그리스도를 따라 사는 복종의 삶이라고 한다.[59] 그런데 한국교회는 그동안 거룩하게 되는 '성화'에 소홀히 하였다. 여기에 우리 한국교회의 약점이 있다. 그동안 한국교회는 놀라운 성장을 하였다. 하지만 성도들을 하나님의 말씀으로 양육하고 훈련시키는 제자훈련을 제대로 하지 못하였다. 교회훈련이 개개인을 영적인 하락과 부패에서 건져줌으로써 생존케 하며 교회를 형성하는 것인데, 이 막중한 교회훈련으로서 교육적 사명을 감당하지 못하였다.

이 같은 한국교회의 약점을 극복하고 사회와 역사 변혁을 위해 힘 쓸 수 있는 건강하고 온전한 교회/아름다운 교회를 세우기 위하여 포항제일교회는 '전교인 제자화 훈련과정'을 수립하였으며, '소그룹 성경 연구반'을 운영하였다. 전교인 제자화 훈련과정 7단계는 다음과 같다. 제1단계: 새 신자 양육과정으로서 '학습 반'이며, 8주간 교육한다. 제2단계: 세례자 교육과정으로서 '세례 반'이며, 8주간 교육하고, 제3단계: 청지기 훈련 과정으로서 '서리집사 반'이며 역시 8주간 교육한다. 제4단계: 전도자 훈련과정으로서 '전도요원 양성 반'이며 12주간 교육 훈련하며, 제5단계: 양육자 훈련과정으로서 '구역권찰 반'이며 12주간 훈련한다. 제6단계: 사역자 훈련과정으로서 '평신도 말씀사역자 반', 즉 구역교사 및 교회학교 교사를 양육하는 반으로서 총회에서 실시하는 '교사대학' 과정을 이수한다. 마지막 7단계는 영성/경건 훈련과정으로서 사순절이나 대림절기간을 통해 교회 수련원에서 훈련 프로그램에 따라 훈련한다.[60]

이 같은 전교인 제자화 훈련은, 마치 비대한 몸집을 살빼기 운동을 통해 건강하고 아름다운 몸을 만드는 것처럼, 주님의 몸 된 교회를 아름다운 교회로 세우기 위함이며, 또한 하나님이 말씀으로 성도들을 무장시켜 세상에 나가서 사회악과 더불어 투쟁함으로써 세상을 새롭게 변화시키기 위함이다. 이 같은 훈련은 마치 큰 방주에서 작은 쾌속정의 구조선을 만들어 바다로 내보내는 것과 같이, 성도들을 교회에서 예수 그리스도의 제자와 군사로 훈련시켜 세상으로 내보내는 것과 같은 것이며, 이는 곧 '흩어지는 교회'의 모습이라 하겠다. 세상을 새롭게 하기 위하여!

3.1.3. 하나님의 말씀을 따라 사는 경건생활과 산 제물로 드리는 '영적 예배'를 추구하는 '리투르기적 목회'

하나님의 나라를 간절히 '기다리며 서두르며' 사는 하나님 나라 백성공동체로서의 교회가 본질적으로 실천해야 할 사명은 '하나님 앞에서'(coram Deo) 경건한 생활과 산제사(삶)로 드리는 '영적예배'이다(롬 12:1). 이것은 보렌이 분류한 실천신학 각론중의 기독교 생활론(Aszetik)과 예배와 예전학(Liturgie)이다.

보렌은 그의 실천신학 각론에서 기독교 생활론을 교회의 영적생활(vita spiritualis)이라고 한다. 그는 교회의 영적생활로서 교회의 경건생활을 위해 실천해야 할 세 가지를 제시한다: 우선 성서와의 대화 즉 명상(meditatio), 다음으로 하나님과의 대화 즉 하나님으로부터(von Gott), 하나님 앞에서(vor Gott), 하나님에게(zu Gott) 말하고 하나님의 말씀을 듣는 기도(oratio), 그리고 영적시련(tentatio), 이 세 가지인데, "영적시련이란 하나님의 말씀이 얼마나 옳고 진실하며, 달고 맛있으며, 위로를 주는 것인가를 알고 이해하며 동시에 그것을 체험하게 하는 시금석이다"(루터)라고 한다.[61]

이 같은 경건생활을 위한 기도와 명상, 그리고 영적시련은 오늘날의 우리 그리스도인들이 한국 초대교회로부터 값진 유산으로 받았다. 그것이 하나님의 말씀을 열심히 읽고 상고하는 '사경회'이며, 그 어느 나라에서도 찾아볼 수 없는 한국교회의 새벽기도회를 비롯하여 금요 철야기도회, 산상기도회, 금식기도등과 같은 것이다. 최근에는 교회력의 절기에 따라서 사순절 특별기도회, 대림절과 같은 교회 절기를 통하여 영성훈련 프로그램을 갖는 교회들이 많이 늘고 있다.

그런데 오늘날 한국교회와 그리스도인들의 경건생활은 어떠한가? 경건의 모양은 있으나 경건의 능력을 부인하며(딤후 3:5) 하나님과 교회와 역사 앞에서 불경(不敬)하게 사는 삶은 아닌가? 이 같은 질문을 가지고 이제 우리는 교회에서 정기적으로 드리는 예배와 삶으로 드리는 산제사로서 영적 예배(롬 12:1)에 대한 논의를 하려고 한다.

일반적으로 우리가 인식하는 예배는, 하나님의 크신 사랑과 은혜에 대한 응답하는 행위로서 감사와 찬양으로 하나님께 '최고의 값진 것'을 드림으로써 하나님을 최고로 받들어 섬기는 일 곧 '예배'(Gottesdienst)이다. 이것이 앞서 언급한 바 있는, 위로 하나님을 두렵고 떨리는 마음으로 높이는 하나님 경외이다. 그런데 우리는 인간의 존엄을 소중히 여기고 인간을 사랑하며 섬기는 일(Menschendienst)이 바로 삶으로 드리는 산제사로서 영적예배라는 사실을 제대로 인식하지 못하고 있다. 그래서 바울은 "형제들아 내가 하나님의 모든 자비하심으로 너희를 권하노니 너희 몸을 하나님이 기뻐하시는 거룩한 산 제물로 드리라 이는 너희가 드릴 영적예배/합당한 예배/참된 예배니라"(롬 12:1)라고 하였다. 그러므로 참예배란 하나님을 섬기는 예배(Gottesdienst)뿐만 아니라, 사람을 사랑하고 섬기는 일(Menschendienst)이다. 달리 말하며, 우리가 우리의 최고와 최선을 다 해 하나님을 섬기듯이 사람을 참으로 사랑하고 존중히 여기며 섬기는 일이 우리의 삶으로 드리는 참 예배란 말이다.

그런데 오늘날 우리가 하나님께 드리는 예배(Gottesdienst)는 정기적으로 잘 드리고 있지만, 이웃을 사랑하고 섬기는, 삶으로 드리는 예배(Menschendienst)의 삶을 잘 살고 있는지를 살펴보아야 할 것이다. 여기에 우리의 예배가 새롭게 되는 예배갱신이 요청된다고 하겠다. 따라서 포항제일교회의 眞 · 善 · 美 牧會가 시도한 예배갱신은, 물론 교회에 모여서 정기적으로 드리는 예배를 새롭게 하는 일에도 힘썼지만, 세상으로 흩어져서 가정과 직장 등 삶의 현장에서 일상생활을 통해 산 제물로 드리는 영적예배/참 예배를 강조하였다. 그것은 교회에서 드리는 주일 예배에서 마지막에 하는 '축도'가 예배의 끝이 아니라, 세상에 흩어져서 엿새 동안에 일상생활로 드리는 예배의 시작이기 때문이다. 그래서 포항제일교회의 목회에서 강조된 예배는 일상생활을 통해 산 제물로 드리는 영적 예배였다. 이 문제는 다음 단락에서 계속되는 "하나님의 말씀으로 상처 입은 '영혼을 돌보며'(Seelsorge, pastoral care) 사회적 약자를 섬기는 디아코니아적 목회"와 "피조세계와 이웃과 함께 나누며 상생하는 생명공동체를 지향하는 코이노니아적 목회"에서 구체적으로 논의 될 것이다. 왜냐하면 그 같은 목회가 일상생활을 통해 삶으로 드리는 참 예배와 밀접한 관련이 있기 때문이다.

3.1.4. 하나님의 말씀으로 인간의 영혼을 돌보고 치유하는 사회적 약자를 섬기는 '디아코니아적 목회'

이 단락에서는 실천신학의 분야로서 목회학(Poimemik, 목회상담학)과 사역학(Diakonie, 교회봉사학)이 논의된다. 여기서 말하는 목회학은 일반적으로 말하는 교회의 모든 실천행위를 포괄하는 목회(Ministry) 전반을 연구하는 목회신학(Pastoral Theology)이 아니라, 목회상담(Pastoral care)을 통해 영혼을 돌보는 일(Seelsorge)로서 '양떼를 돌보고 먹이는 일'을 연구하는 학문(Poimenik)이다.[62] 따라서 보렌은 목회학이 실천신학에 속한 한 분야로서 "사람이 사람에게 하나님의 말씀을 전달하는 학문"이라고 한다. 하지만 그는 "목회란 개인의 영혼을 보살피는 일보다 하나님 나라로 불러들이는 일이 더 중요하다"고 하며, 이 같은 목회는 '삶 전체를 돌보는 일'이 되어야 한다는 것이다.[63] 그러므로 영혼을 보살피는 이 목회(Seelsorge)는 인간의 영혼을 인간 속에 있는 영적인 것뿐만 아리라 성서가 말하는 대로 하나님의 다스림을 받게 마련인 몸(Leib)과 영혼(Seele)과 정신(Geist)이 하나가 된 인격적인 '전인'(全人, Ganzheit des Menschen)으로서의 영혼을 돌보는 것이다. 이런 점에서 목회는 하나님을 위한 전인(全人)의 성화(聖化, Heiligung)를 과제로 삼는다.[64]

이렇게 목회의 과제가 한 개인의 영혼을 보살피는 일보다 하나님 나라로 불러들이는 일이 더 중요하고, 삶 전체를 돌보는 전인의 성화를 다루는 것이라면, 이 같은 목회의 과제는 사회적 약자를 섬기는 디아코니아적 목회와 다를 바 없다. 따라서 이 단락에서는 영혼을 돌보는 목회

(Seelsorge)와 사회적 약자를 섬기는 디아코니아적 목회를 같은 범주에서 다룬다.

그동안 한국교회는 교회성장제일주의로 인하여 목회가 상실되는 목회부재(牧會不在) 현상이 초래되었다. 목회부재란, 영혼을 돌보는 일(Seelsorge)이 목회인데, 바로 그 목회가 상실 된 것을 말한다. 그것은 성도들이 사람으로 대접받고 영혼이 돌봄을 받아야 하는데, 그렇지 않고, 오히려 '교회성장'을 위한 수단/도구로만 이용되고 있기 때문이다. 이렇게 교회성장 지상주의는 사람을 소중히 여기지 않고 단지 교회성장을 위한 소모품으로 사용할 뿐이다.

이만규 목사는 신앙교회의 목회 철학과 목회 비전을 담은 목회매뉴얼을 『사람을 살리고 사람을 세우는 목회』라는 제목으로 알차고 방대한 책을 출판하였다.[65] 그는 그의 목회철학과 버전을 목회교육연구원의 '새고을기독서원 신학세미나'에서 강의한 바 있다.[66] 그렇다. 목회는 사람을 살리고 사람을 세우는 영적 활동(spiritual groth activity)이다. 그런데 오늘날 한국교회의 목회는 사람을 살리고 사람을 세우는 일에 실패한 듯하다. 이러한 현실에서 이만규는 그의 책에서 오늘 한국교회의 목회부재 현실을 극복하는 대안을 제시하고 있다. 일독을 권한다.

필자가 포항제일교회의 목회를 시작하면서 처음부터 교회의 외적성장보다는 내적성숙을 지향하였다. 물론 생명이 있는 살아 있는 교회는 끊임없이 성장해야 하지만, 당시 한국교회 성장은 온전한 '자람'이 아니라 살이 찐 비대현상으로 보았기 때문이다. 필자가 포항제일교회에서 목회하는 7년 동안 교회 표어를 세 번 달리 하였다. "받은 은혜 나누어 주는 교회"(1988년), "말씀으로 온전하게 세워지는 교회"(1989-1991년), "말씀을 따라 실천하는 바른 교회"(1992-1994년), 이 세 가지 표어에서 우리는 포항제일교회가 추구한 교회 상을 읽을 수 있다. 그것은 '하나님의 말씀'이 중심에 있고, 그 말씀을 중심으로 하여 온전한 교회, 바른 교회 곧 하나님이 보시기에 심히 좋은'아름다운 교회'를 세우는 목회비전을 보인 것이라 하겠다.[67] 이 같은 바르고 온전한 교회 곧 아름다운 교회는 말씀으로 온전하게 세워지는 교회일 뿐만 아니라 말씀을 따라 실천하는 교회이다.

이 같은 목회 비전은 교회성장제일주의를 지양하고, 교회성장의 그림자 뒤에 가려져 있는 영혼/사람을 찾아 그들의 삶 전체를 보살피고 전인(全人)의 성화(聖化)를 위한 목회를 추구한 것이라 하겠으며, 가정과 직장과 삶의 현장에서 상처입고 낙심하여 절망 가운데 있는, 특히 사회적 약자들을 존중히 여기고 받들어 섬기는 디아코니아적 목회를 추구한 것이다. 사실 교인들은 가정의 여러 가지 문제, 자녀들과 건강과 경제적인 문제, 결혼 문제 등으로 지쳐있었다. 신앙적으로 나태하고 타락한 자, 짝 믿음 가정에서 고통 받고 있는 성도를, 사이비이단집단에 빠져서 파괴된 가정, 이혼 등으로 인한 결손가정, 소녀소년 가장들의 문제, 독거노인가정, 신체장애와 정신장애로 인해 고통을 겪고 있는 가정의 문제 등, 이들의 삶 전체를 돌봐주고 싸매주고 치유해야 할 목회적 과제가 산적해 있었다. 따라서 교회가 '제사장적 연대감'으로 그들의 상처를 싸매주고 그들의 고통에 연대(Solidaritöt, Mitleid)하여 돌보는 디아코니아적인 목회가 요청되는 절박한 목회상황이었다.

이 같은 목회적인 상황에서 포항제일교회의 구체적인 돌봄 목회와 디아코니아적인 목회는 다음과 같다: 잃어버린 양 찾기 운동, 짝 믿음가정의 인가귀도를 위한 가정목회, 장기결석자들을 집중적으로 심방하고 관리하는 가정심방과 상담, 소녀소년가장과 독거노인 가정과의 각 선교단체들과 결연 맺기, 장애우 들의 돌봄 목회로 농아부 창설과 수화교실 운영, 의료선교와 교도소 선교를 비롯한 특수 선교 등은 사회적 약자들을 섬기는 목회였다. 무엇보다도 산업화와 도시화과정 속에서 상처입고 고통 받으며 좌절감에 빠져있는 자들의 신음소리를 듣고 상담하는 '포항생명의 전화'개원은 포항제일교회가 사람을 살리고 사람을 세우는 목회와 사회

적 약자를 섬기는 '디아코니아적인 목회'의 한 상징이 되었다.[68]

3.1.5. 피조세계와 이웃과 함께 나누며 상생하는 생명공동체로서 하나님의 나라를 '기다리며 서두르며' 사는 종말론적 하나님 백성공동체를 지향하는 '코이노니아적 목회'

포항제일교회가 그동안 실천한 아름다운 교회와 새로운 세상을 추구한 眞 · 善 · 美 牧會는 결국 "피조세계와 이웃과 함께 나누며 상생하는 공동체를 지향하는 목회"였다. 이 같은 목회는 하나님 나라를 간절히 '기다리며 서두르며' 종말론적인 삶을 사는 하나님의 나라 백성 공동체로서 교회가 최종적으로 실천해야 할 목회적 과제이다. 그런데 대한예수교장로회 총회(예장통합)가 지난 10년(2002-2012) 동안 "하나님의 영광을 위하여 모든 피조물이 더불어 살아가는 지구생명공동체"라는 주제로 '생명살리기운동10년'을 펼치기도 하였다.[69]

필자가 포항제일교회 담임목사로 부임한(1987년 11월 22일 교회력 마지막주일) 바로 그 다음 주일이 대림절 첫째 주일로서 교회력으로 신년이 시작된 것이다. 이렇게 필자가 교회력으로 새해/신년에 포항제일교회의 목회비전을 "받은 은혜 나누어 주는 교회"(1988년)라는 표어로 정하였다. 이것은 아름다운 초대교회 공동체를 모범을 삼은 것이다(행 2:37-47; 4:32-35). 이토록 포항제일교회는 말씀을 따라서 피차 나누면서 사는 코이노이아적 나눔의 공동체를 지향하는 목회로 시작하였다.

이 같은 코이노이아적 나눔의 공동체를 지향하는 포항제일교회의 목회는 우선 개인적으로 이기주의와 기복주의적인 신앙을 극복하고, 교회적으로는 개교회주의와 집단이기주의를 극복하는 일에 힘썼다. 이 같은 신앙훈련은 일상적으로 기도와 말씀명상을 함으로써 가능하지만, 특별한 교회 절기 때에 경건훈련을 강화하였다. 이를테면 사순절이나 대림절에 갖는 특별기도회와 같은 것이다. 지금도 잊을 수 없는 아름다운 추억으로 남아 있는 것이 있는데, 나눔의 축제를 가졌던 '사순절 장학 바자회'이다. 경건훈련으로서 기도와 명상, 그리고 금식하는 것이 일반적인 것인데, 구제하는 일, 가진 것을 이웃과 함께 나누는 일이 경건생활의 중요한 것이라는 것을 우리는 잘 인식하지 못하고 있다. 그런데 포항제일교회가 모든 포항의 시민을 상대로 펼친 '사순절장학바자회'는 나눔을 생활화하는 한 방편이 되었으며, 나눔의 공동체를 지향하는 포항제일교회의 한 상징이 되었다.[70]

이토록 나눔의 공동체를 지향한 '코이노니아적 목회'를 추구한 포항제일교회는 "노회가 교회이다"라는 기치를 내걸고 개 교회주의와 교회이기주의를 탈피하고 노회적인 차원에서 연합 사업에 힘썼다. 그 중에 '농어산촌미자립교회 교역자 생활비 평준화'를 포항제일교회가 주도적인 역할을 하여 놀라운 성과를 얻었다. 1988년 당시 포항노회의 160여 지교회 중에 삼분의 일 정도의 교회가 미 자립교회였으며, 교역자들의 생활과 자녀 교육에 많은 어려움이 있었다. 이를 위해 100여 교회가 동참하여 노회의 연약한 지체교회를 일으켜 세우는 일에 힘썼다. 포항제일교회는 교회 예산 10%를 노회에 내놓았다.[71]

뿐만 아니라, 포항제일교회는 창립 85주년을 기념하여 1990년 7월 8일에 포항 양학교회를 개척하였으며(이성창 목사), 세계 선교에서도 포항제일교회가 앞장섰다. 당시 아프리카 가봉에 단독선교사로 김상옥 목사를 파송하였다. 그런데 포항제일교회의 선교사를 노회 선교사가 되게 하고, 노회가 세계선교위원회를 발족케 하여 개 교회의 세계선교를 총괄하게 하였다. 이렇게 노회 차원에서 선교위원회가 발족하면서 1억 5천만원의 예산으로 8개국에 11가정의 선교사를 파송한 일은 참으로 놀라운 일이었다.[72]

앞서 언급한 바 있는 '포항생명의 전화'는 1989년부터 포항제일교회 사회부가 주관하여 준비 작업을 하였으며, 대구까지 왕래하면서 12명의 자원 봉사자 교육을 받음으로써 그 기틀을 마련하였다. 1992년에 이사회가 결성되었으며(이사장 이종학 장로, 원장 김종렬 목사), 1993년 2월 10일 개원예배를 드림으로써 포항 생명의 전화가 개통되었다. 그런데 이 일은 포항지역의 모든 교회가 연합하여 공동으로 협력해서 한 일이다. 이렇게 포항제일교회는 지역사회와 이웃교회와 더불어 교회를 아름답게, 세상을 새롭게 하는 교회 일치와 갱신을 추구하는 목회를 하였다.

끝맺는 말 : 오로지 하나님의 아름다움과 영광을 위하여!(사 35:2)
―아직도 끝나지 않은 이 시대의 기독자 선비/늙은이의 꿈(욜 2:28)―

필자가 '하나님의 아름다움과 영광을 위하여' 아름다운 교회와 새로운 세상을 추구한 포항제일교회의 '眞善美牧會'는 손인웅 목사가 '하나님 나라 백성공동체를 세우는' 덕수교회의 '五色牧會'(케리그마, 디다케, 디아코니아, 리투루기아, 코이노니아)[73]와 다를 바 없다. 그것은 藝中과 新谷이 지난 반세기를 넘어 오면서 목회와 신학의 길벗으로 동행하면서 하나님이 보시기에 '심히 좋은' 참(眞)으로 선(善)하고 아름다운(美) 한국교회를 세우기 위하여 한국교회 갱신과 일치를 추구해 왔기 때문이다. 우리는 하나님의 나라를 간절히 '기다리며' 그 나라가 이 땅에 속히 임하도록 '서두르며' 한국교회의 갱신과 일치를, 나아가 우리사회를 새롭게 하는 사회 변혁을 위해 끊임없이 기도하며 꿈을 꿀 것이다.

미주

1) 이 글은 "교회를 아름답게 세상을 새롭게 하는 실천신학"(2017년 5월19일 실천신학 대학원대학교 부설 '실천신학연구소' 개소기념 세미나 강의)과 "아름다운 교회와 새로운 세상을 추구한 포항제일교회의 진선미목회"(2013년 12월9일 제18회 새고을기독서원 신학세미나강의), 『2016예배와 강단』(서울 : 목회교육연구원, 2015)라는 두 강의를 대폭 축소하고, 수정 보완하여 다시 쓴 것이다.

2) 독일성서공회 해설 루터『성경전서』개역개정한글판(서울: 대한성서공회, 2004), 용어해설, 62, '하나님의 나라' 참조.

3) E. Thurneysen. Die Lehre von der Seelsorge, 박근원 역『목회학 원론』(서울: 성서교재간행사, 1979), 276.

4) 앞의 책. 275-290. 김종렬, "하나님의 나라 운동과 악령추방"『복음과 하나님의 나라』(서울: 전국은퇴 목사회, 2018), 187-206. E. Thurneysen. "악령추방으로서의 목회", 앞의 책, 275-299.

5) 앞의 성경, 용어해설, 62.

6) 앞의 성경, 신약전서, 43.

7) 앞의 성경, 신약전서, 44.

8) 앞의 성경, 신약전서, 128.

9) 앞의 성경, 신약전서, 128.

9) 루터는 『두 종류의 의』(1519년)란 책에서 '밖에서 오는 의'(Gabe)와 '우리자신의 의'(Aufgabe)를 말한다. 전자는 하나님의 '선물'(donum, Gabe)로서 우리를 은혜로 '구원하신'(Indikativ) '그리스도의 의'라고 하며, 후자는 믿음으로 의롭게 된(의신칭의) 우리가 그리스도의 '모범'(exemplum)를 본받아 마땅한 삶을 살아야 하는 '책임 및 과제'(Aufgabe)로 하나님의 '명령'(Imperativ)에 순종해야 하는 '우리 자신의 의'라는 것이다. 이것이 롬1:17에서 루터가 새롭게 발견한 복음으로서 '하나님의 의와 칭의'이다. 이형기는 이것을 '밖에서 오는 의'(donum=Gabe=Indikativ)와 '우리 자신의 의'(exemplum=Aufgabe=Imperativ)의 라는 도식으로 정리한다. 이형기, "복음의 재 발견: 하나님의 의와 칭의", 『2017 예배와 강단』(서울: 김종렬 엮음, 기독교문사, 2016). 120-122.

10) 앞의 성경, 신약전서, 22, 59, 117-118.

11) 앞의 성경, 신약전서, 128.

12) 앞의 성경, 신약전서, 128.

13) 앞의 성경, 신약전서, 128.

11) 앞의 성경, 신약전서, 128.

12) 하나님의 나라를 간절히 '기다리며'(warten) '서두르며'(eilen)라는 말은 아버지 블룸하르트(Joh. Chr. Blumhardt. 1805-1880)가 좋아하는 말이며, 이 말은 벧후 3:12절을 근거로 한 것으로, 그가 특별히 좋아하는 성구의 하나로 삼았으며, 그의 종말론을 나타내는 것이다. 井上良雄(이노우에 요시오), 田鎬潤 역, '하나님 나라의 證人'『블룸하르트 父子』- '기다리며 서두르며'-(서울: 대한기독교서회, 1991), 154-157.

13) 井上良雄(이노우에 요시오)은 '앞의 책'을 쓴 일본 루터 신학대학 및 일본기독교 신학교수를 역임했으며, 바젤에서 칼 바르트의 제자로서 바르트 신학을 전공하였고, 특별히 그는 블룸하르트 부자를 '하나님 나라 증인'이라고 하였다. 김종렬, 앞의 글, 187-206. 참조.

14) Schleirmacher가 1811년에 쓴 *Kurze Darstellung des theologisghen Studiums*를 김경재 선한용 박근원 공역, 『신학연구입문』(서울: 대한기독교서회, 1982)라는 책을 쓰면서 '실천신학'에 대한 학문적인 논의를 시작하게 되었다.

15) E. Thurneysen, 앞의 책, 275-299.

16) 앞의 책, 275.

17) H. Cox, *The Secular City*. 손명걸 외 6명 번역. 『세속도시』(서울: 대한기독교서회, 1967), 169-177.

18) 앞의 책, 200-218.

19) F. Schleiermacher, 앞의 책.

20) John E. Burkhardt, "신학에 대한 쉴라이어마허의 전망", Don S. Browning(ed), *Practical Theology*, 이기춘 역『실천신학』(서울: 대한기독교출판사, 1986), 50; 박근원, 신학순례기『오이쿠메네 신학실천』(서울: 대한기독교서회, 2016 초판 2쇄), 207-209.

21) Gerhard Krause (Hrsg.), *PRAKTISCHE THEOLOGIE*(Wissenschaftliche Buchgesellschaft Darmstadt,1972). V-IX.

22) S. Hiltner, Preface to Pastoral Thelolgy, 민경배 역『목회신학원론』(서울: 대한

기독교서회, 1968).

23) Don, S. Browning(ed), Practical Theology, 이기춘 역『실천신학』(서울: 대한기
독교출판사, 1986).

24) 박근원, "현대 실천신학의 동향과 한국교회"「神學思想」제6집, 542-555. "실천
신학의 새로운 좌표"「神學思想」제9집, 363-382. "실천신학의 최근동향"「神學
思想」제14집, 431-446.

25) R. Bohren. Predigtlehre, 박근원 엮, 『설교학 원론』(서울: 대한기독교서회,
1979),『설교학 실천 론』(서울: 대한기독교서회, 1980).

26) E. Thurneysen, Die Lehre von der Seelsorge, 박근원 역, 『목회학원론』(서울:
대한기독교서회, 1979).

27) 박근원, 신학순례기『오이쿠메네 신학실천』(서울: 대한기독교서회, 2016초판 2쇄)

28) 2017년에 실천신학대학원대학교가 김종렬 석좌교수를 임명함으로써 '실천신학'
이란 교과목이 개설되고 강의가 시작되었다.

29) '실천신학연구소'는 지난 30여 년 동안 계속된 '목회교육연구원'이 2017년에 실
천신학대학원대학교 부설로 개편된 것이다.

30) R. Bohren, *Daß Gott schön werde, Praktische Theologie als theologische
Ästhetik*(Chr. Kaiser Verlag München. 1975). 234.

31) 앞의 책, 14.

32) 김종렬, "교회를 아름답게 세상을 새롭게 하는 실천신학"(2017년 5월19일 실천신
학대학원대학교 부설 '실천신학연구소' 개소기념 세미나 강의)

33) 앞의 책, 14.

34) Jan Milic Lochman, *Unser: Auslegung des Vaterunsers*, 정권모 옮김, 주기
도문『기도와 정치』(서울: 대한기독교서회, 1995)

35) R. Bohren, "실천신학", 앞의 책, 20-27.

36) 앞의 책, 7.

37) 제15회-26회 새고을기독서원 신학세미나(2013-2015년) 자료참조.

38) 제27회제34회 새고을기독서원 신학세미나(2016-2019년) 자료참조.

39) R. Bohren. Predigtlehre, 박근원 엮, 『설교학 원론』(서울: 대한기독교서회, 1979),
『설교학 실천론』(서울: 대한기독교서회, 1980).

40) R. Bohren. 『신학총론』, 18-20.

41) Friedrich Zündel, *Johann Christoph Blumhardt: Zeuge der Siegesmacht*

Jesu über Krankheit und Dämonie. Bearb. von Heinrich Schneider(1962 Brunnen Verlag Gießen,

42) R. Bohren. *Prophetie und Seelsorge*(Neukirchener Verlag, 1982).

43) 김종렬, "학국교회 갱신을 위한 바른 신학과 실천신학운동의 신학마당으로서 새고을기독서원 신학세 미나"『설교를 위한 신학, 신학 있는 설교』(서울: 대한기독교서원, 2012), 46.

44) 임희국, "받 볼(Bad Boll)의 블룸하르트 유산을 이어가는 새고을기독서원의 하나님 나라 운동", 앞의 책, 62-64.

45) 앞의 책.

46) 제15회-제26회 새고을기독서원 신학세미나(2013-2015). 자료참조

47) 『포항제일교회 100년』(포항: 삼양문화사, 2005), 78.

48) 앞의 책, 231-241. 김종렬 목사 목회사역 참조

49) R. Bohren, *Daß Gott schön werde,* 94.

50) R. Bohren, 박근원역, 『설교학원론』, 29-43.

51) 앞의 책, 13-28.

52) R. Bohren,/Klaus-Peter J rns(Hrsg.) *Die Predigtanalyse als Weg zur Predigt*(A. Francke Verlag GmbH tübingen, 1989), 53-61.

53) 강치원, "신학의 자리- 루터에게 그 근본을 묻다".『2017예배와 강단』(기독교문사, 2016), 권두논문 1, 35-71. 김종렬, "한국교회 강단(설교)의 위기와 그 극복의 길(설교자의 사명)"『설교를 위한 신학, 신학 있는 설교』(서울: 대한기독교서회, 2012), 795-824.

54) 『설교를 위한 신학, 신학 있는 설교』라는 이 책은 종교개혁자들로부터 현대 신학자들에 이르기까지 그들의 신학에 관한 훌륭한 글들을 모아 엮은 책으로서 설교자들이 신학 있는 설교를 하는데 크게 도움이 될 것이다. 일독을 권한다.

55) 김종렬, 『1988예배와 강단』(서울: 양서각, 1987).

56) 김종렬, "교회력과 성서정과"-예배와 설교갱신을 통한 한국교회 갱신과 일치를 위하여-,『설교를 위한 신학, 신학 있는 설교』, 709-748.

57) J. Calvin. 로고스번역위원 역.『기독교강요』4권(서울: 로고스, 1987), 269.

58) E. Thurneysen, 앞의 책, 25.

59) D. Bonhoeffer, 허 혁 역, 『나를 따르라』(서울: 대한기독교서회, 1980), 24. 이하 참조.

60) 『포항제일교회 100년』, 234-235.

61) R. Bohren, 『신학총론』, 20-21.

62) S. Hiltner. 앞의 책, 13.

63 R. Bohren, "실천신학", 앞의 책. 24.

64) E. Thurneysen, 앞의 책. 44.

65) 이만규, 『사람을 살리고 사람을 세우는 목회』(서울: 한국목회 사역 연구소, 2010)

66) 제12회 새고을기독서원 신학세미나(2011년 3월 24일, 새고을기독서원).

67) 『포항제일교회100년』, 232.

68) 『포항제일교회100년』, 236-238. 참조.

69) 김종렬, "하나님의 영광을 위하여 모든 피조물이 더불어 살아가는 지구생명공동체", 『하나님나라와 생명살림』(서울: 한국장로교출판사, 2005), 5-7.

70) 『포항제일교회100년』, 236.

71) 같은 책, 239.

72) 같은 책, 233.

73) 은준관 외 7명, 하나님 나라 백성공동체를 세우는 『오색목회』(서울: 대한기독교서회, 2011)

'하나님 나라'를 위한 디아코니아 목회의 이론과 적용

박인갑 교수

들어가면서

'하나님 나라'가 '하나님의 뜻이 실현되는 곳(현상)'이라면, '디아코니아'는 '하나님의 뜻을 실현하는 것(사역)'을 말한다고 할 수 있다. 달리 말하면 '우주'와 '중력'의 관계라 할 수 있는데, 만일 중력이 해체되거나 무력화된다면 우주는 성립되지도 존재하지도 못하듯이, 디아코니아 없이는 하나님 나라는 성립될 수도 존재할 수도 없다는 사실이다. 왜 그럴까?

I. 하나님 나라와 디아코니아

성서에 계시된 '하나님의 뜻'은 '하나님 나라'를 지향하고 있으며, 이 하나님 나라는 '디아코니아' 원리를 통해서만 온전히 이루어지게 된다는 사실을 밝혀주고 있기 때문이다. 이러한 관점에서 예수는 자신이 오신 목적이 '디아코니아'라고 확실히 밝히면서(마 20:28; 막 10:45), 자신의 정체성(신분)을 '디아코니아를 실현하는 이'라는 의미로 '디아코노스'로 명명하신다(눅 22:27). 이러한 관점에서 '하나님 나라와 디아코니아의 관계'를 살펴보자.

예수께서 가르치신 복음의 핵심은 곧 '하나님 나라'였다. 예수께서 이 땅에 오신 목적에서부터 가르치고 보여주신 모든 사역을 통하여 예수께서는 하나님 나라의 도래를 선포하시고, 그것을 '섬김' 즉 디아코니아로 이끄셨다. 예수께서 친히 가르쳐주신 '주기도'의 디아코니아적 의미도 마찬가지다. "하나님의 나라가 이 땅에 이루어지기를 원하시는 하나님의 뜻을 이루게 하라"는 기도이다. 하나님의 뜻을 이루어 가는 것이 디아코니아인 것이다. 또한 마지막 심판(마 25:31-46)의 장면에서 심판주는 주린 자, 목마른 자, 나그네, 헐벗은 자, 병든 자, 갇힌 자들에게 어떻게 하였는가를 최후심판의 기준으로 삼고, 자신과 그들을 동일시하고 있음을 알 수 있다. 바로 그 사역이 '디아코니아'이다.

1. 하나님 나라와 디아코니아의 관계

디아코니아적 사상이 신약성서에서 예수의 '하나님 나라'라는 새로운 관점 아래서 새롭게 재구성되어 나타나고 있다. 더 나아가 바울은 예수 그리스도의 죽음과 부활의 경험에 따른 디아코니아적 회개를 통해 '새로운 피조물'이라는 관점으로 디아코니아적 지평을 열어주었다. 다시 말하면, '하나님 사랑과 이웃 사랑'의 계명은 이미 구약에서 나타난다(신 6:5; 레 19:18). 또한 신약의 예수의 선포 속에서 연결된다(마 19:37-39; 막 12:30이하; 눅 10:27). 바울은 이웃사랑으로 모든 계명을 요약해 주고 있다(롬 13:9; 갈

5:14).

예수의 가르침의 중심도 "하나님 나라와 디아코니아(눅 4:18-19; 사 61:1-2)"였다. 그 메시지가 선포되고 실현되어야 하는 곳은 바로 억압과 질병과 가난이 지배하는 곳이고, 예수는 바로 그곳에서 사역하시며 구원의 사건을 일으키신다. 왕적인 예수는 그러한 자신의 사역 속에서 순종을 통해 왕권을 부여 받고 섬김을 통해 왕권의 통치를 수행한다. 또한 메시야적 예수는 미래로부터 오고 있는 현재적 하나님 나라를 선포하며 메시야적 헌장인 이사야서 61장(눅 8:18-19)의 '은혜의 해'를 위한 치유사역을 수행하며 통치한다. 또한 예언자적 예수는 성전정화를 통해 디아코니아적 예배갱신을 시행한다. 하나님께서 종말론적인 구원의 통치를 시작하신다고 선포하셨다. 예수께서는 성령의 능력으로써 각종 병든 사람들과 귀신 들린 사람들을 고쳐 주셨다. 병든 자를 "민망히 여기는"(막 1:41) 마음으로 행하였다. 이러한 사역을 통하여 예수께서는, 하나님의 다스림이 성령을 통하여 지금 실현되고 있음을 보여 주신다. 결국 예수는 건강한 사람, 의인, 부자들이 아니라 죄인, 가난한 사람들, 병든 이들에게 그의 나라를 약속한다.

성서, 즉 구약과 신약을 통해 하나님은 우리에게 인류구속의 길을 '아가페적 섬김의 계시'로 알려주고 있다. 이러한 내용이 성서전체의 맥락이며 핵심이다. 따라서 야훼라 알려진 구약의 하나님은 소외당하는 사회적 약자들을 자비와 정의로 돌보시는 디아코니아의 하나님이시고, 그 뜻을 실제로 친히 이루시고자 섬기시는 종의 모습으로 십자가에서 희생하신 신약의 예수 그리스도의 모습도 역시 디아코니아의 모범이었음을 알 수 있다.

이러한 사실은 신약적 초대교회 공동체에서 잘 나타나고 있다. 흔히 밝혀주는 '디아코니아'라는 말의 그리스어 의미는 '밥상을 차려 밥을 먹이는 일'이라거나, '섬기며 시중을 드는 일'을 말하곤 한다. 그보다 더 근원적으로는 '식구를 부양한다'라는 일반적인 의미였다고 알려져 있다. 아무튼 밥을 제대로 먹기조차 어려울 정도의 이웃을 돌보며 섬기는 일이 얼마나 중요한 지에 관해서 성서는 세심하게 알려주고 있다. 그러나 그러한 하나님의 뜻에 반하여 이스라엘의 역사 속에서 수도 없이 반복적으로 야훼의 뜻을 왜곡시키고 잘못된 길로 빠지자, 하나님은 자신이 세상으로 친히 내려오시는 놀라운 사역을 몸소 감당하시게 되었는데, 이를 우리는 '그리스도 사건'이라 칭한다. 빌립보서가 일러주는 대로 그리스도는 "자기를 비우시고(δοῦλος) 종처럼 되셔서(Θάνατος) 십자가에 달려 죽으신(Θάνατος) 것이다"(빌 2:5-8). 육신을 입고 몸소 이를 이루신 예수는 자신의 신분 자체를 "디아코노스"로 밝혀주신다(눅 22:27b). 이는 한마디로 세상을 구원하기 위한 '유일한 길이요 진리요 생명'으로서의 "디아코니아"라는 마스터키를 친히 만들어 주신 것이다.

이와 같이 구약과 신약에 나타난 '야훼 하나님'과 '예수 그리스도'의 모습을 통해 나타난 '야훼의 영성'과 '그리스도의 영성'은 '섬김의 영성' 바로 그것이다. '자기비움'의 케노시스적 영성으로 '아래로 향하는 영성'이 바로 디아코니아적 영성이다. 이 영성은 예수가 보여주신 십자가의 영성이요, 낮아져 섬기는 영성이요, 고난을 통해 주어지는 영성이다. 영성은 바로 하비루의 고난과 희생의 눈물 속에서 만들어 진다. 섬김의 영성으로서의 디아코니아의 영성은 예수의 마음을 닮아, 불쌍히 여기며 동일한 심정으로 함께 울어주는 영성이다. 따라서 디아코니아 영성은 자발성으로 이루어지며, 헌신적 자세로 가능해지며, 지속적으로 이루어질 때 온전해 진다.

2. 복음서에 나타난 예수의 디아코니아

　복음서의 디아코니아는 곧 예수의 디아코니아요, 예수의 디아코니아는 곧 '섬기는 자'(요 13:4-8)에 있다. 예수는 '죄인의 친구'(마 11:19)로 사시다가 죄수 한 가운데서 십자가에 달려(요 19:18) 돌아가신 분이시다. 사랑의 이중계명과 황금률로 요약되는 예수의 가르침과 모본은 곧 이웃을 위한 그리스도인의 당연한 임무를 말해 주고 있다. 이와 같이 신약에 나타난 예수 그리스도의 디아코니아의 '질적인 새로움'은 이미 구약에서 그 핵심내용으로 선포되었다.

　공관복음서를 살펴보면, 마태와 누가는 예수의 디아코니아적 사상을 구약적 토라의 연속선상의 입장에서 더욱 완성적인 것으로 묘사(마 5:3-7)하고 있는 반면에, 마가는 왕조신학의 왜곡된 유대교의 율법과 달리 완전히 새로운 시각에서 강하고 급진적인 표현으로 설명하고 있음을 알 수 있다. 마가는 사람중심의 안식일(막 2:23-28), 정결문제(막 7:1-23), 이혼금지(막 10:2-16) 등 율법의 핵심적 요소라 할 수 있는 제사법과 정결법 그리고 절기와 안식일법을 전혀 새롭게 해석하는 모습의 예수를 그리고 있다. 따라서 마가는 예수의 사상을 전통적인 유대교적 율법이해를 뛰어넘은 하나님의 주권하의 새로운 관점, 즉 '사랑의 계명'(막 12:28-34)으로써 계약법전의 개혁법인 성결법전(제의신학)조차 뛰어넘는 개인의 직접적 실천을 중시하는 무제약적인 하나님사랑과 인간사랑을 강조하고 있는 것이다. 결과적으로 황금률을 실천하게 하여 이웃에 대한 과제를 짊어지게 하고 무엇이든지 남에게 대접을 받고자 하는 대로 남을 대접하는 삶으로 나아가게 한다. 이러한 자기인식으로 인해 이웃을 자기 몸처럼 사랑하는 인식에까지 이르게 된다(레 19:18).

여기서 우리는 보다 더 구체적인 디아코니아적 실천에 관심을 기울인 누가를 보게 되는데, 그는 사회적 소외계층에 관심(눅 22:24-27)하는 예수를 그리면서, 가난한 자에 대한 복의 선언(눅 1:53, 4:18, 6:20)과 부자에 대한 비판(눅 16:19-31, 19:1-10) 등을 기사화 한다.

예수는 야웨 하나님의 영을 받고 그의 사역을 시작한다: "주의 성령이 내게 임하셨으니 이는 가난한 자에게 복음을 전하게 하시려고 내게 기름을 부으시고 나를 보내사 포로 된 자에게 자유를, 눈먼 자에게 다시 보게 함을 전파하며 눌린 자를 자유케 하고, 주의 은혜의 해를 전파하게 하려 하심이라 하였더라"(눅 4:18-19). 여기서 예수가 이 땅에 오신 목적이 밝혀져 있다. 즉 복음은 자유와 회복 그리고 해방의 은혜가 하나님이 예수를 이 땅에 보내신 핵심이유인 것이다. 이것이 바로 구약에 나타난 약자들에 대한 관심을 이어가는 예수의 지상사역의 목적인 것이다. 이에 따라 예수는 그의 선포와 행위 속에서 늘 가난한 사람들과 연대한다. 어리석은 부자 이야기(눅 12:16 이하)와 부자청년 이야기(마 19:16 이하) 그리고 부자와 가난한 나사로 이야기에서(눅 16:19 이하) 부자가 하나님 나라에 들어가는 것이 얼마나 어려운 것인가에 대해 예수는 말한다.

마지막 심판의 장면(마 25:31-46)에서 예수는 주린 자, 목마른 자, 나그네, 헐벗은 자, 병든 자, 갇힌 자들에게 어떻게 하였는가를 최후심판의 기준으로 삼아, 그 근거로 자신과 그들을 동일시하고 있음을 나타낸다. 심판주의 관심은 더 이상 처음의 신앙고백이 아니고, '주'로 고백한 자신과 동일시 된 그들에게 어떻게 하였는가에 집중되고 있을 뿐이다. 쉽게 말하면, 사랑의 행위로 나타나는 삶을 통한 말씀의 실천 또는 믿음의 실행을 묻고 있는 것이다. 이것은 곧 신앙의 목적성과의 일치성 여부를 따지는 최종평가서의 역할인 셈이다. 따라서 교회가 예수와 동일시되는 이들을 알아보지 못하고 그들의 필요를 채워주지 않는다면 교회는 더 이상 교회일 수 없다는 선언이 마태복음 25장의 내용인 셈이다. 바로 여기에 교회갱신의 이유와 길이 있는 것이다. 여기에 디아코니아의 충분한 근거가 있으며, 디아코니아는 이러한 예수의 뜻을 따르기 위하여 오늘 우리의 삶의 자리로 옮기려는 운동인 셈이다. 이 마지막 심판이야기에서 구약과 신약의 핵심과제가 하나로 묶여져 나타난 것이다. 이제 약자는 더 이상 자선의 대상이 아니며, 다만 교회는 그들에게서 그들과 동일시되는 하나님과 그 아들 예수를 볼 수 있어야 하며, 여기에 디아코니아의 출발점이 시작된다.

이제 신학적 관점에서 '하나님 나라와 디아코니아'의 관계를 고찰해 보고, 실천적 방향으로 나아가 보도록 하자.

3. "하나님 나라의 지평에서의 디아코니아"

몰트만은 튀빙겐(Tuebingen) 대학교 조직신학 교수로 재임 당시, 교회의 디아코니아 실천을 위한 동기부여를 위해 『하나님 나라의 지평에서의 디아코니아』를 1984년에 출간하였다. 여기서 몰트만은 "행동하는(action) 디아코니아"를 강조하고 있다는 사실을 확인하게 된다.

몰트만의 교회론 중, 그의 디아코니아의 입장을 정리해준 "하나님 나라의 지평에서의 디아코니아"(Diakonie im Horizont des Reiches Gottes)에서 몰트만이 정리해준 디아코니아의 3가지 측면을 살펴보면서, 구체적 7원리를 인용함으로써, 디아코니아를 지향하는 몰트만의 입장을 요약하고자 한다.

먼저 몰트만은 이 세상의 끝에 시작되는 천국이 아니라, 지금 이미 역사되고 있는 예수 그리스도 안에서 나타나 보이는 '하나님 나라'를 말하면서, 이 '하나님 나라의 지평에서의 디아코니아'를 말하고 있다.

(1) "우리는 십자가에 달리신 분 만을 따라야 할 것이다. 십자가에 달

리신 그 분을 따른다는 것은 곧 동이 터 밝아오는 하나님 나라의 지평에서 행하는 디아코니아가 될 것이다. 그 외의 다른 지평은 결코 없는 것이다."

(2) "만일 우리가 그 분의 파송을 인식하고 우리에게 역사하게 한다면, 또 만일 자유가 우리를 향하여 부르는 소리를 우리가 듣고 하나님의 미래가 바로 우리에게서 또는 우리로부터 시작되는 모든 선행을 실천한다면, 우리는 그 때 비로소 예수의 하나님 나라를 깨닫게 될 것이다."

(3) "따라서 하나님 나라의 지평에서의 디아코니아는 포괄적이고 전체적인 디아코니아인 것이다. 이와 다르다면 그 나라에도 그 창조주께도 합당하지 못할 것이다. 전체적인 디아코니아라 함은 인간이 가진 모든 불치의 장애에 대한 치유행위를 가리킨다. 디아코니아는 인간의, 인간간의, 인간과 하나님 사이의 가로 막힌 장벽을 극복하고 제거하는 일을 한다. 하나님 나라의 지평에서의 디아코니아는 실제적인 화해의 사역이기에 (고전 5:18), 모든 나뉘어진 것이 다시 만날 것이요, 다툼의 한가운데 평화가 깃들 것이다."

다음으로 몰트만은 예수 그리스도의 고난과 십자가의 죽음을 통해 나타난 "십자가 아래서의 디아코니아"를 언급하면서, 크리스찬들의 고난의 나눔과 연대적 희생의 참여를 말하고 있다.

(4) "십자가 아래서의 디아코니아는 '고통의 나눔'이요, '고통의 수락'이요, '고통의 넘겨받음'이라 일컫는 것이기에, 그것은 날마다 두려움 가운데서의 '나의 죽음'(Sterben des Ich)과 연결되는 것이다. 이러한 십자가 아래서의 디아코니아는 부활하신 분의 현존과 능력 가운데서 일어나게 되며, 부활의 소망이 바로 우리로 하여금 사심 없는 사랑과 희생적 죽음을 준비시킨다."

끝으로 몰트만은 "성령의 능력 안에서의 디아코니아"를 언급하면서, 디아코니아는 '공동체를 통하여' 그리고 '공동체 안에서' 일어나야 하며, 사회적 고난들을 치유하는 열린 공동체가 되어야 할 것을 주장하였다.

(5) "병자를 위한 특별한 디아코니아는 원래 디아코니아적 교회에 그 뿌리를 두고 있다. 모든 신앙인의 일반적인 사제직 속에 특별한 사제직이 세워지듯이, 모든 신앙인의 일반적인 섬김의 직분 가운데서 특별한 디아코니아 직분이 주어지는 것이다."

(6) "디아코니아는 치유 공동체 안에서 또 치유공동체를 통하여 발생한다. 열린 공동체는 소외와 경멸, 그리고 소원해지는 관계에 따른 사회적 고통을 치유해 줌으로써, 치료의 전제조건 내지는 신체적 고통의 완화를 주게 되는 것이다."

(7) "단체 및 기관의 디아코니아는 건강하지 못한 사회가 병자와 희생자를 강제 퇴거시키려는 위임원칙에는 반대해야 한다. 교회공동체의 디아코니아를 강화시키고, 사회 속에 디아코니아 중심의 교회공동체를 세워나가는 것은 오늘날 대단히 중요한 과제이다."

이와 같은 교회 공동체를 통한 "하나님 나라의 지평에서의 디아코니아"는 "하나님 나라의 지평에서의 사회"로 개혁되어야 하는 바, 아래(하층민)로부터의 새로운 사회로 건설되어야 진정한 '이웃관계'를 형성하게 되며, 비로소 사회의 소외자를 구원하고 치료하는 기초공동체를 이룰 수 있다고 몰트만은 주장한다.

II. 하나님 나라를 위한 디아코니아 목회의 실제

'교회'의 어원적 뜻은 ecclesia와 kuriake가 합쳐진 의미로, '주님에 의하여 세상으로부터 불러냄을 받은 공동체'를 의미한다. '주님의 뜻을 세상에 실현하기 위하여 훈련 받는 제자공동체'를 말하고 있는 것이다. 목회란 곧 하나님 나라를 건설하시려는 주님의 뜻을 실현할 일꾼들 즉 디아코노스들을 길러내어 하나님 나라를 일구는 사역인 것이다.

1. 교회의 기능과 디아코니아

'교회의 기능'에 관하여 디아코니아적 관점에서 간략히 정리해 보면, 그 줄거리 내용은 이러하다: 먼저 '말씀의 섬김'(diakonia tou logou / Gottes-dienst)인 앞부분과 '사랑의 섬김'(diakonia agapes / Naechsten-dienst)인 뒷부분으로 구성되어 있다.

먼저 생명의 원리를 이해시키는 말씀의 이론부분인,
  1) 케리그마(kerygma): 신앙의 내용인 말씀의 선포
  2) 다다케(didache): 선포된 말씀을 삶에 적용하기 위한 구체적 실천적 교육
  3) 레이투르기아(leiturgia): 말씀의 실천과 실행을 위한 결단식으로서의 성례(세례 & 성찬)

그리고 말씀에 따른 구체적 사랑의 실행을 위한 실천부분인,
  4) 코이노니아(koinonia): 공동체 내에서의 실천적 나눔의 사귐
  5) 디아코니아(diakonia): 지역사회를 넘어 세상 속에서의 사랑의 섬김
  6) 마르투리아(marturia): 섬김의 절정이자 완전한 사명완수로서의 순교적 증인됨이다.

이를 위해 교회공동체는 먼저 '말씀의 디아코니아'(diakonia tou logou)를 예배를 통해 실행한 후, 곧 이어 '헌신'이라 불리는 '자선을 위한 사랑의 디아코니아'(diakonia agapes)를 실행한다.

2. 목회의 디아코니아적 갱신

이미 오래 전부터 교회 또는 공동체가 디아코니아의 주체라고 인식되어 왔다. 전체로서의 교회공동체는 특별히 디아코니아를 위해 부름 받았다. 독일 개신교 협의회(EKD: 독일개신교회)의 기본규약 15조에 보면, "디아코니아는 교회의 삶과 존재의 표현이다."라고 선언한다. 목회의 디아코니아적 갱신을 위해 설교, 성례, 교회교육, 구역모임(속회), 교회직제와 조직, 교회재정(헌금), 교단행정의 순으로 생각해 보고자 한다.

1) 디아코니아적 설교[케리그마(kerygma): 말씀선포]

예배에 있어서의 하나님의 말씀선포인 설교의 중요성은 언급할 필요조차 없을 것이다. 우리가 기억해야할 분명한 사실은 말씀에 대한 분명한 인식과 고백이 있어야 진정한 말씀수행의 결단이 가능하다는 사실이다. 무엇이 선포되어야 할 것인가의 문제는 곧 무슨 선포가 본질적으로 교회에 속하는가의 문제이다. 그 대답은 자명한데, 교회의 존재를 세상, 즉 사회에 보내심을 받은 존재가 되도록 동기를 부여하는 것, 또한 동시에 동기를 부여하시는 분 즉 자신을 계시하시는 하나님이신 예수 그리스도가 선포의 대상이다. 다시 말하면 아들의 사명은 교회의 사명의 동기가 된다. 설교는 바로 이러한 동기를 명확하게 선포하여야 한다. 인간실존에 대한 유일하고도 보편적인 진리가 바로 디아코노스이신 예수 그리스도이시기 때문이다. 이를 한마디로 케리그마(사신)라고 부른다. 이 케리그마(설교)는 "복음의 살아있는 음성"(viva vox Evangelii)으로, 사람과 사람 사이에서 직접 일어나는 사건이어서, 결코 포기될 수 없는 것이다. 말씀은 삶의 동기설정을 통해 의식화로 나타나 삶을 통해 실현시킨다.

교회는 세계를 위하여 있는 것이지, 교회 자체를 위해 있는 것이 아니다. 따라서 교회의 본질은 교회가 세상에서 감당할 사명에 있는 것이고, 그 사명은 "의식화"(Bewusstsein-bildung)로 규정 될 수 있다. 의식화는 계속적 과정으로서 교회내적 사귐 안에서는 물론이고, 교회 밖을 향해서도 진행된다. 따라서 공개적인 선포는 교회에 속한 것인 바, 의식화가 어떤 형식으로 수행된다고 하더라도, 원칙적으로 의식화는 설명하고 자극하는 등의 말씀 없이는 일어날 수 없다. 그것도 공개적인 즉 사회를 향한 말씀 없이는 일어날 수 없는 것이다. 사명은 언제나 양면적이고 상호적인 만남을 포함하고 있기에 '이중측면'이 야기된다. 즉 '말 뿐'(Nur-Verbale) 만으로는 불충분하기에 '말씀'에 대한 '삶'이라는 이원성이 생기게 된다. 이 둘은 서로 관여 되고, 서로서로 규명한다. 즉 살아 보인 것은 말로 표현 되어야 하고, 말로 나타낸 것은 또한 살아 보여야 한다.

더 나아가 예배의 구성요소인 찬양과 기도의 방향도 디아코니아적으로 방향정위되어야 할 것이다.

2) 디아코니아적 성례[리투르기아(leiturgia): 세례 & 성찬]

파울 알트하우스는 성례를 '구두적 선포'에 비해 성례가 갖는 특수성을 '말씀을 자신이 친히 받아들인다'는 '말씀의 행위적 특징'에 두고 있는데, 말씀은 단순히 듣기만 함으로써 아무런 구속력을 주지 않는 상황이나, 성례는 이 말씀이 직접 자신에게 관련된 것으로 받아 용인하게 하는 구체적 결단의 행동으로 이끈다는 것이다. 우리는 여기서 선포는 선포대로 '들리는 성례'(sacramentum audibile)로서의 본성적 관계로, 성례는 성례대로 '보이는 말씀'(verbum visibile)으로서의 실행을 위한 실천적 관계로 인식할 수 있겠다.

세례는 그리스도인이 내리는 의식적 결단의 표시로 가시적 교제의 경험이 되는 것이다. 세례는 물속에 잠김으로써 상징되는 '자아중심'의 죽음과 물 밖으로 다시 나옴으로의 '그리스도중심'의 삶의 결단을 의미하며, 이는 곧 '하나님과의 사랑의 사귐'으로 귀결되는 '사람들(형제, 이웃, 원수)과의 사랑의 섬김의 삶에 대한 결단'을 의미한다. 칭의가 내부에서 일회적으로 일어나는 사건이라고 한다면, 성화는 내적 신앙이 외적 행동(action)과 더불어 이루어져 가는 것이다. 칭의의 증거와 확정이 되는 것이 세례(물세례와 성령세례)이듯이, 계속적인 성화과정 중에 필요한 것이 성만찬이라고 할 수 있다. 칭의의 확증을 의미하는 한 차례의 세례에 비하여, 성화의 노정 중에 그리스도의 희생을 기억하는 성찬은 계속적으로 반복되어야 하는 이유가 바로 성화의 소망을 반복하여 다짐하면서 '가난의 장'으로 나아가 그리스도의 희생의 피와 살에 동참하겠다는 결단식이기도 하기 때문이다. 성화가 돌아가는 고향은 십자가에 달리신 하나님이다. 십자가에 달린 곳은 어디냐? 바로 세상이다. 그 세상은 고통이 있는 곳이고, 그 고통을 교회가 나누어지고 가야한다. 그것이 바로 십자가를 따르는 교회의 중요한 임무이다.

예수께서는 성찬을 베푸시고 이를 "기념하라"(눅 22:19) 하시면서, 성령께서 "기억나게 하시리라"(요 14:26) 하셨고, 바울도 성찬의 의미(고전 11:24-25)를 동일하게 강조하였는데, 이러한 성령의 '기억나게 하시는'(휘폼네세이) 사역에 의해 '기념하는'(아남네신) 성찬의 의미는 무엇을 말하는 것일까? 우리가 기념식을 통해 기억한다는 의미는 그 뜻을 따라 그 정신으로 살아가겠다는 다짐과 결단의 의미가 아니겠는가? 오늘의 개신교회는 성례에 대한 본래적 개념을 지워버림으로 인해 원래의 모습처럼 이를 기억하고 기념하면서 그리스도의 희생에 대한 새로운 각성을 가지고 나도 이웃을 향해 헌신하고 희생하는 그리스도의 사역에 동참하려는 결심과 결단을 가지는 일에 소홀하게 되어버렸다고 볼 수 있다. 다만 최근까지 대부분의 개신교회 안에서 행해지는 성례전은 예수의 골고다 사역을 다만 묵상하면서 참회적인 예식의 성격으로 전락되어 개인적 뉘우침으로 전락되고 말았다고 볼 수 있겠다.

3) 교회학교 교육전반의 디아코니아적 갱신

복음의 목표내지 방향성은 언제나 '하나님 나라'를 지향하고 있다는 사실에서, 기독교교육의 목적 역시 '하나님 나라의 백성'을 길러내는 데 있다는 사실은 자명하다. 하나님 나라의 백성은 하나님의 말씀을 깨달아 그 뜻을 따라 살아내는 이들을 말할진대, 그것은 곧 선포된 하나님의 말씀을 받고 그 말씀의 원리를 개인적으로는 각자의 생활 속에 적용하게 하며, 공동체적으로는 '함께 더불어 살아가는 삶'을 추구하게 하는데 목표가 있다고 할 것이다. 즉 "선포된 말씀을 삶에 적용하기 위한 구체적 실천과 훈련"으로서의 교육에 관하여 상고하는 것이다.

독일의 실천신학자 에른스트 랑에(Ernst Lange)에 따르면 디아코니아 즉 봉사는 세 단계를 거치는데, 먼저 구호를 통한 디아코니아, 다음은 구조를 통한 디아코니아, 그리고 의식을 통한 디아코니아가 그것이다. 흔히 어려운 상황에 처한 이들을 돕는 것이 봉사(디아코니아)로 인식하는데, 그보다 더 중요한 봉사가 그들을 어려운 상황으로 몰아간 사회적 구조를 변혁시키는 것이 더 나은 봉사라는 것이다. 그러나 더욱 더 중요한 것은 그러한 상황에 처한 사람들의 의식을 바꾸어 주는 봉사라는 것이다. 따라서 이 일을 감당하는 교육적 디아코니아야 말로 가장 중요한 측면이라 말할 수 있겠고, 우리는 이러한 봉사를 '디다케'라고 하는 것이다.

어떻게, 어디서 디아코니아는 학습되며 교수되는가? 디아코니아 배움은 태아교육으로부터 시작되어야 하는데, 현실적으로는 유치원 교육에서부터 이웃을 의식하고 배려하는 디아코니아적 교육이 이루어져야 된다.

더 나아가 디아코니아 교육은 정의롭고 평화로운 세계의 꿈을 그려보게 하는 것이며, 더 나은 인생에 대한 개인적 질문들을 장려하는 것인데, 디아코니아 교육은 결국 폭력과 갈등을 예방하는 일에 기여하게 된다. 교회의 교육은 사회봉사로서의 디아코니아적 교육이라고 칭할 수 있으며, 이를 위한 계몽적 교육이어야 한다고 할 수 있다. 이는 곧 사회참여의 교육이 되어야 하는 것을 말하며, 그러기 위해서는 교육을 통하여 교회공동체 회원의 의식을 일깨우고, 소명 받은 하나님 나라의 일꾼들로 변화시켜 가야하는 것을 뜻한다.

4) 구역모임(속회)의 디아코니아적 갱신

독일 경건주의의 아버지라 일컬어지는 슈페너의 소그룹운동으로부터 헤른후트 공동체의 속회와 반모임을 거쳐 이어진 감리교의 속회나 개신교일반의 구역모임 등은 원래 말씀을 삶 속에서 살아내고자 하는 신앙의 실천운동의 중요한 모임이었다. 이는 선포된 말씀을 듣고 교회교육을 통한 실생활에의 적용학습을 거친뒤 삶의 현장에서 한 주간을 살아낸 뒤 주말에 모여 그 경험과 체험을 서로 나누며 신앙을 고백하고 새로운 다짐을 통해 회원들의 신앙성숙을 도모하는 모임이었다. 따라서 이제 구역모임 또는 속회는 이러한 본래적인 디아코니아적 모임으로 회복되어야 할 것이다.

5) 교회직제와 부서조직의 디아코니아적 갱신

교회의 기초직제는 아버지 하나님을 모사한 감독직, 사도회를 모사한 장로직 그리고 예수 그리스도를 모사한 집사직으로 구성되었다. 이 세 직은 하나님의 교회 공동체의 협동하는 지도조직이었다. 그 중에서도 교회의 집사 직무는 하나의 특별한 기구로서 모든 사랑의 돌봄 활동에 집중하는 직무였으나, 이 집사 직무가 슬그머니 사제직에 의해 흡수당하면서 고유의 역할을 수행하지 못한 채 왜곡되고 말았다. 이제 교회는 이웃을 돌보는 일을 전담하는 이 본연의 전문섬김직으로서의 집사직무(디아코노스)를 조속히 다시 회복해야 할 것이다.

하나님께서 우리를 섬기셨다는 사실은, 세상 속에 있는 신앙인들로 하여금 이웃을 돌보게 하는 기제가 된다. 필리피는 교회공동체가 스스로 섬기는 공동체가 될 때, 타자를 위한 섬김의 공동체가 될 수 있다고 주장한다. 교회공동체는 내부적으로만이 아니라 외부적으로도 그리스도의 삶을 나타내어야 한다. 이는 곧 사회 속에서 함께 더불어 사는 공동체의 삶을 모델로서 제시해야 하는 하나님의 대리자로서의 사명으로 이어지게 된다. 비인간적인 것들에 대항함으로써 인간적인 사회를 지향하도록 봉사해야 한다는 것이다. 디아코니아의 사명은 인간의 문제로부터 시작된다. 인간의 전 생애의 과정에서 빚어지는 고난과 어려움을 감당하는 일이다. 그러기에 인간의 존엄성에 대한 인식이 없이는 불가능한 것이자 무의미한 것이 되고 말 것이다.

디아코니아는 말씀에 대한 침묵의 증언으로서 액션(실천적 행동)이며, 모든 신앙인들에게 주어진 말씀에 대한 순종의 행동이다. 교회 안에서 예배하는 공동체로서, 서로 나눔과 돌봄을 통한 친밀한 교제 공동체를 경험하면서, 그 능력이 세상의 일상의 삶 속에서 섬김의 삶으로 나타나는 것이다. 기독교 사회봉사 차원의 디아코니아는 교회의 구체적이고 든든한 직무구조를 가져야 한다. 교회공동체에서 사회봉사 직무수행을 위해서는 디아코노스(전문섬김직)의 교육과 고백은 필수적인 것이다.

6) 교회의 재정(헌금)과 디아코니아
교회재정의 원천은 헌금이고, 헌금의 기준은 '십일조'인데, 이 십일조는

'하나님의 것'으로 하나님의 직접적 뜻에 결맞은 재정으로 활용되어야 성경의 원리에 부합한 것일 것이다. 하나님은 고아와 과부 등의 재정적 보장이 없는 가난한 이들을 위해 십일조를 사용하기를 원하신다는 사실을 우리는 성경을 통해 명확히 알 수가 있다고 본다. 그렇다면 교회의 임무와 의무는 최대한의 재정을 확보하여 사회적 약자들인 어려운 이웃을 위해 최선의 방식으로 사용해야 한다는 사실은 너무나 자명해진다. 결국 교회재정의 근간은 디아코니아적 자원으로 활용되어야 옳을 것이다. 오늘의 대부분의 교회현실은 그 순서와 그 중심내용이 성서의 원리와는 역전되어 있거나 많이 동떨어져 있는 모습이다. 따라서 교회들은 매년 이웃사랑을 위한 지출을 점차적으로 대폭 늘려가는 것이 바람직하다 할 것이다.

7) 교단행정(교회법) 그리고 신학교육과 디아코니아

(1) 각 교단들은 교회법을 개정보완하여, 사회봉사를 전문적으로 맡아서 일했던 기독교 사회복지사 역할의 안수집사 직무를 회복시켜야 한다. 이런 디아코니아 돌봄은 먼저 은사를 바탕으로 전문적인 능력과 함께 하는 활동이 이루어지도록 구체적이고 합당한 대책을 마련하여야 할 것이다.

노회 또는 연회 차원에서 사회봉사를 위한 컨셉과 모델 프로젝트 등을 실시해 노회(연회) 내의 복지 자원에 대한 네트워크 작업을 통해 발전시켜나가야 한다.

(2) 각 교단의 신학교육기관에서는 교단과의 협력 가운데 디아코니아 교육을 신학교육의 중심으로 삼고, 각 신학분야는 디아코니아적 관점에 초점을 맞추어 신학연구작업을 하여야 할 것이며, 또한 기독교 복지 종사자들의 전문성을 위하여 계속 교육할 시스템을 구축하여야 할 것이다.

⑶ 기독교 사회봉사 차원의 디아코니아 사역과 사업을 위하여 교회의

제도와 교회법 제정을 시행하되, 현재의 불필요한 소모적 법조항들을 전면적으로 검토하여 대폭 정비하고, 교회기능의 중심이 되는 디아코니아 중심적 교회로 개혁하여야 할 것이 필요하다고 본다.

III. 디아코니아 목회의 실천적 방안

1. 디아코니아와 지역사회의 상황분석(디아코니아적 목회전환을 위한)

교회는 사회(세상) 안에 존재하며 사회(세상)를 위해 존재한다. 교회가 하나님의 뜻을 실현시킬 구체적인 장은 바로 사회(세상)이다. 그렇다면 교회의 사회적 책임은 당연한 것이다. 여기서 가장 중요한 것이 바로 디아코니아적 책임이라 하겠다. 디아코니아 즉 섬김을 통한 사회적 변혁은 교회에 맡겨진 중대한 사명의 하나인 것이다. 지역사회라는 용어는 커뮤니티 즉 공동체적 사회라는 사회학적 개념이다. 지역사회는 곧 지리적 근접성(지역성)과 사회적 단일성(공동의식) 및 문화적 동일성(공동규범)을 가지는 공동사회적 집단을 지칭한다. 지역사회는 인구의 대소(사회문제, 사회통제 요인), 서비스의 기능(에어리어: 광업, 상업, 공업, 농업), 사회경제적 지위(부촌, 빈촌, 중산층), 공동성의 정도(연대감, 소속감, 신뢰성)에 따라 다양하게 분류된다. 원활한 디아코니아적 목회를 위해서는 우선 지역사회의 실태를 세밀하게 조사하는 작업이 선행되어야 한다. 기본적인 지역사회 조사내용은 크게 자연환경 조사(지역, 특성), 인구(연령별, 계층별)—거주지(인구밀도, 이동)—사회구조(특성, 인접환경)의 조사, 향토문화와 전통에 관한 조사(전통, 문화, 종교), 산업과 경제생활 조사(생활수준, 생활방식), 주민들의 생활과 의식 조사(의식주, 도덕, 행동방식), 사회단체와 공공시설과 행정구조 조사(복지시설 포함) 등으로 구별할 수 있을 것이다.

여기서 단순히 지엽적 한 문제를 다루기 이전에 "근본적 구조의 변화와 목회의 패러다임 전환"을 추구하지 않으면 의미가 적을 것이다. 이를 구현하기 위한 '기본적 교회의 구조변화와 그에 상응하는 목회적 전환'을 위해 상황분석과 해결모색을 위한 방법과 내용을 다루어 보기로 하자.

이제 우리는 우리가 처하여있는 현재의 교회내적 상황을 관계적 관점에서 교회외적 상황과 연계하여 분석해야 할 필요성이 요청된다. 즉 사회-문화적 측면, 사회-경제적 측면, 사회-정치적 측면 그리고 사회-인류적 측면에서 우리가 관심하는 문제를 분석하여 진단해 보면서 새로운 갱신과 전환의 필요성을 확인하고자 하는 것이다.

1) 사회-문화적 분석

교회가 사회적 문화의 영향을 받게도 되며, 기존문화에 영향을 줄 수도 있다는 자명한 사실은, 곧 교회와 문화는 상호 깊은 관련이 있다는 사실을 말해 줄 뿐 아니라, 교회를 통해 문화변혁적 선교사명이 감당되어야 함을 일깨워 주고 있다 하겠다. 그러므로 교회는 세상을 향하여 문을 열고 세상 속으로 담대히 나아가 하나님의 창조 속에 숨겨진 진정한 하나님의 참 뜻을 교회 밖의 기존문화 속에서 찾아내어 복음의 빛으로 조명하여 다양한 하나님의 문화코드를 연결시켜줌으로써 문화를 통한 하나님의 선교를 이루어 나가야 할 것이다.

그러므로 교회와 문화의 올바른 관계를 위해 교회와 세상간의 접촉점 내지 소통의 통로로서의 문화의 정체성을 바르게 인식하여 잘못된 문화를 바람직한 문화로 변혁해 가면서 동시에 문화를 통해 세상을 인식하고 경험하도록 노력하여야 한다. 세상에서 형성되는 다양한 형태의 대중문화의 가치를 복음적 가치로 재해석하여 교회가 세상과 언제나 소통하는 일에 지대한 관심을 기울여야 할 것이며, 사회적인 책임의식을 가르쳐 시

민사회의 NGO 등과 연계하여 다양한 봉사에 적극 참여토록 유도하여야
할 것이다.

2) 사회-경제적 분석

경제는 오늘날 사실상 모든 사람을 규정하는 사회의 본질이 되었다.
서구신학이 발전해온 역사는 자본주의의 발전과정과 밀접하게 관련되어
있다. 자본주의의 모순들은 그대로 있다. 환경파괴와 생태계 교란, 인구
폭발 등은 우려할 문제이다. 이러한 현실은 경제를 신앙적 과제로 가능
하게 만들었고, 세계교회 협의회에서 적극적으로 고심하게 하는 계기가
되었다. 이러한 현실은 공(公)개념으로 경제윤리적인 새로운 전환이 필요
함을 인식하게 만들었다.

세계적으로 확산되고 있는 빈곤과 대량실업, 환경파괴와 엄청난 군사
적 파괴의 증력을 구축하기 위한 보족자원의 사용을 고려해 볼 때 경제행
위는 잘못된 방향으로 가고 있는 것이 자명하다. 따라서 신학은 이러한
현실에 새로운 해석을 할 필요성을 가지는데, 이는 곧 자본주의적인 경제
구조의 문제점을 수정할 방법을 모색해야 한다는 뜻이며, 이를 위해 '하
나님의 뜻을 벗어났기 때문에 잘못되었다'는 좀더 신앙적인 신학이 있어
야, 일반윤리적인 도덕적 논쟁으로부터 추월하여 문제에 접근할 수 있을
것이다. 이와 같은 관점에서 교회는 주변의 빈부의 문제 또는 가난의 문
제를 깊이 조사해 가면서 수용 가능한 방안을 찾아 보이야 할 것이다.

3) 사회-정치적 분석

교회와 정치의 관계는 그 역사가 오래된 만큼 복잡한 데, 현대의 관점에
서 볼 때 가장 근본적인 것이 인간의 존엄성과 공동선의 원칙을 지키는 데
는 결코 굴해서는 안 된다는 점에 있을 것이며, 또한 이를 위해 실제적으
로 봉사해야 하는 사명에 있다 하겠다. 교회와 정치관계에 앞장선 서구

의 경우를 살펴보면, 독일 개신교회는 2년마다 개최되는 교회의 날 행사를 통해 성명서나 사회백서 또는 연구서 등의 문서를 통해 정치참여를 실행해 오고 있다.

신자는 교회 안의 생활과 교회 밖의 생활을 분리하는 것은 불가능할뿐더러, 비성서적이기에, 신자의 정치적 생활도 기독교적이 되어야 한다고 본다.

4) 인류-관계적 분석

두 가지 측면에서 이 문제를 생각해 볼 수 있을 것인데, 그것은 타 종교간의 관계성과 타 인종간의 관계성이다. 비록 다른 생활환경과 사고방식 등으로 인해 형성해온 원초적 문화형태인 종교의 생성배경을 고려할 때, 적어도 우리 기독인은 교화시도 이전에 그 본래적 입장을 인정할 수 있어야 할 것이다.

이와 같은 관점에서 우리는 주변의 다양한 인종들과 다양한 종파들과의 교제의 장을 마련하여 인간으로서의 기본적이고 공통적인 것으로부터 직접적인 삶의 대화를 통해 서로를 보다 이해해 갈 수 있는 기회를 가지는 것으로부터 하나님의 대가족의 의미를 느껴보아야 한다.

2. 지역사회를 위한 디아코니아의 실행

1) 방법과 내용

교회건물을 활용하는 방법과 교회 밖 현장활동을 통한 방법이 있다. 교회건물을 이용하는 방법만 하더라도 그 활용대상은 다양할 수 있다. 영세 맞벌이 가정의 어린이들을 위한 탁아소에서부터 청소년들을 위한 진로상담, 건전한 특기활동, 독서실운영, 대안학교, 체육대회, 영세민들을 위한 결혼식장, 주부대상의 각종 강좌개설, 지역사회 성인들을 위한 각종 강좌, 빈민층을 위한 일자리소개소, 중고물품을 나누는 자선시장, 노인들을 위한 노인대학, 경로대회 건강강좌, 등등 상황과 여건에 맞는 활동 내용들을 개발하여 시행할 수 있을 것이다.

교회 외적으로는, 교회가 재정능력이 가능하여 놀이터, 양로원 같은 기관을 건립하여 운영할 수도 있고, 인적자원만 가능하다면 기존의 기관들을 방문봉사나 결연 또는 후원도 가능할 것이다. 그 외에도 의료봉사, 노동봉사 등의 자원봉사도 얼마든지 가능하다. 또한 입양 또는 소년소녀가장과의 결연 등도 가능하고, 더 나아가 과소비억제운동, 자연환경보호운동, 부정부패추방운동 등 사회적 정화운동에도 앞장 설 수 있을 것이다.

2) 자원의 내용

인적자원, 시설자원, 재정자원, 물질자원, 조직자원 등의 다섯 범주를 중심으로 자원을 확보하여야 한다.

(1) 무엇보다도 교회 안에 모인 인적자원이 중요하다. 각종 전문인 또는 직장인들이 가진 인적자원을 합당하게 활용한 지혜가 필요하다. 그러나 그 인적자원들이 자원하여 자발적으로 활용되어지기 위해서는 디아코니아적 인식이 바로 되는 전제가 필요하다.

(2) 그 다음에 필요한 것이 시설과 공간이다. 교회의 기본목적 이외에 지역사회를 위해 활용 가능한 시설자원으로 개방할 수 있느냐 하는 것이다.

(3) 재정자원의 동원문제이다. 디아코니아적 재정동원은 지역사회를 위한 구체적인 내용을 이해시킴으로써 디아코니아적 기금을 마련할 수 있을 것이다. 기금이나 헌금을 통하여 참여한다는 의식이 필요하다.

(4) 생필품을 비롯하여 의료용품, 약품, 식품, 교육자료 등의 물품자원의 동원 역시 필요하다.

(5) 조직자원의 동원도 매우 중요하다. 교회의 조직을 치밀하고 구체적인 조직체로 재구성할 필요가 있다. 특히 구역단위 속회조직을 아주 역동적으로 활성화 시킬 필요가 있다.

3) 디아코니아 활성화를 위한 준비

디아코니아의 활성화를 위해서는 세 가지의 준비가 필요하다. 동기유발(Motivation: M)과 능력훈련 개발(Capacity: C)과 기회의 창출(Opportunity: O) 즉 실제의 장을 마련하는 일이다. 이 MCO 이론은 교육이론으로, 동기가 유발되면 실력이 증가하고, 능력이 향상되면 일할 기회가 주어지는데, 이러한 구조가 반복적으로 순환되면서 계속 발전하게 된다는 것이다. 다만 순기능으로 작동시켜야 하고, 역기능 현상으로 인해 퇴보로 나타나지 않도록 해야 한다.

(1) 동기유발은 우선 성서적 증거로부터 시작해야 한다. 교회지도자는 생명과 사랑과 섬김의 디아코니아적 동기를 설교와 성경공부와 사경회, 기도회와 성만찬 등을 통해 고취시키고 각성시킴으로써 디아코니아적 동기유발에 힘써야 할 것이다.

(2) 능력훈련과 능력개발은, 섬김을 위한 충분한 동기를 가졌으나 그 방법과 길을 모르는 인적자원들로 하여금 자신감과 안정감을 가지고 임할 수 있도록 훈련하는 과정을 말한다. 이를 위해 교회 내의 전문요원이나 경험자들을 활용하는 것이 좋을 것이며, 또한 위탁이나 초청형식을 통해 교육할 수도 있을 것이다. 이미 조직된 해당부서를 통해 훈련과 개발을 책임성 있게 감당하게 하는 것은 당연하다.

(3) 봉사의 기회를 창출하는 좋은 동기부여와 능력이 갖추어져도 봉사

의 기회를 제공하지 못한다면 의미가 없을 것이다. 우선 교회의 입장에서 개인이나 가정을 대상으로 시작하여, 지역사회 내의 양로원, 병원, 교도소, 소년원, 특수학교 등의 여러 사회복지기관에서 활동할 수 있도록 장을 마련하여야 한다. 교회 자체의 프로그램 개발에도 힘써야 함은 당연지사이다.

4) 디아코니아적 실행과정

(1) 교회내의 자원체계를 사정한다: 먼저 교회 내의 인적, 시설적, 재정적, 물질적, 조직적 자원인 디아코니아적 자원을 현실성에 맞게 사정하고, 그 가용성과 동원성 그리고 지속성을 냉철하게 평가해야 한다. 또한 교회가 가지고 있는 생명자원의 종류가 어떤 방향의 사회적 섬김에 합당할 것인지도 분석 평가 되어야 할 것이다.

(2) 지역사회의 욕구를 조사한다: 교회가 속한 지역사회에서 시급하게 요구되는 것 중에서 교회가 감당할 수 있는 것이 무엇인 지가 확실하게 조사되어야 할 것이다. 충분한 의견수렴이 다양한 채널로 이루어지는 것이 좋을 것이다. 그 결과 하나 내지 몇 개의 방향을 정하여 집중 되어야 할 것이다.

(3) 프로그램을 최종 선택한다: 조사된 방향 가운데, 구체적이고 실질적인 자료에 입각하여 전문가의 도움 아래 최고의 의결과정을 통해 최종적으로 결정되어야 할 것이다. 예를 들어 교회가 작은 경우에는 보조 서비스 방향으로, 중간 정도라면 시설을 운영하는 방향으로, 대형인 경우라면 보조적이고 보충적인 활동 외에도 대리적이고 선도적인 서비스를 시행함이 바람직 하리라 보아진다.

(4) 실천의 장을 마련한다: 이미 앞서 설명한 내용들 속에 나타난 구체적 현장을 말한다. 교회시설내의 시설, 지역사회 내 시설, 불우한 이들의 지역, 병원, 소년원, 특수학교 등이다.

(5) 선택된 사역을 책임질 조직을 형성한다: 결의하고 추진하고 책임을 질 수 있는 확실한 조직과 기구 또는 부서가 필요하다.

(6) 참여요원들을 훈련시킨다: 훈련은 가급적 프로그램과 관련된 전문인을 활용함이 바람직하다. 또한 사전의 현장교육도 중요하다.

(7) 활동에 대한 평가작업을 시행한다: 일회성이 되어서는 아니 되기에 지속적인 활동을 통해 발전적이 되기 위해서는 사후의 피드백을 통한 평가작업이 꼭 행하여야 한다. 기술적인 문제점들 뿐만 아니라, 사업의 목적성과 방향감각 그리고 전진성 등에 대한 긍정적 평가를 얻을 수 있을 것이다.

그 밖에도 (8) 행정기관과 사회기관과의 유대관계를 형성, (9) 교회 밖의 재원확보책을 마련, (10) 행적후원 및 관계법령에 대해 이해하는 일도 중요하다.

마무리: 하나님나라를 위한 디아코니아적 교회(목회)를 향하여

개신교회의 위급한 사태에 직면한 오늘 우리의 목회를 어떻게 살려낼 수 있을 것인가? 묻지 않을 수 없다. 그 답은 너무나 단순하고 자명하다. 그것은 곧 율법정신을 완성하신 예수의 복음정신으로 돌아가는 것을 말한다. 그 길이 무엇일까? 그것은 자신을 '섬기는 자'(디아코노스)로 신분을 밝히시고, '섬김' 즉 디아코니아를 설파하시고 디아코니아로 살아내시다가 마침내 디아코니아의 최고절정이자 최후승리인 십자가로 죽으신 예수 그리스도의 길과 진리와 생명의 복음정신을 따르는 바로 그 길일 것이다.

따라서 진정한 교회의 모습은, '모이고 흩어지며' 참다운 '나눔'과 '섬김'이라는 디아코니아를 능동적으로 수행할 때, 성도들은 참 신앙과 참 소망과 참 사랑을 바로 깨달아 참 구원의 자유를 누리게 되는 것이다. 이 일을 가르치고 훈련하며 함께 나아가는 것이 바로 참 목회요, 교회의 리더로서의 올바른 목회자일 것이다. 이것을 가능케 해 주는 유일한 길이 바로 디아코니아이다. 이 디아코니아가 교회의 핵심사명이자 교회가 존재하는 근본적인 이유이자 교회의 목적이 되어야 하는 것이다. 그러므로 하나님 나라 확장을 위한 디아코니아의 실현을 위하여, 먼저 '섬김을 받으러 오신 것이 아니라 섬기러 오신' 예수의 사랑의 정신을 선포해야 할 것이며, 가난한 자와 병든 자, 사회에서 버림받은 자와 나눔과 섬김을 갖는 사회공동체적 교회로 세상에 열려 있는 적극적이고 능동적인 교회가 되어야 할 것이다.

이것을 가능케 해 주는 유일한 성서적 바탕의 길이 바로 '디아코니아'이다. 이 디아코니아가 교회의 핵심 사명이자, 교회가 존재하는 근본적인 이유이자, 교회의 목적이 되어야 하는 것이다. 초대교회로부터 이어져온 "실천 있는 신앙관"과 "사랑으로 역사하는 믿음"의 회복을 통해 구속적 해방과 사랑의 자유를 누리게 되기를 바라며, 디아코니아적 목회관과 교회관의 회복은 실로 필수적이고 필연적인 일이 아닐 수 없다고 보면서, 이를 위해 목회현장 속에서 실천되도록 하기 위한 목회의 방향을 '디아코니아적 목회'로 추진해 나가야 할 것이다. 이 길이 종교개혁 500주년 이후의 한국 개신교회의 '하나님 나라 건설'의 정도이기에, 한국 개신교회는 디아코니아교회로 귀향하여야 할 것이다.

1997년 10월 15일 독일 브레멘에서 가진 독일개신교연합의 디아코니아회의에서 채택한 "디아코니아의 이상"은, 미래를 향한 방향성과 특성을 제시하여 본래적 개혁을 위한 준비자세를 일깨워 준다고 보아, 그 중 우리가 기억할 만한 한 대목을 다시금 기억하고 마치고자 한다.

"디아코니아는 교회의 존재적 표현이다. 말씀선포와 함께 디아코니아는 교회를 이끄는 하나의 축이다. 교회의 온전성은 디아코니아적 교회가 되는 것이며 그것이 교회의 목표라 할 수 있다. 따라서 교회는 디아코니아적으로 개혁되고 혁신되어야 마땅하다. 먼저 말씀선포와 성례를 내용으로 하는 교회의 예배가 디아코니아적으로 정위되고(orientieren) 정초되어야(verankern) 한다. 이 예배를 통해 '타자를 위한 삶'으로의 변화(회개와 칭의)와 혁신(중생)이 일어나야 하며, 이웃사랑을 실천함으로써 영적으로 성장(성화)하며 행복(축복)을 누리게 되는 것이다. 따라서 교회는 디아코니아적 믿음의 장이요, 디아코니아적 사랑의 장이요, 디아코니아적 희망의 장인 것이다. 그러므로 디아코니아적 교회는 조직과 직제와 목회의 모든 내용들이 디아코니아적으로 개혁되고 혁신되어야 하는 바, 이는 구약과 신약 성서는 물론, 더욱 예수 그리스도의 가르침과 모범적 삶을 통해 보여주신 복음에 근거하는 것이다. 따라서 디아코니아 없는 교회나 교회 없는 디아코니아는 생명 없는 무의미한 것이기에, 교회와 디아코니아는 하나인 것이다. 디아코니아는 세계적 안목과 관점에서 에큐메니칼적으로 연합하고 연대되어야 한다."

참고도서

김옥순, 디아코니아학 입문, 한들출판사, 2010.
디아코니아, 필리피 외 4인(지인규 역), 2010.
디아코니아와 성서, 쉐퍼/슈트롬 편(디아코니아신학회 역), 한들출판사, 2013.
디아코니아학, 헤르만/호르스트만(이범성 역), 2016.
홍주민, 디아코니학 개론, 한국디아코니아연구소, 2009.

하나님 나라를 위한
디아코니아적 목회의 현장소개 (실행모델) }

박인갑 교수

우리가 앞서 나눈 〈하나님 나라를 위한 디아코니아적 목회〉의 이론 부분에 이어 여기서는 그 실행현장을 소개함으로써 하나님 나라를 일구 어 내기 위한 디아코니아 목회에 관한 보다 나은 안목의 인식과 실행적 결단이 생겨나기를 기대해 본다. 이를 위해 먼저 예장(통합)의 춘천동부교 회와 기감의 하나비전교회(인천)의 디아코니아적 목회현장을 소개하고, 이 어 다양한 형태의 디아코니아적 목회를 실천하는 다른 몇 교회의 예를 간 략히 더 살펴보고자 한다.

(아래에 소개하는 사례들은 그간 직접 현장을 탐방하여 듣고 보고 받은 자료 들을 정리한 현장사례들이다.)

I. 춘천동부교회의 디아코니아 목회

춘천동부교회의 담임목사 김한호 목사는 '통전적 디아코니아'를 목회의 기치로 삼고, 이를 위한 초대교회적 '고백성'과 '전문성'의 조화를 목회사역의 근간으로 삼고 있다. 춘천동부교회는 디아코니아를 수단이 아닌 목회의 근본정신으로 받아들이면서 일반적인 봉사의 영역뿐만 아니라 예배와 교육, 교회 운영을 비롯한 교회의 모든 영역에서 디아코니아 사역이 이루어지고 있다. 이러한 사역이 전문적으로 이뤄지기 위해 디아코니아 학교를 필두로 디아코노스 양성 교육이 이뤄지고 있고, 디아코니아를 실천할 수 있는 현장을 교회 안팎으로 교인들에게 마련해 주고 있다. 춘천동부교회 예배는 성서의 본래 정신에 따라 장애인통합예배, 환경주일예배, 주제가 있는 성만찬 등의 디아코니아 정신이 담긴 예배로 드려지며, 특별히 새벽 예배를 강조함으로서 성도들의 고백성을 바탕으로 한 전문적인 디아코니아 사역이 이뤄지도록 교회는 힘쓰고 있다. 교회 교육과 행정은 디아코니아 학교, 디아코니아 세미나, 찾아가는 당회를 진행하고 있으며 이를 통해 성도들을 진정한 섬김의 디아코노스적인 삶을 살아갈 수 있도록 돕고 있다. 지역사회를 위한 디아코니아 사역 중 교회 재정으로 진행하는 사역은 찾아가는 농촌교회, 꿈나리도서관, 실로암학교(장애인토요학교), 자원봉사수요처이며, 이를 통해 지역주민에게 다양한 복지를 제공하고 있다. 그리고 춘천시 예산으로 진행하는 민관협력 사역으로는 춘천시남부노인복지관, 춘천시청소년문화의집, 춘천시아이돌봄지원센터이며, 사)춘천동부디아코니아가 춘천시로부터 수탁받아 아이들부터 노인에 이르기까지 다양한 복지혜택을 춘천시민에게 제공하고 있다. 또한 전국적으로 각 교회와 기관 및 단체를 방문하여 목회 본질로서의 디아코니아를 소개하고, 교회의 모든 영역에서 디아코니아 사역이 이뤄지는 현장을 보여 주고 있다. 이처럼 춘천동부교회는 디아코니아의 모델을 제시할 수 있도록 디아코니아의 저변을 더욱 확대해 나가는데 노력한다.

1. 주제가 있는 디아코니아 예배

(1) 장애인 통합예배: 춘천동부교회의 장애인 통합예배는 '장애인에 대한 비장애인의 예배'가 아니라 '장애인들이 예배의 중심에 서서 예배드리며, 그들을 우리 공동체의 일원으로 인정하고 받아들이는 예배'로 진행된다. 이를 위해 예배의 기획에서부터 진행에 이르기까지 디아코니아부서, 장애인사역 담당자, 지역의 장애인학교 교사 등과 협의를 통해 어떻게 하면 장애인들이 예배의 중심에서 소외감을 경험하지 않고 예배할 수 있을지 고민하였다. 그 결과 교회 내 장애인들과 지역의 장애인 학교와 연계하여 예배 순서를 구성하고, 장애를 가진 목회자를 초빙하여 설교를 전하였다. 후속 프로그램으로 지역 내 장애인들의 필요를 조사하고 각 개인의 요구에 따른 맞춤식 디아코니아 활동을 연계하도록 진행하였다. 또한 청각과 언어의 장애를 가진 복합장애인 고등부 학생이 기도를 맡았다. 기도는 수화로 진행했는데 이는 비장애인에게는 매우 생소한 것이기 때문에 광고시간에 눈을 뜨고 기도하는 것과 아멘은 어떻게 수화로 하는 것인지 등을 미리 교육했다. 통합예배에 필요한 배려로서 수화통역서비스와 점자성경찬송을 비치함으로써 차별과 소외가 없도록 조치했다. 장애인 예배는 장애인과 함께 예배드리고, 장애인 또는 장애인 사역자가 예배 진행과 말씀 증거를 담당하는 것에서 더 나아가 교회 내에 장애인 시설이 부족한 부분을 찾아 이를 개선하며, 장애인 관련 단체와 협력하여 장애인들의 재활뿐만 아니라 일자리 확보를 돕고, 교회 안팎으로 도움이 필요한 장애인들을 지역 복지 단체와 협력하여 돕는 예배와 섬김이 통합된 사역을 실시하고 있다.

(2) 환경주일 예배: 환경주일예배는 환경 분야의 전문가를 모시고 환경 문제, 특별히 교회가 위치한 지역의 환경 문제에 대해 의견을 듣고, 이에 대한 해결 방안을 모색하며, 여기서 논의된 내용이 설교에 반영되고, 하나님께서 창조하신 자연을 올바르게 가꾸기 위해서, 지역에서 교인들이 할 수 있는 일들이 제시된다. 또한 환경 예배를 드리는 날에는 녹색리본을 착용하고 자가용 이용을 자제하며 대중교통을 이용하고, 여름철의 경우 넥타이를 매지 않음으로서 냉방에 들어가는 에너지를 절약하는 등의 실천 가능한 활동을 펼친다. 이와 같은 봉사가 단기적, 감정적으로 이뤄지지 않도록, 디아코니아 학교 등을 통해 봉사의 이론과 실제를 교육하며, 봉사가 지속적으로 이뤄질 수 있도록 교회는 섬김의 장을 더욱 확장하여 교인들에게 제공하고 있다.

(3) 주제가 있는 성만찬: 춘천동부교회의 성찬식은 대다수의 한국교회 목회현장에서 나타나는 '이신칭의'(以信稱義, Justification by faith)에 치우친 엄숙한 성찬식을 지양하고 그 본래의 제정 취지에 맞게, 식탁에서 섬기는 자로서 사회적인 약자와 함께 하시고 이들을 섬긴 그리스도를 따르는 데 초점이 맞춰져 있다. 따라서 성찬위원들이 가운 대신에 앞치마를 두르고 성찬에 참여하는 정신은 섬김의 모습을 가능하면 가시적으로 보이고자 한 것이다. 디아코니아란 단어는 식사할 때 "식탁에서 시중들다"라는 의미를 가지고 있는데, 이와 같이 섬기라는 주님의 말씀을 찢겨진 떡과 부어진 잔을 통해서만 아니라 성찬 위원들의 섬기는 모습을 통해서도 보게 된다. 성찬에 참여한 모든 성도들은 원래 성찬의 제정 목적에 부합하게 죄의 용서에 대한 확신뿐만 아니라 세상을 섬기는 소명을 받고 세상으로 돌려보내지게 된다. 이런 점에서 춘천동부교회의 성만찬은 "사회적 약자"를 주제로 다룬다고 할 수 있다.

2. 디아코니아를 기반으로 하는 교육과 행정

(4) 디아코니아 학교: 디아코니아 학교는 춘천동부교회의 여러 교육 프로그램 가운데서 가장 핵심이 되는 과정으로서 이론과 실제가 균형 있게 배분되어 있다. 한국교회는 성경공부는 많이 하지만 이것이 사회에 영향력을 끼치지 못하고, 현장에 연결되지 못하는 한국교회 성경공부의 단점을 보완하였다. 성경공부와 섬김이 분리된 것이 아니라 성경의 핵심인 그리스도의 삶이 섬김의 삶이었다는 것을 강조하며, 이에 대한 이론적인 배경을 확립하고, 이를 단계별로 교회와 사회 가운데서 실천함으로써 한 사람 한 사람을 고백성과 전문성을 겸비한, 성숙한 디아코노스로 세우는 데에 디아코니아 학교의 목적이 있다. 디아코니아 학교를 통해 춘천동부교회의 핵심인 디아코니아 목회 비전을 전 교인이 공유함으로써 목회 철학이 목회자와 당회원에게만 집중되는 것을 방지할 뿐만 아니라 사역이 그리스도의 섬김의 정신 가운데 수평적으로 분산되는 성숙한 교회 체제를 구축할 수 있다.

총 1단계에서 3단계까지 이뤄진 디아코니아 학교 중 1단계는 특별히 새가족을 위한 과정으로서 섬김을 받기만 하는 기존 새가족 정착 프로그램에서 벗어나 섬기는 주체로서 거듭나게 하는 디아코노스 양성에 초점이 맞춰져 있다. 2단계는 섬기는 자를 양성하기 위한 과정으로 지역사회를 섬기는 것에 심화된 과정으로 진행된다. 3단계는 1년의 기간을 통하여 영향력 있는 디아코니아 전문 지도자 양성과정으로 이론과 실제가 균형 있게 구성되어 평생을 섬기는 자로 살아가도록 훈련한다.

(5) 디아코니아 세미나: 춘천동부교회는 교회 내 봉사자들의 교육을 위해서 뿐만 아니라 한국교회를 섬기기 위해 디아코니아 전문가를 초청하여 세미나를 개최하고 있다. 교회 안에서 세미나를 개최하는 것은 새

로울 것이 없지만, 주목할 점은 디아코니아 세미나가 교회가 위치한 지역의 소리를 듣기 위해 지역의 봉사 기관 및 대학, 관공서 관련자 등이 강사로 초청된다는 것이고, 이론적인 면에 머무르지 않기 위해서 실질적인 봉사의 방법들을 소개하며, 세미나 후에는 이의 근본이 되는 말씀에 기초한 예배를 드린다는 것이다. 또한 춘천동부교회는 세미나에서 논의된 내용들을 실천할 수 있도록 돕는 실질적인 교육을 실시하며, 이를 실천할 수 있는 장을 제공한다. 선교, 장애인, 새터민, 농촌, 민관협력, 다문화 등에 관한 이 시대의 관심 주제를 각 분야의 전문가를 초청하여 디아코니아적인 관점으로 살펴보고, 이를 자료집으로 만들어 한국교회와 신학교에 소개하는 것도 춘천동부교회 디아코니아 세미나의 주요 목적 중 하나이다. 디아코니아 세미나를 교회 내 뿐만 아니라 교회 밖에서도 신학생 교육과 목회자 재교육을 위해서 지난 2013년부터 매년 '제1회 디아코니아 목회 세미나'를 개최하였다. 이를 통해 춘천동부교회는 한국 교회에 디아코니아를 소개하고, 디아코니아 예배 및 성만찬, 디아코니아 학교 및 디아코니아 성경교재를 각 교회에 보급함으로써 디아코니아의 정신과 프로그램이 교회 안에서 자리 잡도록 힘쓰고 있다.

(6) 찾아가는 당회: 춘천동부교회의 당회는 정기적인 당회 외에 봉사 당회, 즉 "찾아가는 당회"를 실시하고 있다. 당회에 앞서 모든 당회원들이 섬김을 필요로 하는 곳에 먼저 찾아가서 봉사한 후 당회를 여는 것이다. 이는 교회의 운영이 당회원들의 정치력이나 권위에 의해서 이뤄지는 것이 아니라 철저히 그리스도의 섬김의 정신, 디아코니아에 기반을 두고 있다는 것을 보여주는 실례이다. 또한 도움이 필요한 곳을 먼저 살핀 후 찾아가 봉사함으로써, 탁상공론에서 벗어난 실질적인 디아코니아 사역이 이뤄짐과 동시에, 이를 통해 서로를 이해해 주는 분위기가 형성되어 당회원들이 서로 자신의 주장을 내세우기보다 상대방의 처

지를 이해하고, 서로의 의견을 들으려고 하기 때문에 일반적으로 교회의 고질적인 문제인 당회원들 간의 갈등이 거의 발생하지 않게 되는 목회적인 효과도 발생한다.

(7) 주 52시간 준수를 위한 'Family Day': 한국사회는 근로기준법 개정으로 주 52시간 근무제가 도입되었다. 요즘은 일과 삶의 균형을 추구하는 워라밸(Work and Life Balance)시대이다. 이에 춘천동부교회도 시대의 흐름에 맞추어 전 교직원이 최대한 주 52시간 근무를 할 수 있도록 화요일에는 오전 시간에만 근무를 하고, 오후에는 가족들과 함께 시간을 보낼 수 있도록 'Family Day'를 올해부터 실시하고 계속해서 발전시켜 나갈 계획이다.

3. 민관협력을 통한 디아코니아 사역

교회와 교회가 연합하고 협력하는 것뿐만 아니라 민관협력을 통한 디아코니아의 확대도 중요하다. 이에 춘천동부교회는 민관협력을 통한 디아코니아 사역을 교회 내 사역고 교회 밖 사역으로 구분하여 진행하고 있다. 기관과 관공서와 협력하면 교회가 가진 인적 자원과 기관의 사회적 네트워크와 연동해서 더 효과적으로 도움이 필요한 곳에 섬김을 실천할 수 있다. 특별히 춘천동부교회는 노인들의 평생교육을 위한 늘푸른대학, 재정적인 어려움을 겪고 있는 독거노인을 섬기는 소망반, 청소년을 위한 글로벌디아코니아 학교와 장학금 그리고 아기학교 등 이러한 경험을 바탕으로 사단법인 춘천동부디아코니아를 발족하고 춘천시로부터 노인복지관, 청소년문화의 집, 아이돌봄지원센터를 위 수탁 운영을 맡게 되었다. 이를 통해 교회가 가지고 있는 노인, 청소년, 아동사역 경험과 수많은 자원봉사자를 각각의 전문 시설장 중심으로 수탁시설이 가지고 있는 역량과 합하여 지역사회에 큰 영향력을 발휘하게 되었다. 이러한 민관협력은 전문성과 고백성을 함께하여 교회 상황과 환경에 맞게 다양하게 적용할 수 있다. 이는 민관협력을 통한 시너지 효과를 극대화하기 위해 현대 사회에 꼭 필요한 사역이며 이를 위해 교회는 여러모로 적용점을 찾고 연구해야 한다.

1) 교회 내 디아코니아 사역

⑧ 찾아가는 농촌교회: 춘천동부교회는 지난 2014년 6월 제3회 디아코니아 세미나의 주제를 '디아코니아와 농촌'으로 정하고 각계 전문가들의 강의를 통해 성도들의 관심과 참여를 이끌었다. 이를 바탕으로 춘천동부교회는 매년 6월 마지막 주일에 '찾아가는 농촌교회와 함께하는 예배'를 기획하여 춘천동부교회 섬김의 취지를 이해하고 협력하는 강원도(강원노회) 내 농촌교회 5곳을 선정하고, 각 교구별로 방문하여 함께 예배드리는 사역을 시작하였다. 방문 전에 교구별로 오리엔테이션을 실시하여 방문교회에 대해 소개하고 이를 위해 함께 기도한다. 그리고 농촌교회의 실제적인 고충을 들어보는 기회를 가지고, 향후 농촌교회를 위하여 본 교회가 어떻게 섬겨야 하고, 무엇을 위해 기도해야 하는지 명확하게 파악한다. 이렇게 연결된 도농교회 간의 협력은 후속 프로그램을 통해 구체화된다.

농촌교회와 함께 드리는 예배를 시행한 후에 '강원노회 자립대상교회 어린이 초청 여름성경학교'를 진행하여 농촌교회들이 자체적으로 진행하기 어려운 여름성경학교를 통합적으로 개최했다. 또한 청년부와 협력하여 방문했던 농촌교회에 청년 40여명이 농번기 일손돕기 봉사활동(아웃리치)을 겸한 여름수련회를 실시하여 교인들과 지역주민들에게 도움을 주었다. 또한 본 교회에서 주관하는 추수감사 특별새벽기도회 기간에 농촌교회의 목회자를 강사로 초청하여 말씀을 듣고 도농교회간의 동반성장을 도모했다. 그리고 본 교회가 다음세대의 청소년 리더를 양성하기 위해 마련한 '글로벌디아코니아학교'(Global Diakonia School) 프로그램에서 학생 일부를 농촌교회 목회자 자녀 및 출신학생으로 선발했고, 이들에게 해외선진문화 탐방의 기회를 제공했다. 이 밖에도 매년 강원도내 학업중인 학생 및 강원도 출신으로 타 지역에서 학업중인 중 고 대학생에게 지급하는 '디아코니아 장학생' 가운데 농촌교회의 목회자 자녀와 농촌지역내 학생을 일정하게 선발하여 장학금을 지급하고 있고, 농촌교회 주일학교에 출석하는 어린이와 청소년들에게 교인들이 동참한 헌금으로 성탄선물을 준비하여 전달하기도 했다.

이러한 프로그램들은 도시교회의 일회성 농촌 섬김(디아코니아)을 겸한 행사로 이루어지기보다는 예수님의 섬김의 근본정신인 '디아코니아'(Diakonia) 정신을 바탕으로 농촌 봉사의 관점에서 이루어지도록 사전에 치밀히 준비하는 것이 필요하다. 도시교회는 일방적으로 농촌교회를 섬기는 것이 아니다. 농촌교회와의 협력을 통해 도시교회는 교회 안에 다양한 은사를 가진 성도들이 성숙한 교회봉사자(디아코노스, Diakonos)로 거듭나도록 동기 부여하고 실천의 기회를 제공하는 역할을 감당할 수 있어야 한다.

(9) 꿈나리도서관: 춘천동부교회는 2015년 9월 '꿈나리 작은도서관'을 설립하였다. 지역주민 뿐만 아니라 다문화 사회의 이주민들을 위한 공간을 마련하고자 교회와 교인 그리고 시립도서관이 힘을 합쳐서 세운 도서관이다. 현재 회원은 400명, 보유도서는 총 4,000권 이상이다. 수요일부터 주일까지 모두 디아코니아 교육을 받은 자원봉사자로 운영되며 누구나 자유롭게 책을 열람할 수 있고, 단체 스터디를 위한 장소 대여도 가능하도록 춘천시 지역주민 모두에게 열려있다. 특별히 시립도서관이 강사를 지원하는 어린이 독서문화프로그램은 아동부 소속 아이들뿐만 아

니라 교회를 다니지 않는 어린이들도 함께 모여 진행하는 프로그램이다. 춘천동부교회는 이러한 도서관 사역을 통해 지역주민에게 다양한 복지를 제공하고 있다.

(10) 실로암학교: 춘천동부교회는 춘천시 지역 장애인과 그 가족을 예수님의 사랑으로 섬기기 위해 2014년 10월 실로암학교(장애인토요학교)를 설립하였다. 이를 위하여 디아코니아 교육을 받은 봉사자들 중심으로 매주 토요일 일정한 시간동안 교회에서 다양한 활동(예배, 음악, 미술, 체육 등)을 통해 장애인들의 전인적인 치유와 사회통합에 기여하고 있다. 실로암학교 모든 봉사자들은 장애인과 비장애인 모두 하나님의 형상으로 지어졌음을 이들에게 가르치고 있고, 예수님을 만났던 장애인들이 모두 치료를 받았듯이 이들의 전인적인 치유와 사회통합을 위해 힘쓰고 있다.

(11) 자원봉사 수요처: 춘천동부교회에서는 2017년 10월 춘천시자원봉사센터로부터 자원봉사수요처로 선정되었다. 자원봉사수요처의 필요성은 춘천동부교회가 춘천남부노인복지관을 수탁하고 난 후 더욱 대두되었다. 자원봉사 센터를 통해 아무런 준비 없이 봉사를 했던 봉사자들과 기관들에게 자원을 개발해 주고, 교육과 훈련을 제공하며, 봉사자 파견과 조정 및 정보 제공 그리고 국가 정책 홍보 등의 역할을 통해 보다 전문적인 서비스를 지역사회에 제공할 수 있는 것이다. 또한 이러한 센터가 늘어나고 활성화되면 지역사회 문제 해결에 시민들이 보다 폭넓게 참여할 수 있고 그야말로 나눔의 정신 곧 디아코니아 정신으로 건강한 지역공동체가 이루어 질 수 있을 것이다. 그리고 자원봉사자의 계층이나 연령층의 폭이 넓어지고 활용처가 다양해져 살아 움직이는 공동체, 유기체적인 지역공동체가 될 것을 기대하고 있다.

2) 교회 밖 디아코니아 사역

(12) 춘천남부노인복지관: 춘천시 춘천남부노인복지관은 사)춘천동부디아코니아가 2017년 4월 춘천시로부터 위탁받아 운영하고 있다. 춘천시 노인들을 위해 각종 프로그램 및 사회참여 기회 제공 등의 서비스를 제공함으로 춘천시 노인복지 증진의 역할을 담당하고 있다. 매주 수요일은 목회자와 함께하는 예배를 드림으로 디아코노스로서 전문성과 고백성의 균형을 잡고 있다.

(13) 춘천시 청소년문화의 집: 춘천시 청소년문화의 집은 사)춘천동부디아코니아가 2017년 12월 춘천시로부터 위탁받아 운영하고 있는 청소년 수련시설이다. 청소년의 자치와 참여를 바탕으로 한 문화활동, 동아리활동, 자원봉사활동 등을 지원하고, 학교와 교회 그리고 지역사회와 함께 연계하여 활동하고 있다. 매주 목요일은 목회자와 함께하는 예배를 드리고 있다.

(14) 춘천시 아이돌봄지원센터: 춘천시 아이돌봄지원센터는 사)춘천동부디아코니아가 2017년 12월 춘천시로부터 위탁받아 운영하고 있는 아이돌봄서비스이다. 춘천시 아이돌봄지원센터는 아이돌봄을 지원하여 춘천시 아이들의 복지증진과 보호자의 일, 가정 양립을 통한 가족 구성원의 삶의 질 향상과 양육친화적인 사회 환경을 조성하는 서비스를 지원하고 있다. 매주 화요일은 목회자와 함께하는 예배를 드리고 있다.

II. 하나비전교회의 디아코니아 목회

1. 하나비전교회에서 보인 디아코니아

예수의 가르침의 중심은 "하나님의 나라"였다. 그 메시지가 선포되고 실현되어야 하는 곳은 바로 억압과 질병과 가난이 지배하는 곳이고, 예수는 바로 그곳에서 사역하시며 구원의 사건을 일으키신다. 또한 예수께서는 성령의 능력으로써 각종 병든 사람들과 귀신들린 사람들을 고쳐 주셨다. 병든 자를 "민망히 여기는"(막 1:41) 마음으로 행하였다. 신약에 나타난 예수님과 디아코니아의 정신을 하나비전교회가 잘 이어가고 있다. 하나비전교회가 장애인 사역을 시작한 이유와 북한 이주민과 사할린 할머니 할아버지들을 위한 사역과 각종 프로그램들을 만들고 운영하는 이유는 바로 "긍휼"의 마음이다. '긍휼'의 마음을 품은 교회는 장애인과 지역사회를 품어 '이웃을 사랑하라'는 예수님의 명령에 순종하게 된다.

김종복 담임목사는 1991년 조립식 교회를 담임할 당시, 뇌성마비와 다운증후군을 가진 가정이 등록하게 되었다. 장애를 가진 가정이 예배를 드리기 위해 3층까지 올라와야 했는데, 그들에게 예배당은 너무 높았다. 그때 목사님과 사모님은 어려움에 있는 한 가정을 위해 교회에 엘리베이터를 설치하였다. 그러자 비슷한 불편함을 겪고 있었던 장애인들이 엘리베이터가 있는 교회로 많이 등록하게 되었고, 이 때부터 장애인과 비장애인들이 함께 예배를 드리며 '통합'의 의미를 깊이 생각하게 되었다고 한다. 가장 중요한 것은, 장애인 한 사람 한 사람을 동일한 인격체로 보아 자존감을 형성하게 하여, 구원받은 감동을 느낄 수 있도록 목회방향을 이끌고 있다. 장애인과 비장애인이 분리하여 따로 예배를 드리는 것이 아니라, 통합예배를 드리는 것이다. 통합이 어려운 경우만 비전부로 모으고, 훈련을 통해 결국에는 통합에 이르도록 하는 것이다. 이러한 '통합'의 의미가 올바르게 자리 잡을 수 있도록 하기 위하여 장애인들을 향한 비장애인들의 인식 개선을 위해 노력하였다. 이에 대한 모델로서 다른 교회와 장애 교육기관, 독일의 공동체들을 리서치하여 장애인만이 아니라 함께 살아가고 있는 가정을 위한 가족적 지원을 '사랑부'를 통해 시작하였다. 1998년도부터 '부부치료', '내적치료' 등 부부간, 형제 자매간에 생기는 문제점들을 해결해주기 위해 특수아동 선교를 처음으로 시작하였다. 이 곳에서는 장애 아이들을 위한 등 하교 지원, 식사 지원 등 유치부터 고등교육까지 이루어지고 있고, 그 이후에도 평생교육기관으로 이어질 수 있도록 체계화시키고 있다.

  1) 하나비전교회: 하나비전교회는 1981년 닭장에서 시작된 교회이다. 1980년대 낙후된 동네였던 연수동의 작은 닭장에서 시작되어 개척 2년만에 창고교회로 성장하고, 1992년 새 성전을 건축하고 2006년 인천 논현동에 하나비전교회라는 더 넓은 선교지역과 장애인과 다민족 영혼을 섬기는 교회로 발돋움하고 있는 교회이다. 하나비전교회의 핵심가치는 섬김(디아코니아)의 영성을 통해 하나님 사랑과 이웃사랑을 실천하며 장애인과 비장애인이 함께 더불어 편견 없는 세상을 만들어 가는 것이다.

  2) 하나비전센터: 하나비전센터는 교회에 1995년 장애자녀를 둔 교우가정이 방문하여 자녀양육의 어려움을 호소한 이후, 장애아동 어머니 모임을 시작하고, 장애아동 주일학교인 사랑부를 만들어 운영하기에 이르렀다. 이후 교회는 특수아동 선교원을 만들었고, 선교원은 나아가 복지관으로 사역을 확장해 나갔다. 독일 장애인 공동체와 결연을 맺고, 엘림하우스라 하는 장애인과 비장애인이 함께 사는 터전을 봉헌하고, 2006년 성인장애인 작업장 하나비전센터로 명칭을 변경하기에 이른다. 하나

비전센터는 성인 장애인 작업장 뿐 아니라, 새터민 시할린 사역, 노인사역 등을 포함한 교회가 운영하는 사회복지시설로서의 기능을 다하고 있다.

2. 하나비전교회(센터) 사역의 디아코니아적 목회성찰

1) 한 영혼을 향한 마음: 하나비전교회는 처음부터 장애인 사역에 어떤 목표를 두고 한 것이 아니다. 연수동에 남동공단이 들어오면서 장애인이 등록을 하게 되고 어떻게 예배를 함께 할 수 있을까 그 가정을 어떻게 영적인 생활을 도와줄 수 있을까 라는 생각을 시작하게 된 것이 출발점이다. 한 사람, 한 가정을 돌보기 위해 교회가 노력할 수 있다고 생각한 이러한 발상의 전환이 바로 디아코니아적 섬김의 시작이다.

2) 다름을 인정하는 섬김: 특수사역이라는 말을 쓰지 않는 하나비전교회는 장애인 사역과 탈북 이주민들 등의 모든 사역들은 특수사역이라고 이야기 하지 않는다. 특수사역은 그들만 모여서 하는 사역이라는 것이다. 장애인만 모여서 예배드리는 교회는 특수사역이지만 하나비전교회는 교회 안의 구성원이 그렇다면, 그 사람의 다름을 인정하고 받아들이는 것이다. 다름이 차별이 되지 않도록 고민하는 것이 섬김이다.

3) 지역사회를 이해하는 섬김: 하나비전교회가 원래 있던 인천 남동구에는 공단이 들어서면서 장애인 임대주택이 많이 들어왔다. 지역사회에 장애인이 많아졌다는 뜻이다. 또한 교회를 새로 지은 인천 논현동에는 탈북자들이 2,300세대나 살고 있었다. 그리고 사할린 영주 귀국자들이 900세대가 살고 있었다. 또한 다문화 가족들이 많이 살고 있었다. 하나비전교회는 교회를 건축하며 이전하기 전 2년 동안 사할린 분들이 어떤 분들인지, 탈북자분들이 어떤 분들인지를 배우기 시작했다. 컨퍼런스

를 열었고, 이들을 위한 어떤 돌봄을 할 수 있는지 찾고, 공부하고, 실제로 행한 것이다. 그들을 위한 실버 아카데미, 비전스쿨의 학습들은 모두 이들의 돌봄을 위한 고안 끝에 나온 사역들이다.

4) 공동체의 하나됨: 하나비전교회가 이 사역들을 감당하기 위해서는 교인들이 한 마음이 되어야 했다. 교회는 1인 1사역이라는 교회플랜이 있으며, 하나비전센터의 대부분의 사역은 봉사자들로 구성되어 있다. 도움이 필요한 곳곳마다 사역팀이 구성되어 있으며 교인들은 여기에 적극적으로 참여하여 자신의 시간과 마음을 나누어 도움의 손길을 나누고 있다. 예배시간에 장애인이 소리 질러도 아무도 당황하지 않고 심지어 이상한 눈길로 쳐다보지 않는 분위기는 그만큼 하나비전교회의 공동체가 한 마음으로 이 사역들을 감당하고 있다는 반증이다. 또한 교회 예산의 30%를 장애인 사역에 분배하여 사용하고 있으며, 모든 교인은 세 가지의 헌금을 필수로 내는데 십일조, 일천번제, 섬김헌금(장애인 사역을 위한 헌금)으로 재정지원을 하고 있다. 이에 모든 교인들이 동의하며 사역들을 해나가는데 한 번도 부족하거나 마이너스가 된 적이 없다는 것 역시, 하나비전교회의 공동체가 하나됨으로 섬김에 동참하고 있는 모습이다.

5) 하나님 나라 이해: 하나님 나라는 바로 이곳이다. 장애인들이 이곳에서 기뻐하고 즐거워하기 때문이다. 2-3사람이 모인 공동체가 하나님의 나라인데, 교회 안에 공동체가 마음을 나누는 공동체가 된다면 이 교회가 바로 하나님 나라가 되지 않을까 하셨던 담임목사님의 하나님 나라의 이해가 바로 하나비전교회의 디아코니아적 목회 방침이다. 하나님 나라는 바로 하나가 되는 것이다. 마음과 마음, 생각과 생각이 하나가 되는 것, 차별이 없이 편견을 버리는 것 이것이 바로 하나님 나라를 살아내는 것이다.

3. 하나비전센터 디아코니아 사역 소개

(1) 작업기본훈련: 일상생활 및 기본신변자립훈련, 기본작업훈련

(2) 컴퓨터/학습수업: 컴퓨터교육 및 기본개념, 상식 등 일상생활에 필요한 학습교육

(3) 운동: 수영과 헬스, 등산 등 다양한 실내/외 운동을 통해 신체적 정서적 건강을 돕는다.

(4) 공예/홈패션: 비누, 양초, 한지공예, 왕골공예, 홈패션 등 직업훈련의 영역으로 제품 생산에서 포장까지 작업

(5) 요리/제과제빵:

 a) 요리치료—오감을 이용한 감각훈련, 내면을 표현하며 취미생활과 특기 개발교육

 b) 제과제빵—제빵훈련 및 보조 포장과 판매

(6) 도예: 흙을 통한 감각훈련, 창의력과 소근육 발달, 작품완성을 통해 성취감 부여

(7) 세차(하나카클리닉): 직업훈련의 한 영역으로 지적 장애인들의 세차작업

(8) 작업치료: 평가를 통해 일상생활의 부족한 요일을 찾고, 목적이 있는 모든 활동(직업)을 통해 일상생활 능력을 강화시킨다.

(9) 직업평가: 직업평가를 통해 학생들의 직업능력수준과 결핍요인을 파악하여 적절한 직업영역에 배치 및 훈련시킨다. (지역사회적응검사·경근육발달검사 시지각 변별검사·운동지각발달검사 체크리스트 및 현장 실습평가)

(10) 특별수업: 학생들의 여가생활과 다양한 감각기능의 발달을 위해 한지공예, 문학교실, 왕골, 톤차임, 태권도 등의 특별수업을 실시하고 있다.

(11) 케어교육(단기보호): 치료와 교육을 겸한 보호과정으로 작업활동,

견학 등 다양한 경험을 제공한다.

(12) 스톤커피: 장애인들의 학습과 직업적응 프로그램으로서 장애인이 직접 운영하는 커피전문점이다.

(13) 아카데미: 하나비전교회의 시설들을 이용하여, 지역주민들을 섬기는 프로그램으로, 디저트 요리 프로그램, 양초비누공예, 도예, 커피 만들기, 엄마랑 아기랑, 결혼예비학교 등의 프로그램들을 전문강사진을 모셔서 운영한다.

(14) 비전스쿨: 비전스쿨은 새터민자녀, 장애인자녀, 한부모자녀, 다문화자녀의 부족한 학습을 돕고 정서적 함양과 사회적응을 돕고자 섬김과 나눔을 실천하는 프로그램으로 수학, 영어, 컴퓨터, 독서 논술, 미술, 음악까지 다양한 학습활동을 돕는 사역으로 운영된다.

(15) 실버아카데미: 사할린동포 어르신들의 사회적응과 주변지역 어르신들의 화합프로그램으로 영어, 한국어, 치매, 스트레칭, 건강관리 등 노인생활에 도움이 될 수 있는 다양한 프로그램들을 운영한다.

3. 디아코니아적 특징들

1) 디아코니아 목회사역의 방향: 하나비전센터의 모든 프로그램은 '통합'을 향한 과정이다. 장애인들이 하나비전센터의 모든 프로그램들을 통해 사회에서 자립할 수 있도록 돕는 것이며, 교회의 모든 공간들을 하나비전센터가 활용함으로 주중에는 하나비전센터의 프로그램들을, 주일에는 여러 가지 모임장소로 사용한다. 또한 장애인 사역을 넘어 지역주민과 소통하기 위한 교회로의 여러 가지 사역들을 하나비전교회는 감당해나가고 있다.

2) 다양한 교육과 직업교육이 동시에 이루어진다: '교회'라는 공동체 안

에서 교육이 이루어지다보면 시 공간적, 물질적으로 어려운 측면이 존재한다. 하지만, 하나비전교회는 상담, 행동, 물리치료와 같은 교육만이 아니라 그들이 성장한 후의 직업교육이 동시에 이루어지고 있기 때문에 이런 문제점들이 보완되고 있는 것 같다. 서산에 있는 '엘림하우스'를 통해서 기숙형 직장 자립훈련을 시행하고 있고, 그들이 장애인이지만 스스로 자립할 수 있는 힘을 길러주기 위해 노력하고 있음을 볼 수 있다.

3) 함박메 축제를 통해 일반 성도들의 참여를 이끌어낸다: 장애인들을 위한 도움이 교회적 차원에서만 이루어지는 것이 아니라 '함박메 축제'를 통해서 일반 성도들이 적극 참여할 수 있도록 하고 있다. '함박메 축제'는 김종복 담임목사에 의해 초기 교회를 설립할 당시 지역사회와 연계하여 행했던 사업으로, 수익금을 양로원, 고아원, 환자를 위한 기금 마련으로 사용하고 있다. '함박메 축제'를 통해서 일반 성도들이 자연스럽게 섬김의 자세에 나아갈 수 있도록 하고 있다.

4) 교회 건축에 많은 노력을 기울였다: 하나비전교회는 교회 건축에 많은 노력을 기울였다. 지역사회의 커뮤니티성 기능을 높이기 위한 노력을 하였고, 이를 통해서 교회 내 외부의 세대간 소통을 높이고 자연친화적 환경으로 조성하였다. 가장 큰 장점은 교회 내부의 공간이 장애인뿐만 아니라 모든 이들이 불편함 없이 다닐 수 있도록 '무장애 공간'으로 디자인 되었으며, 김종복 담임목사님이 직접 휠체어를 타고 교회를 돌아다녀 보기까지 하셨다고 한다.

그 외에도,
5) 장애인들을 위한 다양한 복지&교육프로그램이 마련되어있다.

6) 장애인들이 교육과 도움을 받는 것을 넘어서 자립할 수 있도록 세워준다.

7) 장애인들이 비장애인들과 분리되지 않고 함께 예배와 교제를 나눌 수 있다: 장애의 유무와 상관없이 하나님 안에서 거룩한 피조물로써 구별 없이 지낼 수 있다.

Ⅲ. 한국의 디아코니아적 목회현장(사례들)

1. 오이도 불기둥교회(최준식 목사): 지역사회를 선교지로 삼은 아동 청소년 디아코니아

오이도라는 지역사회를 선교지로 삼은, 소외된 아동과 청소년들을 섬기는 최준식 목사의 목회는 감히 '디아코니아 목회의 전형'이라 부를 만큼 실천적이다.

오이도는 아주 어려운 동네다. 초등학교 400명 중에 60-70%가 한부모 가정이다. 하도 돌봄을 받지 못해 아이의 머리에 석회와 이가 가득할 정도다. 오이도로 교회를 이전한 뒤 전통적인 방법으로 열심히 전도를 해봤지만, 성과가 없었다. 분명히 복음의 씨앗은 있는데 정작 그 씨앗을 뿌릴 밭이 없는 상황이었다. 그래서 최준식 목사는 복음을 뿌릴 밭을 만들었다. 오이도와, 그리고 소외된 아이들과의 소통을 위해 분식점을 인수하고 '오떡이어'라는 간판을 내건 것이다. 이때부터 최준식 목사의 아주 특별한 목회는 시작된다.

최준식 목사는 누가복음 4장에서 복음의 핵심을 발견한다. 예수가 이 땅에 온 이유는 가난한 자에게 복음을 전하게 하려 함이다. 가난을 영적 가난에 국한해 이해하는 경우가 많은데, 실제로 성서가 말하는 가난은 경제적 가난, 사회적 소외를 일컫는다. 뒷부분에는 복음의 내용이 나온다. 포로된 자를 자유케하고, 눈 먼 자를 눈 뜨게 하고, 결국 억눌린 사람들을 자유케 하는 것이 바로 복음의 내용이다. 히브리어로 가난한 자, 억눌린 이를 '아나우'(אנאו)라고 하는데, 이 아나우를 자유케하고 해방시키는 것이 바로 복음이자 하나님의 뜻이라는 것이다. 그렇다면 '주의 은혜의 해'는 무엇인가? 주의 은혜의 해는 레위기 25장에 나오는 희년을 일컫는다. 희년의 정신은 자유와 해방이다. 희년이 주의 은혜의 해고 희년의 세상이 바로 예수가 꿈꿨던 하나님 나라다. 그래서 아나우가 없는, 아나우를 자유케하고 해방시키는 세상이 바로 하나님 나라라는 것이다. 주기도문을 보면 "하나님의 뜻이 하늘에서 이루어진 것 같이 땅에서도 이뤄지게 하옵소서" 고백한다. 천국에 아나우가 없는 것처럼, 이 땅 가운데서도 아나우가 사라지게 해달라는 것이 바로 우리의 고백이다. 그리고 이 땅 가운데의 아나우들을 자유케 하는 일은 다름아닌 교회를 통해 이뤄진다. 교회의 목적은 사람을 많이 오게 하는 데 있지 않고, 세상을 섬기는 데에 있다.

불기둥 교회엔 현재 3개의 공간이 있다. 첫째는 '오떡이어' 분식집이고, 둘째는 '아지트' 공부방이며, 셋째는 '왁자지껄 우리집'이라는 그룹홈이다. 최근 근처에 카페를 개설하여 운영 중이다. 불기둥 교회는 담임목사와 사모, 전도사 3명과 장년 성도 16명, 그리고 아동 청소년 30명으로 구성돼있다. 400명의 초등학교 아이들 중 100~150명 가량이 꾸준히 오떡이어에서 복음을 듣고 있다. 오떡이어 수익금으론 턱없이 부족하기 때문에 대부분 후원으로 운영되고 있다. 사회적 기업으로의 전환을 고려하긴 했으나, 자칫 사역의 본질을 훼손할 염려 때문에 보류 중이다. 현재 협동조합은 공부 중에 있다.

1) 불기둥 교회의 사역

(1) 오떡이어: 오떡이어는 2012년 초등학교 앞 분식집을 인수해 개업한 '복음의 밭'이다. 컵밥이나 떡볶이 한 접시로 저녁을 때우는 오이도의 아동들에게 저렴한 가격에 배부른 한 끼를 제공하고 있다. 오떡이어 사역의 꽃은 금요오떡전도다. 매 금요일 오후마다 100-150명 정도 아이들을 만나 소그룹 형태로 5-10명씩 묶어 5-10분 정도 말씀을 가르치고 있다.

오떡이어를 통해 매주 아이들을 만나 고민과 가정환경에 대한 이야기를 들으면서 아이들을 돌보고 있다. 아이들의 머릿니를 제거해주고, 염색과 간단한 펌도 해주고, 영화도 같이 보고, 놀이동산, 찜질방 등에 데려가는 등 일반가정의 아동들에겐 일상이지만 오이도 아이들에겐 소원인 일들을 실천하고 있다.

(2) 아지트: 아지트는 지역 청소년들을 위한 문화공간이다. 책도 보고, 공부도 하고, 숙제도 하고, 영화를 보거나 놀이를 하는 등 오갈 데 없는 청소년들에게 쉴 수 있는 공간을 마련한다. 독서실이 없는 지역특성 상 시험기간엔 독서실로 개방한다.

(3) 플로잉샵: 오이도엔 외국인노동자와 다문화가정이 많다. 이들과의 복음의 접촉점을 마련하기 위해 중고의류를 판매하는 구제샵을 마련했다. 현재 가게를 따로 열 형편이 되지 않아 매 주일마다 오떡이어 앞에 천막을 치거나 아지트 장소를 활용해 운영하고 있다. 뿐만 아니라 사역자들이 플로잉샵을 통해 인연을 맺은 3-4명의 베트남 주부들에게 한글을 가르치는 등 귀화시험을 돕고 있기도 하다. 추후 플로잉샵을 통해 일자리를 마련할 계획을 갖고 있다.

(4) 야베스 존재학교: 야베스 존재학교는 2009년부터 시작한 일종의 대안학원이다. 오이도 지역의 청소년들은 문제가정이 많다보니 경쟁의식이 없고, 꿈도 없는 경우가 많다. 야베스 존재학교는 이런 '악순환의 연결고리'를 끊기 위해 청소년들에게 공부뿐만이 아니라 인성과 예절, 기본적인 생활습관과 영성도 가르치고 있다. 매일 저녁을 함께 먹고 공부를 함께 하는 등 공동체 생활을 통해 소외 청소년들을 양육하고 있다.

(5) 와자지껄 우리집: 와자지껄 우리집은 지역의 소외 아동 청소년들을 지속적으로 돌보기 위한 일종의 그룹홈(group home)이다. 와자지껄 우리집은 벽산그룹에서 후원한 35평의 주택공간에서 이뤄지는 지속가능형 청소년 돌봄 프로그램으로, 현재는 담당할 인력이 없어 사역을 준비중에 있다.

(6) 파이어스톰 미션: 파이어스톰 미션(불기둥 선교회)는 매년 2회의 청소년 캠프를 진행중에 있다. 한국교회와 사회의 미래의 진실하고 성실한 일꾼이 될 아이들의 영적 성장과 올바른 신앙 훈련을 목표로 그 사역을 감당하고 있다. 캠프를 통해 청소년들은 은사를 발견하고, 뜨거운 성령 체험을 통해 자신의 정체성과 비전을 발견하게 될 통로를 제공 받게 된다.

불기둥 교회의 사역은 아직 완성되지 않았다. 아직 괄목할만한 성과가 나타나지도 않았다. 그럼에도 불구하고 최준식 목사와 그 동역자들은 묵묵히 맡은 바 사명을 감당해내고 있다.

현재 불기둥 교회는 지역 청소년과의 접점을 늘리기 위한 카페와 전문적인 상담시설을 마련 하여 시행중에 있다. 특히 정영미 사모는 도형심리, 미술치료 등 전문상담을 위한 공부를 하였으며, 지자체와의 연결을 통한 상담센터를 추진하고 있다. 최준식 목사에 의하면 본인은 말씀 선포, 즉 말씀의 디아코니아에, 사모는 사랑의 디아코니아적 전문성을 가지고 사역할 계획이다.

(이어서 아래에 소개하는 사례들은 지난 "2016년 '디아코니아 코레아' 엑스포" 학술대회에서 발표된 이승열 박사의 논문 속에 소개된 현장사례들을 요약 정리한 내용이다.)

2. 완도 성광교회(정우겸 목사): 지역사회를 조직적으로 섬기는 평신도 중심의 소그룹운동의 활성화를 통한 건강한 교회 세우기 모델

완도의 성광교회는 디아코니아 목회와 섬김은 사도행전적 교회를 구현하고자 하는 목표를 가지고 오늘날 지역사회를 조직적으로 체계적으로 섬기는 건강한 교회, 부흥하는 교회, 미래지향적인 교회로 발전하게 되었다. 초기부터 평신도들로 구성된 다양한 소그룹활동을 활성화 하는... 교회에 출석하는 성도들이 자발적이고 적극적인 참여를 통해서 교회를 함께 세워가는 교회로 발전해 왔다. 이토록 되기까지는 철저한 준비와 분석, 미래지향적인 준비와 인재양성, 성도 한분 한분에 대한 은사발견과 은사에 적절한 봉사의 기회부여와 관리 등을 통한 신앙의 정도와 은사에 따라서 힘들지 않고 재미도 있고 보람도 있는 봉사의 기회를 주고 관리해 오는 목회적 전략과 철저함으로 인하여 현재는 약 860여개의 소그룹이 조직적으로 활동하고 있으며, 이 중에서 지역사회와 연관을 갖고 있는 소그룹만 해도 120여개가 넘을 정도로 철저함을 엿볼 수가 있다.

우선 교회의 공식적인 부설기관이 28개나 된다. 성광어린이집, 완도 청소년 문화센터 사단법인 '꿈틀', 성광 새빛문고(도서관), 성광선교회, 청해요 양원, 청소년 공부방 '하늘꿈', 독거노인 도시락 배달사역, 성광 지역아동 센터, 성광 노인 복지센터, 다문화 가족 쉼터 사단법인 '행복한 쉼터', 성 광 아이맘 스쿨, 성광 다문화 도서관, 건강가정 지원센터, 성광 자원봉사 센터, 아이돌보미 센터, 청소년 문화의 집, 청소년 지원센터, 다문화 가족 지원센터, 인터넷 선교센터, 청소년 방과 후 아카데미, 외국인근로자 사 랑센터, 성광사회복지 재단 설립추진위원회, 개인전도 훈련원, 평신도사 역 목회연구원, 복지기관협의회, 바다 살리기 운동본부, 성광평생교육원, 등이다. 이 중에서 지방자치단체로부터 위탁을 받아 설립 운영되는 사회 복지시설과 기관은 10개나 되고 이 기관과 시설에서 정식 직원으로 채용 되어 일하고 있는 직원 200여명이 모두 성광교회의 교인들로서 미리 사회 복지사 자격증을 공부하여 취득하고 준비해온 분들이어서 더욱 의미가 크다고 할 수 있다.

지역사회를 섬기는 것을 목적으로 하는 소그룹이 120여개가 되는데, 그 중에서 눈에 띄는 소그룹의 이름을 거론하자면, 전교인 헌혈추진위원 회, 장기 기증 추진위원회, 장학 사역위원회, 사회 불우시설 봉사위원회, 사랑의 바자회 기획위원회, 주택수리 사역위원회, 이사 지원위원회, 구제 사역위원회, 독거노인 결연 및 후원위원회, 소년소녀 가장결연 후원위원 회, 환경 보호사역위원회, 지역사회 문제 대책위원회, 지역사회 발전 연구 위원회, 지역 문제 발굴위원회, 지역단체와 기관협력위원회, 지역 행사지원 사역위원회, 지역 문화 사역위원회, 지역행정 협력위원회, 지역봉사 연구기 획위원회, 지역주민 친화위원회, 지방 자치 연구위원회, 대 완도 표어사역 위원회, 해조류 박람회 후원위원회, 장묘 문화 개선위원회, 사회복지 프로 그램 개발위원회, 복지사역총괄기획관리위원회, 남북통일 연구 및 대책위 원회, 여름철 해변축제추진위원회, 동계영화축제위원회, 귀화 한국인 사랑위원회, 운전기사 사랑위원회, 어르신 사랑잔치위원회, 거리 청소위원회, 지역 미화위원회, 지역사랑 협력위원회 등 다양하고 구체적이고 현실적으로 필요한 세세한 지역사회의 봉사기회를 평신도들을 통해서 개발하고 참여하고 관리하는 철저한 목회를 해 가고 있으며 발전해 가고 있는 것이다. 억지나 강요가 아니라 자발적이고 주인의식을 갖는다는 점에서 매우 건강한 교회라 할 수 있을 것이다.

3. 광양 대광교회(신정 목사): 사회봉사/사회복지를 통한 전도와 교회부흥

광양 대광교회는 광양제철이 소재하고 있는 광양의 신도시에 1988년에 세워진 교회로서 앞서 10년후 현재 담임목사인 신정 목사가 부임하였다. 교회 예배당을 둘러싸고 여러 개의 사회복지 시설을 짓고 운영하고 있는 이 교회는 처음에는 광양제철소에 다니며 밤샘근무를 마치고 귀가한 남편이 아침 식사를 하고 취침을 하게 되어 아기를 업고 추운 겨울 밖에서 집에 들어가지도 못하고 추위에 떨고 있는 모습을 본 담임목사가 사정을 알고 충격을 받은 것이 계기가 되었다. 급히 교회 예배당 건물 중 한 공간을 마련하여 엄마와 아기들이 쉴 수 있는 공간을 만들어 주었는데 이것이 계기가 되어 엄마와 아기학교를 하게 되었고, 이 엄마와 아기학교에 다녀간 아이들이 자연스럽게 교회학교에 다니게 되었고 교회학교가 부흥하게 되면서 자연 어른들도 많이 교회를 다니게 되었다. 특히 새로 개발된 신도시여서 문화적인 인프라가 제대로 설치되지 않은 상황에 이 교회는 극장식 다목적 카페를 설치하였다. 영화상영, 음악회, 연극공연 등이 가능하고 잔치와 파티도 가능한 공간으로 사용하고 있다. 노인재가복지서비스센터와 같은 민관협동으로 거버넌스 사회복지시설을 위탁 운영하는 경우도 늘어가고 있다.

이 교회의 특별한 점은 목회자의 목회철학이다. 소위 트리플 A라고 알려진 것인데 아쿠아(물), 아로마(향기), 아가페(사랑)이다. 먼저 아쿠아 사역의 정신으로 물과 같은 교회를 지향했다. 물은 낮은 곳으로만 흐른다. 낮은 곳을 향하는 교회가 되기를 지향한다. 물은 자기 모습을 고집하지 않는 유연함이 있다. 모든 사람을 품어줄 수 있는 교회를 지향한다. 물은 주변을 서서히 적신다. 주님의 사랑으로 세상을 적실 수 있어야 한다는 것이다. 물은 아무리 작은 틈새라도 스며든다. 세상을 향해 끊임없이 예수 그리스도의 생명의 물을 흘려보내는 교회를 지향한다. 아로마 사역은 교회가 지역사회와 함께하는 교회를 추구하며 더 이상 교회는 교회만을 위한 사역을 지양하고 교회 밖 지역사회에 선한 영향력을 끼치는 교회 즉, 희생과 섬김과 나눔을 통하여 지역사회에 그리스도의 향기를 전하는 교회가 되고자 소망을 담은 사역이다. 이 사역은 지역사회의 문제와 필요에 민감하게 반응하여 아로마탁아방, 다문화가족지원센터, 꿈샘 지역 아동센터, 아로마 상담센터, 지역웰빙센터, 노인일자리사업, 아름다운 가게, 유기농 매장운영 등 선한 사마리아사람의 마음으로 감당하려고 노력하고 있다. 아가페 사역은 2010년부터 본격적으로 추진하고 있는 사역인데, 아쿠아 사역이나 아로마 사역의 바탕이면서 동시에 목적이자 방법이 바로 하나님의 사랑에 있다는 것을 전제하고 있다는 것이다. 이러한 아가페 사역의 교육사업으로 임산부학교, 엄마랑 아기학교, 아장아장학교, 하늘샘이 있다.

4. 성암교회(조주희 목사): 지역사회 욕구도 조사에 근거한 사회봉사

서울 은평구에 소재하고 있는 성암교회 담임목사인 조주희 목사는 지역사회를 잘 섬기는 교회가 되기를 희망하고 그러한 목회를 위해서 지혜롭게 교회사회봉사를 진단하고 분석하는 그리고 지역사회의 주민들의 욕구도를 조사, 분석하는 컨설팅을 실시하였다. 성암교회의 제직회 조직, 예산, 사업내용 등을 분석했고, 지역사회의 주민들로부터 교회에 원하는 희망사항을 조사했는데 첫 번째가 바로 휴식공간인 조용한 카페를 하나 만들어 달라는 것이었다. 전형적인 주택지역인 지역사회에는 그 흔한 커피숍 하나 찾기 어려운 주택가였기 때문이었다. 중요한 포인트는 교회가 철저히 지역사회와 주민들을 섬기고자 하는 정신과 자세를 갖추었고 기도로 준비하면서 전문가 그룹을 통하여 조사 연구된 결과를 받아들여 과감하게 투자도 하고 해서 조용한 카페공간을 마련하였다. 이름도 주민들의 공모를 통해서 '바오밥 카페'로 지었으며, 중요한 것이 교회의 부족한 공간을 활용하기 위하여 어떠한 목적으로도 이 카페를 이용하거나 문을 다거나 하지 않았으며, 실내 인테리어도 불신자들에게 거부감을 주지 않도록 평범한 시설로 하고 교회다운 특징적인 상징물이나 장식도 일체 하지 않았다. 이 카페에서 나오는 수익금 전체는 지역사회의 아이들을 위한 작은 도서관(다섯콩 도서관)을 만들고 운영하는 자금으로 쓰인다. 그리고 이어서 계속해서 지역의 아이들을 염려하며 청소년들의 고민을 상담하고 방과후 학교도 운영하고 좋은 학교 만들기 네트워크를 만들어 학교폭력 없애는 운동도 해 가고 있는 것이다. 성암교회는 지역사회를 하나의 지역공동체로 만들어 섬기고자 하는 목회를 하고 있는 것이다.

5. 부천 새롬교회(이원돈 목사): 지역 에큐메니즘에 기초한 생명망 목회를 통한 마을 만들기 목회

부천의 새롬교회 이원돈 목사는 1986년 창립 때부터 약대동 지역의 무주택 전월세 맞벌이 부부와 아이들에게 선교의 초점을 맞췄다. 그가 역사적 예수에 관하여 연구하고 고민하는 가운데 예수님 당시의 사회가 극도로 착취하는 세계였음을 발견하였고, 이러한 상황에서 예수 그리스도는 사회적 배제와 차별에 대항하여 무한한 사랑의 에토스로 사회적 약자들을 가까이 하면서 그들과 함께 먹고 마시며 식탁공동체를 만들었던 것에 주목하였다. 비록 본교회의 등록된 성도의 수는 40명밖에 되지 않지만, 지역 마을의 주민 전체를 목회의 대상으로 생각하고 다양한 마을 만들기 목회를 해 가고 있는 것이다. '새롬어린이집'을 처음부터 시작하였고, '새롬 만남의 집'을 만들어 방과후 공부방을 열었고, 마을 도서관인 '약대글방'을 열었다. 어린이집과 도서관을 묶어 새롬교회 지역선교위원회를 구성했다. 가정지원센터를 만들어 마을만들기 사업의 시범사업 주관자가 되었고, 약대동 주민자치센터의 주민자치모임과 약대초등학교, 새롬 가정지원센터를 연결해 마을 만들기 사업을 본격적으로 하기 시작하였다. 저출산시대에 지역 교육공동체를 만들기 위해 약대동 마을도서관을 '신나는 가족도서관'이라 이름을 지었다. 가장 중요한 것이 마을의 생태계를 만드는 것인데 공부방, 도서관, 복지관, 주민자치센터, 교회를 잇는 복지 교육생태계를 만들고, 지역, 마을, 도시 중심의 복지, 교육, 문화 생태계를 구성하여 그물망처럼 서로 연결되어야 한다고 생각했다. "한 아이를 키우는데는 한 마을이 필요하다"는 생각이었다. '인문학 카페'를 열어서 지역사회와 소통할 수 있는 공간을 만들었다. 격주로 '수요 인문학 카페'를 개설했다. 성서아카데미를 통해서 불신자 주민들에게 자연스럽게 성서를 전할 수 있게 되었다.

새롬교회는 마을 문화운동으로 마을을 디자인하기 위한 어두운 빈민가 골목에 벽화를 그렸고, 골목축제, 마을 놀이터, 생태공원 조성을 통해서 마을 주민들과 함께 행복해지기를 꿈구며 다양한 방식으로 섬겼다. 마을글방, 지역아동센터, 신나는 가족도서관, 가정지원센터, 은빛꿈터,

어르신 밥상공동체, 녹색장터, 인문학 카페, 유아 영어모임 등이 생겼다. 특별한 것은 지역문화생태계를 위해서 2008년부터 마을여름학교를 열었는데 복지프로그램으로 인문학교실, 벽화교실, 건강교실, 등이 진행되었는데 마을문화운동을 하면서 마을의 교회, 어린이집, 도서관, 지역아동센터, 협동조합, 사회적 기업, 마을극단 등이 힘을 합쳐서 "꼽사리 영화제"라는 마을축제를 개최하기 시작했다. 이어서 마을만들기 협동조합 사회적 기업 등을 만들어 가는 과정을 통해서 "담쟁이마을"이 문을 열었고 연극공연이 가능한 소극장, 교육극단 틱톡, 제이컴퍼니, 누보공동체, 아하체험마을 등이 공동으로 생활하면서 각자의 지향하는 바를 열심히 이루어 가고 있다. 즉 문화공연 및 전시, 교육을 만들어 내고 있는 것이다. 그리고 협동조합에 대한 관심과 공부를 통해서 '달나라토끼 떡까페'를 협동조합으로 만들어내었다.

나가는 말

이제 개신교회는 예수 그리스도의 진정한 섬김이자 교회의 본질인 '디아코니아'로 돌아와, 디아코니아 중심의 목회사역을 통해 모든 삶의 자리에서 디아코니아가 실천되도록 가르치고 훈련하여야 한다. 왜냐하면 디아코니아는 선택해야 할 대상이 아니라 교회가 추구해야 할 그리스도의 근본정신이기 때문이다. 하나님나라를 이루어가기 위한 디아코니아 목회는 봉사의 영역뿐만 아니라 교회 운영이나 예배, 교육 등 교회의 전 영역에서 이뤄져야 하며, 목회사역의 방향 자체가 신앙인들의 모든 삶의 영역에서 '섬기는 이'(디아코노스)로 살게 하는 데 초점이 맞춰져야 할 것이다.

목회신학의 관점에서 본 }
하나님 나라의 목회 }

김민호 교수

하나님 나라는 예수 그리스도의 인격과 사역 속에서 완전히 실현된 채 계시되었으며,[1] 그렇기에 하나님 나라는 "하나님의 통치"를 의미하는 종말론적 사건으로 이해되어야 한다.

1. 그리스도에 근거된 하나님 나라가 갖는 교회론적 의미

위의 신앙적 명제가 교회론적으로 의미하는 바는 다음과 같다.

1.1. 종말에 대한 희망 속에 있는 교회

그리스도의 모든 교회들은 *종말에 대한 희망 속에서* 이 땅 위에 하나님 나라를 실현해도 된다. 왜냐하면 교회란 종말에 대한 희망 속에서-교리적으로 표현한다면, 성령의 역사 속에서-하나님 나라를 실현했던 예수 그리스도께서 이제 동일한 성령을 통해 찾아오시며 지배하시는 곳이기 때문이다. 또한 그렇기에 성령은 어거스틴 이래로 아버지와 아들이 자신들을 우리에게, 즉 교회에게 연결하는 vinculum(띠)로 불려졌고, 종말에 대한 희망 속에서 교회는 삼위일체 하나님의 활동 속으로 편입된다.

1.2. 하나님 나라의 실현을 위한 자격과 권능을 가진 교회

그리스도의 모든 교회들은 종말에 대한 희망 속에서 이 땅 위에 하나님 나라를 *실현해도 된다.* 왜냐하면 육을 입고 살아가는 이 땅 위의 모든 교회들이 하나님 나라의 실현을 위해 갖는 자격과 권능은 육을 입고 이 땅에 오신-참 인간이자 참 하나님이신(vere deus et vere homo)-예수 그리스도에 근거되어 있기 때문이다.

그렇기에 일찍이 종교개혁자 칼빈은 성육신의 비밀을 다음의 두 가지 사실 속에서 집약적으로 서술하고 있다. 첫째, 예수 그리스도에게서 신성과 인성은 서로 섞이지 않는다: "말씀이 육신이 되었다고 하는 것은… 말씀이 육신으로 변화되거나, 혹은 육신과 혼합되었음을 의미하지 않는다… 신성과 인성의 연결과 하나 됨의 본질은 각자의 특성이 완전히 유지되는 가운데 이 둘로부터 하나의 그리스도가 되었다는 사실 속에 놓여있다."[2] 둘째, 그리스도는 육신을 입고 등장했지만, 단순히 육신 속에 "포함된" 것이 아니라, 동시에 육신 "밖에서"도 존재하는 것으로 이해되어야 한다: "말씀은 물론 그 존재의 신비 속에서 인성과 함께 하나의 인격으로 연합했지만, 그러나 육신 속에 포함되지 않는다! 이것은 거대한 신비이다: 하나님의 아들은 하늘로부터 강림했다. 그러나 하늘을 떠나지 않았다.

그는 처녀의 몸에서 태어나서 지상을 거닐었고, 자신의 의지로 십자가에 달렸다. 그러나 그는 처음처럼 언제나 온 세상을 덮고 있었다!"[3]

그리고 그리스도와 교회와의 관계성의 관점에서 보았을 때, 종교개혁자 필립 멜랑히톤 이래로 "동행(concursus)"이라는 개념이 개신교회의 키워드가 된 것은 우연이 아니다.[4] 왜냐하면 이 표현은 우리와 함께 하심에도 불구하고, 그러나 우리와 존재적으로 섞이지 않으시고, 우리로부터 자유로이 우리를 지배하고 인도하시는 그리스도의 역사를 가리키기 때문이다.[5]

1.3. 언제나 스스로를 개혁하는 교회

교회는 종말에 대한 희망 속에서 하나님 나라 그 자체인 그리스도의 오심에 화답하는 공동체이다. 그런데 여기에서 종말에 대한 희망이란 지상의 현실교회를 향해 비판적 의미를 갖는다. 왜냐하면 예수 그리스도에게서도 신성과 인성이 존재적으로 혼합되거나 혹은 인성 속에 신성이 내포되지 않았던 것처럼, 이 땅 위의 모든 교회 또한 자신을 찾아오시는 그리스도와 존재적으로 섞이지 않으며, 그를 소유했노라 여길 수 없기 때문이다. 그렇기에 교회는 스스로의 계획과 행위를 그리스도, 즉 하나님 나라와 동일시할 수 없다. 오히려 교회는 오직 그의 함께 하심을 희망하며, 그의 뜻을 실현하기 위해 노력할 수 있을 뿐이며, 또한 그런 한에서만 교회로 존재할 수 있다. 그렇기에 교회는 언제나 역동성 속에서 자신을 찾아오시는 그리스도의 뜻을 해석하고 실현하면서 하나님 나라에 접근하는 노력을 기울여야 한다.

이 땅 위의 모든 교회들은 그리스도 뜻을 언제나 묻고 고민하는, 즉 "언제나 스스로를 개혁하는 교회(ecclesia semper reformanda)"가 되어야 한다. 특별히 칼빈으로부터 시작된 장로교회가 유럽에서 아직도 개혁교회로 불리면서, 개혁적인 공동체로 여겨지는 까닭도 바로 그 때문이다.

그러나 우리가 목도하는 한국교회는 어떠한가? 세계 교회사 속에서 유래를 찾아볼 수 없는 양적 성장을 이루었음에도 불구하고, 바로 그만큼 많은 문제점들을 보여주고 있다. 담임목사직의 세습, 反교회연합적 정서, 개교회주의, 구복신앙 등 실로 이 모든 것들은 그리스도와 그의 뜻을 독점할 수 있다 여기면서, 스스로의 개혁을 거부하는 교만 때문이라 할 것이다.

반면에 우리는 이와 반대되는 참된 교회의 모습을 게네사렛 호수가에서 예수님을 만났던 저 베드로에게서 발견한다: "주여, 나를 떠나소서. 나는 죄인이로소이다"(눅 5:8). 그리스도의 은혜 안에서 만선의 수확을 하며 비로소 자신의 정체를 깨달았던 베드로, 그는 지금 스스로를 죄인으로 고백하고 있다. 이처럼 우리 또한 주님의 은혜 안에서 언제나 자신의 부족함을 인정하며 스스로를 죄인으로 고백할 수 있어야 한다. 우리는 끊임없는 회개 속에서 언제나 그의 뜻을 묻고 스스로를 개혁하는 긴장 속에 있어야 한다. 그랬기에 또한 칼빈은 회개를 신앙인에게 주어진 평생의 과제로, 聖化의 다른 이름으로 이해했다.[6]

성서가 가리키는 진정한 신앙의 자세란 그리스도를 우리의 경험과 신념 너머에 계시는-비록 그것들이 우리에게는 진리처럼 보일지라도!-자유로운 분으로 인정하는 것, 그렇기에 그의 뜻이 나의 생각과는 전혀 다를 수 있음을 인정하며, 언제나 그의 뜻을 묻고 구하는 것이다. 그리고 이러한 의미에서 교회는 부단한 자기부정과 자기개혁 속에 있어야 한다.

1.4. 성장하는 교회

그리고 그러한 바탕 위에서 교회는 성장해야 한다. 그러나 이는 비단 양적 성장만을 의미하는 것이 아니다. 물론 성서 속에는 교회의 양적 성장에 대한 언급들이 등장한다. 그러나 복음의 빛에서 보았을 때, 교회 구성원들의 수는 결코 진리를 보증하지 못한다. 그리고 다수결을 통한 현실 교회의 결정 또한 진리를 확증하는 것이 아니며, 단지 시의적절한 교회의 방향을 결정하는 것일 뿐이다. 가령 다수였던 바리새인들과 유대인들에 맞섰던 예수와 그의 제자들은 소수였으며, 종교개혁 또한 소수에 의해 시작된 운동이었다. 그러나 역으로 소수 또한 그 자체로 진리를 담보하는 것은 아니다. 참된 교회와 진리는 양적으로 측량될 수 있는 것이 아니기 때문이다.[7]

결국 본질적인 의미에서 성서가 말하는 교회의 성장은 양적인 것이기보다는, 질적인 차원을 갖는다. 그리고 오늘 한국사회 속에서 개신교회가 비판의 대상이 되고 있는 것도 질적 성장을 동반하지 못한 양적 성장만의 부작용으로 볼 수 있다. 한국교회는 지난 세기 놀라운 하나님의 역사를 경험했다. 한국교회의 양적 성장이 하나님의 역사하심의 결과였음은 누구도 부인하지 못할 것이다. 그러나 21세기를 맞은 오늘 한국교회는 이제 지난 세기 양적 성장에 걸맞는 질적 성장을 이루어내야 하는 과제 앞에 서 있다.

그리고 이제까지의 맥락에서 보았을 때, 교회의 질적 성장이란 우리를 찾아오시는 그리스도의 뜻을 실현하며, 그가 이루었던 하나님 나라에 접근해 가는 것이며, 이는 결국 그리스도의 십자가로 회귀하는 것을 의미한다. 돌아 보건데, 실제로 지난 세기 한국교회가 이룩한 양적 성장의 가장 큰 동력은 고난에 동참하는 것이었다. 전쟁의 고통과 절망의 현장에서 우리 민족을 위로하며 새 힘을 불어넣었던 것은 바로 복음으로 무장한 교회였기 때문이다. 그렇기에 이제 한국교회는 지난 세기의 성공신화를 뒤로 하고, 과감히 본연의 위치인 고난의 자리로 돌아가야 한다. 교회는 "예수 믿으면 복 받고 성공한다!"는 메시지 뿐 아니라, "우리가 그리스도와 함께 영광을 받기 위하여 고난도 함께 받아야 할 것이니라!(롬 8:17)"는 바울의 메시지도 선포해야 한다. 백부장과 병사들이 예수를 하나님의 아들로 경험하고 고백했던 곳은 영광의 자리가 아니었기 때문이다. 오히려 그 곳은 고난의 자리, 예수의 죽음의 현장이었다(마 27:54). 그랬기에 또한 개신교의 창시자인 종교개혁자 마틴 루터도 영광의 신학(Theologia gloriae)이 아닌, 고난의 신학(Theologia crucis)을 주창하면서, 하나님이 계신 자리를 고난의 현장으로 확인했다. [8]

영광의 자리에 앉기보다는 고난의 현장을 찾아 그를 함께 극복해 가는 교회, 이것이 바로 예수 그리스도에게서 드러난 하나님 나라를 실현하는 교회이며, 성서적 의미에서 "성장하는 교회"이다.

1.5. 세상을 책임지는 교회

하나님 나라를 실현하고자 하는 교회는 세상에 대해 무한한 책임의식을 가져야 한다. 왜냐하면 성육신의 사건을 통해서 드러난 것처럼, 하나님은 "육"으로 상징되는 이 세상 전체를 받아들이셨기 때문이다. 그리고 무엇보다도 교회 또한 "육"에 속해 있다. 그리고 이러한 의미에서 성서는 예수 그리스도를 단순히 교회만을 위해서가 아니라, 그를 넘어 근본적으로 온 세상을 위해서 이 땅에 오신 분으로 증언한다: "하나님이 세상을 이처럼 사랑하사 독생자를 주셨으니…"(요 3:16).

그러므로 성서적 의미에서 하나님 나라는 육으로 대변되는 세상 전체를 포괄하는 것으로, 그리고 교회는 온 세상에 하나님 나라를 실현하기 위한 전초기지로 이해되어야 한다. 그리고 우리는 교회뿐 아니라, 교회 밖 세상까지도 하나님 나라의 관점에서, 즉 구원의 빛 속에서 바라볼 수 있어야 한다. 무엇보다도 교회 밖 세상은 성부이신 창조주 하나님께서 다스리시는 영역이기도 하다.

결론적으로 세상 속에서, 그러나 세상과 구별된 채, 하나님 나라의 실현을 위해 빛과 소금의 역할을 감당하는 공동체, 그것이 바로 하나님 나라의 관점에서 본 교회의 정체성이다.

2. 하나님 나라 목회를 위한 목회 신학적 실천의 제안

이제까지의 교회론적 근거 위에서 다음과 같은 목회 신학적 실천이 제시된다.

2.1. 목회자의 정체성을 이루는 활동으로서의 설교

목회자의 활동 가운데 가장 핵심적인 것은 설교이며, 이는 목회자의 정체성을 이루는 것이다. 그리스도께서 오늘의 역사적 상황 속으로 우리를 찾아오시는 곳에 교회가 발생되는데, 이 때 교회는 자신을 찾아오시는 그리스도의 뜻을 드러내야 할 의무와 권리를 갖는다. 그리고 이처럼 우리를 찾아오시는 그리스도께 화답하며, 그의 뜻을 드러내는 행위들이 바로 설교, 예배, 친교, 봉사 등인데, 설교는 이 모든 교회적 실천의 정점에 위치하고 있다. 그렇기에 일찍이 종교개혁자들은 "praedicatio est verbum Dei(설교는 하나님의 말씀이다)"라고 확언했다.

그런데 여기에서 하나님 말씀이란 정태적이며 존재론적 개념이 아니라, 그 자체로 하나님의 뜻을 드러내는 운동 혹은 사건으로서 종말론적이며 역동적인 개념이다. 그리고 이를 통해 하나님은 특정 무리 인간들과 계약을 체결하신다. 그렇기에 하나님의 말씀은 이들과의 소통을 위해서 인간의 언어로 이루어져 있으며, 또한 이들을 선택하고 교육하는 기능을 담당한다.[9] 그리고 여기에는 선포된 하나님 말씀으로서 예수 그리스도와 기록된 하나님 말씀으로서 성서, 선포된 하나님 말씀으로서 설교 등이 속하며,[10] 그 정점에는 예수 그리스도가 자리하고 있다. 즉 예수 그리스도를 위시한 나머지 둘 모두는 저 하나님의 말씀의 운동에 참여하고 있는 것이다.

그렇기에 또한 설교는 다른 모든 교회적 실천들처럼 설교자 개인의 사적인 일이 아니라, 공동체 전체가 참여하는 사건이다. 설교야말로 다른 모든 교회적 실천들에 앞서 오늘도 우리를 찾아오시는 그리스도께 화답하며 그의 뜻을 드러내는 공동체 전체의 일이기 때문이다. 그러므로 설교는 목회자의 사견이나 개인적 이해관계에 따라 작성되어서는 안 되며, 나아가 설교자는 교인들과 함께 자신도 역시 그리스도의 음성에 귀 기울여야 하는 자라는 사실을 잊어서는 안 된다. 엄밀히 말하자면, 목회자는 스스로 설교를 행하면서 그리스도의 음성을 듣는 자이며, 교인들은 설교를 들으면서 그리스도의 음성을 듣는 자들이다.

그리고 설교는 목회자 자신의 주관적-그것이 비록 소위 영적이라 불릴 수 있는 것일지라도!-경험을 근거로 작성되어서는 안 된다. 왜냐하면 설교란 근본적으로 또 다른 형태의 하나님 말씀인 성서를 오늘의 상황 속에서 해석하는 행위인데, 일찍이 종교개혁자들이 주장했던 것처럼, 성서는 스스로를 해석하며(Autopistie), 설교자는 성서가 갖는 이 해석의 순환성 속에 직접 참여해야 하기 때문이다. 다시 말해서 성서 기자들의 앞에는 한 편으로 자신들 이전에 작성된 성서 전승들이 그리고 다른 한 편으로는 자신들이 처한 역사적 상황이 놓여 있었으며, 여기에서 전자는 나름의 고유한 역사적 배경을 갖는 것이었다. 그랬기에 성서의 기자들은 자신들 앞에 놓인 이전 성서 전승들의 역사적 상황과 자신들이 현재 처해 있는 역사적 상황 사이에서 유비를 발견할 수 있었고, 그 속에서 당대 자신들을 향한 하나님의 음성을 들을 수 있었던 것이다.

그리고 바로 그처럼 오늘 목회자들도 성서 자체에 대한 연구와 함께 현재 공동체가 처해 있는 역사적 상황에 대한 인식과 통찰을 얻기 위해 노력해야 한다. 그리고 그 둘 사이의 유비 속에서 오늘 공동체를 향한 그리스도의 뜻을 발견하고 선포해야 한다. 그 때 비로소 설교는 성서, 예수 그리스도와 함께 "하나님 말씀" 사건에 속하게 되며, 하나님 나라를 실현하는 사건이 되는 것이다. 그렇기에 이러한 의미에서 칼 바르트는 목회자들을 향해 "한 손에는 성서를, 다른 한 손에는 신문을 들라!"고 권면하고 있다.

2.2. 성찬에 대하여

성찬은 종교개혁 당시부터 이미 논란의 중심에 놓여있던 주제였다. 로마교회의 화체설을 거부하며 성찬에 대한 올바른 이해를 위해 고민하던 독일의 종교개혁자 마틴 루터는 떡과 포도주에 그리스도가 실재로 임재한다(Realpresence)고 이해했으며, 동시대 스위스 쮜리히의 종교개혁자 쯔빙글리는 인문주의자(Humanist)로서의 자신의 입장에 걸맞게 성찬을 일종의 기념행위로 받아들였다. 시간이 흐르면서 성찬의 상이한 이해로 인해 독일과 스위스 개혁교회 간에 분열이 심화되었고, 이를 중재하기 위해서 1529년 독일 마부르크에서 루터, 멜랑히톤을 위시한 독일 종교개혁자들과 쯔빙글리, 마틴 부처 등의 스위스 개혁교회 지도자들이 함께 모여 회의를 열게 된다. 그리고 이 회의에서 종교개혁 양 진영은 의견의 일치를 보지 못하고, 결국 종교개혁이 일어난 지 불과 10여년 만에 개신교 진영 내에서 루터파와 개혁교회 간의 소위 교단 분열이 발생하게 된다.

성찬과 관련해서 이들의 관심은 무엇보다도 성물, 즉 떡과 포도주에 집중되어 있었다. 즉 로마교회의 화체설에 대항하여 떡과 포도주를 어떻게 그리스도의 피와 살로 이해할 것인가 하는 것이 독일과 스위스의 1세대 종교개혁자들의 공통된 관심사였다.

그러나 이러한 성찬이해는 2세대 종교개혁자 존 칼빈에 이르러서 새로운 국면을 맞이하게 된다. 왜냐하면 칼빈은 떡과 포도주를 통한 그리스도의 실제적 임재 Realpresence 대신-예수 그리스도는 이미 승천했기 때문에-성령을 통한 그리스도의 역사, 즉 떡과 포도주를 나누며 그리스도의 실천을 재현하는 행위 Representatio 속에서 그리스도의 함께 하심을 발견했기 때문이다: "주님의 떡이 나에게 *떼어져 나누어지는 것*을 내 눈으로 확인하면서, 나는 그의 몸이 나를 위해 십자가에서 희생되셨음을 확신

하게 된다"[11] 그렇기에 이제 성찬은 그리스도의 실천을 재현하는 교회 공동체성의 근간이 되며, 그리스도는 성령을 통해 성찬 행위 속에 함께 하시는 분으로 고백된다.

또한 언어를 통해 그리스도의 뜻을 선포하는 설교와는 달리, 성찬은 그리스도의 임재를 형상적으로 재현하는 행위이기 때문에 교회적 실천에 있어서 설교만큼이나 중요한 위치를 차지하게 된다.

특별히 성찬식의 횟수와 관련해서는 너무 자주, 즉 모든 예배 시에 매번 성찬식을 거행하거나, 반대로 횟수가 지나치게 작을 경우, 그리스도의 임재에 대한 감격과 감사가 무디어질 수 있기 때문에, 대개 두 달에 한 번 정도 예배 시에 거행하는 것이 적당하다고 볼 수 있다.

또한 수찬자의 자격과 관련해서는 전통적으로 교회가 세례자에 한해서만 성찬에 참여하도록 권면하고 있으나, 성찬의 원래적 의미를 생각한다면, 예배에 참여한 모든 이들에게 수찬을 권하는 것은 잘못된 일이 아니다. 그리고 이러한 의미에서 위르겐 몰트만은 수찬의 전적인 개방성을 주장한다: "주의 만찬은 새 계약을 수여한다. 그것은 결국 그리스도의 몸 안에서의 사귐, 즉 모든 사람을 위한 그리스도의 희생을 통하여 분리와 적대심을 극복하고, 다른 사람들과의 연대를 창조하는 사귐을 수여한다. 이 새 계약과 이 새로운 사귐은 그 경향에 있어서 보편적이고 모든 사람을 포괄하고 아무도 제외하지 않는다. 왜냐하면 그것들은 민족들의 잔치를 지시하면서 세계를 향하여 열려있기 때문이다."[12]

2.3. 교회학교 및 청년부 운영에 대하여

한국사회의 저출산 현상과 입시 위주의 교육 등으로 인해 현재 한국교회 내에서 가장 타격을 받는 곳은 바로 교회학교이다. 실제로 통계에 의하면 2014년 현재 8,383개의 본 교단 소속교회들 가운데 주일학교 없는 교회가 48%에 달하고 있으며, 78.5%의 교회에는 아예 영아부조차도 없는 것으로 나타나고 있다. 교회학교와 관련된 이러한 문제가 심각한 것은 무엇보다도 교회학교의 현 상태가 바로 한국교회의 미래를 보여주기 때문이다.

또한 핵가족화와 물질만능주의 등 가치관의 혼란으로 인해 교회학교 교육의 필요성이 그 어느 때보다 더 중요한 지금, 교회학교 어린이들을 대상으로 했던 예장 통합 측 총회의 설문조사에 의하면, 응답 아동의 60% 정도가 설교와 성경공부를 가장 싫어하는 순서로 꼽고 있다.

이러한 상황에 직면해서 교회는 더 이상 그 어떤 일시적인 해결책을 추구하기 보다는, 오히려 복음의 근본적인 메시지에 다시 귀를 기울여야 한다. 하나님의 아들이 인간의 몸을 입고 이 땅에 오셨던 성육신의 사건은 "우리 인간이 부족함에도 불구하고, 그러나 하나님의 함께하심을 믿고 담대히 살아가도 된다"는 귀중한 가르침을 주고 있기 때문이다. 하나님 앞에서 끝없이 배워야 할 우리가 목사 혹은 다양한 직분을 가진 자들로서 교회 내에서 가르치는 자가 될 수 있는 것 또한 성육신의 사건에 근거되어 있다.

그렇기에 이러한 복음의 근거 하에서 교회학교 교육은 이제까지의 일방적인 하향식 주입교육을 벗어나서, 오히려 어린 학생들이 과감히 참여하는 방식으로 변화되어야 한다. 그리고 엄격한 교사선발과 교사교육 등을 통해서 성인교사와 어린 학생들이 동일하게 하나님 앞에서 배우는 자들로서 자유로이 서로 소통하는 교회학교 분위기가 만들어져야 한다. 가르치는 자 또한 하나님 앞에서 배우는 자일뿐이며, 교사들의 그러한 겸손한 모습을 통해서 이제 어린 학생들 또한 협소한 "교육자-피교육자 간의 관계성"을 벗어나 하나님 앞에서 배우는 자로서 적극적으로 나설 수 있어야 하기 때문이다. 그리고 이를 위해서는 어린 아이들이 주일학교 예배 및 교육 속에서 보다 주체적으로 나설 수 있는 환경과 프로그램이 개발되어야 할 것이다. 그리고 어린 아이들이 성인예배에도 주도적으로 참여하는 세대통합의 가족예배가 교회 차원에서 정례화 될 필요가 있다.

또한 교회학교의 부흥을 위해서는 교육부서에 대한 과감한 예산투입과 교육담당 교역자의 처우개선이 병행되어야 할 것이다. 교육부 담당교역자의 자리는 단순히 거쳐 가는 자리가 아니라, 고도의 전문성을 갖고 장기적으로 교회의 미래를 설계하는 자리이기 때문이다. 또한 교육부를 활성화하고 교회 산하에 교회교육연구소를 설립해서 아동 교육을 위해 심도 깊은 연구를 진행해 가는 것도 교회학교 교육과 한국교회의 미래를 위해서 좋은 방법이 될 것이다.

또한 교회학교 아동들의 급격한 감소와 더불어 현재 한국교회의 심각한 문제로 떠오르고 있는 것은 청년들의 교회 이탈현상이다. 이와 관련해서 필자는 몇 년 전 기독교 재단이 운영하는 한 여자대학에서의 강의 경험을 떠올린다. 당시 본인이 담당했던 강의는 기독교를 소개하는 내용의 수업으로서 학생들의 입장에서는 본인의 강의를 반드시 들어야만 졸업이 가능했던 교양필수 과목이었다. 매 학기 평균 100명 내외의 학생들이 본인의 강의를 수강했는데, 대개 그 가운데 80% 정도는 무신론자였고, 종교를 가지고 있는 20% 정도의 학생들 가운데서도 개신교인은 불과 5%에 불과했다. 그리고 그들을 제외한 95%의 학생들 대부분은 개신교에 대해서 무관심하거나 적대적이었고, 본인 역시도 불성실했던 수업태도로 인해서 학생들에게서 그리 좋은 인상을 받지는 못했다. 그런데 "삶과 종교"를 주제로 제출했던 그들의 리포트를 읽으면서, 본인은 그들이 대단히 진지한 청년들임을 깨닫게 되었다. 자원봉사 및 구호단체 등에서 열심히 봉사하는 학생들도 있었고, 한국사회의 문제들을 놓고 치열하게 고민하며 사회활동에 적극적으로 참여하던 학생들도 있었다. 그들 대부분은 청년의 시기를 의미 있게 보내기 위해 나름 열심히 노력하는 훌륭한 청년들이었다. 다행히 시간이 흐르면서 학생들은 서서히 강의에 집중하기 시작했고, 종강 후 방학이 시작되자 몇몇 학생들은 "기독교가 정말 교수님이 강의하시는 내용대로라면, 내 인생의 목표와 다르지 않은 것 같다, 교회에 대해서 다시 생각해 보겠다"는 내용의 메일을 보내오기도 했다.

그러면서 본인은 고민에 빠졌다. 이렇게 진지하고 영민한 청년들이 왜 교회에 나오지 않는 것일까? 그리고 특별히 교인들의 자녀들 또한 학창시절을 지나면서 왜 더 이상 교회에 출석하지 않게 되는 것일까? 그에 대한 책임이 단순히 그들에게만 있는 것일까?

우리 하나님은 교회 안에서만 역사하시는 분이 아니라, 교회 밖 세상까지도 만드셨고, 오늘까지도 당신의 섭리로 지배하시는 창조주 하나님이시다. 하나님은 오늘도 교회뿐 아니라, 세상의 정치, 경제, 사회, 역사 모든 부분에서 역사하신다. 그런데 오늘 기독교인들은 하나님의 역사를 협소하게 교회 활동으로만 제한하고 있는 것이 아닌가? 그래서 세상 속에서 살아가는 청년들의 고민이 더 이상 교회에서 진지하게 다루어지지 않고, 그 해답 또한 주어지지 못하는 것이 아닌가?

그렇기에 바로 이 지점에서 오늘 교회의 청년교육이 다시 시작되어야 한다. 이제 교회는 청년들을 위한 신앙교육에만 만족할 것이 아니라, 그들이 고민하는 모든 세상 문제들에 대해서도 함께 고민하며, 그에 대한 신앙적 해답을 찾기 위해 노력해야 한다. 교회 밖 세상 또한 우리 하나님이 지배하시는 영역이며, 우리 주 예수 그리스도도 단순히 교회의 창시자가 아니라, 온 세상 사람들의 구세주이기 때문이다. 그리고 바로 그 때 비로소 교회를 외면했던 건강하고 진지한 청년들이 다시 교회로 발걸음을 옮기게 될 것이다. 그리고 기독교 신앙 안에서 한국사회와 교회를 이끌어 갈 지도자들로 성장해 나갈 것이다.

그렇기에 이를 위해서 교회는 가령 정치, 경제, 사회, 문화 등 사회 각 분야의 기독교인 전문가들을 초청하여 청년들과 함께 토론하고 기독교적 해답을 찾는 다양한 행사들을 개최할 수 있을 것이다. 그리고 교회가 이러한 방향으로 더 진지하게 고민을 해 본다면, 선교적 차원에서 이 시대 청년들을 교회로 인도할 수 있는 다양한 방법들을 찾을 수 있을 것이다.

2.4. 평신도 중심의 목회

교회는 목회자 한 사람에 의존되어 있는 곳이 아니라, 온 교인들이 참여하여 함께 만들어가는 공동체이다. 왜냐하면 "세상을 위한 하나님의 전초기지로서 교회"의 구성원들 가운데 하나님과 세상의 경계선에 서 있는 이들은 목회자가 아니라, 오히려 성도들이기 때문이다. 그렇기에 교회가 세상으로부터 스스로를 구별하고 폐쇄적이 될 때, 교회는 목회자 중심으로 운영되며 목회자에게 과도한 권위가 부여되는 반면, 교회가 세상을 향해 문을 열 때, 무게중심은 목회자로부터 교인들에게로 옮겨지게 된다. 모든 교인들은 각자 속한 삶의 자리 속에서 선교사들이 되는 것이다. 그리고 그를 통해 교회는 결국 성서의 진리에 정통한 목회자와 세상 속에서 살아가는 교인들이 연합하여 그리스도의 뜻을 함께 고민하며 실현해 가는 곳으로 변화될 것이다.

이러한 의미에서 교구 및 구역활동(예배, 전도, 기도회, 심방 등)은 그리스도의 뜻이 성도의 일상 속에서 어떻게 실현되고 있는가를 단적으로 보여주는 척도가 되며, 그렇기에 성장하는 교회일수록 구역활동이 적극적이고 건강하게 이루어지는 것을 발견하게 된다.

이를 위해서는 우선 구역장, 권찰 등의 교육이 철저히 이루어져야 할 것이며, 교구담당 교역자를 통해서 구역이 유기적으로 관리되어야 할 것이다. 구역모임을 통해서 활발한 전도가 이루어져야 하며, 새신자들이 교회에 잘 정착할 수 있도록 구역장 이하 모든 구역원들이 합심해서 노력해야 할 것이다. 그리고 담임목사 또한 구역모임에 순회, 참여하여 성경공부 및 기도회 등 구역모임이 더 활성화되도록 노력해야 한다.

그리고 주말이나 휴일을 이용해서 온 가족이 함께 할 수 있는 봉사활동의 기회들을(요양원, 양로원, 구호단체, 지역향토행사, 도우미 등) 제공하여 자녀들과-중고등학생의 경우, 학교 성적과 관련하여 봉사활동 점수가 요구된다!-교회활동에 소극적이었던 중,장년 남성성도들의 참여도 유도할 수 있을 것이다.

평신도 중심 목회와 교회 내 자치기관의 활동은 필수적인 것으로서 한국교회의 미래를 위해 결정적인 요소이며, 이를 활성화하기 위해 교회는 더욱 연구하고 노력할 것이다.

2.5. 사회봉사와 구제

교회는 자족적인 기관으로 머물러서는 안 되며, 지역사회를 위해 봉사하는 공동체가 되어야 한다. 개 교회들은 지역적 특성을 고려하여 교인들과 지역주민들을 위한 교육, 문화의-음악, 미술, 영어회화, 취미활동 등을 위한-중심지가 되는 방안들을 연구해야 할 것이며, 또한 교회시설을 이용하여 지역사회를 위해 봉사할 수 있는-도서관, 공부방, 상담실, 카페의 운영 및 주차장 개방 등-방법들도 찾아보아야 할 것이다. 교회는 구원받은 자들만을 위한 배타적 집단이 아니라, 세상 전체를 위한 하나님의 전초기지이며, 그렇기에 세상을 위해 봉사하며, 믿지 않는 이들을 하나님께로 인도하는 것이야말로 교회의 본질에 속하는 일이기 때문이다.

2.6. 소통하는 공동체로서의 교회

복음의 핵심인 성육신은 하나님께서 인간인 나사렛 예수를 찾아오신 사건으로서 본질적으로 하나님께서 주도하시는 인간과의 소통을 가리킨다. 오늘날 많이 언급되는 소위 "눈높이 교육"의 원형이 이미 성육신의 사건 속에서 실현되고 있었던 것이다. 하나님께서 당신이 계신 곳에서 신적인 방식으로 우리에게 말씀하신다면, 우리는 그의 뜻을 전혀 알 수 없을 것이다. 그러나 그는 인간을 찾아오셔서 직접 인간이 되시고, 그를 통해 우리 인간들에게 당신의 뜻을 알리셨다. 그가 스스로를 인간의 눈높이에 맞추시며 인간과의 소통을 완성하신 것이다.

그렇기에 그를 믿고 따르는 교회는 하나님과의 소통뿐 아니라, 이제 공동체 내 구성원들 상호 간의 소통도 원활하게 이루어 가야 한다. 오늘날 특별히 교회 내에서 발생되는 불미스러운 일들이 대부분 교인들 간의 소통의 부재에 기인하고 있음은 주지의 사실이다. 그렇기에 목회자부터 권위를 내세우며 불통을 만들어 갈 것이 아니라, 성육신의 사건 속에서 분명히 드러난 것처럼, 교회 내 모든 일들에 대해 교인들과 소통하며 투명하게 교회를 운영해 가야 한다. 목회자 또한 하나님 앞에 선 나약한 인간으로서 스스로의 한계와 약함을 인정하며, 모든 일에 있어서 교인들과 함께 투명하게 소통하고 협의하면서 교회를 끊임없이 개혁하는 공동체로 만들어가야 한다.

이미 언급했던 것처럼, 교회는 부활 승천하신 그리스도께서 성령을 통해 찾아오시면서 발생된다. 그런데 이 때 성령은 목회자 한 사람에게만 역사하시는 것이 아니라, 공동체 전체에 역사하신다. 교회의 머리는 목회자가 아니라, 예수 그리스도이며, 목회자는 모든 평신도들과 함께 그의 뜻을 묻고 실현하는 그의 몸의 지체일 뿐이기 때문이다. 그렇기에 일찍이 칼빈은 설교자의 직분에 하나님의 뜻을 해석하는 은사(donum interpretationis)가 주어져 있는 반면, 공동체 전체에는 이 해석이 올바른지를 구별하는 식별의 은사(donum spiriti discretionis)가 주어져 있음을 강조했다. [13] 그러므로 오늘날 대다수의 교회가 담임목사 청빙을 비롯하여 중요한 의사 결정에 있어서 공동체 구성원 모두가 참여하는 다수결의 원칙을 수용하고 있는 것은 우연이 아니다.

2.7. 세상과 소통하는 교회

그러나 교회를 지배하는 원칙은 인간 상호간의 소통에 기반한 민주주의가 아니라, 하나님의 지배, 즉 신주주의이다. 그리고 민주주의는 신주주의의 전단계가 아니며, 그를 대체할 수도 없다. 그러나 신주주의가 실현되는 곳에서 하나님은 민주주의를 배제하지 않으시며, 오히려 그를 이용하신다. 그렇기에 오늘 이 땅 위의 교회들은 중요한 일들을 결정함에 있어서 민주주의의 원칙인 토론과 다수결을 수용하고 있다.

그렇다면 교회는 세상의 원칙을 무제한적으로 모두 수용해도 되는가? 그것이 아니라면, 우선 세상과 교회를 구별하는 결정적인 차이는 무엇인가?

민주주의를 탄생시킨 세상은 이성에 합당함, 즉 합리성에 따라 진행되는 반면, 교회는 그리스도에 대한 신앙에 근거되어 있다. 그렇기에 위의 질문들은 결국 이성과 신앙의 관계 정립이라고 하는 대단히 어렵고도 중요한 신학적 문제에 닿아 있다. 그리고 이는 또한 오늘날 특별히 자연과학과 기독교 신앙의 관계 정립에 있어서 가장 첨예하게 대두되는 문제이다. 역사적으로 보았을 때, 기독교 신앙과 자연과학 사이의 갈등은 이미 중세시대에서부터 등장하고 있었다. 가령 우리는 천동설을 옹호하던 교회의 권위에 복종하는 듯 보였지만, "그래도 지구는 돈다!"는 독백을 통해 지동설을 굽히지 않았던 자연과학자 갈릴레오 갈릴레이의 일화를 떠올릴 수 있을 것이다. 그리고 오늘날에도 동일한 갈등은 의학의 도움을 거부한 채 기도원 등을 찾는 독실한 기독교인들의 모습 속에서도 여전히 발견된다.

그러나 이성과 신앙의 관계성에 대한 문제는 보다 깊은 신학적 논의를 필요로 하기 때문에, 여기에서는 이성의 활동을 통해 얻어진 과학기술문명을 기독교 신앙이 어떻게 받아들일 수 있는가 하는 문제에만 집중하도록 한다.

오늘 우리는 과학문명의 혜택 없는 삶을 상상할 수 없으며, 이는 비단 교회 밖 세상뿐 아니라, 교회 내에서도 그러하다. 신앙에 근거된 교회는 이성의 활동을 통해 도달된 과학기술 문명을 거부해야 하는가? 만약 그렇지 않다면, 교회는 과학기술 문명을 어디까지 받아들여야 하는가? 아니면 전적으로 수용해도 되는가? 오늘날 교회가 첨단의 기술문명을 나름 제한적으로 수용하고 있다면, 그 기준은 무엇인가?

필자는 2000년 초부터 10여 년간 독일에서 한인교회를 담임했던 경험이 있다. 교회는 1960, 70년대 광산근로자와 간호사로 파송되었던 교민들과 유학생들로 구성되어 있었다. 그리고 목회자는 대부분 교민들로 구성된 안수집사, 권사, 장로 등의 직분자들과 함께 교회를 운영해 나갔다. 그런데 직분자의 대다수를 차지하는 광산 근로자 출신의 남성교민들은 대부분 학력이 낮고, 폐쇄된 독일 광산에서 한국 출신 노동자들과 함께 수십 년간 일을 해왔던 이들이기 때문에, 그들의 사고방식이나 가치관 등은 한국을 떠나왔던 6, 70년대에 머물러 있었다. 그리고 그것은 유학생 성도들 모두를 포용하며 교회를 이끌고 나가야 할 목회자들에게는 큰 부담으로 작용하고 있었다. 그러던 중 필자는 많은 유학생 부부들로부터 한국에서 행해지는 찬양예배를 드리자는 요구를 받게 되었고, 결국 악기 구입과 관련해서 당회를 열게 되었다. 그런데 연로한 장로 한 분이 경건치 못한 세상적 악기라는 이유를 들어 드럼만은 절대 교회 내에서 사용할 수 없다고 강하게 주장하기 시작했다. 결국 다른 장로님들까지 합세하여 거의 1년에 걸쳐 그 분과 그 분의 생각에 동의하는 제직들을 설득한 끝에 우리는 전자드럼을 구입해서 찬양예배에 사용할 수 있었다. 그런데 당시 본인에게 불현듯 떠올랐던 장면이 하나 있었다. 70년대 학창 시절 교회 학생회 활동 당시 상황이었는데, 본인이 출석하던 교회는 오랜 역사를 가진 매우 보수적인 교회였다. 그리고 당시 교회 어른들은 학생회 활동 시간에 교회 내에서 통기타를 치는 것을 매우 못마땅하게 여겼었다. 그 분들 역시도 저 장로님처럼 당시에는 기타를 매우 세속적인 악기로 여겼고, 그랬기에 경건한 교회 내에서 기타를 사용하는 것을 비신앙적인 것이라 생각했기 때문이다. 지금 그 분들의 생각이 어떻게 바뀌었는지는 알 수 없지만, 그러나 현재 한국교회 내에서 기타나 혹은 드럼의 사용을 비신앙적으로 여기는 분들은 거의 없지 않을까 생각한다.

이성의 활동을 통해 얻어진 과학 기술 문명을 기독교 신앙은 어떻게 그리고 어디까지 받아들일 수 있는가? 이 문제를 우리는 성 어거스틴의 윤리적 명제의 도움으로 비교적 간단히 해결할 수 있다. 즉 그에 따르면, 인간이 유일하게 사랑하고 탐닉해야(frui) 할 대상은 오직 하나님이며,[14] 피조물은 인간이 이용해야 할(uti) 대상일 뿐이다.[15] 그리고 인간의 죄란 이러한 frui와 uti의 질서가 역전되어 인간이 피조물들을 사랑하고, 이러한 헛된 사랑을 위해 하나님을 악용하는 것이다.[16] 그리고 피조물은 그 자체로 가치중립적인 것이며, 동일한 맥락에서 과학기술 문명 또한 그 자체로는 아직 가치중립적인 것이다. 결국 피조물이나 과학기술 문명은 윤리적으로 보았을 때, 그들이 세속적인 것이기에 그 자체로 악한 것이라기보다는, 그들을 어떻게 사용하는가에 따라서 악의 도구가 될 수도, 혹은 하나님의 선한 도구가 될 수도 있는 것이다. 그리고 이는 무엇보다도 성서적 관점에서도 올바른 것이다. 왜냐하면 성서 전체가 보도하듯, 하나님은 이 세상을 받아들이시면서 육에 속한 우리를 찾아오시기 때문이다. 또한 역으로 우리는 "기도하는 집", 즉 성전을 "강도의 소굴"로 만들 수도 있다(마 21:12f.).

그러나 그렇다고 해서 이것이 세상의 과학 기술 문명을 교회가 무제한적으로 수용해야 함을 의미하는 것은 아니다. 왜냐하면 성서의 다양하고 상이한 내용들이 단적으로 보여주는 것처럼, 하나님의 역사는 인간 세상을 완전히 무시하는 것이 아니라, 그 상이한 역사적 배경들을 고려하며 거기에 적응된 채 발생되기 때문이다. 가령 지금도 이 땅 위에서 수없이 선포되는 하나님의 말씀들을 떠올려 보라. 같은 시간대에 미국과 독일 그리고 한국에서 선포되는 말씀들은 각 공동체가 속한 역사적 제 특성들을 고려한 채 모두 상이한 내용들을 담고 있지 않은가? 이처럼 하나님의 역사는 획일적인 것이 아니라, 다양성을 인정하고 그에 적응하며 발생된다.

그렇기에 또한 바로 여기에 설교 표절행위가 갖는 심각성이 놓여있다. 하나님의 말씀은 인간 세상의 상이한 역사적 상황들에 적응된 채 역사하시기 때문에, 모든 설교자들은 한편으로 자신들의 공동체가 속한 역사적 상황에 대한 통찰과 다른 한편으로 성서에 대한 전문적 지식을 통해서 오늘 자신이 속한 공동체를 향한 하나님의 말씀을 선포해야 한다. 그리고 이러한 의미에서 다른 공동체에서 선포된 타인의 설교를 표절하는 것은 설교자로서의 자격미달이고 직무유기일 뿐 아니라, 기독교 윤리 차원에서도 "살아계신" 하나님의 역사를 가로막는 잘못된 행위로 볼 수 있다.

그리고 더 나아가, 위에서 언급했던 교민교회의 예에 빗대어 이야기해본다면, 드럼의 사용을 반대했던 장로님을 설득하기 위해 보내야 했던 시간들은 하나님의 말씀이 독일 내 한인교회라고 하는 특수한 상황에 적응하는 시간으로-그러나 이 시간은 하나님 말씀의 무능력 때문이 아니라, 인간의 무딘 이해력과 적응력 때문에 필요한 것이었다-이해될 수 있다. 하나님은 우리가 당신의 뜻에 적응할 시간을 주시면서 당신의 뜻을 실현해 가시기 때문이다. 그 장로님의 생각이 당시 우리의 눈에는 비록 답답하고 시대착오적으로 보였을지라도, 서로를 설득하고 또 설득당하는 적응의 시간이 우리에게는 필요했다.

오늘 한국 교회는 담임목사직의 세습, 재정 비리, 성 스캔들, 동성애 문제, 정치 논쟁 등 내외적으로 많은 문제로 인해 어려움을 겪고 있다. 물론 개 중에는 분명 비신앙적이며 악한 의도에서 비롯된 문제들도 있지만, 반대로 그렇지 않은 문제들도 상당수 존재한다. 그리고 후자의 경우, 논쟁의 당사자들 모두가 신앙적 관점에서 진지하게 사고하고 있으며, 그렇기에 기독교 윤리의 관점에서도 판단을 내리기가 쉽지 않은 것이 사실이다. 그런데 이 경우 교회 내에 발생되고 있는 긴장과 갈등의 상황을 반드시 부정적으로만 볼 필요는 없다. 왜냐하면 위의 예에서처럼 공동체가 하나님의 뜻을 실현하기 위해 화합과 일치로 나아가는 데에는 때로 많은 시간과 노력이 필요하기 때문이다. 그리고 그것은 하나님의 입장에서 보면, 당신의 뜻을 실현하시기 위해 인간을 변화시키시는 시간이기도 하다.

2.8. 에큐메니칼 운동에 대하여

위에서 이미 서술한 대로, 하나님은 인간 세상의 다양한 상황들에 스스로를 적응시키시며 당신의 뜻을 이루어 가신다. 그렇기에 이 땅 위의 모든 교회들은 획일화된 모습이 아니라, 다양한 모습들 속에서 하나 됨을 이루게 된다.

그리고 이러한 의미에서 교회 일치 운동은 교회의 정체성을 확인하는 시금석이 된다. 왜냐하면 첫째, 교회 일치 운동은 그 자체로 인간 세상의 상이한 역사적 상황들에 맞추어 역사하시는 "살아계신 하나님"을 찬양하는 것이기 때문이다. 사무엘상 8장에는 왕을 요구하는 이스라엘 백성과 그에 대한 사무엘과 여호와 하나님의 반응이 보도되고 있다. 변화하는 고대 근동의 정치 상황 속에서 이스라엘은 기존의 느슨한 정치 형태였던 사사체제(B.C. 1250~1050)를 버리고 보다 강력한 중앙집권적인 왕정체제를 갖고자 했다. 그러나 사사였던 지도자 사무엘은 "그것을 기뻐하지 아니하였다"(8:6). 그런데 그에 대한 여호와 하나님의 반응은 사무엘과는 달랐다: "백성이 네게 한 말을 다 들으라... 그들의 말을 듣되, 너는 그들에게 엄히 경고하고 그들을 다스릴 왕의 제도를 가르치라"(8:7f.). 급변하는 정세 속에서 기존의 체제를 수호하고자 했던 것은 인간 사무엘이었고, 변화에 새로이 적응할 것을 명하셨던 분은 오히려 여호와 하나님이셨다. 우리 하나님은 "살아계신 하나님"이시며, 다양한 상황 속에 찾아 오셔서 그에 합당한 방식으로 역사하신다. 그렇기에 개 교회들은 서로의 다름 속에 있는 하나님의 역사하심의 가능성을 인정하고 그를 향해 열린 자세를 취할 수 있어야 한다. 이러한 의미에서 개 교회 혹은 개 종파들이 상이함 속에 있는 타 교회나 종파를 인정하고 일치를 추구하는 것은 바로 "살아계신 하나님"을 인정하고 찬양하는 것이다.

둘째, 이러한 의미에서 교회 일치 운동을 거부하는 것은 역으로 "살아계신 하나님"을 거부하는 것이며, 자신들이 만들어 놓은 박제화된 하나님과 그의 활동만을 인정하는 교만(hybris)을 의미한다. 사도행전 10장에 따르면, 욥바의 무두장이 시몬의 집에 거하던 베드로는 기도하던 중 하늘로부터 보자기에 싸인 각종 짐승들을 보게 되며, 그것을 잡아먹으라는 음성을 듣게 된다. 그러나 베드로는 "주여, 그럴 수 없나이다. 속되고 깨끗하지 아니한 것을 내가 결코 먹지 아니하였나이다"(:14) 대답하며 거부한다. 그러자 베드로는 "하나님께서 깨끗하게 하신 것을 네가 속되다 하지 말라"(:15)는 책망을 듣게 된다.

우리의 경험, 판단에 충실한 것, 물론 그것이 경건해 보이고 신앙적으로 보일 수는 있으나, 때로 그것은 하나님의 역사를 가로막는 교만이 될 수 있음을 교회가 잊어서는 안 될 것이다. 그리고 거기에서부터 살아있는 복음은 박제화된 종교로 타락하게 된다.

셋째, 우리는 성서 속에서 다양한 역사적 상황 속에 임하셨던 하나님의 역사를 발견하며, 현재 상황과의 유비 속에서 오늘 우리에게로 향하시는 하나님의 뜻을 찾아 나간다. 그리고 바로 그처럼 상이한 역사와 문화 속에서 성장한 교회들은 다양한 문제들에 직면하여 서로를 위한 길잡이가 될 수 있다. 특별히 우리보다 역사가 앞선 미국의 교회 혹은 1세계 유럽의 교회들은 역사적 상이성에도 불구하고 한국교회의 미래를 위해 귀한 선례들을 제공해 줄 수 있다. 왜냐하면 오늘 한국교회가 겪고 있는 많은 문제들은 대부분 그들 교회 속에서 이미 발생되었던 것들이며, 그 문제들을 그들은 어떠한 식으로든 극복해 나갔기 때문이다. 그렇기에 교회 일치 운동은 그리스도의 교회를 더 풍성하고 건강하게 만드는 영양소와도 같은 것이다.

그러나 분열된 교회 혹 종파들 간의 일치 운동은 단순히 형식적인 것이 되어서는 안 된다. 소위 "좋은 게 좋은 거다!"라는 식으로 서로의 다름을 무조건 덮고 가는 것은 진정한 의미에서의 일치가 아니기 때문이다. 그렇게 얻어진 일치는 곧 재분열의 결과를 낳을 뿐이다. 오히려 진정한 교회 일치 운동은 분열된 개 교회 혹 종파들이 각기 가장 순수한 신앙의 양심을 가지고 그리스도 앞에 선 채 치열하게 서로의 다름을 내세우며 상대를 설득하고 또 스스로 설득되어야 한다. 즉 분열된 교회와 종파들이 그리스도 앞에 가장 솔직한 모습으로 서서 그리스도에 의해 인도될 때, 비로소 자신들의 이해관계를 넘어서 일치와 화합에 도달할 수 있다. 진정한 화합과 일치는 인간의 노력이 아니라, 그리스도를 통해서만 이루어질 수 있기 때문이다.

3. 목회 신학적 관점에서 본 하나님 나라 목회

하나님 나라는 예수 그리스도의 인격과 삶 속에서 종말론적으로 완전히 실현되었다. 그리고 그리스도는 부활 승천 후 우리를 찾아오셔서 교회를 통해 당신의 사역, 즉 하나님 나라의 실현을 이루어 가고자 하신다.

그리스도는 사랑 속에서 우리를 찾아오시며, 그러나 동시에 우리로부터 자유로이 역사하신다.[17] 그렇기에 이 땅 위의 모든 교회들은 그리스도가 행했던 하나님 나라 실현에 참여해야 하고 또 참여할 수 있음에도 불구하고, 그러나 언제나 자신과 그리스도 사이의 거리를 의식해야 한다. 그리스도에게서 완전히 실현되었던 하나님 나라가 교회에서도 완전히 실현되는 것은 아니기 때문이다. 그렇기에 하나님 나라 실현을 위해서 교회는 언제나 역동적으로 스스로를 개혁해야 하며, 이것이 바로 진정한 의미에서의 교회의-양적이라기보다는 질적-성장을 의미하는 것이다.

또한 하나님은 육에 속한 세상 가운데 교회를 먼저 선택하고 부르셔서 온 세상 속에 하나님 나라를 실현하고자 하신다. 그렇기에 교회는 세상에 대한 전적인 책임의식 속에서 하나님 나라를 실현해 나가야 한다.

설교, 성찬 집례 등의 모든 목회 활동 또한 존재 그 자체로 하나님 나라를 보장하는 것이 아니라, 종말론적 긴장 속에서 실행되어야 하는 것들이다. 그렇기에 설교자는 성서와 오늘 공동체가 처한 역사적 상황에 대한 끊임없는 연구를 통해 그리스도의 뜻을 선포할 수 있어야 하며, 성찬의 의미 또한 떡과 포도주 자체가 아닌, 떡과 포도주를 나누는 사랑의 실천 행위 속에서 발견되어야 한다.

교회 교육은 일방적으로 하향식으로 진행되기 보다는, 인간 나사렛 예수에게서 실현된 하나님의 통치의 관점에서 교사와 학생 모두가 하나님 앞에서 배우는 이들로서 적극적으로 참여하는 교육이 되어야 하며, 교회는 세상을 향해 스스로를 폐쇄하는 것이 아니라, 세상의 모든 문제들을 신앙의 관점에서 해결하는 노력을 기울여야 한다.

또한 교회는 성육신의 진리가 보여주는 것처럼 부단한 소통의 공동체가 되어야 하며, 이 소통은 개 교회 내에서, 교회 밖 세상을 수용하면서 그리고 교회 일치를 추구하면서 진행되어야 한다.

1) Origenes, *Comm. in Evangelium* sec. Matth. Tom. XIV, 7; K. Barth, KD IV, 3, 906f.

2) J. Calvin, 기독교강요, 1559(독역: O. Weber, Neukirchen 1955), II, 14, 1.

3) 기독교강요, II, 13, 4.

4) 이 개념은 종교개혁자 필립 멜랑히톤에 의해 명시적으로 사용된 이후(StA der Werke Melanchthon, 235, 21. 1952), 루터 및 칼빈 정통주의에서 널리 통용되고 있다; 참고) Chr. Link, Schoepfung, Bd.7/1, Gueterstloh 1991. p. 113.

5) 이는 예수 그리스도와 성부 하나님과의 관계의 본질을 이루고 있는 것이기도 하다. 참고) 각주 2.

6) J. Calvin, Inst. III, 3, 3.

7) K. Barth, KD IV, 1, 791f. I

8) M. Luther, *Disputatio Heidelbergerae Habita*(1518), WA I, 362, 20f.

9) Peter Opitz, *Calvins theologische Hermeneutik*, Neukirchen 1994, 101ff.

10) K. Barth, *Die Kirchliche Dogmatik*, I/1. 89ff.

11) 기독교 강요, IV, 17, 1; 14, 5; 하이델베르크 신앙고백 75문.

12) J. 몰트만, 성령의 역사 안에 있는 교회, 한국신학연구소 1984, p. 274.

13) CO 49, 345 (고린도전서 주석 2:15)

14) Augustin, De beata vita 4, 34: 인생의 목표로서의 "beatitudo(행복)"은 "animo deum habere, id est deo frui(정신적으로 하나님을 사랑하는 것, 즉 하나님을 사랑하여 탐닉하는 것이다)."

15) Augustin, *De moribus ecclesiae catholicae et de moribus manichaeorum*, I,3,4.

16) Augustin, *De civitate Dei XI*, 25.

17) 그렇기에 칼 바르트는 하나님을 "자유 속에서 사랑하시는 분(der Liebende in der Freiheit)으로 정의한다: KD II/1, 288.